U0879853

哲學門

第二十卷（2019年）第二册

总第四十辑 Vol.20 No 2, 2019
Beida Journal of Philosophy
CSSCI 来源期刊（集刊类）

北京大学出版社
PEKING UNIVERSITY PRESS

图书在版编目(CIP)数据

哲学门. 总第四十辑/仰海峰主编. —北京:北京大学出版社,2021.4
ISBN 978 - 7 - 301 - 32059 - 4

Ⅰ. ①哲… Ⅱ. ①仰… Ⅲ. ①哲学—文集 Ⅳ. ①B-53

中国版本图书馆 CIP 数据核字(2021)第 049684 号

书　　名	哲学门(总第四十辑) ZHEXUE MEN (ZONG DI - SISHI JI)
著作责任者	仰海峰　主编
责任编辑	田　炜
标准书号	ISBN 978 - 7 - 301 - 32059 - 4
出版发行	北京大学出版社
地　　址	北京市海淀区成府路 205 号　100871
网　　址	http://www. pup. cn　新浪微博: @ 北京大学出版社
电子信箱	pkuwsz@ 126. com
电　　话	邮购部 010 - 62752015　发行部 010 - 62750672　编辑部 010 - 62750577
印 刷 者	三河市北燕印装有限公司
经 销 者	新华书店
	787 毫米 × 1092 毫米　16 开本　25 印张　397 千字
	2021 年 4 月第 1 版　2021 年 4 月第 1 次印刷
定　　价	75.00 元

哲學門
第二十卷(2019)第二册

目　录

现象学论坛

论文

书评

书讯

Contents

Reviews

Information

哲学门(总第四十辑)
第二十卷第二册
北京大学出版社,2019年12月

伟大的正午
——海德格尔视野中的尼采与胡塞尔

吴增定*

提　要:本文旨在从海德格尔的视角对尼采的哲学与胡塞尔的先验现象学做一个比较性的阐释和研究。表面上看来,胡塞尔的先验现象学与尼采的哲学针锋相对,因为尼采以"上帝死了"的断言宣告柏拉图式的传统形而上学已经终结,而胡塞尔恰恰是想恢复柏拉图式的哲学理想,把哲学变成一种追求普遍真理的"严格科学"。而在海德格尔看来,无论是尼采的哲学,还是胡塞尔的先验现象学,都是一种现代的主体性形而上学,都将某种主体(胡塞尔所说的自我以及尼采所说的权力意志)当成存在者的存在,以至于取消了存在者与存在的存在论区分,导致了存在的遗忘。不仅如此,二者都是以反柏拉图的方式将柏拉图式的形而上学推向了它的极端和终极实现,使得自我或意识达到彻底的"自我意识",也就是"伟大的正午"。不过,本文在仔细分析了尼采与胡塞尔的相关哲学思想之后,认为海德格尔关于"伟大的正午"的论断仅仅适用于胡塞尔的先验现象学,而不适用于尼采的哲学。事实上,尼采同后期海德格尔一样返回到前柏拉图时期的希腊悲剧时代的哲学,而胡塞尔仍然局限在柏拉图式的形而上学传统视野之中。

关键词:意识　权力意志　存在　伟大的正午

*　吴增定,1971年生,北京大学哲学系教授,北京大学美学与美育研究中心研究员。

一

对于尼采和胡塞尔这两位伟大的哲学家来说,1900 年显然是一个非同寻常的时间。就在这一年,尼采在饱受精神失常的漫长折磨之后终于与世长辞,而胡塞尔则正好出版他的现象学奠基之作《逻辑研究》第一卷。单就时间来说,这当然只是一个巧合。不过,若是放在 19 世纪末至 20 世纪初的哲学语境中来看,那么这个巧合也颇有一点象征意味。正如当代现象学哲学家马里翁(Jean-Luc Marion)所指出的,如果说尼采以"上帝死了"这个爆炸性的口号宣告自柏拉图以来的柏拉图主义哲学传统,也就是传统形而上学,已经终结,那么胡塞尔在《逻辑研究》中所开创的现象学则刚好可以被视作对尼采的强力回应。① 另一位当代现象学哲学家、胡塞尔的学生兰德格列贝(Ludwig Landgrebe)虽然没有直接将胡塞尔与尼采关联在一起,但他也认为胡塞尔的现象学所面对的思想处境是"形而上学的终结"②。

尽管胡塞尔本人对于尼采的哲学并没有什么具体的了解,而且迄今为止也没有证据表明他深入阅读过尼采的著作,但他对尼采哲学所体现的那种时代思潮并不陌生。譬如说,他在《哲学作为严格的科学》中严厉地批评了所谓的"历史主义",而尼采在当时则被视为这一思潮的主要代表之一。③ 在晚年的《欧洲科学的危机与超越论的现象学》一书中,胡塞尔中再次批评"历史主义"对于自柏拉图以来的欧洲哲学传统的颠覆。虽然他的批评主要针对海德格尔的生存哲学,但显然也适用于尼采的哲学。与尼采、海德格尔等传统形而上学的颠覆者针锋相对,胡塞尔毕生致力于克服自 19 世纪后期以来的哲学危机,抵御"历史主义"思潮对于哲学的侵蚀,并且将哲学——他所说的现象

① 让-吕克·马里翁:《还原与给予:胡塞尔、海德格尔与现象学研究》"引论",方向红译,上海:上海译文出版社,2009 年,第 1—2 页。

② 兰德格列贝说:"正是在这一点上,即形而上学走向终结这一点上,现象学承担起了那个被放弃的任务。现象学将对于存在整体的形而上学本原(Ursprung)的追寻还原到存在所来自的意识活动及其成就(Leistungen)的领域。" Ludwig Landgrebe, "Phenomenology and Metaphysics", in *Philosophy and Phenomenological Research*, Vol. 10, No. 2 (Dec., 1949), pp. 202-203.

③ 胡塞尔:《哲学作为严格的科学》,倪梁康译,北京:商务印书馆,1999 年,第 46—53 页。

学——变成一种追求真理的严格科学,实现自柏拉图以来的哲学所要追求的目标。正如他在《哲学作为严格的科学》的结尾所说:“哲学本质上是一门关于真正开端(Anfang)、关于本原(Ursprung)、关于万物之本的科学。”①

如果说胡塞尔将对“开端”“本原”或“万物之本”的探究看成是哲学的目标,那么他显然已经将他心目中作为严格科学的哲学,也就是现象学,置于自古希腊以来的西方主流哲学传统之中。自柏拉图以来直至笛卡尔,甚至包括康德等德国唯心论哲学家在内,不同的哲学家和哲学流派对于“本原”的理解或许有很大的分歧,甚至对立,但在追求本原这一点上则是基本一致的。胡塞尔本人也不例外。自哲学生涯的一开始,他就是以追求“本原”为己任。在其中后期的《第一哲学》和《欧洲科学的危机与超越论的现象学》等著作中,胡塞尔更是坚定地宣称,他的先验现象学自觉地继承了以柏拉图、亚里士多德和笛卡尔、康德等为代表的哲学传统。

但如此一来,胡塞尔现象学的哲学意义究竟何在?难道它仅仅在于返回到被尼采批判和否定的传统形而上学,抑或它只是传统形而上学在20世纪的回光返照?就胡塞尔本人的哲学意图来说,答案当然是否定的。事实上,胡塞尔虽然高度肯定了以柏拉图和亚里士多德等为代表的传统形而上学的哲学努力,但在他看来,这种努力是失败的,因为它并没有达到哲学作为一种“严格科学”所要求的绝对“无前提性”。用胡塞尔现象学的术语来说,传统形而上学仍然停留在一种素朴的“自然态度”(natürliche Einstellung)或“客观主义”(Objektivismus),并没有真正地实现“返本归原”的哲学目标。所谓“自然态度”是与现象学的“反思态度”相对,其本质特征是素朴地、直向地、非反思地预设有某种东西存在,无论这种存在者是质料还是形式,是物质还是精神,是个别物还是一般物。但是,它没有反思和澄清这种存在者是如何显现给我们,如何对我们来说变得有意义、成为现象,或者说,如何成为可以被我们理解和把握的对象。相应地,传统形而上学也将本原设定为一种客观、自在的存在者或实体,但却并没有澄清这种本原是如何向我们显现的,也就是说如何成为“现象”。②

① 胡塞尔:《哲学作为严格的科学》,第69页。

② 胡塞尔:《第一哲学》,王炳文译,北京:商务印书馆,2006年,第93—94页。

胡塞尔一直将笛卡尔的哲学看成是西方哲学传统的一个决定性的转折。在他的心目中,笛卡尔哲学的革命性是使现代哲学从传统形而上学的那种素朴和非反思的“自然态度”或“客观主义”转变为一种“主体主义”,也就是说,现代哲学不再想当然地预设某种独立于意识之外、客观自在的存在者,而是对任何存在者的存在都提出了怀疑,无论是外在的物理自然世界,还是数学世界,甚至是作为最高存在者的上帝。通过这种所谓的“普遍怀疑”方法,笛卡尔最后肯定了“我思”(也就是胡塞尔所说的意识)的确定性。胡塞尔总结说:

> 规定新的发展的思想特征,看起来就是这样。它的第一个高峰,即我思(ego cogito),无疑是一种在一定程度上能完全理解的发现。这是一种非常新的,并且无比重要的洞察,因此它产生了巨大而持久的影响。这个在其自在和自为的存在中直接意识到其自身,对自己来说可绝对无疑地经验的主体性,第一次被以其纯粹自为的形式,以其构成其纯粹生活的意识流的形式,突出出来,并且被明确地界定了。①

按照胡塞尔的解释,在笛卡尔的哲学中,真正的本原变成了“我思”或意识,而不是任何非我思的存在者。因为只有我思对于我思(或意识对于意识)本身来说是充分地自身显现,只有我思能被我思“清楚和明白地”把握,“在其自在和自为的存在中直接意识到其自身”。② 因此,只有我思或意识才是纯粹明见的现象。简言之,笛卡尔哲学的革命性在于,他认为只有被我思所“确定”(“清晰和明白”)地把握到的东西才是真正的存在。如果说传统形而上学首先设定有某种东西存在,然后才能把握它,那么笛卡尔的哲学则是反其道而行之,认为只有被我思或意识“清楚和明白地”把握的东西才是真正的存在。站在胡塞尔的角度来看,笛卡尔的哲学已经奠定了先验主体性的基本原则。

初看起来,胡塞尔对于笛卡尔哲学的解释似乎卑之无甚高论,不过是重复康德、谢林和黑格尔等现代哲学家的老调,因为他们都将笛卡尔的“普遍怀疑”和“我思”原则看成是现代哲学的开端。③ 但是,胡塞尔的解释仍然有两个

---

① 胡塞尔:《第一哲学》,第104页。中译文笔者按照自己的理解,略有改动。下同。

② 同上。

③ 谢林:《近代哲学史》,先刚译,北京:北京大学出版社,2016年,第10页。黑格尔:《哲学史讲演录》,第四卷,贺麟、王太庆译,北京:商务印书馆,1978年,第63页。

独特之处。首先,他在一种“非形而上学”,甚至“去形而上学”的意义上解释笛卡尔哲学的革命性意义。对于胡塞尔来说,笛卡尔哲学的核心问题并不是一个传统的形而上学问题,即“究竟有什么存在?”相反,它所关心的问题是:“究竟有什么东西被我思确定地把握或向我思自身显现?”换言之,这一基本哲学问题意识的转向才是笛卡尔的哲学相对于传统形而上学的真正突破。其次,胡塞尔尤其突出了笛卡尔哲学中的主体性原则。对他来说,我思或自我的主体性甚至不只是哲学的出发点,而是哲学的全部。

但是,正因为胡塞尔特别强调“去形而上学化”的精神和主体性的原则,他才反过来批评笛卡尔哲学的不彻底性。笛卡尔虽然通过“普遍怀疑”的方法获得了我思的确定性,但他却没有将这种“普遍怀疑”的精神贯彻到底,或者说,没有将“我思”彻底地去形而上学化,而是重蹈传统形而上学的覆辙,将我思又变成了一种形而上学意义上的存在者或实体,也就是所谓的“心灵”(mind)。心灵的本质属性是思想,而思想有很多样式,即各种各样的思想活动,比如感觉、知觉、欲望、意志和理智等。并且,所有这些活动都依附于心灵这个实体,正如运动和静止等样态依附于作为广延实体的物体。心灵与物体是两个不同和相互独立的实体,分别属于两个不同的形而上学领域,相互之间没有因果关系,不会产生相互影响。胡塞尔批评说,笛卡尔的这一做法等于是完全放弃了他自己奠定的主体性的原则,重新落入传统形而上学的窠臼。因之,“我思”不再是让存在者得以被确定地把握或显现的第一原则或本原,而是变成了形而上学意义的存在者或实体。简言之,胡塞尔批评笛卡尔并没有真正地认识到他的哲学的革命性意义。

> 笛卡尔在由他打开的先验哲学,唯一真正彻底的哲学门前,停步不前;他没有踏上进入这个从未进入过的,但非常需要进入的“母亲之邦”的路程。他的哲学彻底精神不起作用了。他关于人们必须追溯到先验主体性之中的一切认识之根据的信念,并没有为他和以后的时代带来真正的成果,因为他恰好没有能满足这种彻底精神的更深刻的意义。他误解了他自己的良好的开端,因为他没有将进行澄清的思考推进到完满的结束。[1]

---

① 胡塞尔:《第一哲学》,第112页。

胡塞尔不仅批评笛卡尔哲学的不彻底性,而且还指出了它的严重后果。由于笛卡尔将我思看成是一个与广延实体或物体相对立的思想实体,也就是心灵,他就陷入了一种身心二元论的形而上学,所以就无法解决一个根本性的认识论困难:心灵如何超出自身的内在性去认识或把握一个跟自身完全无关的外物,甚至是整个外在世界?"由他发现的这个纯粹的'自我'(ego),对于他来说,不外就是纯粹的心灵,是以绝对的无可怀疑性提供给每一个认识者的,摈弃仅仅以直接性提供给他的客观世界的一个小部分,正是要由这一部分通过推论而保证其余的世界。"①为了克服这一困难,笛卡尔被迫引入作为无限实体或最高存在者的上帝,通过上帝的全能保证外在世界的实在性以及心灵对于外在世界的客观认识。就此而言,笛卡尔的哲学最终还是退回到了他所批判的传统形而上学立场。

二

胡塞尔对于笛卡尔哲学的解释和批评当然隐含了他自己对于哲学的理解。在他看来,哲学作为一种探究本原的严格科学,必须首先满足"无前提性"的要求。这意味着,哲学必须排除任何形而上学的前提,彻底地"去形而上学化"。正如他在《逻辑研究》中所说:"在它的科学确定中自始至终都不包含丝毫有关实体存在的论断;就是说,任何形而上学的论断、任何自然科学的论断以及特殊的心理学论断都不能在它之中作为前提发生效果。"②在关于现象学的"大英百科全书词条"中,他更是明确地强调:"就现象学是拒斥在空洞的形式地基中运动的形而上学而言,它是反形而上学的。"③对于哲学,或者更准确地说,对于第一哲学来说,根本性的问题不是"有什么东西存在",而是

---

① 胡塞尔:《第一哲学》,第113页。

② Edmund Husserl, Hua XIX, *Logische Untersuchungen. Zweiter Teil. Untersuchungen zur Phänomenologie und Theorie der Erkenntnis* (In zwei Bänden. Edited by Ursula Panzer. Halle: 1901; rev. ed. 1922. The Hague, Netherlands: Martinus Nijhoff, 1984), A21/B121. 中译文参考了倪梁康先生的翻译,个别术语按照笔者自己的理解稍有改动。参见:《逻辑研究》[修订本](第二卷),倪梁康译,上海:上海人民出版社,2006年。

③ Edmund Husserl, "Der Encyclopaedia Britannica Artikel", in *Phänomenologische Psychologie*, hrsg. von Walter Biemel (*Husserliana* 9), Den Haag 1962, S. 253.

"任何存在的东西如何显现"。以此衡量,笛卡尔哲学的不彻底性就是不言而喻。尽管笛卡尔对于一切存在者的存在都提出了普遍怀疑,但是从胡塞尔的先验现象学来看,这种怀疑本身仍然是一种存在的信念——只不过是一种否定性的存在的信念。换言之,笛卡尔其实是以一种否定的方式设定了对象的存在。况且,对于笛卡尔来说,普遍怀疑本身并不是目的,而是一种达到我思之最终确定性或真理的手段。因此归根到底,笛卡尔仍然是想确定某种终极存在者或实体的存在。

与笛卡尔的哲学相反,胡塞尔的先验现象学所强调的"先验悬置"或"先验还原"不是简单地怀疑或否定对象的存在,而是搁置一切关于存在的信念或设定,放弃一切"存在论的承诺"。换言之,它仅仅关心存在者或对象如何向意识显现,而不是它的自在存在状态。在这个意义上,先验还原就是一种彻底的"去形而上学化"。经过这种"去形而上学化",包括意识或我思在内的任何东西都不再是一个形而上学意义的自在存在者或实体,而是变成了纯粹的自身显现或现象。在胡塞尔看来,意识或我思之所以是"本原",并不是因为它是形而上学意义上的最高存在者或终极实体,而是因为意识对于自身的显现是"明见的",或者用笛卡尔的话说,是清楚和分明的。这种显现是一种纯粹的自身显现,是纯粹的现象,也就是胡塞尔再三强调的"无前提性",或"明见性"(Evidenz)。有鉴于此,胡塞尔认为,真正的第一哲学不是形而上学,而是作为严格科学的现象学。①

当然对于胡塞尔的先验现象学来说,"先验还原"的重要性还不止于此。通过"先验还原"所获得的纯粹现象不只是意识,还包括向意识所显现的一切。在先验现象学的意义上,一切向意识显现的东西都是意识所意向性地指向或构造的东西。任何看似自在存在的东西或形而上学意义的存在者或实体等——无论是外在的感性对象、数学对象,还是内在的意识本身,甚至包括作为最高存在者或实体的上帝——在根本上都是向意识显现的东西,或者说,都是意识的意向性构造物或相关物。由此反观,传统形而上学是一种素朴、直向和非反思性的"客观主义"或"自然态度",因为它总是首先预设了某种客观、自在地存在的存在者或实体,将其设定为"本原",却没有澄清这种本

① 胡塞尔:《第一哲学》,第35页。

原是如何显现的。笛卡尔虽然开始了现代哲学的主体性转向,通过“普遍怀疑”获得了我思或意识的确定性。但他并没有完全摆脱这种“自然态度”,仍然把我思或意识当成某种自在地存在的实体,并且将它和作为广延实体的物体对立起来。[①] 在胡塞尔的心目中,只有在先验现象学之中,包括意识在内的一切存在者都成了意识的意向相关物或构造物,都成为现象。这就是胡塞尔所强调的意识的意向性特征。简言之,意识的意向性意味着意识(或我思)能够超出自身去指向、意指或构造某物。反过来说,任何存在者都不是客观自在的存在者,而是意识所意向性地构造起来的。只不过传统形而上学囿于“自然态度”,缺乏现象学的先验反思意识,对于这一现象学的“实事本身”并不自知。

由此可知,胡塞尔的先验现象学立足于两个极其重要的基石——先验还原和我思或意识的意向性。通过前者,胡塞尔悬置了“自然态度”或“客观主义”,使得先验现象学排除了关于存在的一切假定或信念,揭示出一个纯粹意识或现象的世界;通过后者,胡塞尔揭示了我思或意识的主体性,并且将先验现象学发展为一种彻底的主体性哲学。在胡塞尔的先验现象学之中,所谓主体性意味着:意识、我思或自我不是一个与外物相对立的形而上学实体,而是具有意向性的理解、赋予意义和构造的特征。换言之,意识、我思或自我一方面构造了作为意义统一体的世界,另一方面也同时构造了自身。世界不是一个与意识无关的客观自在的存在者,而是由意识所理解、赋予或构造的意义统一体;意识或我思也不是一个与世界无关的孤零零主体,而是超越自身、构造了作为意义统一体的世界。意识在构造不同层次的意义世界的同时,也把自身构造成为不同层次的主体或自我,从最低层次的自然世界,到动物灵魂世界,到文化、科学和价值的世界,都是如此。在先验现象学的意义上,一切可设想的事物、对象或存在者都是由意识、自我或我思的意向性构造物,别无其他。

当然,在胡塞尔的先验现象学中,意识的意向性构造或赋予意义不只是意识的一种静态结构,而且是一个从单纯地显现到自身充分显现或明见地显

---

① 胡塞尔:《笛卡尔式的沉思》,张廷国译,北京:中国城市出版社,2002 年,第 32—33 页;胡塞尔:《第一哲学》,第 111—115 页。

现的动态发生过程。具体地说,意识虽然意向性地指向或构造某物,但被指向物或被构造物很可能仅仅抽象地、空洞地或符号性地显现,但并没有真正地当下自身显现。只有当被意指物或被构造物充分地当下自身显现时,意识的意向性构造才获得了最终的实现。意识的意向性构造物相对于意识的充分地当下自身显现,就是先验现象学所要揭示的本原或追求的目标——明见性,其相关物或就是现象学意义的"真理"。所谓彻底的主体性意味着,意识或自我不仅意向性地构造了包括自身在内的存在者整体或世界,而且让世界充分地向意识自身显现或给予。在先验现象学的真理王国中,没有任何东西不是被意识或自我所构造,没有任何存在者不向意识或自我自身显现或给予。基于此,胡塞尔将先验现象学看成是一种彻底的主体性哲学。

从这种主体性哲学出发,胡塞尔勾勒了一个带有浓厚黑格尔主义色彩的西方哲学和西方文明的历史叙事。在后期的很多著作和手稿中,胡塞尔一再强调,西方文明区别于其他文明的本质特征就是哲学,而哲学的终极目标就是这种彻底的主体性——人作为主体不仅构造了世界,也构造了自身,使得包括人自身在内的任何存在者以及作为存在者整体的世界,原则上都能被人所清楚地理解、把握,或者说都向人完全充分地自身显现。在先验现象学的意义上,主体性就是自由、自律、理性,因此也意味着人的终极自我实现。胡塞尔认为,这种彻底的主体性的理想发轫于以苏格拉底和柏拉图为代表的古希腊哲学,但在古希腊哲学中仅仅是一种不自觉的端倪。[①] 因为就像前文所说的,希腊哲学仍然局限于素朴的客观主义或自然态度,并没有真正地提出主体性的原则。只有在笛卡尔所开启的现代哲学中,借由"普遍怀疑"的方法,我思的主体性原则才真正地出现。不过胡塞尔认为,笛卡尔并没有能够坚持彻底的主体性原则,因为他仍然将我思看成是一种思想实体,而不是具有意向性构造特征、让自身和世界充分地自身显现的主体。即便在康德的哲学,意识或我思仍然具有浓厚的人类学特征,而不是纯粹意识,不是意向性地构造自身和世界的真正主体。[②] 只有先验现象学之中,经过先验还原之后,自我和世界都被去形而上学化了,自我不再是一个自在地存在者或形而上学的

---

① 胡塞尔:《欧洲科学的危机与超越论的现象学》,王炳文译,北京:商务印书馆,2001 年,第 25—27 页。

② Dermot Moran, *Edmund Husserl, Founder of Phenomenology*, Polity Press 2005, p. 193.

实体,而是意向性地构造了作为意义整体的世界,同时也构造了自身。

三

尽管胡塞尔宣称他的先验现象学不仅是一种“严格科学”,而且是对于柏拉图以降的西方理性主义哲学传统的继承,并且因此反对尼采哲学所代表的历史主义思潮,但是,假如他熟悉尼采哲学的根本意图,那么他理应不会反对后者的那个惊世骇俗的结论——“上帝死了”。实际上,胡塞尔同尼采一样断定柏拉图路向的传统形而上学已经终结了。与尼采的唯一不同仅在于,胡塞尔认为,形而上学的终结仅仅意味着它的哲学思考方式的终结,而不是表明它的目标是错误的。传统形而上学将自身理解为一种追求本原的第一哲学,但由于它陷入一种素朴和直向的“自然态度”,将“本原”预设为某种自在的存在者或实体,却没有澄清这种自在的存在者或实体如何自身向我们显现,或者说,如何变成现象。胡塞尔坚信,先验现象学作为一种彻底的主体性哲学,可以并且应该取代传统的形而上学,以一种“去形而上学化”的方式实现传统形而上学的目标,成为一种真正地追求本原或开端的第一哲学。

但是,胡塞尔的先验现象学显然没有能够吸引和说服他的批评者们。事实上,无论是胡塞尔的早期(尤其是哥廷根时期)学生,还是其他的追随者,都批评他后来的“先验转向”是一种严重的倒退,并且把他的先验现象学看成是一种笛卡尔主义,甚至新康德主义的变种。在这一点上,海德格尔的批评最有代表性。在他看来,胡塞尔的先验现象学同笛卡尔的哲学并没有根本区别。在著名的《我进入现象学之路》一文中,海德格尔这样评价:

> “纯粹现象学”是以现象学为特征的哲学的“基础科学”。“纯粹的”说的是“先验的现象学”,而认识着、行动着、价值设定的主体的主观性就被设定为“先验的”。“主观性”和“先验性”这两个词表明“现象学”自觉而坚定地转变方向,进入到了近代哲学的传统之中,但这是以这样一种方式转变的,即先验的主观性通过现象学成功地进入了更为源始和普遍的可规定性之中。现象学保留了“意识体验”作为它的主题范围,然而,现在现象学在对经验行为的结构进行系统规划的和可靠的研究与在对着眼

于它的对象性的、在这种行为中被体验的对象进行的研究是一致的。[①]

海德格尔这篇文章虽然发表于20世纪60年代,但他对于胡塞尔的先验现象学的主要看法其实是一以贯之的。早在马堡时期的一系列著作和讲稿中,海德格尔就批评胡塞尔的先验现象学重蹈自笛卡尔以来的现代主体性哲学的覆辙,在根本上违背了现象学的"回到实事本身"的精神。譬如在1923—1924年的讲稿《现象学研究导论》中,海德格尔就非常清楚地揭示了胡塞尔的先验现象学与笛卡尔哲学之间的内在一致性。在《时间概念史导论》和《存在与时间》等前期著作中,他也是不遗余力地强调了这一点。当然,海德格尔如果只是揭示二者之间的一致性,那么他的这一看法当然是没有什么新意。因为胡塞尔本人不仅明确地承认了他对笛卡尔哲学的主体性原则的继承,甚至引以为豪。海德格尔的独特之处在于,他认为胡塞尔的先验现象学和笛卡尔的哲学在根本上都是古代形而上学或存在论的继承者,都不加反思地接受了亚里士多德和阿奎那等传统形而上学的基本前提。因此在海德格尔看来,不仅是笛卡尔的哲学,就连胡塞尔的先验现象学也没有像他自己所说的那样真正地"去形而上学化",而是仍然保留了传统形而上学的基本前提。

众所周知,海德格尔自20世纪30年代之后将自笛卡尔以来直至尼采的现代哲学都看成一种"主体性形而上学"(die Metaphysik der Subjektivität)。所谓"主体性形而上学"不仅将所谓的自我、我思、意识视为某种最高的存在者、第一原则或终极实体,而且将其等同于存在者的存在。任何其他存在者的存在都是由自我、我思或意识来衡量和设定,自我、我思或意识也因此成为真正的主体。那么,胡塞尔的先验现象学在根本上是不是一种形而上学,或者更准确地说,是不是柏拉图式的传统形而上学的现代变形?海德格尔关于主体性形而上学的理解和批评是否适用于胡塞尔的先验现象学?为了回答这个问题,我们先回到海德格尔前期的相关论述。

概要地说,海德格尔前期对于胡塞尔的先验现象学的批评主要有三点。首先,海德格尔认为,胡塞尔同笛卡尔一样,将作为此在的人从世界之中抽离出来,变成一个"无世界"的孤立自我(主体、灵魂或心灵等),相应地世界也变

---

① 海德格尔:《面向思的事情》,陈小文、孙周兴译,北京:商务印书馆,1996年,第65页。

成一个与自我相对立的对象,甚至是一个独立存在的"自在之物"。[①] 其次,海德格尔批评胡塞尔和笛卡尔把我思或意识当成存在者整体中的一个"存在者区域",不仅忽视了此在这种存在者的存在,甚至忽视了存在者与存在的"存在论区分"。因为笛卡尔未加反思地接受了阿奎那和亚里士多德的形而上学前提,仍然把存在者的存在等同于某种最高的存在者或实体,并且因此把我思看成是一种与作为无限实体的上帝区别开来的有限实体。当胡塞尔通过先验还原获得了一个自足的纯粹意识王国时,他也是未加反思地接受了笛卡尔哲学的形而上学前提,并且最终继承了亚里士多德和阿奎那为代表的古代形而上学或存在论。[②] 最后,海德格尔指出,胡塞尔的先验现象学和笛卡尔的哲学一样,都是将意识、思想或认识看成是人(即《存在与时间》中的"此在")的源初存在方式。人作为此在的源初存在方式是操心(Sorge),具体地说,就是"在—世界—中—存在",包括跟各种各样的人和物或用具打交道。在海德格尔看来,此在的"在—世界—中—存在"或操心是一种源初的、非对象化、非认知和非反思性的状态。一个正在使用用具的人几乎不会意识到他正在使用用具,也不会有意识地关注自己的意识状态以及工具的对象性特征,尽管他对用具的具体用途和周围环境有一种下意识似的理解,也就是所谓的"巡视"。只有当用具不是处在"上手状态",而是变成了"现成在手状态",它才有可能变成认识的对象。因此,认识或意识是从此在的操心中派生出来的一种存在方式,或者说,是奠基于后者。因此,当胡塞尔以及他的思想源头笛卡尔将我思或意识当成此在的源初存在方式或本质时,他们都忽视甚至遗忘了人这种存在者(即此在)的存在。[③]

从胡塞尔的角度来看,海德格尔的前两个批评显然是对他的先验现象学的误解,并且也很容易反驳。首先,胡塞尔再三强调,意识不是一个孤立和封闭的内在世界,而是具有意向性,能够超越自身去指向、构造或赋予某种意义。世界虽然是意识的意向性构造物,但它仍然是超越意识的,不是意识的

① 海德格尔:《时间概念史导论》,欧东明译,北京:商务印书馆,2009 年,第 137—143 页。

② Heidegger, Martin, *Einführung in die Phänomenologische Forschung* (*GA* 17), hrsg. von Friedrich-Wilhelm von Herrmann, Frankfurt am Main: Vittorio Klostermann, 1994, SS. 262-268.

③ Heidegger, Martin, *Einführung in die Phänomenologische Forschung*, SS. 275-290. 海德格尔:《存在与时间》,中文修订第 2 版,陈嘉映、王庆节译,熊伟校,陈嘉映修订,北京:商务印书馆,2016 年,第 88—93 页。

"实项"内容。因此在胡塞尔的先验现象学之中,意识和世界是意向性地相互关联,共属一体——有意识就有被意识所指向或构造的世界,反之亦然。其次,胡塞尔的先验现象学已经通过"先验还原"悬置了自然态度,也就是一切关于存在的素朴信念,将意识或我思彻底地去形而上学化了。就像前文所说,胡塞尔对笛卡尔哲学的主要批评之一就是后者将我思或自我看成是一种形而上学实体。他在《笛卡尔式的沉思》中也批评笛卡尔的哲学不加反思地预设了很多中世纪经院哲学的前提。[①] 因此,假如一定要用传统形而上学的术语,那么对胡塞尔来说,意识不是一种存在者整体中的一个"存在者区域"或一种特殊的存在者,而是意味着存在者的存在。说一个存在者是什么,就等于说它向意识显现为什么,或被意向性地构造成为什么。一言以蔽之,存在就是被意识或被意识的存在。

那么,海德格尔对于胡塞尔的第三点批评是否有效呢?至少在最一般的意义上,海德格尔并没有误解胡塞尔的原意。因为无论是海德格尔还是胡塞尔都非常清楚地看到,他们的根本分歧就集中在这一问题:人的源初存在方式究竟是具有意向性构造特征的意识,还是前意识的生存、操心或"在—世界—中—存在"?胡塞尔无疑肯定的是前者。在这一点上,他自觉地继承了自柏拉图、亚里士多德以来直至笛卡尔和康德的西方主流的理性主义哲学传统:人是理性的动物,其自然本性是求知,而最高的知识或真理就是关于自身的知识。先验现象学的"先验还原"是一种彻底的"灵魂转向"——它使意识的目光从所谓的客观、自在世界转向自身,从而认识到无论是外在世界还是人本身都是意识的意向性构造成就。因此,人不是一个单纯偶然、历史和经验性的存在者,而是一个理性、自律、自我决定和自由的主体。[②] 胡塞尔甚至反过来批评海德格尔的生存主义哲学缺乏"先验还原",所以仍然是一种"自然态度"下的哲学人类学。[③]

但从海德格尔的角度来看,胡塞尔的先验现象学及其主体性原则恰恰是

---

① 胡塞尔:《笛卡尔式的沉思》,第 32 页。

② 同上书,第 213—215 页。

③ Renato Cristin, "Phanomenologische Ontologie. Heideggers Auseinandersetzung mit Husserl (1916-1928)", in *Heidegger und Husserl* (*Heidegger-Jahrbuch 6*), Herausgegeben von Rudolf Bernet, Alfred Denker, Holger Zaborowski, Freiburg/Miinchen: Verlag Karl Alber, 2012, SS. 55-56.

对人的存在的遗忘。人或此在不仅是一般意义的“在—世界—中—存在”,而且是关心着自己的存在,并且向着自己的本真存在而存在。作为一个已经“在—世界—中—存在”或被抛入世界中的存在者,此在的本真存在是时间性的、历史性的,是有限性的,是向着自己的死亡、终结或有限性而存在的存在者。这种时间性或有限性构成了此在之生存的基本视域,任何意识、认识或理性都不可能摆脱这种视域。当胡塞尔将人看成是一种自足、自律和自由的主体时,他恰恰在根本上遗忘了人的这种有限性视域。显然,这一点才是海德格尔早期哲学与胡塞尔的先验现象学的根本分歧。①

四

无论我们如何评判海德格尔在20世纪30年代的哲学转向,都会注意到一个非常耐人寻味的事实:海德格尔在其正式发表的著作中,很少提到胡塞尔的名字以及与现象学相关的名词和概念,也不再将自己的哲学称为现象学。与此形成鲜明对比的是,海德格尔在30年代之后不仅频繁地提到尼采的名字,而且一直将尼采的哲学当成他的主要研究和批评对象。他对尼采哲学的主要看法是,尼采哲学作为对柏拉图主义或形而上学的颠倒,是一种颠倒的柏拉图主义。更具体地说,尼采哲学是自柏拉图以来的整个西方形而上学传统的最终实现,并且代表了一种最极端形式的形而上学——“主体性形而上学”。那么,海德格尔又是在什么意义上谈论形而上学和“主体性形而上学”呢?

从最一般的意义上说,形而上学在海德格尔的哲学中基本与所谓的“存在论”同义,或者说,它的核心就是存在论,亦即“关于存在的知识”。形而上学既包括讨论“存在者之存在”的“一般形而上学”,即“存在论”,也包括讨论“最高或终极存在者”的“特殊形而上学”。② 但在海德格尔看来,自柏拉图以来的西方形而上学往往将二者混淆,也就是将存在者的存在等同于一种最高

① 关于胡塞尔与海德格尔的相关争论,可参考 Christoph Jamme Luneburg, “Eine Urlaubslekture und ihre Folgen. Husserl liest Heidegger”, in *Heidegger und Husserl* (*Heidegger-Jahrbuch 6*), SS. 218-232.

② 海德格尔:《现象学之基本问题》,丁耘译,上海:上海译文出版社,2008年,第97—98页。

或终极存在者。这就导致传统的形而上学忽视和遗忘了关于存在者之存在与存在者之间的存在论区分,甚至导致了对于存在者之存在的根本遗忘。关于这些,海德格尔在早期的《存在与时间》《现象学之基本问题》等著作和手稿中早已有清楚和系统的表述。即使在20世纪30年代发生哲学转向之后,海德格尔也仍然坚持存在论区分的重要性。存在者的存在不是一种现成的存在者、对象或实体,而是存在者的自身显现。作为一种关心着存在之意义并且与存在问题打交道的存在者,此在的存在就是此在的自身显现,是"在—世界—中—存在"。进而言之,一种"能在",一种高于现实性的纯粹可能性,或者更具体地说,是向着自己的终结、死亡或"无"而存在。

但是,当海德格尔将自笛卡尔到尼采的现代哲学看成是一种"主体性形而上学"时,他显然不只是认为这种形而上学将自我或我思看成是某种主体、"第一原则"、最高或终极的实体。毋宁说,他更强调的是,主体性形而上学将存在者的存在看成是我思或主体的设定:存在者的存在变成了一种我思或主体之"对象"(Gegenstand),一种"价值"。存在等于被设定,存在者的存在变成了被自我所设定的价值。这种主体性形而上学已经隐含在笛卡尔的哲学中,而在尼采的哲学中得到了全面和深刻的体现。"由于权力意志把保存,即对它本身的持存保证,设定为一种必然的价值,它同时也就为这种对一切存在者的保证的必然性作了辩护;而这一切存在者作为一种本质上表象着的存在者始终也是持以为真的存在者。对这种持以为真(Für-wahr-halten)的保证被叫作确定性。所以,按照尼采的看法,作为现代形而上学的原则,确定性惟有在权力意志中才真正找到了根据;当然,这里假定了一点,即,真理是一种必然的价值,确定性是真理的现代形态。这就表明,在何种程度上可以说,在尼采关于作为一切现实的'本质'(Essenz)的权力意志的学说那里,现代的主体性形而上学达到了完成。"①

在海德格尔看来,尼采不仅将存在者的存在看成是权力意志,更重要的是,他认为存在者的存在就是权力意志的价值设定,因为权力意志作为存在者整体的规定就是意味着赋予价值、价值评估。存在就是权力或价值,而权

① 海德格尔:《海德格尔文集・林中路》(以下简称《林中路》),孙周兴译,北京:商务印书馆,2015年,第271页。

力或价值是来自于权力意志的设定、创造或评价。据此海德格尔认为,尼采的权力意志形而上学将自笛卡尔以来的主体性形而上学推向极端。换言之,在尼采的形而上学中,存在者的存在被彻底遗忘了,成了自我、我思或主体的"设置"(Sich-auf-stellen)。海德格尔说:

> 现在,一切存在者要么是作为对象的现实,要是作为对象化的作用者——在这种对象化中对象之对象性得以构成自己。对象化在表象之际把对象设置给 ego cogito[我思]。在这种投置(Zustellen)中,自我表明自身为它自己的行为(即表象着的投置)的根据,也即表明自身为 subjectum[一般主体]。主体自为地就是主体。意识的本质是自我意识。因此,一切存在者不是主体的客体,就是主体的主体。存在者之存在普遍地植根于那种"面对自身摆置自身"(Sich-vor-sich-selbst-stellen)之中,从而植根于自身设置(Sich-auf-stellen)之中。在存在者之主体性范围内,人起立而入于他的本质的主体性中。人进入这种起立(Aufstand)之中。世界成为对象。①

海德格尔这段话非常清楚地总结了从笛卡尔到尼采的现代主体性形而上学的内在逻辑:"整个现代形而上学,包括尼采的形而上学,都始终保持在由笛卡尔所开创的存在者阐释和真理阐释的道路上。"②在主体性形而上学中,存在者的存在变成了意义、价值,它来自于主体的设定、评估和创造。

不过,相比海德格尔在《存在与时间》等前期著作中对于形而上学的解释和批评,他在30年代"转向"之后对于形而上学看法也产生了相当大的变化。如果说他在前期主要强调传统形而上学把存在者的存在误解为一种现成的存在者,那么他在转向之后则更多地偏向于认为,传统形而上学把存在者的存在看成是自我或主体的确信、设定、评价等。海德格尔认为,存在者的存在就是存在者的自身显现、敞开或去蔽。但在自笛卡尔以来的主体性形而上学中,主体、自我或我思成了一切存在者的显现的先验前提,而存在者的自身显现变成了存在者向主体或自我的显现,最终变成了主体、自我或我思的自身

---

① 海德格尔:《林中路》,第288—289页。
② 同上书,第95页。

显现。理智,作为心灵的自然之光,不仅照亮了自身,也照亮了世界。任何存在者,假如不能进入主体、我思或自我的思想视野,并且被确定为我思的对象(cogitatum),那么它就不具有存在的确定性,甚至是纯粹的虚无。海德格尔之所以将尼采的哲学视作这种主体性的形而上学的完成,就是因为他在尼采的"权力意志"学说中看到了这一后果。权力意志不仅设定了存在者的存在,也就是让存在者得以显现,而且设定了自身的存在,或者说让自身得以显现。归根到底,存在者的存在或显现就是权力意志的自身显现。在其最后决断中,权力意志达到了"伟大的正午",其光亮照亮了世界和自身。海德格尔说:

> "伟大的正午"乃是最明亮的时代,也就是意识的时代;意识绝对地并且在每一个方面都意识到它自身是那样一种认识,这种认识的要义在于:有意地去意愿作为存在者之存在的权力意志,并且作为这种意愿向着自身发起暴动,去经受世界是对象化的每一个必然阶段,从而为一种尽可能相同和均衡的意愿保证存在者的持续存在。但在这一意志的意愿中,人被一种必然性攫住,要一道去意求这种意愿的条件。这就是说:要设定价值并且按照价值来评价一切。这样,价值便决定着一切在其存在中的存在者。①

在这个"伟大的正午",意识达到了充分的自身意识,不仅充分地自身显现,而且让一切存在者都相对于意识而充分显现。就像海德格尔所说:"'伟大的正午'乃是最明亮的时代,也就是意识的时代。"对于意识、自我或主体来说,一切不在场都是潜在地可以在场,一切未被给予的东西都是潜在地被给予,一切未显现者都有待于显现,一切阴影和黑暗最终都会被光亮驱散。

尽管海德格尔这一论断主要是针对尼采的哲学,但它显然也适用于胡塞尔的先验现象学。② 作为一种彻底的主体性哲学,胡塞尔的先验现象学同样是将一切都视为意识、自我或主体的意向性构造,或者说相对于意识、自我或主体而显现。因此,无论从表面上来看胡塞尔的先验现象学与尼采的哲学有多少分歧和对立,但它们在本质上都是一种自笛卡尔以来的现代主体性形而

① 海德格尔:《林中路》,第 291 页。

② 马里翁正是在这个意义上指出了尼采与胡塞尔的一致性。参见让-吕克·马里翁:《还原与给予:胡塞尔、海德格尔与现象学研究》,第 26 页。

上学,也就是说,他们都是将存在者的存在看成是意识、自我或主体的设定或构造,都是将存在者的显现等同于它向意识的显现,并且最后等同于意识的自身显现。

在1964年的《哲学的终结和思想的任务》这篇经典文章中,海德格尔这样评价胡塞尔的先验主体性思想:

> "一切原则的原则"要求绝对主体性作为哲学之事情。向这种绝对主体性的先验还原给予并且保证这样一种可能性:即在主体性中并通过主体性来论证在其有效结构和组成中,也即在其构造中的一切客体的客观性(存在者之存在)。因此,先验主体性表明自身为"唯一的绝对的存在者"(《形式的和先验的逻辑》,1929年,第240页)。同时,作为关于存在者之存在的构造的"普遍科学"的方法,先验还原具有这一绝对存在者的存在样式,也即哲学是最本己的事情的方式。①

海德格尔的这段话虽然没有直接使用主体性形而上学的名称,但他的意思是不言而喻的。在他的眼里,胡塞尔的先验现象学同尼采的哲学一样,不仅是柏拉图路向的形而上学的继承和实现,而且将其推到了极端,将存在者的存在变成了意识或自我的自身显现或构造。用海德格尔惯用的语言来说,这是对存在的一种彻底遗忘。

五

海德格尔将不仅将笛卡尔、尼采(甚至包括胡塞尔)看成是传统形而上学的现代继承者,或者说将他们的哲学称为主体性的形而上学,而且认为自柏拉图以来的整个形而上学的历史都是一个"存在之遗忘"的历史,而柏拉图正是这一"存在之遗忘"的开端。这意味着,柏拉图的哲学作为形而上学的开端已经隐含了自笛卡尔以来的现代主体性形而上学的可能。柏拉图一开始将存在者的存在看成是存在者的显现,在这一点上,柏拉图同他之前的希腊哲学家(如赫拉克利特和巴门尼德等)是一致的。但是,当柏拉图进一步将存在

① 海德格尔:《面向思的事情》,第68页。

者的显现等同于一种现成、确定和最终的显现者时,他就已经是将存在者的存在(或显现)等同于一种确定和现成的存在者(或显现者)了。

海德格尔进而指出,柏拉图的哲学还隐含了一种新的可能方向——存在者的存在或显现变成了存在者向人的显现,而显现者也变成了被人所看到或认识到的东西。这一点非常清楚地体现在柏拉图对“理念”的看法中。“理念”的字面意思是“外观”(Eidos)或“外形”(Idee),但其原初含义并不是外观,而是指存在者的存在或自身显现。在《柏拉图的真理学说》中,海德格尔非常清楚地指出,理念,尤其是善的理念,最初意味着“无蔽”,也就是后世所谓的“真理”。无论是无蔽,还是真理,理念最初的含义都是让存在者自身显现。所谓善的理念,在柏拉图那里的最初含义是让存在者得以存在的自由或敞开之境,一切存在者都在这个敞开之境中并且凭借它而得以存在或自身显现。当柏拉图在这种意义上理解理念或善的理念时,他仍然保留了前柏拉图时期希腊人的原初思想:理念是存在者的存在或存在者的自身显现,是让存在者得以显现的“无蔽”或真理。[①] 但是,柏拉图紧接着将理念看成是一种确定或现成的显现者,也就是“外观”或“外形”,并且进一步引申为本质,这就已经偏离了希腊思想的原初含义。这意味着,存在者的存在,也就是理念,被看成是一种更高的存在者,或者说,存在者的自身显现变成了更高的显现者。理念作为一种更高的存在者或显现者不仅属于一个超感性、超越和永恒的领域,而且构成了具体存在者的本质,使得后者能够存在或自身显现。因此在海德格尔看来,柏拉图的哲学作为西方形而上学的开端已经预示了后来的形而上学的命运,也就是忽视存在与存在者的存在论区分,并且导致对于存在的遗忘。[②]

不止如此,海德格尔还认为柏拉图的哲学隐含了自笛卡尔以来的现代主体性形而上学的可能。事实上,在柏拉图的哲学中,理念的含义除了“无蔽”(真理、存在者的存在或自身显现)和“外观”之外,还有“看”。这种“看”显然不是身体性的感知,而是灵魂的一种理智活动(nous)。由此,无蔽或真理就意味着“看”与“被看者”(外观、本质)的符合或一致。海德格尔特别强调,柏

① 海德格尔:《路标》,孙周兴译,北京:商务印书馆,2000 年,第 254—259 页。

② 同上书,第 265—266 页。

拉图的这一思想奠定了西方形而上学的真理观,它在阿奎那等中世纪的经院哲学家那里被总结为“理智与事物的符合”。这种符合的标准,在柏拉图那里是最高的理念(即善的理念),在阿奎那那里是上帝。但是,一旦善的理念和上帝受到了怀疑,那么这一符合的标准便受到动摇和瓦解。而这正是笛卡尔的“普遍怀疑”的由来。正是在笛卡尔的哲学中,我思的确定性或正确性取代了柏拉图的善的理念和阿奎那的上帝,成了新的真理标准。在笛卡尔所开启的现代主体性形而上学中,正如存在者的存在变成了我思、自我或主体的设定,真理相应地也变成了主体的“确定性”或“正确性”。海德格尔也是在这个意义认为,笛卡尔以来的现代主体性形而上学不过是把柏拉图哲学中的某种可能性变成了现实,而尼采对柏拉图主义形而上学的颠倒也是以一种颠倒和极端的方式导致了它的实现,并且将其推向极端,甚至是它的对立面。①

那么,胡塞尔的先验现象学与柏拉图的哲学又是什么关系呢?尽管胡塞尔一再声称他的先验现象学是对柏拉图的哲学精神的继承,但从他的具体解释来看,二者的关系显然要复杂得多。首先,就像胡塞尔本人所说的,他的先验现象学并不是对柏拉图哲学的简单继承,而是包含了对它的深刻批评,甚至在某种程度上构成了后者的对立面。如果说柏拉图的哲学将本原设定为某种客观自在的存在者,却没有澄清它是如何显现的,那么胡塞尔的先验现象学则是从一开始就搁置了这种存在判断或存在信念。在这一点上,他是旗帜鲜明地站在笛卡尔的现代哲学立场,接受了后者的我思或主体性原则。他甚至比笛卡尔要更彻底。如果说笛卡尔最后还承认某种客观自在的实体,那么胡塞尔则拒绝任何不向意识或我思显现的东西。包括意识在内的任何所谓的“存在者”,都是相对于意识而显现的,或者说是由意识所意向性地构造的。借用柏拉图的术语来说,胡塞尔把理念看成向灵魂的“看”,向灵魂的显现,或者说,是由灵魂的“看”所意向性地构造的。而这种可能性恰恰隐含在柏拉图的哲学之中。从海德格尔的视角来看,胡塞尔的先验现象学同尼采的哲学一样,既是对柏拉图主义形而上学的颠倒,也是它的实现,因此在本质上也是一种现代的主体性形而上学。

① 海德格尔:《路标》,第268—274页。

六

让我们再回到海德格尔对于形而上学的思考。如前所说，海德格尔一直强调传统形而上学忽视了存在者的存在与存在者之间的存在论区分，并且将存在者的存在误认为是一种现成的存在者。在《现象学研究导论》《时间概念史导论》和《存在与时间》等前期著作中，海德格尔也是在这个意义上批评胡塞尔的先验现象学。在他看来，胡塞尔的先验现象学和笛卡尔的哲学一样，都是将意识或我思当成一个现成的存在者区域，没有进一步去追问它是如何存在或自身显现。但是我们已经指出，海德格尔的这一批评只适用于笛卡尔的哲学，而对胡塞尔的先验现象学显然是不适用的。因为胡塞尔对于笛卡尔哲学的主要批评，就是认为后者将意识或我思变成一种形而上学意义的存在者或实体。与之相反，胡塞尔的“先验还原”就是要对包括意识在内的一切存在者都“去形而上上学化”，变成现象——意识是自身显现，而其他存在者是向意识显现，或者说是意识的意向性构造物。

海德格尔自30年代“转向”之后，一如既往地批评传统形而上学对于存在的遗忘，尤其是批评自笛卡尔以来直至尼采的现代主体性形而上学。只不过，他的着眼点发生了很大的变化。他不只是批评现代主体性形而上学将我思或意识当成一个特殊的存在者区域，而且进一步指出它的症结是将存在者的存在等同于主体、意识或自我的设定、评估或创造。在现代的主体性形而上学中，主体或自我仿佛是光一样照亮了世界和自身，使得包括主体或自我在内的一切存在者都得以显现。就像笛卡尔所说的，心灵原本就拥有“理性的自然之光”。在主体或自我的光亮中，没有任何存在者不能向主体或自我显现。

在海德格尔看来，这种彻底的主体性原则不仅体现于尼采的哲学之中，而且贯穿了胡塞尔的先验现象学。胡塞尔一直将“明见性”“自身显现”或“自身被给予性”视为先验现象学所要追求的目标。但是，在先验现象学之中，这种“明见性”恰恰意味着彻底的主体性——包括意识在内的所有存在者都是意识的意向性构造物，因此都是向意识充分地自身显现或自身给予。除了意识以及向意识显现之物，别无其他。如同对尼采一样，对胡塞尔来说，主体性既是一个"意识的时代",也是一个"最明亮的时代",因此是一个"伟大的正午"。无论胡塞尔的先验现象学看起来与尼采的哲学有多大的分歧,无论他本人如何强调先验现象学作为一种严格科学在根本上反对尼采哲学所代表的历史主义倾向,但在海德格尔的眼里,二者并没有本质区别,都是一种现代的主体性形而上学。

至此,我们有必要进一步探讨胡塞尔的先验现象学与柏拉图哲学的关系。从海德格尔的角度来看,胡塞尔的先验现象学的确是对以柏拉图为代表的哲学传统的继承,但并不是在胡塞尔本人所理解的那种意义上的继承。胡塞尔自己一直坚信,先验现象学是以"去形而上学化"的方式实现了柏拉图的哲学(或形而上学)所追求的目标,让"本原"或"开端"以"无前提"或"明见"的方式自身显现。但事实上,先验现象学恰恰是将本原或开端从自身显现变成了向主体或自我的显现,这等于是将主体或自我本身看成是本原。就这一点来说,胡塞尔的先验现象学显然同尼采的哲学一样,是对柏拉图哲学以及传统形而上学的根本颠倒,因此也有足够的理由被看成是一种"颠倒的柏拉图主义"。在柏拉图的哲学中,灵魂只是一种较低的存在者,并不是、也不可能成为本原或主体。灵魂必须预设和承认某种更高的存在者,也就是理念(确切地说是"善"的理念),作为本原。本原或善的理念自身就显现,无须向灵魂显现。相反,只有本原或善的理念自身显现,世界和灵魂才能被照亮,灵魂也才能认识世界和自身。相比之下,在胡塞尔的先验现象学中,自我或主体取代了柏拉图哲学中的善的理念,成为真正的本原。自我或主体不仅自身显现,而且使得一切存在者,也就是整个世界,都得以显现。自我是纯粹和彻底的自身显现或自身给予,无须任何外在的给予者或光亮。除了意识或自我,没有真正的"自身给予"(Selbstgegebung)。在先验现象学意义上,任何存在者的"自身显现"或"自身给予"都是一种"预先被给予"(Vorgebenheit),而这种"预先被给予性"经过先验还原之后都可以被追溯到自我或主体的意向性构造,因此都是一种相对于自我或主体的"自身被给予"(Selbstgegebenheit)。

因此从海德格尔的视角看,尼采和胡塞尔不仅是柏拉图主义或柏拉图式的传统形而上学的继承者,而且是它的颠倒者。一方面,他们都像柏拉图一样忽视了存在者与存在的区分,将存在者的存在看成是一种确定的存在者,譬如权力意志(尼采)或先验自我(胡塞尔);另一方面,他们都颠倒了柏拉图形而上学的前提,也就是说,他们不是像柏拉图那样将理念(本原)看成是一种超验的自在存在者,而是认为它是权力意志的设定或先验自我的意向性构造。无论在尼采的权力意志哲学中,还是在胡塞尔的先验现象学中,存在者的"自身给予"或"自身显现"都被扭曲、甚至遮蔽了,因为它的"自身给予"或"自身显现"首先变成了向主体(权力意志或先验自我)的给予或显现,然后变成了主体的自身给予或自身显现。海德格尔认为,这种彻底的主体性既是尼采所要追求的"超人"或"伟大的正午",也是胡塞尔所说的先验主体性。正是在这种彻底的主体性形而上学中,存在者的存在、自身显现或自身给予被彻底遮蔽和遗忘了。

但是,海德格尔并没有简单地将这种"存在的遗忘"视为哲学的歧途,也不将其归咎于某些哲学家(如柏拉图、笛卡尔、尼采或胡塞尔等)的思想失误,而是认为它是存在自身的命运或馈赠。存在者的存在就是存在者从一个"空疏之境"(Lichtung)中的自身显现、给予或馈赠。一旦这种馈赠为人所接受,那么人就很自然地将存在者的存在看成是某种现成的存在者或对象,而存在者的存在作为存在者的自身显现所缘起的"空疏之境"也就被遮蔽了。这一遮蔽,既意味着"存在之隐退",也可以被理解为"存在之遗忘"。要言之,存在者的存在作为自身显现同时意味着自身隐退或遮蔽。在"伟大的正午",也就是意识达到充分或自我意识之际,这种自身隐退或遮蔽达到了最彻底的地步。这就是海德格尔所说的虚无主义。虚无主义既不是像胡塞尔所批评的那样来自对于绝对真理的否定,也不是像尼采所断言的那样是"最高价值的自行废黜"。恰恰相反,虚无主义的极端表征就是人宣称把握到存在者之存在或"真理"的时候。在这个"伟大的正午",真理之光驱散了一切黑暗,所有的存在者都沐浴在真理之光、同时也沐浴在意识和自我意识之光中,变成了人能够认识和控制的对象。存在者的存在变成了一种现成的存在者或对象,而让其得以自身显现或给予的"空疏之境"彻底隐退了。因此并不让人觉得意外的是,在海德格尔的眼里,无论是胡塞尔的先验现象学,还是尼采的权力意志哲学,都是一种虚无主义的体现,而它们的共同源头就是柏拉图的形而上学。

七

当然,胡塞尔对于海德格尔的批评中所指出来的问题并非没有觉察。作为一个具有“理智的诚实”的哲学家,他也认识到了他的先验现象学所面临的一个根本困难:先验现象学所要求的“先验还原”和意向性构造之分析能否被彻底化,以至于让包括意识在内的一切存在者,甚至整个世界,都变成意识的意向性构造物或相关物?在《欧洲科学的危机与超越论的现象学》之中,胡塞尔将这个困难概括为“人之主体性的悖论”(die Paradoxie der menschlichen Subjektivität)。简言之,这一“主体性的悖论”是,作为主体性的人如何既是世界的一部分,又能意向性地构造世界。用胡塞尔本人的话说,“毫无疑问,人类本身是世界的一个组成部分。世界的一个组成部分,即世界的人的主体性,如何能够构成世界,即将整个世界作为它的意向形成物而构成呢?”①

对于这一“主体性的悖论”,胡塞尔的解决方案不是像前现代的形而上学那样退回到一种朴素的自然态度,承认世界是独立于主体之外的客观或自在存在,也不是像笛卡尔那样设定一个最高的存在者即上帝来沟通主体与世界,而是将主体性的原则贯彻到底,使得世界由一种自在的存在者变成了意识或主体的意向性构造物,也就是现象学意义的“现象”。世界相对于意识或主体来说虽然是“预先被给予的”,但这种“预先被给予性”并不是一种独立于意识或主体的“自在存在”,而是仅仅意味着它是“交互主体性”的时间性或历史性的构造之结果。换言之,意识或主体所在其中的世界不过是意识的意向性构造之历史积淀的结果。有鉴于此,胡塞尔在其后期将其先验现象学推进到“发生”的维度,使之成为一种先验的发生现象学。在这一视野中,任何看似独立于意识或与意识无关的东西,哪怕是本能、欲望、下意识、潜意识、梦、死亡等非理性之物,都已经是意识的意向性构造的某种开端、萌芽或准备阶段,或者用胡塞尔的术语说,是一种“前意向性”(Vorintentionalität)或“源初意向性”(Urintentionalität)。

不过海德格尔敏锐地看到,无论胡塞尔将“先验还原”和意向性的构造分

① 胡塞尔:《欧洲科学的危机与超越论的现象学》,第217页。

析推进到何种地步，都无法从根本上消除这一“主体性的悖论”。因为即便在“前意向性”或“源初意向性”阶段，仍然有某种预先被给予的维度存在。这一维度虽然在意识的意向性构造之外，因此是不可见的，但它却是意识的意向性构造得以可能的基础。显然，这个不可见的维度就是海德格尔所说的存在者的存在，或者更确切地说，就是海德格尔后期所强调的“空疏之境”。① 作为胡塞尔的批评者之一，海德格尔的深刻之处不仅在于他指出了胡塞尔的先验现象学的内在困难，而且将其追溯到了思想的源头，也就是柏拉图所开启的形而上学。作为一种彻底的主体性哲学，胡塞尔的先验现象学一方面是对柏拉图的形而上学的颠倒，另一方面也是对它的实现。

那么，海德格尔的这一批评是否适用于尼采的哲学呢？表面上看来，尼采的哲学比胡塞尔的先验现象学更符合海德格尔所界定的主体性形而上学。因为按照海德格尔的解释，一切形而上学在根本上都是将存在者的存在看成是某种现成的存在者；它一方面是存在者的本质（essentia / Was），另一方面是存在者的“实存”（existentia）[现象或存在方式（Wie）]；并且，存在者的本质优先于和决定了存在者的实存。在尼采的哲学中，如果说存在者的本质是“权力意志”，那么它的实存或存在方式就是“永恒轮回”。具体而言，一切存在者的存在都是作为主体的权力意志的设定，而权力意志所设定的终极存在就是想要或意愿（wollen）其自身的“永恒轮回”。在权力意志的所意愿的自身之永恒轮回之中，也就是在这个“伟大的正午”，一切存在者的存在都是由权力意志所设定，或者说，被它的光亮所照亮。②

然而按照尼采自己的理解，海德格尔所强调的“权力意志”并不是其哲学的全部，而是仅仅构成其哲学的一个部分，并且是表面的部分。因为在尼采的著作中，“权力意志”只是一种实验性的或假定性的视角，并不是形而上学意义的存在者之存在，更不是意味着人的主体性。假如一切都是权力意志的设定或创造，那么对于“存在者之存在究竟是什么”的形而上学追问变得毫无意义，而它所预设的“本质”与“实存”或“本体”与“现象”之对立也随之消失。

---

① H. Pietersma, "Husserl and Heidegger", in *Philosophy and Phenomenological Research*, Vol. 40, No. 2 (Dec., 1979), pp. 204-207.

② 海德格尔：《林中路》，第 270 页。

正是在权力意志这一假定性的视角之下,人不再是一种决定存在者之存在的主体,而是同一切存在者一样是权力意志的产物,因此也是一种彻底的偶然性或命运。相应地,永恒轮回也不再是一种形而上学意义的"实存",也就是说,不再是权力意志的具体存在方式,而是变成了对于权力意志之创造的偶然性或命运的肯定。换言之,人只有彻底洞察了包括自身在内的一切存在者都是权力意志的偶然创造,才不会把自己当成存在者之存在的主体或中心,而是坦然地接受和热爱自身之生命或存在的偶然,甚至接受和热爱这个偶然的生命或存在的"再来一次"、永恒轮回。因此与海德格尔的解释相反,"永恒轮回"在尼采的哲学中并不是"权力意志"的逻辑延伸或补充,而是恰好构成了与"权力意志"相对的另一面,一个与海德格尔的"空疏之境"类似的不可见的维度。

在尼采的哲学中,"永恒轮回"并不是像赫拉克利特或斯多亚派哲学家所理解的那样表达了一个存在论的事实,即"权力意志"事实上以"永恒地轮回"的方式存在。所谓"伟大的正午"并不是权力意志作为主体或意识达到了绝对的自我意识,而是仅仅意味着权力意志对其自身之偶然性或命运的无限肯定、热爱和接受。正如尼采笔下的查拉图斯特拉所言,"永恒轮回"把"偶然"(Von Ohngefähr)——这个"世上最古老的贵族"——"还给了万物",让万物"在永恒之源泉中受了洗礼,而且在善与恶的彼岸"。[①] 查拉图斯特拉甚至以一种后期海德格尔的方式说:"在这里,一切存在的言语和言语之圣龛都为我豁然洞开:在这里,一切存在都要成为言语,在这里,一切生成都要向我学习说话。"[②]就这点来看,尼采的"永恒轮回"所表达的意思与海德格尔后期所说的"空疏之境"和"泰然任之"等思想有异曲同工之妙。如果说胡塞尔仍然局限在自柏拉图以来的哲学传统之中,那么尼采与海德格尔则开启了一个新的哲学视野。

生活在19世纪至20世纪的哲学转折时期,尼采、胡塞尔与海德格尔这三位哲学家都深刻地体验到了哲学在当时所面临的根本危机,也就是说,他们都非常清楚地认识到,柏拉图所开启的西方哲学或形而上学传统已经走向终

---

① 尼采:《查拉图斯特拉如是说》,孙周兴译,上海:上海人民出版社,2009年,第210页。

② 同上书,第236页。

结。胡塞尔以反柏拉图的方式重建一种柏拉图的哲学理想,即一种作为“严格科学”的现象学。相比之下,尼采与海德格尔则是越过柏拉图的哲学、直接返回到前柏拉图(或苏格拉底)的悲剧哲学。在西方思想的“第一个开端”(海德格尔语),希腊人有了“存在者之存在”的最初疑问:“为什么有东西存在,而不是什么都没有?”(Warum ist überhaupt Seiendes und nicht vielmehr Nichts?)① 但他们并没有简单地给出一个现成的答案,将存在者的存在看成是某种现成的存在者、实体或对象,而是保留了这种疑问的天真和素朴,将存在者的存在视作一种纯粹偶然的给予、馈赠或奇迹。由此可见,无论是尼采的“伟大的正午”,还是海德格尔的“泰然任之”和“空疏之境”,都试图激活甚至重现希腊人的这种天真和素朴。

行文至最后,本文无意对尼采、胡塞尔和海德格尔这三位伟大的哲学家的哲学思考路径做出一个非此即彼式的价值评判,而是仅仅试图由此提出自己的进一步思考:假如柏拉图的形而上学以及它所隐含的现代主体性形而上学只是前柏拉图时期的希腊哲学(第一个开端)的一种可能性,那么它还是否有其他的可能性,抑或是,我们是否应该再进一步,不仅超出柏拉图的形而上学,而且超出包括前柏拉图(或苏格拉底)时期的希腊哲学在内的整个西方哲学的视野?

---

① Heidegger, *Einführung in die Metaphysik*, *Gesamtausgabe* (*GA*) *Bd. 40*, Frankfurt am Main: Vittorio Klostermann, 1983, S. 3. 中译本将这句话翻译成“究竟为什么在者在而无反倒不在”。笔者认为,这个翻译过于曲折,没有清楚地表达海德格尔的原意。参见海德格尔:《形而上学导论》,熊伟、王庆节译,北京:商务印书馆,1996 年,第 3 页。

The Great Noon: Nietzsche and Husserl from Heidegger's Perspective

Wu Zengding

Abstract: This article aims to make a comparative research on Nietzsche's philosophy and Husserl's transcendental phenomenology from Heidegger's perspective. On the surface, Husserl's transcendental phenomenology is in opposition to Nietzsche's philosophy, because Nietzsche declared the end of Platonic traditional metaphysics with the assertion that "God is dead", while Husserl wanted to restore Platonic Philosophical ideals turn philosophy into a "strict science" in pursuit of universal truth. From Heidegger's perspective, both Nietzsche's philosophy and Husserl's transcendental phenomenology are a modern metaphysics of subjectivity, which regards a certain subject as the Being of beings, so that the ontological difference between the Being of beings and the being is cancelled and the Being of beings has been forgotten. Moreover, both Nietzsche and Husserl push the Platonic metaphysics to its extreme and ultimate realization in an anti-Platonic way, bringing the self or consciousness to a thorough "self-consciousness", which means "the great noon". However, through a careful analysis of Nietzsche's and Husserl's philosophical thoughts, this article holds that Heidegger's assertion of "the great noon" applies only to Husserl's transcendental phenomenology, but not to Nietzsche's philosophy. In fact, Nietzsche, like later Heidegger, returned to the pre-Platonic philosophy of tragedy, while Husserl was still confined to the traditional view of Platonic metaphysics.

Key words: Consciousness, Will to power, Being, The great noon

哲学门(总第四十辑)
第二十卷第二册
北京大学出版社,2019年12月

意向的自身超越性
——胡塞尔在《逻辑研究》中对布伦塔诺意向性理论的初步改造

孙铁根*

提　要:胡塞尔在《逻辑研究》第五研究中对布伦塔诺关于意向性的规定进行了改造。本文围绕布伦塔诺将意向性界定为对象指向性这一命题来分析胡塞尔对布伦塔诺意向性理论的改造。本文指出,不同于布伦塔诺,胡塞尔揭示了意向体验的自身超越性特征,并从这一根本观点出发,对布伦塔诺的意向性理论进行了现象学的改造,这一改造对胡塞尔关于意向本质的规定以及《逻辑研究》第六研究中意向对象和真理问题的相关理论奠定了前提和基础。

关键词:意向性　意向的超越性　心理现象　意向对象　描述心理学

《逻辑研究》这部突破性的著作代表着胡塞尔现象学的真正开始。在这部具有开端意义的作品中胡塞尔所从事的工作被两个主要理论动机所占据,一方面是要维护观念性—理想性的逻辑学和数学等学科的先天规范性,从而反对心理学主义所蕴含的相对主义和怀疑主义色彩,另一方面也要从被给予的意识经验出发来阐释和澄清这些先天观念的起源。这两方面的努力也构成了胡塞尔终生所从事的理论方向。胡塞尔在第五研究和第六研究中的主

*　孙铁根,1985年生,外交学院基础部讲师。

要内容是用来阐释和澄清先天观念在意识之中的起源的。这种起源式的研究不同于经验心理学的方法。为了区分二者,胡塞尔称前者为“描述—心理学的”或“描述的—现象学的”方法。这也是胡塞尔《逻辑研究》阶段使用“现象学”一词的主要内涵。第五研究中,胡塞尔主要通过对布伦塔诺关于心理现象的相关理论的批评和改造,提出了现象学意义上的意向性理论,从而将意向性作为标志胡塞尔现象学的关键性术语。因此胡塞尔对布伦塔诺的意向性理论的改造就成了他早期现象学的逻辑起点。本文尝试指出,胡塞尔和布伦塔诺的意向性理论根本的区别就在于胡塞尔发现了意识经验或心理体验所具有的自身超越性特征,而这一核心的发现是贯穿胡塞尔第五研究的主要分析脉络。正是建立在这一根本特征的基础上,胡塞尔得以区分出意向行为、意向内容以及意向对象,进而对布伦塔诺意向性理论中的矛盾和含混不清之处做出了详细的修正。本文根据这一基本思路,首先分析布伦塔诺关于意向性的基本规定,然后基于第五研究中的相关论述来分析胡塞尔是如何改造布伦塔诺的意向性理论的。

一　意向性作为“心理现象”的根本特征:布伦塔诺的界定

胡塞尔的意向性理论的出发点是布伦塔诺关于“心理现象”的界定。在《从经验立场出发的心理学》一书中,布伦塔诺作出了关于“物理现象”和“心理现象”的著名区分。物理现象是指通过外感官感知获得的关于外部事物的“现象”。它指的并不是“外在于”意识或体验的客体,而是通过外界对感官的刺激而在体验之内显现的现象。心理现象是指通过内感知而获得的关于体验的现象。物理现象是心理体验的初阶对象,在对物理对象朝向的同时伴随着对心理体验自身的内感知。因此心理现象和物理现象都是局限在体验范围之内的,心理现象指的是体验—行为或活动,物理现象所指的是体验对象。比如听一个声音、看有颜色的东西、对冷暖的感受等感知行为、对某物的判断行为以及情感、意志等行为都属于心理现象;而所听到的音乐、所看到的颜色、想象的图像、判断的东西等等都属于物理现象。[①]

① 布伦塔诺:《从经验立场出发的心理学》,郝亿春译,北京:商务印书馆,2017 年,第 94—95 页。

物理现象和心理现象既然都是在心理体验之中的，那么二者何以区分呢？布伦塔诺富有创见性地指出，意向性是心理现象区别于物理现象的第一个重要的标准。意向性是指心理现象在自身中意向地内在包含着某个对象。“在表象中总有某物被表象，在判断中总有某物被肯定或否定，在爱中总有某物被爱，在恨中总有某物被恨，在欲求中总有某物被欲求，如此等等。”[①]而物理现象则不是如此。

上面所引的这段话可以从两个角度来解释。布伦塔诺通过意向性来界定心理现象，一方面是用来表明心理现象区别于物理现象的本质特征，表明意向性是心灵具有对象的存在方式或者认知者所具有的认知类型的存在方式[②]，心理现象所具有的存在方式就是内在包含某种对象。布伦塔诺借用中世纪经院哲学对心理现象的规定，将其规定为“关于某个对象的意向（或精神）中内存在”。这一界定是从亚里士多德对于灵魂的规定中得来，心灵能力在自身中是通过剥离出对象的质料从而接受对象的形式或内容的方式来把握对象的。比如我们的感官所感受的内容是在感受行为之中的，感官接受了对象的感官内容，而剥离了它的质料；理智思维所把握的内容是在理性思维之中，理智所接受到的是对象的形式，就像印在蜡烛上的蜡印一样。[③] 按照这种思路，布伦塔诺根据对象种类和性质的差异，将心理现象区分为表象、判断以及情感、兴趣与爱三种不同的行为类型，并且将表象行为看作是其他行为的基础。

另一方面，意向性用来刻画意识具有某种对象—指向性的特性，布伦塔诺称之为“与一个内容的关系（die Beziehung auf einen Inhalt）、向一个客体（在这里不应被理解为一个实在）的朝向（die Richtung auf ein Objekt），或内在的对象性（die immanente Gegenständlichkeit）”[④]。这里的“内在的对象性”表明指向对象是心理体验的属己的特征，并且强调意向对象是内在于心理现象之

---

① 布伦塔诺：《从经验立场出发的心理学》，第105—107页。

② 德布尔：《胡塞尔思想的发展》，李河译，北京：生活·读书·新知三联书店，1995年，第8页。

③ 布伦塔诺：《从经验立场出发的心理学》，第106页。J. N. Mohanty, *The Philosophy of Edmund Husserl*, New Haven & London: Yale University Press, 2008, p. 133.

④ 布伦塔诺并没有明确使用过“意向性”这个概念，参见 J. N. Mohanty, *The Philosophy of Edmund Husserl*, p. 131。

内的。对布伦塔诺和胡塞尔来讲,任何有意义的体验,在其自身之中就包含对对象或对象性的指向。对象或对象性指向是心理体验的本质特征。[①] 心理现象自身内在包含着对象指向性。心理现象是以表象行为为基础的,其他像判断行为或情感行为都是建立在表象行为之上的,或者说是以表象行为所提供的对象为基础的。表象行为作为奠基性行为是内在包含于对象在其自身之中的。布伦塔诺指出,任何表象都具有对象性指向。反过来讲,任何对象性指向都包含在表象行为之内。即使像"方的圆""金山"这样的对象从意向的对象指向这一角度上来讲也是"存在"的。

综上所述,意向性一方面用来表明心理现象中对象的存在方式,即对象是内在于意识体验之中;另一方面表明心理现象所包含的对象指向性的特征。前者将包括心理行为和所指向的内容或对象在内的心理现象看作是在意识体验之中的,从而揭示了心灵拥有对象的存在方式,主要侧重的是不同对象类型所对应的心理现象或心理行为;后者指出心理现象是内在蕴含对象性的,即心理体验或心理行为是内在包含对象的,揭示出心理现象或体验的本己特征。[②]

布伦塔诺将意向性刻画为心理现象的本质性特征,因此它是心理学所研究的主要对象。这里所说的心理学并不是经验心理学,而是描述心理学。经验心理学并不能彻底地通达心理现象,因为它预先设定了意识的实在性特征。这种心理学实际上与经验物理学共享了某些基本前提:把研究对象看成是具有空间—时间性的实在物,只不过物理学研究的是外知觉物,而心理学研究的是内知觉物(生理—物理的知觉物)而已。我们应当不带任何理论成见或前提地去朝向心理现象,直观地描述它。因此我们看到布伦塔诺的描述心理学方法已经有了"现象学"的前兆。在布伦塔诺看来,描述心理学为以物

---

① 布伦塔诺:《从经验立场出发的心理学》,第 105 页。布伦塔诺认为对象是内存于心理体验或意识之中的,胡塞尔通过区分体验行为与体验对象而指出意向对象并不"内存"于心理体验或意识之中。这构成了胡塞尔对布伦塔诺意向性概念的最重大的修正。

② 一般认为,经院哲学是在心灵拥有对象的方式这一层含义上来使用意向性概念的。但是德布尔质疑了这种说法,他认为,在阿奎那那里,意向(intentio)具有意动和认知两层含义,前者意味着一种渴望和冲动,而后者表示心灵具有对象的存在方式。布伦塔诺的独创性在于,他通过压缩意向所具有的欲求的内涵从而将其局限到认知活动(表象和判断活动)之中,并将后者作为奠基性的活动。参见德布尔:《胡塞尔思想的发展》,第 9—10 页。

理学为代表的自然科学和经验心理学提供了先天性原则和规范性基础。

布伦塔诺认为,用来区分这两种现象的还有一个重要标准:内感知所具有的"明见性"。心理现象通过对体验活动本身的内在感知而获得了明见性,即内感知是直接而不谬的。我们可以怀疑物理现象的实在性,但我们不能否认体验的"实在性"。"内知觉不但是唯一具有直接明证性的感知种类;而且在'知觉'这个词严格的意义上而言,内知觉实际上是唯一的知觉。……心理现象也是唯一一种既具真实存在又具意向存在的现象。"[①]相比于外知觉,内知觉是对体验的"真正"的知觉(Wahr-nehmung),内知觉与体验的自身存在是相一致的,不能设想没有内知觉的体验以及没有体验的内知觉。

二　意识体验的实项内容与明见性原则

建立在布伦塔诺对意向性界定的基础上,胡塞尔得以发展出他自己的意向性的规定。在《逻辑研究》第二卷的第五研究中,胡塞尔详细地分析了三种流行的意识观点,并对其作了"现象学"上的改造,尤其体现在对布伦塔诺意向性观点的改造上。在对这三种意识观点的分析中,胡塞尔明显是在对布伦塔诺所提出的心理现象以及通达这种现象的内感知能力进行批评性的重构。由于胡塞尔对布伦塔诺的意向性理论并非完全否定,所以他也没有对这三种意识观念进行纯粹的否定。胡塞尔对布伦塔诺意向性理论改造的核心在于他发现了意向的自身超越性这一意识所具有的某种"建构性"能力。这也是他分析这三种意识观所贯彻的统一性的原则。只有从这一点出发我们才能更好地看到这三种意识观念是如何被胡塞尔巧妙地综合在一起的,并且由此构成了胡塞尔现象学意义的意向性理论。

(一)意识体验的实项成分和意向成分

胡塞尔对布伦塔诺意向性理论的改造突出体现在对实项内容和意向内容的区分上。

胡塞尔首先分析了第一个流行的意识概念:作为心理现象的实项内容,亦即统一的实项的意识流。在胡塞尔那里,这个意识流指的是"经验自我所

---

① 布伦塔诺:《从经验立场出发的心理学》,第109—110页。

具有的整个实项(reell)的现象学组成、作为在体验流（Erlebnisstrom）的统一之中的心理体验(Verwebung der psychischen Erlebnisse)”①。

这个概念是将意识作为一个整体来看待。这种作为统一的意识流的实项内容就是“内部经验到的自在自为的体验”。作为实项的意识体验,它们是类似物理实在式的生理—心理实在。它被认为具有同物理现象相似的实在性特性,这种实项的意识体验流是以经验心理意义上的心理人格以及身体为基础的。而后者则受自然因果规律的制约。这意味着,这种实项的意识流无法脱离物理—实在的自然图景。如果从经验心理—物理学的角度来看,作为经验—实在的此在与外部世界处于一种自然因果式的物理关系之中。而从描述现象学的角度来看,这种作为经验个人的自我与经验对象的事物并不是“纯粹”的现象。这里的“纯粹”指的是对所有与经验—实在此在(与人或自然动物)的(物理)关系的排除。处于自然实在关系中的自我与事物,是两种显象(Erscheinung)的关系,即作为自我人格的显象与作为事物的显象。它们都是作为超越的显象而出现的,这表明它们经历了某种解释或立义,而非最源初的体验或现象。

在排除了上述对体验或意识内容的看法之后,我们就回溯到了“纯粹”现象学意义上的体验。胡塞尔指出,布伦塔诺对体验的界定是十分模糊的,其根本原因就在于没有意识到体验行为与体验对象的这一关键性区分上。布伦塔诺没有明确区分二者,将它们统称为意识内容或体验。但是行为与对象的区分是根本性的。行为本身是体验着的,它们自身并没有作为对象而显现,而显现的东西却不是体验着的。②

胡塞尔用“外感知”的例子来说明这一点。在对某种颜色的感知中,对颜色的看与作为显象的颜色具有不同的类属。对颜色的看属于体验的实项内容,而作为颜色的显象则属于体验的意向内容,也就是说颜色的显象并不属

---

① 胡塞尔区分了实项的(reell)和实在(real)的两个术语,前者指的是意识源初的存在方式,后者指的是经验科学关于物的设定,是对实项意识进行统觉后的结果。参见胡塞尔:《逻辑研究:第二卷第一部分》,倪梁康译,北京:商务印书馆,2017年,第764—765页/A325。Mohanty将这种实项的意识体验看作是休谟意义上的知觉流,这种观点是偏颇的;在探讨这种意识的观念中,胡塞尔显然对其做了描述现象学意义上的改造,因此实项的意识流并不等同于实在的,后者才是休谟意义上的知觉流,因为它带有素朴的实在性设定。参见J. N. Mohanty, *The Philosophy of Edmund Husserl*, p. 127。

② 胡塞尔:《逻辑研究:第二卷第一部分》,第769页/A328。

于实项内容,它是"借由"实项内容而显象的对象。属于实项内容的并不是作为显现的颜色,而是颜色感觉。颜色感觉作为被体验到的感觉复合,经历了某种"立义"或"统摄",从而使得颜色的显现得以出现。因此,

> 体验本身并不是那个"在"它之中**意向地**当下的东西。……在感知方面所做的**本质**区分是必要的,这样才能将这两者区分开来,即:在感知之中的东西、即实项地**组成**体验的东西,以及那些在非本真(即"意向地")意义上"在它之中"的东西;对其他的行为也应当做出类似的**本质**区分。①

意向内容与实项内容得以区分的根本原因在于胡塞尔这一阶段发现了意识的赋义功能。胡塞尔由此批评布伦塔诺,认为他虽然发现了意向性,但是没有发现客体化功能。② 布伦塔诺没有区分被动地具有某个内容与对内容的"统觉",他将意识首先看作是对内容的消极占有和被动接受,由此将由外界刺激所形成的物理对象看作是内在于意识之中的。胡塞尔认为,布伦塔诺的心理现象一方面是指内在于意识之中的实项的心理体验,另一方面是指在意识之中的内在对象即物理现象,因此这个术语具有相当大的歧义。他用"意向体验"这个术语替代了心理现象。胡塞尔指出,布伦塔诺所说的心理现象或心理体验指的就是上面这种实项的意识体验,属于意识的实项内容。

胡塞尔认为意识的体验流中还可以发现一种"新的关系",即客体化的关系。以感知为例,在体验中感觉复合被体验到,而同时它以某种方式"被立义""被统摄",从而以对象的方式显现。胡塞尔将意识的这种立义和统摄的功能称之为"赋灵立义的现象学特征"③。这也就是胡塞尔发现的区别于布伦塔诺的意向性概念。在胡塞尔看来,应该区分体验的实项内容和意向内容。在体验中实项内容得到了体验,而意向内容是作为对象而显现。意向关系指

---

① 胡塞尔:《逻辑研究:第二卷第一部分》,第770页/A329。

② 同上书,第180页/187;Ludwig Landgrebe, "Husserl's Phenomenology and the Motives Leading to Its Transformation", in Drummond, J. J., Höffe. (ed.) *Husserl: German Perspectives*, pp. 49-83., Fordham University Press. p. 58;德布尔:《胡塞尔思想的发展》,第129页。兰德格朗贝指出,胡塞尔在这一时期甚至在《算术哲学》时期就已经跟布伦塔诺的思想保持距离了,其中关键的一个标志就是对意向性的理解。胡塞尔通过赋予意识以某种主动创造性的、综合性的意指特征,突破了布伦塔诺对意向性的规定,对后来胡塞尔成熟时期关于构成的思想起了十分重要的作用。

③ 胡塞尔:《逻辑研究:第二卷第一部分》,第770页/A329。

的就是对这种意向内容的指向。我们总是指向对象,而不是指向实项的体验流,同时对对象的指向是借由对实项内容的体验而获得的。在这里胡塞尔对体验做了严格的限定。布伦塔诺将实项内容和意向对象都统称为体验,它既可以指作为实项被体验到的意识流,也可以指被意识到的对象。而胡塞尔则将体验限定在实项内容上,它不能称被对象化;我们也不能说对象被体验到,而应该说它被感知、被判断、被指称、被意欲等。

胡塞尔通过区分实项内容和意向内容,将实项内容看作是被给予的意识流体验,将意向内容看作是意识的自身超越性以及由此所构成的意向对象。在胡塞尔的现象学中,超越这个概念的内涵非常丰富。[①] 倪梁康先生指出,胡塞尔现象学意义上的超越具有两方面的含义:一种含义指的是对意识的超越即对非实项内容的超越,我们可以将其理解为意向对象或对象性的超越性,意向对象的超越性与意识行为的内在性相对,前者是后者客体化或超越性解释的结果;另一种含义指的就是上文所分析的对意识的实项内容的超越,即意识超出实项内容的自身超越性,指的是意识自身所具有的客体化立义或超越性解释的本己特征,即意识"通过统摄的能力而超越出实项的内容(感觉材料)构造起对象及其视域"的特征。[②] 将这两种含义结合起来,我们可以看到,意向自身所具有的超越性是意向对象超越性的根源。因此我们用自身超越性来表明意识自身所具有的这一特征。

(二)明见性与内感知、外感知

胡塞尔对布伦塔诺意向性理论改造的第二个重要方面体现在对其外感知和内感知区分的批评上。

上文我们已经介绍过,布伦塔诺区分物理现象和心理现象的一个重要标准就是内感知所具有的明见性。对体验的内感知是直接而不会犯错的,而对物理现象的外感知则是可怀疑的。布伦塔诺认为,在体验中被体验到的内在内容是真实存在的,不能被怀疑的;而诸如声音、颜色等被感知到的东西则是不存在的,它们并不"真实"内存于体验之中,因此它们是"假象"(Falsch-neh-

---

① 倪梁康:《胡塞尔现象学概念通释》,北京:生活·读书·新知三联书店,2007年,第467—468页。

② 同上。《逻辑研究》时期胡塞尔尚未明确意识到作为内在超越的纯粹自我的问题,因此这里所讲的超越并没有包括作为自我的超越性这一层内涵。

mung)。呈现在体验中的物理现象可以通过物理学而证明为假的,比如颜色或声音现象仅仅是分子的运动而已。内在感知的明见性不需要证明,它是任何证明的前提。对体验活动的认识就内在蕴含于活动本身,它是活动本身的一个属己特征。①

胡塞尔批评布伦塔诺的关键一点是他混淆了外感知与内感知以及相即(adäquat)感知与不相即感知这两对概念。感知是表象行为的一种,而不是某种具有独立种属的行为特征。内感知指的是对本己体验的感知,外感知指的是对物理现象的感知。上文我们已经提到,胡塞尔意向性内涵中重要的一点就是他赋予了意识活动某种赋义或统摄的功能。感知作为基本的表象类型之一,它自然也具有这种"主动性"的功能,即对个别具体的体验进行整合、赋义,亦即借由实项体验之流而加以客体化地理解和把握的功能。既然被称为感知,那么无论内感知还是外感知,就其概念界定上的统一和一致而言,它们都是某种统觉,而经由这种统觉所显现的东西则称为"现象"或"显现内容""统觉内容"。

> 外感知是**统觉**,因而概念的统一性就要求,内感知也是**统觉**。感知意味着,有某物在它之中显现出来;而**统觉**则构成我们称之为显现的东西……我听手摇风琴——我把被感觉到的声音解释为手摇风琴声。与此完全相同,我**统摄地**感知我的心理现象,感知那激动着我的喜悦、心中的悲哀等等。它们都叫作"现象",或者更好是叫作显现的内容,也就是**统觉**的内容。②

无论是对物理现象的感知,还是对心理现象的感知,它们都经历了客观化立义。显现的现象或内容就是感知统觉的结果。

不同于想象、图像等表象类型,感知具有自身生动呈现的充实性特征。比如对某张桌子的感知,不同于对它的想象和图像行为,它要求这张桌子的亲自呈现。如果这张桌子充分完全地得到呈现或被给予,那么我们就获得了关于这张桌子的"相即感知",否则就是"不相即的、超越的感知"。相即与不

① 德布尔:《胡塞尔思想的发展》,第35—37页。
② 胡塞尔:《逻辑研究:第二卷第一部分》,第1251页/A702。

相即的区别在于,感知所朝向的是否是真正在场(präsent)的内容,如果是的话,所感知的对象与感知内容完全一致;如果不是的话,感知透过这个现时体现的内容而构造出了一个超越之物,这样的话,感知内容仅仅是在一定限定下"展示"了感知对象,两者并不是等同,而仅仅是相似的关系。① 胡塞尔将相即的感知称为明见性,不相即的、超越的感知称为非明见性。相即与不相即并不能用来区分物理现象和心理现象。外感知也能获得明见性,而对心理体验的感知也可能是不明见的。以后者为例,并不是所有的内感知都是明见的,即使是本己的、现时的体验。比如牙疼的感知,疼痛感似乎位于健康的牙齿中。对痛感的感知与身体的某个部位产生了关联,而这是一种虚假的体验。这是由于疼痛得到了超越的解释。因此同外感知一样,内感知也会出现这种情况:所感知的心理现象并不"存在"。内感知也会经历超越的对象化解释。② 实际上,完全有可能将在内感知中的体验统摄或立义为一个感知着的心理物理的人—自我的体验。而这种超越的对象性体验,在描述—现象学的范围内,并不"存在"。在这里,不存在意味着有被怀疑的可能性,它并不是明确无误的。它关涉的是认识论,而非形而上学上的兴趣。

胡塞尔指出,布伦塔诺将相即和不相即的明见性称为某种感知是有歧义的。如果感知指的是某种基本的表象类型,它的本己属性就是客体化的立义或超越性的解释。也就是说,任何感知所朝向的对象总是超越于感知内容的。这样就不会存在相即的明见性。

(三)心理现象的自反性特征

上文所分析的明见性的内涵主要指的是内感知相对于外感知的直接不谬性。除此之外,布伦塔诺所说的明见性还有一层内涵,即内感知拥有一种特殊的被觉知的方式,它是依附于对物理现象的外感知活动中的。感知朝向外在对象的同时伴随着明见性地对内感知的觉知。

> 内感知不是附加到有关心理现象上去的第二个独立行为,相反,这个心理现象除了包含着它与一个源初客体的关系之外,例如与那个被外在地感知到的内容的关系,它"根据其总体性还将它自身作为被表象的

① 胡塞尔:《逻辑研究:第二卷第一部分》,第1263页/A 711。

② 同上书,第1254页/A 704;第1264页/A 712。

和被认识的包含在自身中”。由于行为直接地指向它的源初客体，以此方式，它同时也顺带地指向了它本身。①

换言之，这种内在觉知并不是在心理体验之外的另外一种心理体验，它是被包含在初阶的心理体验之中的，也就是说，在初阶的心理体验中包含有对内在觉知的指涉。这种指涉不同于心理体验，因为后者是专题式（thematisch）被注意到的，而内在觉知则是非专题式的、背景式的被关注到的。② 因此在体验流中可以区分出两个维度的体验，一种是专题式得到关注的心理体验，一种是非专题式得到关注的内在意识或者内在觉知（inner Wahrnehmung）。布伦塔诺认为这种非专题式的内在意识是始终伴随在心理体验流之中的。

有些学者指出，胡塞尔对内感知以及相即感知的分析所涉及的关键问题是自身觉知的问题。胡塞尔揭示出自身觉知的亲历式被给予的方式。自身觉知是亲历式的，这意味着自身觉知是一个活生生、鲜活的体验过程。正如胡塞尔所说的：“行为必须在此存在，这样我们才能够在它们之中‘生活’（in innen … leben），在可能的情况下‘融入到（aufgeben）’它们的进行（Vollzuge）之中。”③这表明心理现象的一个重要的特征，亦即它是亲历性的，或者说我们是“活”在这种意识之中的。亲历性揭示出了自身觉知的被给予方式。正如扎哈维说：“心理现象这种亲历性的特征，其重要性在于，它可以使得我们理解自身觉知的被揭示性。”④

具体来讲，这种亲历性体现在两个方面，一方面指的是意识作为统一的实项内容的整体，它是生动地被亲历着的，亦即它处于非对象化的（non-objectifying）、前反思性的（pre-reflective）状态，另外一方面指的是意识对这种亲历是有自我觉知（selbst-bewusstsein \self-awareness），也就是说，它是自明的。这种自我觉知是非意向性的（non-intentional）、自反性的（reflexive）。⑤

---

① 胡塞尔：《逻辑研究：第二卷第一部分》，第 1251 页/A 702。

② 丹·扎哈维：《主体性和自身性：对第一人称视角的探究》，蔡文菁译，上海：上海译文出版社，2008 年，第 47 页。

③ 胡塞尔：《逻辑研究：第二卷第一部分》，第 843 页/A385。

④ 丹·扎哈维：《主体性和自身性：对第一人称视角的探究》，第 37—58 页。

⑤ J. N. Mohanty, *The Philosophy of Edmund Husserl*, p. 130; D. Legrand, “Self-consciousness and World-consciousness”, in Dan Zahavi (ed), *The Oxford Handbook of Contemporary Phenomenology*, pp. 378-399, London: Oxford University Press, 2012, p. 562.

同布伦塔诺对内感知的分析相同,胡塞尔也认为自身觉知是二级性的。意识总是朝向对象的,在实施意向行为的同时,意识对自身有某种觉知。同样,胡塞尔也认为这种自身觉知是能够揭示出来的。但是胡塞尔通过区分自身觉知的前反思状态和反思状态指出了他与布伦塔诺的关键性区分:自身觉知并不是对象意识。二者尽管是在同一个意识行为中被给予的,但是在被给予方式上存在着质的差异。而布伦塔诺认为我们可以将二级的自身觉知作为对象来持续地关注,因此将自身觉知看成是某种对象意识,尽管与一级的对象意识存在着不同。布伦塔诺认为,对这种非意向行为的特征和性质的揭示可以在反思中进行,在反思中被揭示的是意向对象的性质和特征以及非意向的心理体验或行为:

> 这些现象学家都赞同布伦塔诺的如下观点:自身觉知或内在意识区别于普通的对象意识;但争论的焦点在于,自身觉知是一个非比寻常的对象意识还是根本就不是一个对象意识。与布伦塔诺相比,胡塞尔以及其他的现象学家都赞同后者这一更为彻底的观点。①

因此,胡塞尔区分出了对自身觉知的被给予方式以及对象的被给予方式之间的差别。自身觉知尽管是伴随在对象意识过程之中的,但它自身却不是某种对象意识。

扎哈维更进一步分析,反思可以对这种非—对象的自身觉知加以恰当地揭示。作为高阶的意识行为,它可以对蕴含在一级心理体验中的自身觉知加以“凸显”。但这种“凸显”仅仅是对自身觉知的特征进行揭示,而不是进行对象化的“改造”。当然,反思也在某种程度上对自身觉知进行了“变更”,反思不同于观察(Beobachtung),后者是对心理事件如实地记录和简单地复制。②观察方法将自身觉知的源初经验对象化,将非专题式、背景式得到关注的体验专题化、对象化。因此它剥离掉了源初自身体验的亲历性,将其看作是某种类似于物理现象的对象。不同于观察,反思则是在保留体验的亲历性的基础对自身觉知作的某种揭示。在这种意义上,反思的方法比观察的方法更符

---

① 丹·扎哈维:《主体性和自身性:对第一人称视角的探究》,第53页。

② 即使在布伦塔诺那里,他也不同意观察方法。

合描述—现象学的原则。

但从扎哈维的表述中我们可以看到，他对反思的界定是比较“弱”的。与观察相比，反思仅仅凸显或揭示这种自身觉知，并没有剥夺它的源初特征。反思可以是对象化的，也可以是非对象化的。但扎哈维一方面强调反思作为高阶活动具有专题化特征，即将非对象化现象对象化的特征；另一方面则强调反思所揭示的是非对象化的、前反思的自身觉知。而这又是如何可能的呢？他强调前反思的自身觉知在“现象学”上的优先性：正是前反思的自身意识使得反思的自身意识得以可能，而非相反。前反思的自身意识本身就蕴含着反思性，这种反思性并非是自身意识的无关紧要的属性，而是构成自身意识之为自身意识的本己特征和构成性要素。[①]

在这里笔者并不打算详细地分析自身觉知被揭示的问题。笔者想要说明的是，胡塞尔在《逻辑研究》中在强调这种自身觉知的时候，其语境并不同于扎哈维所设定的语境。扎哈维将第一人称视角的前反思状态中被给予的意识体验的描述作为现象学的起点，这一点笔者是赞同的。但是在这一阶段，胡塞尔究竟在多大程度上涉及反思性方法和自身觉知之可能性，笔者认为需要进一步探讨。

在《逻辑研究》中，胡塞尔明确质疑纳托尔普关于自我作为一个关系中心自身不能再被对象化的分析。纳托尔普区分了被意识到的内容以及与统摄这些内容的关系中心，前者是意识对象，而后者则不能成为意识内容。[②] 胡塞尔对此做了批评，如果这种自我以及自我与内容的确定关系不能作为对象，它就不能被断言和得以区分；反过来，如果对之做出了断言和区分，那么这种自我及其与内容的确定关系就能够作为对象而被关注和分析，即使它并不同于狭义上的对象概念。

> 如果我们对一个思想、一个感觉、一个不舒服的感受等等进行关注，那么我们也就使这些体验称为内感知的对象，虽然这种对象并不是在事物意义上的对象；与此完全相同，那个被关注的自我的关系中心以及自

① 丹·扎哈维：《主体性和自身性：对第一人称视角的探究》，第 27 页。
② 胡塞尔：《逻辑研究：第二卷第一部分》，第 784—785 页/A341。

我与一个内容的确定关系也是对象性地被给予的。[1]

当然胡塞尔在这里所做的是推论性的反驳。如果自我作为关系中心真的可以作为源初体验被给予的话,它也仍然可以甚至是必然对象化。但在实项被给予的意识流中我们并没有这个作为关系中心的自我的经验,只有"经验自我和它与那些本己体验或外在客体的经验关系"。

结合上文对内感知和外感知的分析,任何感知都是统觉行为或客体化(对象化)行为。如果"自我可以和其他任何外在事物一样被感知到"的话,自我必然是被对象化的显象。换言之,自我是内感知的体验经历了对象化立义或超越性解释的结果。它与物理现象一样,同样属于超越对象。被反思地把握到的体验复合与心理自我的关系就"类似于一个被感知的外在事物的'被感知到的那个面'与这整个事物的关系"[2]。

如果将明见性原则运用于内感知体验中,我们可以说,被反思地把握到的体验复合具有明见性,是明见性地被给予的,而心理自我则是非明见性—超越式地被给予的。因此我们可以看到,胡塞尔这时候尚未明确涉及自身觉知的问题,他在这里的讨论仅仅涉及心理自我如何在意向中被给予的问题。而这一讨论主要体现了胡塞尔描述现象学方法的基本特点。

描述心理学或现象学限定在明见地被给予的意识体验上。无论是意向内容还是内在觉知,它们都是建立在对这种意识体验的描述的基础上的。明见性是远远比内感知和外感知更为源初的行为特征。"无论如何,明见性这个性质已经为我们提供了一个描述性的特征,这个特征将一种感知与另一种感知区分开来并且摆脱了所有形而上学实在的前提。"[3]这里的"所有形而上学实在的前提"当然是指经验物理学和心理学的关于心理之物和物理之物的设定,关于自我主体和世界的"实在性"的设定。换言之,描述心理学对任何超越之物的设定都是持怀疑态度的,包括心理自我。明见性并非等同于内感知,后者是表象行为的基本类型之一,而明见性则是对象被给予充分程度上的区分性原则。

---

① 胡塞尔:《逻辑研究:第二卷第一部分》,第785页/A341-42。

② 同上书,第786页/A342。

③ 同上书,第1257页/A697。

三　胡塞尔对意向性概念的初次界定：意向行为与意向对象

（一）意向行为与描述心理学方法论原则

上文我们已经指出，胡塞尔将实项被给予的意识体验作为他描述心理学的起点。但这并不意味着他将研究范围局限在了某个个别具体的主观心理状态之中。他反复强调描述心理学是一种本质性的研究，即这种分析具有普遍客观的意义。描述心理学既强调意识体验的实项性，同时也强调所进行的分析具有先天普遍性。

在《逻辑研究》的第一卷，胡塞尔有力地驳斥了心理主义，捍卫了数学和逻辑学中观念性同一性意义的客观性。心理主义认为后者的客观性意义最终可以追溯到心理状态和过程中。胡塞尔认为这种经验性的研究并不能解释逻辑和数学对象或概念所具有的客观性。在第一卷中胡塞尔的论证是消极性的，是对观念对象的客观性所做的正当性辩护，但是胡塞尔认为需要更为积极的论证来澄清这样的观念对象客观性的"根源"（Ursprung）。因此不同于经验心理学，描述心理学是一种先天的本质性的学说，它根本上是服务于对"观念对象"的客观性辩护的。《逻辑研究》第二卷就是围绕这个中心论题而展开的。胡塞尔关于意向本质的分析的根本出发点就是来澄清观念性的对象与作为实项体验流的意识之间的先天—本质性的关系。胡塞尔一方面试图确定逻辑学和数学中根本原则的先天性特征，另一方面则试图澄清这种先天观念性与主体的某种施为成就是内在相关的。这两方面构成了胡塞尔在《逻辑研究》中所坚持两个根本的理论动机。兰德格雷伯将其总结为本质—心理学的以及本体论的。①

这种分析的起点是被给予的意识流，即从被实项给予的意识体验出发来澄清这种观念性对象。胡塞尔认为这种描述现象学要以被给予的意识体验为前提。由此我们可以有三个推论。

第一，描述心理学是纯粹基于意识体验或行为的，它要求我们不能对超出直观被给予的意识行为和内容的东西进行描述。这首先意味着描述心理

---

① Ludwig Landgrebe, "Husserl's Phenomenology and the Motives Leading to Its Transformation", p. 62.

学侧重于意识行为一侧,而不是意识对象一侧。这里的意识对象是指与意识行为平行一侧的意识相关项(Noema)。胡塞尔在这一时期并不认为需要对意向相关项进行单独分析,仅仅从意向行为一侧就完全可以确定意向对象的特征。任何对象都可以通过对意向行为的现象学描述而得到规定。

第二,我们前文分析到,描述心理学关注的是普遍性的观念性对象①。既然胡塞尔认为任何对象都可以通过意向行为一侧而得到规定,那么这种观念性对象也可以而且应当通过意向行为而加以澄清。

第三,需要注意的是,尽管胡塞尔的分析最终还是建立在对实在性和观念性两类对象的区分②这一传统的本体论基础之上,但是他所作的工作并不是围绕本体论而展开,他所关心的是观念性对象在意识中被给予的方式问题,而非仅仅关注观念性对象的性质和特征等本体论问题。描述心理学分析并不关注对象的实在性和观念性。但这里说的是认识论语境的不关注。不关注实在性对象,是说在描述心理学的语境中,实在性对象是经过立义解释的超越对象,亦即它需要回溯到意向性分析中才能得到更好地理解;在这种“认识论”的意义上我们可以说这种分析同样不关注观念性对象;但是在本体论意义上我们不能说胡塞尔没有关注观念性对象,很明显,相比于经验科学中的实在性对象,胡塞尔更关注逻辑学、数学等学科中的观念性对象。在这种意义上可以称胡塞尔是“柏拉图主义”。但是这一本体论问题并非胡塞尔的核心关注,他在《逻辑研究》中主要关心的是这种理想性—观念性的对象在意识中被给予的状态。

(二)意向的自身超越性与意向对象的实在性问题

心理现象的根本特征就在于其自身包含有对象在内。心理体验或意识行为总是相关于某个对象的。指向某个对象是对意向体验的规定,是就意向体验所作的本己性规定。“与这个对象的关系是一个属于行为体验的本己本质组成的特征,而表明这种特性的行为体验(根据定义)就叫作意向体验或行

① 观念性对象是作为“意义”的“对象”。严格来讲不能将其称为对象。实项的意识体验所包含的先天的意向内容或对象就是这种具有同一性意义的观念对象。

② 在《大观念》中胡塞尔将实在、事实与非实在、本质作对比,这里的实在性指的是经验事实意义上的实在性,本质则是先天意义上的观念性。参见 J. N. Mohanty, *The Philosophy of Edmund Husserl*, pp. 144-145。

为。所有在对象性关系方式中的区别都是有关意向体验的描述性区别。”[①]

那么意向性是如何超出自身从而突破意识的内在性而达到对实在对象的认识呢？在体验中的意向对象与实在对象的关系如何？

对于布伦塔诺来讲，心理体验的内容就是意向的对象，它是内存于意识之中的。对于非意向的对象比如物理现象领域而言，它是属于自然科学所研究的内容。我们一般将类似于物理对象那样通过因果法则所看待的对象看作是具有“实在性”的。这样的话，布伦塔诺所设定的意向对象本身并不具有这种意义上的实在性。意向对象仅仅指的是心理体验的内容。但由于明见性上的差别，意向对象比物理对象更为可靠。而对于胡塞尔来讲，布伦塔诺将内存于心理体验中的内容称之为对象是有很大的歧义的。心理体验的内容属于实项的意向体验，它自身是不能被称为对象的。它属于行为一侧。而任何对象都是经由这种实项的体验而超越性的解释。意向对象属于意向所指向的超越对象。

因此，意识行为所朝向的对象并非是心理体验的实项显现内容，后者被体验到，但并不作为显象显现，而前者并没有被体验到，但却作为显象而显现。所体验的对象与意识体验本身之间的关系，并非是像布伦塔诺所认为的那样，是被体验到的两个“实事”——意识行为与意识对象——之间的关系，并非是两个心理内容之间相互套接的关系。[②]

同时，意向性也不能看作是意识与被意识到的实事之间的实在关系。这种理解是将意识和被意识的实事看作是在物理—心理的自然主义的图景之中的。前者是对意向性的“主观化”的理解，后者则是对意向性的“客观化”的理解。[③] 这两种理解都是错误的。

意向性概念表达的是对意向体验的本质规定，而不是一种关系，无论这种关系是“主观化”还是“客观化”的。我们可以具有对龙的表象，尽管龙并不具有现实性。我们在实项的体验中并不会找到龙这样的表象对象，在实在世界中也找不到相应的对象。但只要意向体验是体现性(präsent)、现实性的，

① 胡塞尔：《逻辑研究：第二卷第一部分》，第848页/A388。

② J. N. Mohanty, *The Philosophy of Edmund Husserl*, p. 143.

③ Zahavi, “Intentionalität und Bewusstsein”, in Mayer, V. (ed.), *Edmund Husserl: Logische Untersuchungen*, Berlin: Akademie Verlag, 2008, pp. 143-145.

那么它就总是包含对某个对象的朝向。与一个对象的关系是内含于意向体验中的,是它的源初性的属己特征,比任何主观的或客观的实事之间的关系更为源初。"'内在''心灵'对象不属于体验的描述(实项)组成,因此,它根本不是内在的或心灵的。它自然也不在心灵之外。它根本就不在。但这并不妨碍那个对朱庇特神的表象是现实的。"①

就意向对象与意识行为内在相关但又不在意识体验之中而言,意向对象是超越的;就意识行为能够超出自身体验之外"内在蕴含"某种异己的对象的指向而言,可以说意识行为是自身超越的。② 这里的"内在蕴含"指的是一种先天本质性关系,说意识行为内在蕴含着对象,就像颜色与广延的关系一样,是先天的本质关系。意向对象的超越性实际上根源于意向所具有的自身超越的统觉功能。

胡塞尔指出,意向本质是意向质料与质性的统一体,而正是这个统一体使得意向对象得以被规定。这表明了意向性的根本特征就在于自身超越性,也就是说,意向性自身(per se)就是自我超越的(selbst-transzendierenden),即先天意指对象的。意识的意向性所具有的根本特征就是对超出自身的对象指向和客体化解释。

意向性所朝向的对象是唯一的对象,除此之外并不存在独立于意向对象的所谓"实在"对象。谈及实在对象就已经是意向性的某种超越的客观化的解释的结果了。从描述心理学的角度来看,从被给予的意识出发而源初获得的是意向对象,而非实在性对象。当然,这种对某种对象的意向是否具有知识论或真理的意义就是另外一个问题了。意识自身具有超出自身把握对象的这种意向性此时尚未触及认识论问题。只有在第六研究中胡塞尔才从根本上触及这一问题。在第六研究中他指出,空的意指意向与直观意向的动态综合的统一是真理或知识问题的最核心的解决方案。而在第五研究中通过意向性概念所揭示出来的意向的超越与对象的被给予这一"事件的发生"则可以看作是通向第六研究的前提和基础。

意向性表明意识朝向的是"非己"的其他某物。它最重要的意涵就是,意识

---

① 胡塞尔:《逻辑研究:第二卷第一部分》,第800页/A352-53。

② J. N. Mohanty, *The Philosophy of Edmund Husserl*, pp. 142-143.

朝向的是对象自身,而不是关于对象的某种相似性的代现(Repräsentation)。对此,胡塞尔批驳了图像论。图像论认为事物是外在于我们意识的东西,我们对它的意识是通过在意识之中获得的某种作为事物之代表的图像。胡塞尔认为,这种观点是一种相似性(ähnlichkeit)论证。

这种相似性论证认为,我们通过图像的显现而意指被映像的对象。但是这种图像的显现本身并不具有与所谓的外在事物一样的属性,比如对一个红色杯子的图像或者显现本身并不是红色的。我们是如何超越意识中的图像而将之与外在于意识的某物产生联系的呢?意识之内的图像与外在事物这样的"主""客"区分是在对源初意向性的派生解释的基础上才是可能的,将意向的对象看作是某种图像,这本身就是意向的超越性解释的结果。胡塞尔指出,这是一种相似性意向,即图像表象,它也是一种特殊版本的意向性。这种表象行为将相似之物作为(als)相似之物的图像代表而意指这个图像代表。意向性使得这种相似性得以可能,而不是相反。换言之,意识本身只有首先具有某种超越性,它对对象的表象行为才得以可能。[①]

这种图像论所实际关涉的根本问题是意向对象与实在对象的关系问题。胡塞尔关注这一问题是受特瓦多夫斯基(Twardowski)问题意识的启发。特瓦多夫斯基接过布伦塔诺和鲍尔扎诺(Bolzano)的问题,即任何表象是否都具有对象这一问题。布伦塔诺认为任何表象都内在蕴含着与对象的关系,不管所意向的对象是否实存,它至少都可以意向式地存在,即使像"金山""方的圆"这样的表象也是有对象的。而鲍尔扎诺则质疑这种可能性,他认为"金山""方的圆"由于没有实在的对象与之相对,关于它们的表象就是无对象的。而特瓦多夫斯基则区分了意向对象和实在对象,他同意布伦塔诺的观点,也坚持认为任何表象都有意向对象。但是他也同样指出意向对象与实在对象的关系就如同图像表象与实在物的关系一样。由此他区分了表象内容与表象对象。具有实在性的表象对象才是意向所朝向的首要对象,而作为表象内容的意向对象则是二级对象。特瓦多夫斯基一方面承认布伦塔诺的命题,认为

① 胡塞尔:《逻辑研究:第二卷第一部分》,第 859 页/A397。在《大观念》中,胡塞尔修改了他关于想象和图像意识的规定,图像意识所具有的相似性具有模糊性,它似乎是在对象本身与对象相似物两种"对象"之间的相似性关系,但在《大观念》中胡塞尔将想象看作是知觉的变更样式之一,它与知觉的对象是相同的,但对象的被给予方式不同。

从意向存在的角度讲,任何表象都具有对象;而另一方面他也坚持,具有实在性的对象不仅仅在意向中存在,同时也在现实中存在,因此从现实性存在角度来讲,并非任何表象都具有对象。

胡塞尔则从根本上反对特瓦尔多夫斯基区分对象的意向存在和现实存在的解决方案。他认为,意向所朝向的对象总是同一个对象,无论这个对象仅仅在意向中存在还是也具有实在性,区分二者的做法是荒谬的。如果没有"圆的方"的话,它就根本不存在,无论仅仅在意向中还是具有现实性。①

胡塞尔做出这种判断的根据就在于意向所具有的统觉功能。指向对象或者对象化是意向性自身蕴含的统觉能力所做出的。无论是何种对象或对象性,即使是像"心灵""自我"等都是意向体验客观化立义的结果。

在意向性的结构之中已经蕴含了与超越的对象的关系。这意味着超越的对象是在意向性之中构成(Konstitution)的。"无论如何必须学会明察:在任何情况下都需要对一个表象对象的某种'构成',即对意识而言的并且在意识之中的'构成',在意识的本己本质内涵中'构成'。"②超越的对象的显现需要意识的某种施为活动。脱离意识的这种构成性活动,无法设想一个超越的对象。

这种构成指的是对象显现的必要条件。意向性并不是指对某种物理实在物的外在朝向。因为后者已经预设了某种实在的或者实存的事物。与之相反,某物的实在性恰恰需要在这种意向性的构成关系中才能得到正确的理解。在意向性之中发生的是带有对象指向结构的体验的存在(Existenz)。在这个意义上,我们可以说,意向性是超越主客二分的,或者说,它是比主—客关系更为源初(primär)的现象。

综上所述,胡塞尔在《逻辑研究》第五研究中对布伦塔诺的意向性理论进

① Karl Schuhmann, "Intentionality and the Intentional Object in the Early Husserl", in Drummond, J. J., Höffe. ed. *Husserl: German Perspectives*, pp. 141-162, Fordham University Press, pp. 145-147. Schuhmann 指出,胡塞尔在 1894 年的《意向对象》一文中就已经开始思考意向对象与实在对象的关系了。他在这一时期所给出的解决方案是意向对象和实在对象的存在问题实际上是意向的意向性所具有的意指性赋义活动,通过区分本真表象和非本真表象,对象存在的问题最终可以回溯到对象被意指的意义是否能够由无矛盾的存在命题(比如"A 存在"或"A 不存在"这样的判断)加以表达的问题。而在第六研究中这一关于认识对象的知识论问题是通过意向自身所具有的符号的空意指向着直观充实的综合性的动态指引而加以解决的。

② 胡塞尔:《逻辑研究:第二卷第一部分》,第 860 页/A397。

行了初步改造。意向所具有的自身超越性或统觉能力是胡塞尔与布伦塔诺关于意向性理论的根本差别。从这一根本前提出发,胡塞尔对布伦塔诺的心理现象做出了更为“现象学”的阐释。就意向行为的角度而言,胡塞尔揭示出意向自身所具有的超越性特征;就意向对象的角度出发,胡塞尔揭示出意向对象的超越性而非内在性特征。胡塞尔指出,布伦塔诺将意识的实项内容看作是意向对象,从而混淆了意识的实项内容和意向内容。同时布伦塔诺将意向对象看作是内在于意识之内的,未能从根本上把握意向对象的超越性。通过对布伦塔诺意向性理论的批评和改造,胡塞尔揭示了意向的自身超越性特征,从而为之后第六研究中的知识论问题奠定了关键性的论证基础和前提。

Intentionality's Self-Transcending: Husserl's Preliminary Transformation of Brentano's Theory of Intentionality in *Logical Investigation*

Sun Tiegen

Abstract: In the *Fifth Logical Investigation*, Husserl has transformed Brentano's theory of intentionality. In this paper I try to point out, the great difference between Husserl's and Brentano's theory of intentionality lies in that Husserl discloses the fundamental characteristic of intentional experiences—self-transcending, which provides the presupposition for further phenomenological analysis such as intentional essence, intentional objects and truth theory.

Key words: Intentionality, Transcendence of intention, Psychical phenomenon, Intentional object, Descriptive psychology

书讯

《东西之道:〈道德经〉与西方哲学》

[德]汉斯-格奥尔格·梅勒著,刘增光译

北京:北京联合出版社,2018 年

汉学家汉斯-格奥尔格·梅勒 1964 年生于德国,师从波恩学派大师陶德文(Rolf Trauzettle),研究领域为中国哲学和比较哲学,曾任教加拿大克鲁克大学哲学系,后任爱尔兰国立科克大学哲学系教授,著有《马王堆汉墓帛书〈老子〉》《道德之愚》等书。

《东西之道:〈道德经〉与西方哲学》是梅勒关于中国哲学研究的新成果,他指出本书的写作目的有三重:一、尝试从内部接触道家思想,通过对道家思想的主要文本《道德经》做历史性的、文献学的深入阅读和分析,来理解道家思想。二、通过指出道家思想和西方哲学的相似与不同之处,达成对于两种哲学形态的比较,揭示哲学的不同可能。三、努力将《道德经》这类文本中的观点与当下的讨论联系起来。

作者受网络思维启发,提出"超文本"的阅读方式,提炼出十大主题对《道德经》八十一章进行分析。梅勒指出,《道德经》的形式与内容都与我们习见的文本不同,它激发人们以不同的方式思考,以不同的视角来看待已经熟悉的事物。因此,在该书中梅勒注重对比分析,以显示《老子》的独特之处,以期呈现古代中国哲学中某些可供当下讨论资取的思想资源。(马卓文)

哲学门(总第四十辑)
第二十卷第二册
北京大学出版社,2019 年 12 月

图形与目光
——梅洛-庞蒂论视看

宁晓萌 *

提　要:人们通常认为,"看"无疑即是一个主体对一个对象的观看。这种理解暗含着一种认识论式的结构,这使得人们在视看问题的研究中往往以认识的理解替代了源初的视看经验,而忽略了视看自身问题的研究。有鉴于此,梅洛-庞蒂致力于让视看的理论重返源初视看经验的研究。通过这种研究,他让我们看到,在视看中,并不先行地存在着确定的对象,所谓的对象更是在我们的注视中朝向我们成为图形;另一方面,视看活动的主体也并不应被视作一个具有绝对优越地位的意识主体,对视看活动具有绝对的主导和支配作用,视看的主体自身也是被看者,视看不再仅仅是一主体对对象的观看,而在梅洛-庞蒂的解释中成为一种能见者与可见者间的源初存在联系。值得注意的是,这种联系作为看/被看的交织运动展示出一种动力的结构,这种解释不仅为视看问题提供了新的意义和理论形式,也为梅洛-庞蒂后期的存在论架构提供了实质性的展示。

关键词:看　图形化　可见者　运动

克劳德·勒弗尔(Claude Lefort)曾经说:"从《塞尚的疑惑》到《眼与心》,从

* 宁晓萌,1979 年生,北京大学哲学系长聘副教授。

《知觉现象学》到《可见的与不可见的》,梅洛-庞蒂从未停止过思考视看。……直至其哲学家生涯的结束,他的著作总是不断地为一个问题带来新的回应,这个问题就是:什么是看?"[①]视看的问题在梅洛-庞蒂哲学研究的每一个阶段都与其最重要的概念和论题交织在一起,成为他在诸多问题领域的研究得以有实质进展的实在的着眼点。也正因如此,他本人在视看问题上的每一次探索,已经不单纯是对视看活动的解释,而是同时为其所关联的概念和论题的推进提供着线索、方法和理论构造方面的启示。本文试图从梅洛-庞蒂在不同时期的论述中分析他对视看问题研究的推进,并将这种推进与其哲学研究自身发展的要求结合起来,从而揭示出,随着梅洛-庞蒂在视看问题上一步步摆脱主—客关系的认识论框架,他的哲学研究也朝向肉身的存在论探索步步深入。视看问题,正是梅洛-庞蒂毕生的哲学问题。

一　重返视看经验

梅洛-庞蒂在其早期工作中致力于恢复一个知觉的世界。对他来说,以印象替代知觉本身的经验主义,和不关心实际知觉而只从知觉所提供的材料来分析知觉的理智主义,都在以并非知觉本身的东西替代知觉,故而他们"都与知觉保持着距离,而不是参与知觉"[②]。若想要突破这种与知觉的隔阂,真正实现一种关于知觉的研究,首要地,是要重返源初知觉经验的发生之中,重新揭示那些直接的知觉经验。表现在视看问题上,就在于重返视看的经验。

在梅洛-庞蒂看来,对于重返视看经验构成最大障碍的,是我们已经习惯以常识和精神性的思考与分析来代替视看经验本身,且往往并不自知。正如克劳德·勒弗尔曾经指出的:"一小块蜡或粉笔、桌子、立方体,被知觉事物的这些过于简略的象征,总是如此经常地由哲学家们提供出来,以便通过计算去消除被知觉事物。他们总是热衷于通过摆脱可感事物而使心灵得到拯救,认为这些可感事物之所以被选取只是为了证明我们居住其中的那个世

---

① Claude Lefort, "Qu'est-ce que voir?" in *Maurice Merleau-Ponty*, ed. Emmanuel de Saint Aubert, Hermann Éditeurs, 2008, p. 57.

② Maurice Merleau-Ponty, *Phenomenologie de la perception*, Paris: Gallimard, 1945, p. 34.《知觉现象学》,姜志辉译,北京:商务印书馆,2003 年,第 51 页。

界是悲惨的。”①相比于那些仅只以“简略的象征”描述视看对象的哲学家，梅洛-庞蒂更聚焦于视看活动本身。在此问题上，格式塔心理学关于视知觉的研究为其提供了重要资源。

（一）图形—背景理论与“图形化的运动”

格式塔心理学研究中著名的图形—背景理论揭示出，在视看中，我们并非径直看到一个孤立的物体，而是看到物体的形象从背景中凸显出来。事实上，在很多情况下，背景与背景上的图形间的关系也并不是在视看之前已经确定的，而是在注视中，向着目光而呈现为图形—背景。我们并不会总是同等清晰地或同样模糊地看到所有的东西。在实际视看经验中，对某处聚焦的观看，总是使得某处变得更加清晰，而其周遭的东西则会暂时变得模糊暗淡。我们通常将那些变得模糊不清晰的部分暂时视作背景，而相对清晰的部分则称作图形、对象、物体。而这种清晰和模糊的关系并非是绝对的。我们的观看往往并不会只是停驻在某处，而是在其运动变化之中。此刻清晰的东西，在下一刻有可能进入到模糊昏暗的区域，成为背景，而另一些东西变得清晰起来，成为图形。在很多格式塔心理学案例中，我们都可以看到图形和背景的这种转换或相互转换。譬如，在图 1 中，我们或许在一瞬间看到的是深色部分为图形，浅色部分为背景，或许又在片刻间将浅色部分看作图形，深色部分看作背景。在图 2 中，我们一会儿看到的是花瓶（杯），一会儿是两个侧面相对的人脸；在图 3 中，一会儿看到的是由正面看到的立方体，一会儿看到的是从上面看到的立方体。

图 1

图 2　鲁宾花瓶

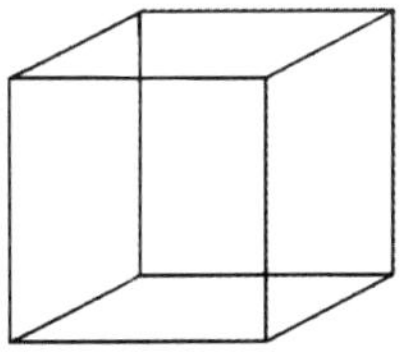

图 3　内克尔立方体

这些例子告诉我们，即使在一些看起来已经比较主题化的视看中，我们也常

① Claude Lefort, “Préface”, in *L'Œil et l'Esprit*, Paris: Gallimard, 1964, p. iv. 中译参见《眼与心》，杨大春译，北京：商务印书馆，2007 年，第 24 页。

常并非径直面对物体,面对对象。图像的意义在我们眼前发生着转变。在纸张和图形的轮廓都没有改变的情况下,图像却似乎在挣脱轮廓线的束缚,从一种确定对象的形象中逃逸出去,而进入到另一种可能的存在之中。在这样的注视中,与其说我们是让目光锁定对象,不如说是目光跟随着图形自身的运动在寻找图形。图形的呈现不是我们在分析、反思中通过计算或推论获得的,而是在观看中直接被给予的。因此,梅洛-庞蒂称:"格式塔是世界的显现本身,而不是世界的可能性条件。格式塔是一个准则的形成,但本身不是按照一个准则实现的。格式塔是外部世界和内部世界的同一,而不是内部世界在外部世界中的投射。"①对他而言,格式塔理论的突破之处正在于它将视看揭示为世界(某种整体性的结构)的呈现,致力于"对直接经验作朴素的和完整的描述"②,并试图对这些经验展开一种发生学的考察。在这种描述和考察中,视看的现实发生,揭示出属于视看自身的问题。它使人们必须面对真正的视看经验来思考和回应这些问题,而不是仅仅依据于思想和理论的先行构设将视看重新拉回到一种因果分析之中去。正因如此,梅洛-庞蒂称格式塔心理学"提出了一个哲学问题",只不过,他同时也看到,格式塔心理学所提出的这种哲学性的尝试并不能仅仅通过心理学研究来完成。由于受限于因果解释的方法,并且也并没有真正意识到其所试图捕捉的那些经验间的发生学联系的哲学意义,格式塔心理学本身并不能够透彻地处理其所提出的问题。③而这样的问题唯有在一种同样关注于直接经验及其发生联系的超越论现象学中才可能获得更深入的研究。梅洛-庞蒂指出:"如果我们希望反思能保持它把握了其描述性特征、且真正领会的那个对象,我们就不应该把它视作只是回到某种普遍原因,让它事先在非反思中获得实现,而是应该将它视作一种参与了非反思的实况性的创造性的活动。这就是为什么在众多哲学中唯有现象学能够谈论一个超越论的场。这个词意味着,在注视中,反思从未拥

① Maurice Merleau-Ponty, *Phenomenologie de la perception*, p. 74.《知觉现象学》,第 91 页。

② 格式塔心理学意义上的现象学意指"尽可能对直接经验作朴素的和完整的描述"。参见考夫卡:《格式塔心理学原理》,李维译,北京:北京大学出版社,2010 年,第 58 页。

③ 此处对格式塔心理学问题的分析,可参见梅洛-庞蒂 1953 年在法兰西学院课程"可感的世界与表达的世界"中的相关论述,Maurice Merleau-Ponty, *Le monde de sensible et le monde de l'expression*, eds. Emmanuel de Saint Aubert & Stefan Kristensen, Genève: Mètis Pressses, 2011, pp. 93-95.

有过完整的世界,也不曾拥有过众多展现出来的、对象化的单子,反思从来只能展示一个局部的视角和一种有限的力量。这也正说明现象学何以是现象学,一种关于存在如何向意识呈现的研究,而不是假定一种先行给予的可能性。"[①]超越论的现象学为一种前反思的主体活动留出了空间。唯有当一个主体不仅仅被看作是反思的、精神的主体,也同时能够参与前反思的、反思得以在其中实现为反思的活动,它才有可能不只将各种经验现象当作反思的结果,而是当作更源初层面的存在对意识的呈现来领会。回到视看的现象上,正是从格式塔理论未能触及之处,梅洛-庞蒂以一种哲学的方式将视看的问题推进一步。他在图形—背景的构造中看到了一种结构性的意义,这种结构性的意义使他并不单纯关注视看的对象是什么,而是更关注在视看活动中发生了什么。

在 1953 年的课程中,梅洛-庞蒂进一步指出图形—背景理论非常关键的一点在于揭示出一种"图形化的运动"(le mouvement figural)[②]。如前所述,图形—背景的结构为我们展示出,在视看中,不是我们将作为视觉器官的眼睛的某种功能固定在一个指定的对象上,而是有一种朝向我们目光汇聚的成为图形(相应地,其邻近的区域成为背景)的显现活动。我们在一种动态的过程中实现着"看—到",或者说,我们是在目光中捕捉到图形化运动的意义。图形化运动的独特之处在于这种运动仅由图形自身的成形而获得意义,不能通过任何外在的因素来解释。因而,对于这种图形化运动的领会只能诉诸直接的视看活动本身,而不能借助于感官刺激的印象分析或任何观念性的反思性的分析或预设,在梅洛-庞蒂看来,那些分析与预设总是发生在我们捕捉到运动之前或之后的瞬间,而这恰恰错过了真正的运动[③]。由此,视看的问题被引向另一个复杂的问题——是谁在直接感知这种运动?

---

① Maurice Merleau-Ponty, *Phénoménologie de la perception*, p. 74.《知觉现象学》,第 91 页。

② Maurice Merleau-Ponty, *Le monde de sensible et le monde de l'expression*, p. 95. 这种说法是梅洛-庞蒂在 1953 年的法兰西学院课程中明确使用的。在这一课程中,梅洛-庞蒂所讨论的部分问题与《知觉现象学》中的内容有所重合,但整体结构和思路却有所调整。从图形—背景问题中揭示出"图形化运动"的意义,一方面是在此问题上的进一步总结,与其过去在此问题上的看法并无太大差异,但另一方面,却也是他将知觉的问题引向表达问题的新的进展。

③ Maurice Merleau-Ponty, *Le monde de sensible et le monde de l'expression*, p. 89.

(二)身体作为视看的主体

图形的意义在于图形化的运动,在于成为图形,而这种运动并不能被简单理解为一种客观的运动。图形在此不是一个客观对象,也并不应当被视作一客观物体的轮廓或图像,它不是作为什么东西的复制品或替代品,也不是作为什么东西的符号而有意义,亦即不是诉诸某种预设或外在的规定性而获得意义。图形的全部意义在其成为图形的运动中呈放出来。这种运动并非先于视看而存在,而只是在视看中现实化。在前述图例中,图形与背景的结构关系并非是唯一的、确定的和必然的,而是在一种运动的张力之中。而发生在这种运动张力之中的某种意义的呈现却并不只诉诸勾画出图形的线条本身,而更是诉诸注视和促成图形的目光,图形为我呈现为图形,图形化的运动朝向我展开和发生。

之所以我们会在实际的视看经验中发现图形的运动表现出一种为我的特性,乃是因为我作为在世界中存在的实存主体在视看活动中占据着首要的地位。观看,首先无疑是通过眼睛去看,透过肉眼,而不是单纯透过精神去看。眼睛并不是人的身体中一个独立运作的器官,视看并不仅仅通过好似机器一般的一个视觉器的工作原理获得解释。梅洛-庞蒂早期的身体理论向我们揭示出,通过眼睛去看,即是通过身体去看,这不仅仅是因为眼睛是身体的一部分,更是因为眼睛的观看从来都只发生在身体的整体动作之中。梅洛-庞蒂用身体图式(le schéma corporel)的概念来说明身体的这种整体性构造。在他看来,“我的整个身体对我而言并不是各个并列摆放在空间中的器官的集合。我不可分割地拥有我的身体,我通过身体图式了解我身体的每一个部分,因为它们都囊括在身体图式之中”①。身体图式不是对身体经验的总结,它指向某种系统的和完整的身体把握,而非仅接纳经验的残余片段。② 相比于心理学的解释,梅洛-庞蒂所试图建立的新的身体图式概念更带有对其动力因素的考量。身体图式总是“根据着某种筹划的价值,而主动把存在着的身体各个部分整合(intégre activement)为一体”③。这种主动性源于身体现实地

---

① Maurice Merleau-Ponty, *Phénoménologie de la perception*, p. 114.《知觉现象学》,第 135 页。

② 关于对“身体图式”概念的批评,参考《知觉现象学》第一部分第三章的讨论。Maurice Merleau-Ponty, *Phénoménologie de la perception*, pp. 114-116.《知觉现象学》,第 135—138 页。

③ Maurice Merleau-Ponty, *Phénoménologie de la perception*, p. 116.《知觉现象学》,第 137 页。

关联于其所生存于其中的现实与处境的实存论特质。身体不是一个抽象的概念,也不仅仅是我的物理存在,而更是我现实地处身于世并与世界中的一切事物建立联系的立足处和定位点。我从我的身体出发、凭借着我的身体朝向世界存在(être au monde),成为一投身世界、处身于世界中的身体主体。梅洛-庞蒂将我的身体称作"绝对的这里"("l'ici" absolu)。他分析了几组常见的空间关系(高—低、左—右、高度—宽度、大—小等),指出这些关系总是相对的,一个位置并不意味着一个自身确定的客观的点,左边的总是相对于在其右边的东西而成为左边的,而相对于一个比它更左边的东西,它将被视作是在右边的。故而,成为位置,并不是成为一自在的对象,位置总是因与其他位置相互关联而有意义。这种相对性实际上指向一个问题,即在这些关系中充当着参照标准的东西。梅洛-庞蒂指出,"这首先预设了一个'位置'现象,即绝对的'这里',若无后者,则上述关系就毫无意义"①。在此充当"绝对的'这里'"的,正是"我的身体对世界的某种把握"——"我的身体在世界中的坚定和自如使它得以栖居其中,位置是与我以及与通过我的身体而与世界(形成)的关系,而不是世界中各个部分之间的关系。位置首先乃是处境。"②亦即,对于"客观的"景象而言,位置或方向并无意义。倘若物或景象只是纯然客观的,那么它们之间并不产生关联,而只是纯然自在地作为自身存在着。只是在与我发生联系之际,它们才相对于我而言有了"朝向我的头的天,和朝向我的脚的地"③。在此意义上,身体作为我们朝向世界去存在的"锚定点"、作为"绝对的这里"、作为坐标点现实地存在于世,标画出我们存在在世的现实处境④。当梅洛-庞蒂在早期哲学中将身体视作主体⑤,这并不是要重新将身体塑造为一个反思的、精神的或认识的主体,而恰恰是要揭示出一个源初的、前反思状态下的知觉的主体。这一"主体"并不是一个相对于认识对象而

---

① Maurice Merleau-Ponty, *Le monde sensible et le monde de l'expression*, p. 71.

② Ibid, p. 73.

③ Ibid, p. 72.

④ 关于梅洛-庞蒂早期哲学中的身体概念及身体主体的考察,可参考拙著《表达与存在:梅洛-庞蒂现象学研究》,"第二章 梅洛-庞蒂早期哲学中的身体概念",北京:北京大学出版社,2013 年,第 64—84 页。

⑤ 在 1952 年写作的研究计划中,梅洛-庞蒂指出:"处于主体的一边,是我们观看世界的视点,是精神得以在某种物理和历史处境中关注自身的处所。"(Maurice Merleau-Ponty, "Un inédit de Maurice Merleau-Ponty", in *Parcours deux 1951-1961*, Paris: éditions Verdier, 2000, p. 39.)

言的正在进行认识和思考的我,而是意味着知觉经验的现实依托与作为一切知觉得以可能的发生之所。唯有诉诸这一实存论的知觉的主体,一种知觉的研究才有可能暂时摆脱此前各种认识论意义上的设定,而仅只凸显为一种“与世界间的生命的联系”,一种“生命的意义”①。在中后期的文本中,梅洛-庞蒂更多地使用“人的身体”(le corps humain)来凸显其身体概念的人文主义特质。对一个作为主体的“人的身体”而不是一个平均的、健全的、成熟的但却抽象的理性的精神主体而言,知觉的经验,特别是视看的经验,总是表现出一种缺陷和局限——人总是只能从其现实所是的身体的视角去观看,也因而总是在一种局限的视看中感知事物,而不可能拥有一种全息的洞见,毫无障碍地一下子把握住事物的全部。

在看一个物体的时候,我们总是能够直接看到物体的一面或几面,而看不到它的背面。凭着经验和知识,我们也总是会认为,此刻看不到的那一面会由于我们改变位置而看到,或根据我们对事物认知的规律而推断为存在的。然而在知觉之中,看不到的背面是没有直接呈现的,关于它的描述并不能诉诸知觉本身,而只能是在某种智性的或实践的综合之中发生。出于一种人的身体的视角,人们的观看从某个意义上说总是不完整的。然而并不应当认为这种不完整是知觉的错误或失败,诚如梅洛-庞蒂所言,“事物随着我所处身的位置向我呈现为变形的,这并不是事物自身的意外事件,而是它之为‘现实的’所付出的代价”②。甚至毋宁说,那种将全部侧面都囊括的完整观看,并非是知觉自身的要求,而是出于观念的要求。如果说,被知觉物终究具有完整性的特征,这并不意味着应当以知觉以外的方式将之补充为观念所要求的那种完整,因为知觉到的整体性之意义并不在于一种将诸部分叠加在一起或在观念上将这些部分统摄在一起,而是归因于知觉自身运作的系统性和结构性特质。身体的观看,就是在身体处身世界的位置上的观看,身体的存在方式本身已经决定了他终将不会一览无余地一下子看到事物的全部面向,决定了他只能是在属于他的视角上去看。从这个意义上说,要求用知觉理论

---

① Maurice Merleau-Ponty, *Phénoménologie de la perception*, p. 64.《知觉现象学》,第 81 页。

② Maurice Merleau-Ponty, *Le primat de la perception et ses conséquences philosophiques*, Paris: Édition Verdier, 1996, p. 48.《知觉的首要地位及其哲学结论》,王东亮译,北京:生活·读书·新知三联书店,2002 年,第 12 页。

解释出于观念论要求的对事物全部侧面的观看的问题,其实是悖谬的。

正因如此,梅洛-庞蒂指出"知觉是一个悖论,被知觉物本身也是一个悖论",即"我所在的地方对我来说从来不是完全给予的,我所看到的事物唯有在超出其可感的那些面向的条件下对我而言才是事物"①。他因此看到了一种镶嵌在知觉之中的"内在与超越的悖论"——"(说它是)内在的,因为被知觉物对知觉者来说不应该是在外的(étranger);说它是超越的,因为被知觉物总是包含着一些超出现实所予之外的东西。"②借着梅洛-庞蒂对这种悖论的描述,我们可以看到,被知觉物正因不只是知觉者所直接感知到的东西而具有物的特征,否则它将只会消融在知觉者的知觉经验之中,成为经验的片段。而知觉也正因不能够一览无余,才是知觉,才是那种与事物最源初层面上的最直接、最生动的联系。因此,从某种意义上说,这种悖论并不应当简单被视作知觉的困难,而是真实地勾画出知觉自身的特质和边界。

(三)视角与深度

人们在谈论观看的视角的问题时,似乎总是不言而喻地预设着我们是在世界之中的某个位置上观看。在现象学—存在主义的语境下,在—世界中—存在,并非意指一物体被放置在世界中的某个位置上,"在……之中"并不仅仅表示某种空间位置关系。梅洛-庞蒂意义上的身体主体在世界中的存在,更加不是指一身体根据设定好的空间观念和几何学式的位置关系而在世界之中拥有位置。"各种将我们引入空间经验的符号,按照假设,应当唯有当其已经处于空间中并且是已知项的情况下才能表示空间。"③而对梅洛-庞蒂而言,知觉才是"进入世界的开始",原则上,在知觉之前应当没有任何其他的东西可以为知觉提供规则与概念,不应当"把还没有在知觉中形成的客观关系作为确定知觉的因素"④,而应当诉诸知觉经验本身来解释这种位置的意义。在他看来,处身世界的身体不是一个几何学意义上的点,而是一个作为"我能"的实存论主体,是能够在世界中确立方向体系的定位点。对于这样一个身体

---

① Maurice Merleau-Ponty, *Le primat de la perception et ses conséquences philosophiques*, p. 49.《知觉的首要地位及其哲学结论》,第 12 页。

② Ibid. 同上。

③ Maurice Merleau-Ponty, *Phénoménologie de la perception*, p. 297.《知觉现象学》,第 326 页。

④ Ibid. 同上。

主体而言,事物的大小、高低、左右等等并非事物自身的本质特征,也不是出于某种客观标准的规定。仅就事物自身而论,大小、高低、左右是无从说起的,若无一个可资参照的标准,事物只是自在且孤立地是其自身,而并不与他物发生关联。只是相对于一个充当着坐标体系零度点的身体而言,事物才依据着我的身体有了"朝向我的头的向上,和朝向我的脚的向下",才有了彼此间相对的大小、高低、左右的联系。在此意义上,一个视角不应当借助着由客观事物和空间观念所设置的距离和角度而得到界定,而只能在身体的现实存在处境中萌生和不断重生。因此,当我们说身体标画出我们在世界中的位置,位置的问题从一个看起来与我和我的经验无关的"客观"的或先验层面的问题,转变为一个与我发生关联,且唯有通过我的身体方能获得意义的问题。

基于以上的分析,可以看到,身体标画出我们在世界中存在的位置,正如同图形在背景上呈现出来,其所体现的是一种"在相对中的绝对"①,是尚未脱离知觉经验的直接性的那种"占据—位置""成为—图形"的运动。这样理解下的视角不再是作为"物"存在的我与其他物之间根据某种客观的尺度和规则而计算出的确定的几何学位置关系,而是从一个活动的、有构成能力的身体主体出发,一种由身体内部发射出来的与事物和世界间的联系,也因而是一种并非一成不变,且并不诉诸任何外在于视看经验本身设定的,既在运动变化之中又一直保持着其出发点的观看的角度。

关于深度的解释更容易凸显这一点。梅洛-庞蒂曾经指出经验主义和理智主义的理论都无法真正触及深度的问题。在他们的解释之中,深度始终被当作从另一面看到的宽度来对待。因此,为了看到深度,人们往往假设如果让主体改变位置,就可以解决问题了。② 这样的解决方案,实际上是以"客观的"物体作为定位的标准,并且将深度与宽度视作等同。为了认识这样一个坚固的对象,主体需要不断离开自己的位置,而围绕着对象去寻求一个完整观看对象的方式。在这样的处理中,深度本身已经失去了意义,而为了成全主体设想出来的而非直接知觉到的对一个对象的完整观看,哲学家也为自己设置了重重的障碍。梅洛-庞蒂的解释则是在此问题上的一个扭转。在解释

① Maurice Merleau-Ponty, *Phénoménologie de la perception*, p. 287.《知觉现象学》,第 316 页。

② Ibid, p. 295. 同上书,第 324 页。

深度问题时，他并不要求主体离开自己的位置，反而为身体主体的位置赋予了优先的地位，指出身体以及由身体标画出来的位置是人在世界中存在所不可剥夺的事实，这是一个现实存在的人所不可能离开的位置，视看的问题、深度的问题，首先都须依据着这个位置来谈。也唯有依据着身体所标画的位置，深度与宽度才显示出不同的意义。深度不会作为对象展现在眼睛的面前，即使改变位置也不会展现。改变位置，只会使我在新的位置上重新形成一种深度感知，而并不会径直将在另一场观看中所不曾看到的东西挪到此刻的视看经验中当作深度。在此意义上，深度不是事物自身的属性，它有赖于我的身体的观看，它揭示出我与事物间的身体联系。正因如此，梅洛-庞蒂不止一次地指出："深度比其他空间维度更直接地要求我们放弃关于世界的偏见，重新发现世界借以显现的那些源初的经验。在所有维度中，深度最具'存在'的特征……深度没有标记在事物本身上，它不属于物体，而是属于视角。"①在这样的解释中，视角并不仅仅指一种位置关系，而是具有实存论的意涵——它意味着一道现实的目光，正是在这道从身体主体发出的目光触及事物之际，事物作为物（即前所述，作为不能为我的目光所穷尽的东西，带着不为我直接把握的不可见者，而成其为物）被拉入到我的知觉世界之中，与我形成一种肉身联系、一种存在联系。这种存在联系真实地发生在我的身体与事物之间，它既不是我的知觉对事物的吞噬，也不是知觉对一个坚固的外物的屈从，而只是一种未经思想观念参与的，我与事物的最表层、最源初、最直接的存在扣连。

同时，在视看中形成的深度并不意味着对其他维度的剥夺。在我们最惯常用来讨论深度的立方体的透视图中，正是由于在保留着宽度和高度的同时，还能看到我们的目光朝向纸面内部延伸的深度，我们才将这一图形视作是三维的、透视的图形，而非由一个正方形与几个平行四边形组成的平面图形。梅洛-庞蒂因而称"深度是物体及其各种成分相互包含的维度，而宽度和高度则是相互并列的维度"②。而更进一步理解，则这种包容性也不独属于深度自身，只是深度的现象特别为我们揭示出在视看中发生的视看主体与事物

① Maurice Merleau-Ponty, *Phénoménologie de la perception*, p. 296.《知觉现象学》，第 326 页。

② Ibid., p. 306. 同上书，第 336 页。

间的存在联系。深度与宽度、高度的同时存在,并不是它们彼此之间的客观联系,而是唯有在与我发生关联之际,它们才进入这样的关系网。在此意义上,深度揭示出视看中的结构性特征,即在视看中发生的,不是一个个单一对象的认定,甚至也不是单一向度的辨认,而是“图形”作为整体的呈现,是各个维度、各个面向相互包含地作为一个整体向着作为“绝对的这里”的我的身体的呈现。在视看中发生的我与世界的联系同时也是一种整体性的、结构性的、系统性的联系。

二　看与被看

在梅洛-庞蒂的早期文本中,关于视看问题的讨论是知觉研究的一种集中体现。可以很清晰地看出,当时心理学研究中关于视知觉的讨论,由于其前所未有地带来了对视觉经验本身的考察与分析,对梅洛-庞蒂而言成为非常重要的资源。在这一阶段关于视看经验的研究中,梅洛-庞蒂努力将各种阻碍人们真正回到直接视看经验本身的各种习惯和观念性的设定辨析出来,并借助身体(主体)理论的阐发,将对视看的研究引入一种实存论—现象学的视野,通过对一前反思的、实存论的知觉主体(即身体)的研究,将视看解释为一种人与世界间的存在联系。这种解释非常倚重身体作为主体的身份,或者说更加偏重于从主体的内在视角来解释视看活动。尽管梅洛-庞蒂一直在强调身体主体并非一反思的主体,而是知觉的主体,并在将身体主体揭示为“我能”和在世界中存在的定位点时始终将之置于与作为其现实处境的世界间的关系之中,指明其建构能力的限度,然而当我们看到一种关于视看的讨论主要诉诸一个有建构能力的主体,依赖于他在世界中确立诸维度的体系,依赖于由他的意向性投射关联到的世界时,仍然会发现这样的解释过于偏向主体一面了,或者说给了主体太多的优越性。

如果说,在前一节的分析中,我们已经用图形化的运动取代了作为对象存在的图形,那么此刻,我们似乎应该对视看的主体也进行一番检讨。当我们的视看不是将目光固定在已然作为对象存在的物体上,我们要看什么,如何看?在视看中,目光总是要触及什么,而非主体如白日梦般地自己投射一些幻影。在关于深度的分析中,我们将深度视作我的身体与物在视看中形成的存在联系。这个物不是对象意义上的物，而是在我们的视看中，外在于我的、作为我的目光无法消融的尽头呈现的东西。梅洛-庞蒂因而将这个在我的注视中成为的物体称作“潜在的物体”，并进而说明“注视的活动既是展望的，因为物体在我的注视运动结束的时候出现；又是回溯性的，因为物体作为整个过程的‘刺激’原因或第一动力从一开始就已经呈现”[①]。在注视活动与物体之间再度呈现一种运动的张力。一方面物体是视看活动的边际，在视看之前，物还没有与我们形成联系，不能说是物的自身特质引领、决定着我们的观看，物之作为物的呈现发生在视看活动之中。而另一方面，视看活动的建构力量不足以强大到无中生有地构造出物，也不会无视物的存在，更不会以物的形象替代物的现实存在。在身体主体与物的这种相互规限、相互成就的关系中，不但对象的确定性消失了，视看的主体也失去了其作为主体的超然优越的地位。在一种认识论式的理解下，主体在观看活动中似乎具有主导的作用，是他/她主动将目光投向观看的对象。人们似乎从未怀疑过这目光的穿透性和洞见作用，似乎主体的观看总是在无障碍的情况下发生，总是能顺利地抵达其所要注视的对象。而当观看的对象并不先行存在，观看者的视觉也受到现实条件限制的情况下，这种观看活动是否依然能顺畅地达成？

以一种特殊的观看经验为例。在黑暗的洞穴或小石室里观看墙壁上阴刻的古代图像的经历或许会特别引起人们对视看活动本身的反省。[②] 在这样的环境中，没有通常我们在博物馆中所预期的一件件独立摆放在观者眼前的、配合了适当的角度和光照，甚至配有标题与说明文字的对象化的展品，明确对象的消失使得观者在观看时不得不脱离日常的认识论式的观看模式，而依据着环境和壁画的特质改变和调整自身的看。在这样的情况下，即使观者作为梅洛-庞蒂早期哲学意义上的身体主体仍旧有能力借助自身身体的调节使眼睛适应昏暗逼仄的环境，然而观看的障碍依然存在着——身体的调节只能帮助我们借助光源看到墙壁上有许多线条，由于这些线条密布于全部墙面，且无其他迅速将之标示为某种图形的符号（譬如边框或榜题）的帮助，同

① Maurice Merleau-Ponty, *Phénoménologie de la perception*, p. 277.《知觉现象学》，第 305—306 页。

② 梅洛-庞蒂在《眼与心》中即曾经讨论过观看拉斯科洞穴壁画的特殊经验，笔者也想借此描述 2019 年夏天观看山东孝堂山石祠汉代画像时所受到的触动和由此引发的关于视看问题的反思。

时由于图像年代久远,与我们的认知存在极大的距离,所以在最初的观看中观者很难在短时间中捕捉到图形的意义。更进一步说,即使在一段时间后,观者渐渐将这些线条分组,看出了一些可能有意义的图形(譬如人、马、树、建筑),却依然不能立即领会促使这些图形布排于此的那种逻辑或秩序。这样的经验使人发现,原来在人们日常生活中那些顺畅的视看经验里,其实掺杂着非常多的并非源初视看经验自身的东西,掺杂着许多智性的设置。譬如人们总是更容易看到自己熟悉的和已经知道的东西,而不知道的东西或许并不会立刻向眼睛呈现为图形;人们总是在看的当下去辨认,将在眼前呈现的图形当作各种事物的形象;人们总是依赖特定的对象因素,譬如边框,来锁定自己的目光、安排目光的秩序。当这些智性设置在某些境况中失效了,观看的主体也随之失去了其安然优越的观赏者身份。在一种茫然无绪中,目光只能追随着尚未成为图形显现出来的晦暗的墙壁去探索,等待着图形的绽放。正如梅洛-庞蒂在描述拉斯科洞穴壁画时所说:"我很难说出我所注视的图画在何处。因为我并不是像人们注视某个事物那样地去注视它,我没有把它固定在它所在之处,我的目光在它上面游移不定,就如同处在存在的各种光环中一样,与其说我看见了它,不如说我依据着它或借助于它来看。"①从某种意义上说,这种视看经验之所以是独特的,也恰恰正因为它才是最源初的。当梅洛-庞蒂尝试重返源初的视看经验,恰恰是要重返这种将人们重新带回仿佛第一次看世界的最初的观看之中,而非简单重复我们日常生活中、在不知不觉间已经陷入认识论理解的视看活动。人们在看中知道,而不是跟着已经知道的去看。在这种源初的观看中,是观看本身的发生引领着人们对事件的领会,而不是由一个建构性的意识主体主导着观看。

另一方面,还应当注意的是,在视看活动中,视看的主体不应当仅仅被视作一个主动的构建者,更不应当将这种建构完全诉诸主体,毋宁说这视看的主体也以被动地方式投入视看活动。事实上视看主体被动性的一面从未被梅洛-庞蒂忽略过。在《知觉现象学》中,他已经通过"双重感知"现象的分析说明身体乃是一"对象—主体"(objet-sujet)②。尽管那时他更倾向于从主体

① Maurice Merleau-Ponty, *L'Œil et l'Esprit*, p. 23.《眼与心》,杨大春译,第39—40页,略有修改。

② Maurice Merleau-Ponty, *Phénoménologie de la perception*, p. 111.《知觉现象学》,第132页。

的一面来讨论身体,但身体作为被触及者、作为对象的一面也是同时需要顾及的。在《知觉现象学》出版后不久,梅洛-庞蒂在面对质疑和误解的情况下,承认自己在早期著作中仍然沿用了古典哲学和现象学的许多既有表述,这使得人们更轻易地从这些表述原有的含义来理解他的哲学,从而不能意识到他所提出的新的概念和问题。其中将身体视作主体,特别是由于他借助胡塞尔的论题讨论"双重感知",以及将身体塑造为"我能""导向体系零度点",这种强烈的胡塞尔现象学色彩更使人们以为他所讲的身体不过是另一种意识主体。为了厘清和阐明他的哲学主张,从 1953 年开始,梅洛-庞蒂在他的法兰西学院系列课程中一直试图以一种新的结构重新阐述和发展他的哲学任务。在这些新的阐述中,有一种非常突出的倾向,就是他试图摆脱意识哲学,用其他概念和问题取代意识主体,来完成其从知觉研究开始、朝向精神世界(文化和历史的世界)的建构。① 因此从 20 世纪 50 年代开始,我们从梅洛-庞蒂的文本中看到更多他关于被动性、他人等方面问题的讨论。而视看的问题,在这一阶段的研究中具有关键的意义。

有两段话分别展示出梅洛-庞蒂对身体作为被看者的现象。第一段是他引自瓦莱里的一段话:

> 没有人能自由地想象他的双眼是否能避开注视它们的他人的眼睛。只要有目光的相遇,人们就不再是两个人,而是存在着独自存留的困难。这种交换(échange)——这个词好极了——在极短的时间内实现着一种转换(transposition),一种换位(métathèse),两种命运、两种视点的交叉换位(chiasma)。由此产生了一种共时的相互限制:你得到了我的形象、我的外表,我也得到了你的;你不是我,因为你能看到我,而我不能看到我;我所缺少的,是你所看到的那个我,而你所缺少的,正是我所看到的你。在我们相互间有所认识之先,我们越是反观自身,我们就越成为他者。②

第二段是他引述的克利(Paul Klee)的一段话,也是常常引起争议的一段话:

---

① 关于梅洛-庞蒂在这一课程中对早期问题的检讨和对进一步研究的规划,可参考 Maurice Merleau-Ponty, *Le monde sensible et le monde de l'expression*, pp. 46, 52。

② Maurice Merleau-Ponty, "L'homme et l'adversité", in *Signes*, pp. 377-378. 原文转引自 Paul Valéry, *Tel Quel*, I, p. 42;亦可参考 Paul Valéry, *Œuvres*, II, Paris: Gallimard, 1960, p. 490。

> 在一片森林中,我常常觉得不是我在注视森林。有些时候,我感觉是树木在注视着我,在对我说话……而我,我在那里倾听……①

在两段话中,"我"都不再仅仅作为主体出现,主体的意义被削弱了很多,我甚至只是作为被看者出场。第一段话描述的是在我与他人的相互注视中被他人看的经验。在这种目光的相遇中,我不再是唯一的主体,也不仅仅是主体,在我与他人之间没有明确的主客关系,两个人都既是视看者(主体)又是被看者(对象)。视看发生在两个注视的目光之间,而不是单纯从一方对另一方的观看中获得其完满性。对于两个注视者来说,也都没有自足的观看。我的目光朝向他人,我能看到我的目光中的他人,却看不到这目光背后的正在注视的我自己;他人也是同样的,他能看到我所看不到的我,却也看不到我所看到的他。在目光交错之际,相互注视的两个人产生了"独自存留的困难",因为这目光揭示出他们似乎都不再仅仅是一个自身圆满的、与他者无关的独立的个体,我的一部分似乎被他人掠走了,我的不能为我自己把握的部分此刻似乎可以由他人把握,反过来,从他人那一边也是如此。随着我的目光注视出去,在这目光的背面似乎留下了一个幽深的黑洞。这也正是梅洛-庞蒂在后期所说的不可见者,这种不可见恰恰依着注视的目光本身,在其无论如何都照不到的背面,是一种绝对意义上的不可见。我不能在直接的视看中看到自己,即使借助镜子或他人,我也看不到我目光背后的正在注视的我。我无法在视看中真正促成一个完整同一的自我。② 然而对于梅洛-庞蒂来说,我不能在自己的视看中完成的东西,此刻却被他人填充起来。由我的目光的投射留下的那片黑暗的领域此刻被他人的目光照亮。梅洛-庞蒂曾经很生动地描述我与他人之间的这种奇特的关系:"在我与他人之间有一堵墙,这堵墙恰恰是由我们一起垒砌的,每个人把他的石头填在别人留下的洞里。"③不能

---

① Maurice Merleau-Ponty, *L'Œil et l'Esprit*, p. 30.

② 关于这一问题笔者曾另有文章分析过,可参见拙著《表达与存在:梅洛-庞蒂现象学研究》第八章第三节"目光的交织——视看问题与'交织'的存在论",第 201—204 页。在本文中,笔者重新将对"目光交织"的问题放回到视看的问题之中,重在说明在视看经验所展示出的主体作为被看者的一面,并不单纯体现为一种从属性的方面,而是与看者有着同样重要的地位。看与被看因而不是主从两面,而是构成同一活动的正反两面。这段论述对笔者过去的观点而言是一种补充,但主要观点并没有太多改变。

③ Maurice Merleau-Ponty, "Préface", in *Signes*, p. 36.

由我自己完成的那道墙,却可以借着他人填充的石头得以完成。我与他人在相互"填充"着。我们之间并不是相互剥夺的关系,反倒是在相互补充中促成了各自的自己。因此对梅洛-庞蒂而言,当他被身体自身作为能触者—可被触者、能看者—可被看者、能感知者—可被感知者的那种"不可割裂的统一性"深深吸引,[①]他所揭示的却并非"重合同一"意义上的我在触摸/视看/感知中返回到我自身,而是一种在"互补性"(complémentairité)中实现的"回环性"。[②]

第二段话则描述了一种我被物(作为他者的树木)注视的经验。如果说我在被他人注视中成为可见者是容易让人理解的,那么此刻这种我被树木看到的经验,则更多地被人们视作某种万物有灵论式的描述,被视作某种隐喻。之所以人们会对这种描述感到不舒服,感到难以接受,有很大的可能是因为人们仍然把视看当作是一个主体对对象的观看。因此说是树木注视着我,好像是在把树木拟人化,使它具有人的身体性乃至精神性的存在,唯其如此才能说树木可以注视我。而倘若我们能脱离认识论的主体—对象的框架,如前文中已经分析过的那样,将这种我与树之间的视看关系理解为发生在视看中的我与树的存在联系,那么我被树木注视就不再意指我被一个如我一般的主体注视。梅洛-庞蒂在《知觉现象学》中曾经说:"就事物与世界而言,关键在于呈现为'开放的',它们让我们退到其确定的呈现以外,总是向我们预示'另一种能看的东西'的可能性。这就是我所说的'事物与世界是神秘的'所表达的意思。"[③]结合这段话来看,树木的注视恰恰揭示出"另一种能看的东西"的可能性。在这里,"另一种"并不是指另一个如同我一般的主体,而是指一种在我之外的、异于我的东西,亦即"他者"(l'Autre)。这层意思在先前关于物的解释中已经提及,即物正因不是我也不附庸于我,才在某种不能为我的目光所吸纳吞噬的不通透性中呈现为物。树木在此,也同样是这样一个作为他

---

① 在1960年的一篇访谈中梅洛-庞蒂说道:"我总是被这样的事实打动,在处理'身体'(le corps)的问题时,胡塞尔讲的已经不再是同一种话。我们不能像研究世间的任何其他存在者一样地去研究身体。身体同时既是可见的也是能见的。在这里已经不存在二元性,而是一种永远不可割裂的统一性。这就是同时既被看又能看的身体。我希望由此出发。"(Maurice Merleau-Ponty, "Entretien avec Jean-Paul Weber", in *Parcours Deux*, p. 303.)

② 对此问题笔者曾在另一文章中有过讨论,可参见拙著《表达与存在:梅洛-庞蒂现象学研究》第七章"'肉身'的概念——梅洛-庞蒂后期哲学核心问题的形成",第171—173页。

③ Maurice Merleau-Ponty, *Phénoménologie de la perception*, p. 384.《知觉现象学》,第421页。

者的物,它不应当被视作没有魂灵的对象,也不应当被视作被我的特质覆盖的主体化的存在,它只是作为“另一种”可能的存在在视看中与我形成联系。

基于以上关于两种我作为被看者的经验的解释,视看的“主体—对象”模式进一步被淡化了,视看被解释为一种在我与他者间的存在联系。

三　视看的存在论

在后期的著作中,身体同时作为能看者与被看者的特征成为梅洛-庞蒂在构造“肉身”(la chair)概念和交织的存在论时最为关键的问题。在《眼与心》中,梅洛-庞蒂称:“我只要看着某一事物,就足以能够与之会合,足以通达它,即便我对这一切在神经器官当中如何进行是一无所知的。”[①]正如前文中已经讨论过的,在视看中通达物体,对于梅洛-庞蒂而言并非以观念性的思想活动来说明物体,而是指在视看经验中与事物发生最源初的存在联系。而此时,梅洛-庞蒂将这种联系的发生归于既作为能看者又作为可被看到者的肉身的独特存在方式。“通过将身体浸没在可见者当中,自身也是可见者的能看者并不把他所见的东西据为己有:他仅仅通过注视而接近它,他面向世界开放。”[②]身体自身作为能见—可见者的开放性使他在越出自身朝向世界和其他事物的同时并没有被彻底淹没在其中。在视看中,身体成为自我,但这种自我“并不是像思想一般通透的自我(思想总是通过同化、构造某物,将之转变成思想,才能够思考它),而是从看者到它之所看,从触者到它之所触,从感觉者到被感觉者的混合、自恋、内在意义上的自我——因此是一个被容纳到万物之中的,有一个正面和一个背面、一个过去和一个将来的自我……”[③]成为自己与进入到万物之中去,对于身体而言是同一运动的两个面向。梅洛-庞蒂曾经用“镜子”现象说明身体的这种特质。与人们通常的理解不同,梅洛-庞蒂并没有将镜子揭示为一种自我主义的要素,将之视作帮助我们实现自我观看的工具,反而指出正是借由镜子,我们将自身的可见性交付出去。镜子对

---

① Maurice Merleau-Ponty, *L'Œil et l'Esprit*, p. 16.

② Ibid., pp. 17-18.

③ Ibid., p. 19.

他而言，并不意味着封闭性，而是意味着开放，它敞开我的可见性，让我由此进入可见者的世界中去，进入到视看的境域中去。[①] 这样，我作为可见者的意义不再仅仅从被动性的一面说明了身体之为主体/对象的特质，而是更加凸显出一种让我被看到、敞开我的可见性的运动。这种运动与视看的运动正是同一运动的正面与背面。亦即，视看不再仅仅意味着将我的目光投向某物，毋宁说视看是在注视的活动中让我的正在注视的身体也进入到视看的场域之中，成为可见者。视看意味着一场看/被看的运动。

在写作于 1951 年的研究计划中，梅洛-庞蒂称"对感知逻辑(logique perceptive)的研究将一种图像表达的分析吸纳进来"。[②] 在"可感的世界与表达的世界"课程中，他将运动揭示为"成为图形"即是这种研究的一种体现。[③] 相比于早期借助关于视知觉的心理学研究所展开的关于视看的分析，梅洛-庞蒂在此时谈及图像表达时更多地将画家的工作纳入考量。[④] 如果说早期关于塞尚的研究，更加集中地展示了塞尚在重返视看经验方面的示范作用，那么在 20 世纪 50 年代中期以后，梅洛-庞蒂在画家的工作中则不仅看到这种直接的视看经验，而且看到画家通过其画作所展示的对世界系统性的观看以及蕴含在这种观看中的一种动力结构。

我们在《可感的世界与表达的世界》中看到梅洛-庞蒂将绘画视作"通过不动的东西表达运动"[⑤]，在《眼与心》中看到梅洛-庞蒂特别从"视看与运动的交织"[⑥]中讨论绘画对这种观看的揭示。为什么绘画作为一种不动的东西能够表达运动？为什么运动的因素在梅洛-庞蒂中后期的研究中成为用以解释视看和绘画的关键论题？《可感的世界与表达的世界》讲稿中通过"成为图形(图形化)"来解释运动的观点为这些问题提供了极为关键的说明和补充。运动被解释为"成为图形"("图形化")的一个关键原因在于"运动的

---

① 对此问题更详细的讨论，可参见拙著《表达与存在：梅洛-庞蒂现象学研究》第八章第三节"目光的交织——视看问题与'交织'的存在论"，第 207—208 页。

② Maurice Merleau-Ponty, "Titre et travaux", in *Parcours deux*, p. 29.

③ 即前述在图形—背景理论中揭示出"图形化的运动"。

④ 这种做法在其《知觉现象学》及 1946 年写作《塞尚的疑惑》时已经有所体现，而在 1952—1953 年写作《间接的言语与沉默的声音》之后，梅洛-庞蒂对绘画的关注更加突出和集中。

⑤ Maurice Merleau-Ponty, *Le monde sensible et le monde de l'expression*, p. 95.

⑥ Maurice Merleau-Ponty, *L'Œil et l'Esprit*, p. 16.

‘内在性’不能脱离其‘外在性’,正如一个图形的内在不能没有它的外在”①。一种关于运动本身的体验亦如同其他知觉经验一样,不应诉诸任何观念的设定,而应当在对运动的直接体验中被揭示。一种仅诉诸知觉经验的关于运动的领会恰恰在于不是从引起运动的原因,或从参照着观念所设定的空间观念和位置观念来解释运动,而是从其显现中把握它。而不同于对一个被放置在面前的对象物的观看,对于运动的观看要求一种系统性或结构性的把握。

我们总是习惯于用物体位置的改变或物体的变化来理解运动。在梅洛-庞蒂看来,这种用“运动的物体”取代对运动本身的关注的做法,正是造成运动现象一直以来没有得到真正研究的主要原因。人们之所以会将运动物体的变化当作对运动的解释,一个很重要的因素仍然在于人们对视看问题的理解停留在主体对对象的认识的框架上。在这样的框架下,关于运动的分析总是以一个静止的认识主体接收到物体在运动中留下各个不同位置的印象,并将这些印象连缀起来,使之成为一个物体的运动。在此过程中,运动本身并没有直接呈现,而是被物体的若干静止状态所取代,成为被意识联结起来的这些静止状态的总和。在《知觉现象学》中,梅洛-庞蒂已经指出:“对我来说,我的眼睛是连接物体的某种能力,而不是物体投射在它上面的银幕。我的眼睛和物体的关系不是作为物体在眼睛中的几何式投影形式,而是作为我的眼睛对物体的某种把握呈现给我的,在边缘视觉的情况下,这种把握比较模糊,当我注意物体时则比较贴切和清晰。”②亦即按照他一贯的做法,眼睛不仅仅是一个被动的接收器或机器,而是意味着有建构能力的身体的整体。眼睛是能动的,眼睛(作为我的身体)自身可以缘乎其任务和处境运行其功能。眼睛的动不像物体的运动一般。它不是被推动的,而是自身能动。能动的特质使得身体和眼睛并不会只以静止的方式接收物体的静态投影,而是在其具有动态形式的活动中领会运动。《眼与心》中关于照片和绘画的比较恰恰说明了两种不同的领会图像能力间的区别。他借助罗丹的观察说明:“那些瞬间景象,那些不稳定姿态使运动停止了——大量的照片表明了这一点:运动员在

① Maurice Merleau-Ponty, *Le monde sensible et le monde de l'expression*, p. 95.

② Maurice Merleau-Ponty, *Phénoménologie de la perception*, p. 322.《知觉现象学》,第354页。

照片上从来都是凝固不动的。"[①]而相反,在很多绘画中,比如在席里柯(Géricault)的作品中,那些马却好像在奔腾跳跃。眼睛的注视并非如照相机一般,只被摆置在固定的位置上,接收世界和事物的投影。相比于相机,画家更加真实地参与着观看和对观看的表达,因为画家是通过他活动的身体在看,他通过眼睛的注视投入到视看之中,画家的看本身即以运动的形式进行着。这正是那句著名的话所要表达的意思——"瓦莱里说,画家'借出他的身体'。事实上,人们也无法理解一个心灵如何能够作画。正是通过把身体借给世界,画家才能把世界转变成画。为了理解这种质变,必须重新了解正在运行着的现实的身体,它不是一小块空间、一簇功能,而是视看与运动的交织。"[②]画家更多地凭借着肉眼和双手,而不是通过分析与判断,去观看和创作。

沃尔夫林关于巴洛克绘画的分析为绘画的这种朝向视觉价值的发展提供了更加充分的说明。[③] 他区分了绘画中的线描风格与涂绘风格,特别指出:"线描的视觉明显地把形体与形体区别开来,而涂绘的视觉密切注意整体事物的运动。"[④]涂绘风格对整体事物运动的关注体现在很多方面,譬如,由于更关注事物看起来的样子,而不是我们观念中事物应该是的存在的状态,所以涂绘风格并不像线描风格那样使每一个对象都(透过轮廓的表现)绝对清晰地出现在画面上,而是会刻意模糊边缘,不用轮廓线制造图像,而是让图像在视看中从线条、色彩、浓淡层次的颤动中自己呈现出来。[⑤] 又如,涂绘风格的作品改变了将人物或物件并排在同一水平线上的构图习惯,而往往让他们(它们)以斜线、交叠等方式呈现,有时会刻意安排许多人或许多事物出现在同一画面中。这样做改变了把绘画当作对单一事物再现的理解,也同样消解了表现静态对象的特征,使画面趋于动态的表现。[⑥] 更加细致的分析还有很

① Maurice Merleau-Ponty, *L'Œil et l'Esprit*, p. 78.《眼与心》,第81页。

② Ibid., p. 16.

③ 沃尔夫林指出,涂绘风格的发展造成了绘画"整个观念的改变","触觉的图像变成了视觉的图像,这是美术史上具有决定性的一场革命"。(海因里希·沃尔夫林:《美术史的基本概念——后期艺术风格发展的问题》,洪天富、范景中译,杭州:中国美术学院出版社,2015年,第38页。)

④ 同上。

⑤ 详见《美术史的基本概念——后期艺术风格发展的问题》第一章"线描与涂绘"的分析,第35—91页。

⑥《美术史的基本概念——后期艺术风格发展的问题》第二章"平面与深度"的分析,第93—146页。

多,在此不再一一赘述。梅洛-庞蒂将沃尔夫林从巴洛克风格中所发现的这种对运动的表现称作“内在于图画之中的运动”,这是一种“语言的运动”,而不是对什么东西的表现(或模仿意义上的再现)①。绘画既然并不仅仅是对事物或外部世界的再现,则画中人物、事物间的关系也并非纯然再现实在事物间的空间位置关系,更无须谈论这模仿再现是否如实反映了客观实在。当画家不再以清晰的轮廓、并列的布局安排出现在画面上的人和事物,代以熙熙攘攘的人群,以侧面和背面呈现的一组人物,前后掩映的建筑、家具、景物,观者对画面的注视相应地也不再是注目于单个的对象(正面肖像、物体),而是流连于人物之间、近景远景之间。当沃尔夫林从丁多列托的《亚当与夏娃》中看到“平面的美换成了纵深的美,而纵深的美又总是与运动的印象结合”②,他已经为我们指出了画家通过自己的绘画语言(而非模仿客观实在)所展示出的这种蕴含在视看本身之中的运动特质。而更须注意的是,在揭示巴洛克风格对这种视看和运动的表现时,沃尔夫林并不仅仅诉诸一两件绘画作品,而是通过将所有绘画因素(线条/轮廓、灰度、色彩、透视)以及雕塑因素(轮廓、光影、纵深)、建筑因素(线条、透视关系、装饰等)统统纳入考量,以一种多层次的细致的分析来集中展示的。这意味着,在不动的绘画中展示出运动,这并非某种个别的小技巧。对于旨在展现我们所看到的世界的巴洛克风格来说,在每一个元素中——在素描模糊的边缘表现中,在渐变分层的色彩中,在明暗分布与偏离正面式、趋向角落和斜向安排的构图中——都渗透着揭示视看、揭示运动的诉求。并且在每一种元素的表现中,这种诉求都体现为统一的、整体性的要求。即无论是线条、色彩、构图还是其他什么方面的表现,都并非只是局部的个别呈现,而是运用于整个画面,乃至所有画面、所有这一时期的艺术表现之中。如同运动从不真正只停顿于某个静止的点上,绘画(雕塑、建筑)中的运动也不只发生在某个片段,唯有当整个画面体现为一个统一的、整体的构造,这种运动才能够表现出来。

梅洛-庞蒂将这些从不同角度塑造着绘画的元素(深度、色彩、线条等)称作维度。对他而言,维度不单纯意味着坐标体系中的一个轴,一个个别的向

① Maurice Merleau-Ponty, *Le monde sensible et le monde de l'expression*, p. 167.

② 沃尔夫林:《美术史的基本概念——后期艺术风格发展的问题》,第97页。

度，而是揭示出一种维度性（dimensionalité）的意义——它能够“从其自身之中创造出各种同一性、差异性、一种结构、一种物质性以及某种事物的维度”①，而在绘画中同时存在着的这些维度，乃是一些“等价体系”（système d'equivalence），它们从不同的侧面通向同一个东西——那即将成为的画作、即将诞生的意义。而更可贵的是，这些维度中的每一种都仍然属于感性的世界，都体现出一种“对于普遍存在的非概念的表达”②。梅洛-庞蒂因而将它们称为“存在的分支”③“存在的爆裂”④。他在这些绘画的维度中找到了他想要用以探寻“感性世界逻各斯”的理想的展示。正是借助着这些维度，画家可以不脱离人的视看的位置，而能从局部进入到整全世界的无尽探索之中，并且是以一种并未脱离与世界源初联系、未脱离直接视看经验的方式，诉诸那些感性世界的元素，去探索这个整全的世界⑤。

在《符号》的序言中，梅洛-庞蒂称：“哲学并没有把握住躺在脚下的世界，它并没有一个‘至高无上的视点’，由此就能涵盖所有局部的视角。哲学寻求与原生存在（l'être brut）的联系，并向那些从未离开过这种联系的人学习。”⑥如同他一直澄清的，向文学和艺术学习，不意味着要把哲学变成文学或艺术，而是从中学习那种不脱离与存在的源初联系、不依赖于智性分析和判断，而仅通过感性存在的元素来研究存在的方式。向画家学习如何在与世界的源初联系中理解视看，正是这种哲学主张的集中体现。

---

① Maurice Merleau-Ponty, *L'Œil et l'Esprit*, p. 67.

② Ibid. ,p. 71.

③ Ibid, p. 88.

④ Ibid, p. 65.

⑤ 关于绘画中的“维度”的讨论，亦可参见拙著《表达与存在：梅洛-庞蒂现象学研究》第六章第二节，第152—160页。

⑥ Maurice Merleau-Ponty, “Préface”, in *Signes*, p. 40.

Figure and Gaze: Merleau-Ponty on Vision

Ning Xiaomeng

Abstract: It is generally believed that "seeing" is the viewing of an object by a subject. However, an epistemological structure is embedded within such understanding, which makes people always unconsciously replace the study of the live experience of seeing with theories of knowledge in their investigation of vision. In view of this, Maurice Merleau-Ponty makes efforts to put forward a study of the primordial experience of seeing. This paper tries to show that, according to Merleau-Ponty's study on vision, on the one hand, no definite object exists before the seeing activity, but rather, the so-called object only takes its form as a figure figuring towards our gaze; on the other hand, the subject of seeing should not only be regarded as a constituting subject as consciousness, which leads the activity of seeing, instead, the passive aspect of the seeing body should also be considered. Seeing means both one's looking at something and his being seen, or becoming a visible. In this way, through the deconstruction of the epistemological framework of seeing, vision is re-interpreted by Merleau-Ponty as an original existential relationship between the seeing and the visible. Furthermore, this relationship is considered in a dynamic structure, i. e. seeing is a movement that is formed jointly by the gaze and the figure. This dynamic structure finally serves as the prototype of the mode of being in Merleau-Ponty's late ontology of "*la chair*".

Key words: Seeing, Figuring, The visible, Movement

哲学门(总第四十辑)
第二十卷第二册
北京大学出版社,2019 年 12 月

现象学何以成为“科学的生命哲学”?
——胡塞尔、狄尔泰与“生命哲学”的深度

韩 骁*

提 要:胡塞尔将自己的先验现象学称为“科学的生命哲学”,这意味着现象学不只关心认知主体,同时也关心整全的生命。通过先验现象学的改造,胡塞尔赋予了生命哲学新的意涵。他大大拓宽了意向性的先天关联结构,敞开了生命与生活世界间的现象空间。随着现象学还原的加深,更深层的生命结构可被揭示,与此对应的生活世界也将获得更丰富的规定性,反之亦然。由此能够在生命和生活世界的关联中展开一种“纵向的”生命解释学。这种生命解释学不同于狄尔泰的生命哲学,后者更关注具体的、个别的生命在历史世界中的实际生存,以及与此相对应的实际历史和社会形态。胡塞尔的先验现象学则可以为生命哲学提供更精确的结构刻画和新的深度。

关键词:生命哲学 先验现象学 解释学 意向性 先天关联

与胡塞尔同时期的批评者常常将胡塞尔的先验现象学树立为“拆解生命”的反面典型。如海德格尔在《时间概念史导论》中,批评胡塞尔将人先分

---

* 韩骁,1989 年生,中国社会科学院哲学研究所《哲学动态》与《中国哲学年鉴》编辑部编辑。

离为一个个孤立的层次,再将它们机械地组装起来①;狄尔泰也尖锐地指出,“布伦塔诺学派的心理学家们遵循自然科学的原子论心理学。这是一种心理学中的经院哲学,因为它创造出各种抽象的实体,例如态度方式、对象、内容,并且希望由它们组装(zusammensetzen)出生命。胡塞尔是其中最极端的。(我们)与此相反:整全的生命(Leben Ganzes)”②。狄尔泰在《精神科学引论(第一卷)》(以下简称《引论》)中针对认知哲学发出的批评,似乎可以原封不动地抛给胡塞尔:“在洛克、休谟和康德所建构的认识主体的血管之中,并没有流淌着真正的血液,而只有作为某种单纯的思想活动的、经过稀释的理性的汁液。”③

然而,胡塞尔自己并不认同这种批评。在1927年的《自然与精神》讲座附录中,胡塞尔明确将现象学称作一种“科学的生命哲学”:“因此,现象学的基础特征是科学的生命哲学,是不预设任何前提、并且不以任何预先被给予的科学为背景的科学,是彻底的科学,它将具体的、普遍的生命及其生活世界,即现实的、具体的周围世界当作具有科学性的元主题(Urthema)……”④根据胡塞尔的表述,这种“科学的生命哲学”旨在悬搁一切特殊科学的局部视角,完全无预设地揭示具有生活世界的具体生命,后者正对立于理论态度下先被抽象、后被拼凑出来的心理—物理结合体和认知主体。

不过,胡塞尔的简短表述尚不足以充分回应批评。我们仍然需要澄清:(1)在什么意义上,先验现象学是一门“科学的生命哲学”? (2)借助先验现

---

① Vgl. Martin Heidegger, *Prolegomena zur Geschichte des Zeitbegriffs*, *Gesamtausgabe* (*GA*) *Bd. 20*, Frankfurt am Main: Vittorio Klostermann, 1979, S. 173. 以下所引海德格尔文本,根据《海德格尔全集》卷数及页码,以文内注形式标注,如GA 20, 173;中译文可参考海德格尔:《时间概念史导论》,欧东明译,北京:商务印书馆,2009年。笔者根据原文有修改。

② Wilhelm Dilthey, *Der Aufbau der Geschichtlichen Welt in den Geisteswissenschaften*, *Gesammelte Schriften* (*GS*) *Bd. VII*, Stuttgart: B. G. Teubner Verlagsgessleschaft, 1958, S. 237. 部分中译文参见狄尔泰:《精神科学中历史世界的建构》,安延明译,北京:中国人民大学出版社,2010年。以下所引狄尔泰文本,以文内注形式标注《狄尔泰全集》卷数及页码,如GS VII, 237。

③ Wilhelm Dilthey, *Einleitung in die Geisteswissenschaften*, *Erster Band*, GS I, Stuttgart: B. G. Teubner Verlagsgessleschaft, 1990, S. XVIII. 中译文参见狄尔泰:《精神科学引论(第一卷)》,艾彦译,南京:译林出版社,2012年。部分译文有修改。

④ Edmund Husserl, *Natur und Geist: Vorlesungen Sommersemester 1927*, *Husserliana*(*Hua*) *Bd. 32*, Michael Weiler (hrsg.), Dordrecht: Kluwer Academic Publishers, 2001, S. 241. 以下所引胡塞尔文本,以文内注形式标注《胡塞尔全集》卷数及页码,如Hua XXXII, 241。

象学，胡塞尔如何能够真正保留“整全的生命”，而避免将其理解为广延和心灵层次的抽象结合，或者由各种原子心理现象组成的纯粹认知主体，并进而将其还原为机械论的生理因果机制？（3）相较于一般的生命科学，先验现象学在何种意义上具有科学性？

作为生命哲学的代表人物和胡塞尔的直接对话者，狄尔泰的生命哲学成为我们讨论的天然参照系。在探讨现象学与生命哲学的关系时，以往的研究更多突出胡塞尔在方法论上对狄尔泰的批评与超越，以阐明现象学的“科学性”何在。[①] 本文则着重展现胡塞尔容易被忽视和误解的一个面向，即他对生命具体性和完整性的强调。由此出发，笔者更关心的是，通过现象学的目光，胡塞尔笔下的“生命”获得了怎样的本质规定性，以及“科学的”现象学究竟是否深化了我们对生命的理解。

一

在理解胡塞尔和狄尔泰的思想关联时，一个重要的问题是：胡塞尔如何由最初对狄尔泰“世界观哲学”的批判，前进到对狄尔泰生命哲学的高度赞扬？这背后隐藏的首要因素，是胡塞尔和狄尔泰对实证主义及其自然主义前提的批判。

---

① 这方面有丰硕的研究成果。如兰德格朗贝认为胡塞尔的发生现象学能够澄清狄尔泰的结构关联总体（Strukturzusammenhang）如何在内时间意识的结构中形成，实现人对自身的真正理解，参见 Ludwig Landgrebe, *Phänomenologie und Geschichte*, Gütersloh: Gütersloher Verlagshaus, 1968, S. 30-31。斯泰提总结了胡塞尔对李凯尔特、狄尔泰、齐美尔等生命哲学家的核心批评，尤其集中在后者缺乏哲学奠基、预设自然主义前提、缺乏本质直观方法和没有正确理解移情现象等方面，参见 Andrea Staiti, *Husserl's Transcendental Phenomenology: Nature, Spirit, and Life*, Cambridge: Cambridge University Press, 2014, pp. 168, 171-172, 177, 191-195。更多学者都提到了胡塞尔对狄尔泰陷入历史主义的批评，同时也涉及了狄尔泰方法上的不彻底性和自然主义残余等问题；但在强调生存的历史性和意识的绝对性方面，狄尔泰和胡塞尔各有支持者。相关争论参见 Robert C. Scharff, *Heidegger Becoming Phenomenological: Interpreting Husserl through Dilthey, 1916-1925*, London and New York: Rowman & Littlefield, 2019, pp. 36-38; Ernst W. Orth, “The Problem of Generalization in Dilthey and Husserl”, in *Dilthey and Phenomenology*, Rudolf A. Makkreel and John Scanlon (eds.), Washington D. C.: The Center for Advanced Research in Phenomenology & University Press of America, 1987, pp. 16-19；倪梁康：《现象学的历史与发生向度——胡塞尔与狄尔泰的思想因缘》，《中山大学学报（社会科学版）》2013 年第 5 期，第 92—98 页；张庆熊：《描述心理学对先验现象学——兼谈狄尔泰和胡塞尔在哲学思想上的联姻与争论》，《陕西师范大学学报（哲学社会科学版）》2006 年第 2 期，第 37—44 页。

胡塞尔在《现象学的心理学》中坦陈,由于艾宾豪斯对狄尔泰的批判,导致自己在很长时间内都没有关注过狄尔泰的工作。(Hua IX, 34)[①]直到狄尔泰在书信中向自己表明《逻辑研究》对精神科学的重大意义后,他才开始初步注意到狄尔泰工作的突破性(Hua IX, XVI)。在此之前,两者公开的思想关联,更多体现在胡塞尔在《哲学作为严格的科学》中对狄尔泰历史主义的批判。

而从狄尔泰的角度看,鉴于他对胡塞尔的阅读是围绕着《逻辑研究》展开的,因此他认为胡塞尔只关注客观有效的逻辑法则和认知行为间的抽象关联,却忽略了整全生命所蕴含的丰富体验关联总体和生命的多彩形态。(Vgl. GS VII, 237)尽管狄尔泰在《关于精神科学基础的研究》(以下简称《研究》)系列报告中对《逻辑研究》大加赞赏,称其"在将描述用于认识论上是划时代的"(GS VII, 14),但我们必须看到,狄尔泰援引的更多是第一研究中对表达和符号的区分,第五研究、第六研究中对意向内容与意向行为、含义意向与直观充实之关联的描述(GS VII, 39-40)。换言之,狄尔泰只是在认知和对象性立义(gegenständliche Auffassen)的领域承认胡塞尔的卓越贡献,而并未对现象学的方法论革命予以太多关注。再进一步说,狄尔泰似乎并未意识到胡塞尔区分事实科学和观念科学的革命性意义。

因此,狄尔泰生前与胡塞尔的交往不无遗憾,两人更多以理论对手的身份出现:狄尔泰认为胡塞尔的现象学仅关注抽象的认知和思维主体;胡塞尔则认为狄尔泰仅关注事实领域而未深入本质领域,在方法上是不彻底的。狄尔泰在 1911 年去世,而胡塞尔在此之后才逐渐意识到"整全生命"对于先验现象学的重要意义,并在 1925 年的"现象学的心理学"讲座中确切表达出这一点。两人始终未能真正携手对生命领域进行共同研究。

不过尽管时间上有所错位,但早在 1911 年,胡塞尔和狄尔泰就意识到了他们在批判自然主义和实证主义的立场上高度一致。所以在 1911 年给狄尔泰的书信中,胡塞尔明确表示:"仔细考虑之后,我宁可不承认这条界线,对我

---

① Edmund Husserl, *Phänomenologische Psychologie: Vorlesungen Sommersemester 1925*, Hua IX, Walter Biemel (hrsg.), Den Haag: Martinus Nijhoff, 1968. 中译文参见胡塞尔:《现象学的心理学:1925 年夏季学期讲稿》,游淙祺译,北京:商务印书馆,2017 年。部分译文有修改。

而言,它显得很随意,毕竟我们之间并不存在真正的歧异。”(Hua IX, XVIII)在胡塞尔看来,自然主义预设了一个客观实在的自然世界,而我们对自然的经验同样被理解为个别的、在时空之中的事实之物。在自然主义设定下,心理现象或意识领域未被考察就被等同于自然实在,并预设它可被自然科学方法精确验证和计算。[①] 但通过对心灵领域的具体考察我们会发现,心灵体验是“现象”而非“实在”,它“不带有实在的部分,不带有实在的变化和因果性”,而是在内时间意识中流动的体验。[②] 因此我们无法在纯粹的而非心理—物理的观点中将心理作为直观研究的对象。将“事情本身”设定为个别的、事实性的客观实在,也使我们难以看到本质和观念。[③] 撇清自然主义设定,还心灵领域以本来面目,成为胡塞尔和狄尔泰的共同目标。也只有在此基础上,他们才能完成自新康德主义以来就广受关注的任务:用一种心理学或对内在领域的描述为精神科学奠基。

在相同意义上,狄尔泰也对心理学的自然主义预设提出了“最彻底的怀疑”(Hua IX, 5,6)。他在1894年的《关于一个描述性及分析性的心理学之观念》(以下简称《观念》)中所提出的批评要更加详尽和深入。根据胡塞尔在《现象学的心理学》中的评述,狄尔泰的理论对手主要包括穆勒、韦伯、海姆霍兹、冯特等德国实验心理学家,他们希望通过自然的或生理的机械因果机制去“解释精神生命的事实”(Hua IX, 5)。反之,狄尔泰则“完全地植根于精神科学领域”,提出了为精神科学奠基的独立原则(Hua IX, 6)。具体而言,在狄尔泰看来,与描述心理学相对立的解释心理学先将精神生命拆分为原子式的基本感觉经验,然后再在它们和外部生理—物理事实间“假定”一种一一对应关系,最终通过“建构”相应的因果作用机制来解释各种主观的心理体验和精神现象——这实际上就是今天神经生物学和脑科学的基本信念,即意识是神经、大脑等生理单元交互运动的产物。(Vgl. GS V, 139; Hua IX, 7-8)[④]狄尔泰认为将“自然科学概念扩充到心灵生活领域及历史领域”是非常不合适的

① 胡塞尔:《哲学作为严格的科学》,倪梁康译,北京:商务印书馆,1999年,第21页。

② 同上书,第31—32页。

③ 同上书,第35页。

④ Wilhelm Dilthey, *Die Geistige Welt: Einleitung in die Philosophie des Lebens*, GS V, Stuttgart: B. G. Teubner Verlagsgesellschaft, 1990.

(Hua IX, 8-9),其中隐含着三个重要问题,使得解释心理学无法真正完成为精神科学奠基的任务:其一,解释心理学的工作完全建立在一系列自然科学的因果假设上,但心理体验被给予的方式中并不包含因果作用关系。因此,自然科学的因果解释始终只能够停留在“假说”层面上。(Vgl. GS V, 140, 152)其二,解释心理学将意识现象分解为一个个原子式的要素,以便通过法则来联结它们,使得它们能够被因果法则解释。但这只能将具有无限丰富性的、背后隐藏着各种“谜一般”动力的心灵还原为性质完全不同的均质化自然要素。(GS V, 143)其三,自然科学方法在心理学领域的引入也使得精神科学或人文科学研究面临着棘手的两难困境:由于精神科学有着自己独特的研究领域,如道德、伦理、文化、宗教、政治等,自然科学方法的引入使得精神科学要么放弃用心理学奠基的方案,要么全盘接受用解释心理学奠基的方案(GS V, 146)——但自然科学方法完全不适用于精神科学的独特研究对象,因为精神构造物的意义完全来源于内在的心灵生命体验,而自然物则是外在于心灵的。(GS V, 143)正是在此意义上,狄尔泰说:“我们解释自然,我们理解心灵生命。”(GS V, 144)

通过批判自然主义的前提和方法,胡塞尔和狄尔泰为心灵赢获了独有的存在权利。在他们看来,内在的心灵“体验”或“现象”——而非自然科学在心理现象背后预设的“实在”——才表明了心灵的真正“本质”。相较于胡塞尔,狄尔泰展现出更加浓厚的人文主义特质,这让他更加关注心灵体验和文化成果的丰富性、多样性和整全性;胡塞尔则着重强调现象学描述的严格性与科学性。而随着对心灵和精神领域探究的深入,胡塞尔也开始意识到生活世界和人格(Person)对于先验现象学的重要意义。所以在《现象学的心理学》中,胡塞尔明确表示,狄尔泰对于生命之整体性和丰富性的敏锐观察与细致描述,为现象学提供了一个完成度极高的出发点,让他能够基于狄尔泰的丰富研究成果,开启现象学心理学的还原之路,最终到达更完整和深层的先验纯粹意识。正是在这个意义上,狄尔泰的思考与现象学具有高度一致性:“他(引者案:指狄尔泰)的文稿包含了现象学的一项真正的预览及前阶段。……它们带来直观式的指引之真正的瑰宝并且在历史关联中的描述,并且,在所有充满着对于真正直观的被给予性之忠实适应的纯粹描述中,现象学家有着一个已准备好并且收获丰富的工作基底。”(Hua IX, 34-35)但这也提醒我们,胡塞尔在1911年书信中和在1925年《现象学的心理学》中对狄尔泰的赞美并不相同。只有准确细致地把握后期胡塞尔思想的发展路径，我们才能看到这一论断的理由。

二

胡塞尔在《现象学的心理学》中承认了他和狄尔泰的高度共识，但这并不意味着他放弃了《哲学作为严格的科学》中对狄尔泰的批判方向。胡塞尔从先天性、意向性、本质直观、精神客观物等角度进行的批评，几乎与1911年如出一辙。因此，我们更需要公允地对待两者的思想差异，辨明胡塞尔的哪些思想发展使得他赞同狄尔泰的立场，又有哪些使得他超出了狄尔泰生命哲学的框架；这其中有哪些只是表面上的分歧，又有哪些是实质上的差异。笔者将首先综观狄尔泰“生命哲学”概念的基本含义，然后考察胡塞尔对狄尔泰的四个批评[①]。借助本节得出的结论，我们将在下一节中反观胡塞尔的先验现象学在何种意义上能够成为一种“科学的生命哲学”。

首先需要回答的问题是：我们在何种意义上将狄尔泰的“描述心理学”称为“生命哲学”？不同于一些望文生义式的理解，这里的“生命”并不是生物学意义上的有机体，而恰恰是对于世界的心灵体验。在此意义上，胡塞尔和狄尔泰实际上有着相同的论域。狄尔泰指出，通过把握心灵体验，我们才能够理解人类的所有精神和文化构成物。对解释心理学和实验心理学的彻底批判就是为了释放出完整的内在生命体验。他不厌其烦地强调，描述心理学所关注的就是“在其整全范围内被考察的心理生命”(GS VII, 151)，“必须把成熟的、完全发展了的心灵生命作为心理学的对象，并在其整全性中去理解、描述和分析它”(GS VII, 169)。它指向持续涌动着的、不可分割的、被内在体验着的“鲜活生命”，其中包含着相互关联、交织、作用的感觉、回忆、知觉、判断、评价、意志、欲望、本能等要素，包含着主体对整个社会性的—历史性的处境

① 第一，狄尔泰没有关注具有普遍性的意识本质和具有必然性的心灵法则。第二，狄尔泰没有注意到意向性理论的突破性。第三，狄尔泰没有关注“精神构成物之客观性”。第四，狄尔泰没有进行先验现象学意义上的先验还原。

或周围世界的深度体验。(Vgl. GS V, 156-157; Hua IX, 8-9)我们并不需要像外知觉那样对感觉印象进行对象性综合,而是以前反思的、直接被给予的方式"内觉察"(Innewerden)着我们的内在体验。(GS V, 170)我们的"生命整体"则是内外知觉的未分化状态(如对一幅画的知觉和对它的喜怒哀乐是不可分的)。根据德·穆尔对狄尔泰的解释,"在体验中,我们关注的是,对外在世界和自我意识的一种前理论的经验,在这种经验中,主体和客体的区分、意识和外在世界的区分都还没有出现"①。

狄尔泰将这种整全的生命称作"生命关联总体"(Lebenszusammenhang)。他在《引论》《观念》和几个《研究》讲座中,均以认知(表象)、感受(情感)、意志(Vorstellen, Fühlen, Wollen)三种体验类型作为理解生命的基本框架。他所要探讨的"生命整体"就是意志、情感和思维的统一体。(Vgl. GS I, XVIII-XIX)就个体自我而言,它就是"一种人格性的生命统一体"(persönliche Lebenseinheit, GS I, XVIII)。但生命哲学更重要的主题是"整个人类本性"(die ganze Menschennatur)。通过它,整个外部世界、在其中存在的其他个体生命、他们之间的互动、精神创造物、精神与自然的历史等才能够得到理解。这些外部世界和人类生命的总体是"与我们自己的生命统一体一起被给予的"(GS I, XIX)。换言之,包含着认知(表象)、情感、意志的内在生命,总是关联着外部世界、他人和人类的精神成果;我们的前反思体验中既有内在的身体感受,也有对外物和他人的情感与认知,更包含了世界的总体结构及具体内容。从这个意义上说,狄尔泰的"生命整体"就是一种具有最大丰富性的意识,是"整全的、完满的、没有经过删减(unverstümmelte)的经验"(GS I, 123)。正如德·穆尔所言,"狄尔泰的经验概念仍然忠实于笛卡尔和康德等人所代表的意识哲学"②。

在意识哲学的传统中,狄尔泰确立了和康德、胡塞尔相近的先验哲学立场。在早期的《引论》中,狄尔泰提出了"历史理性批判"的任务,即对精神科学的认识论基础进行澄清,认识、描述人们创造精神构成物的能力本身和由

① 约斯·德·穆尔:《有限性的悲剧:狄尔泰的生命释义学》,吕和应译,上海:上海三联书店,2016 年,第150 页。

② 同上书,第 149—150 页。

这种能力所创造的社会、历史等。（Vgl. GS I,116）这一提法颇具康德色彩，只不过康德式的先验主体被狄尔泰式的整全生命所替代。和胡塞尔在《纯粹现象学通论》（以下简称《观念 I》）中的说法几乎一致，狄尔泰也将内在体验当作理解一切意义的根本前提。他明确地说：“所有科学都是经验科学，但是所有经验都在我们的意识条件中有其源初的关联总体（Zusammenhang），它们由此而被规定的有效性也必须出自这样的意识条件，在此意识条件中这些关联体和有效性得以在我们本性的总体性（Ganze）中出现。”（GS I, XVII）

由此，狄尔泰的生命哲学在基本形态上与胡塞尔的先验现象学有着很强的亲缘性。不过在胡塞尔看来，狄尔泰的意识研究仍然没有摆脱“对事实的迷信”①。他的第一个批评就在于，狄尔泰并没有关注具有普遍性的意识本质和具有必然性的心灵法则。狄尔泰“仍未见到基于直观、但也是本质直观的理由而来的一般本质描述之类的存在”，其描述心理学只提供了一些“模糊的经验普遍化”（vage empirische Verallgemeinerungen）和“归纳性的形态类型学”（induktive morphologische Typik），而一门成功的心理学并不想“在其个别关联中展示个人及历史的现实性”，而是要成为一门“认识心灵生活的法则”的真正科学。（Hua IX, 12-13）因而，只要其心理学是实证性的、例示性的、事实性的、经验性的，它就不能达到“真正意义原则上的清楚性”（Hua IX, 12），不能够具有充分的说服力。胡塞尔要做的，正是对狄尔泰所描述的生命进行本质直观，揭示其中本质的和先天的普遍形式、法则和框架。（Hua IX, 18-19）

胡塞尔的批评不无道理，因为狄尔泰的确没有像胡塞尔在《观念 I》第一编中那样，对事实科学与观念科学作出截然区分。但我们也需要看到，狄尔泰绝非仅对个别经验进行描述——他对结构心理学的不懈研究正是一个明证。

与康德不同，狄尔泰试图用生命范畴（Lebenskategorien）而非知性范畴来刻画生命关联总体。从 1883 年的《引论》，到 1894 年的《观念》，再到 1904 年之后的《研究》等文本，狄尔泰先后尝试着对生命关联总体进行了从静态到动态、从单数到多数、从自身性到效用性之丰富结构的刻画。这些生命范畴（如体验、时间性、效力、结构、发展、自身性、目的、价值、意义等）使得沉默的生命

① 胡塞尔：《哲学作为严格的科学》，第 64 页。

成为可理解的。[①] 它们所要把握的就是流变心灵体验中的静态与动态结构,因而描述心理学必然同时是分析心理学和结构心理学[②]。狄尔泰指出,“由于这个活生生的统一体发现自身被它所生活和作出反应的周围世界规定着,由此出现了其内在状态的分环节组织。我称之为心灵生命的结构”(GS VII, 200)。这些结构的作用,就是把表象、意志和情感中发挥着作用的各个要素、环节、面向和原则(感觉刺激、本能、冲动、感受、意愿、知觉、思想等及其作用方式)统合起来,塑造为一个整全的心灵体验。例如,认知和内容、评价和价值、意愿和目标等就构成了最基本的“结构”。而所谓的“描述”和“分析”,就是要在持续流变的体验进程中通过反思来截取出其中的片段,对各种生命关联总体所呈现的稳定结构进行揭示。(GS V, 173-174)

狄尔泰还在关联总体的发展心理学中“预见”到了发生现象学。他指出,生命具有类似于“滞留—原印象—前摄”的“过去—当下—未来”结构。当下总是不断成为过去,未来则在充实中成为当下。[③] 心灵各个行为、环节、要素和外部世界持续地相互作用,心灵也在历时性的生命进程中发展着,随着新体验的流入而发展、完善自身,并在历史中实现自身。狄尔泰借助“获得性心灵关联总体”(erworbener seelischer Zusammenhang)概念来刻画这个同周围世界互动的历史性生命。它同时是一个“被内在目的性所宰制”,“朝向价值、幸福与满足,被整体追求之专注性(无论是直觉性的或有意识而做出的)贯穿了的生命”。(Hua IX, 9;Vgl. GS V, 216;GS VII, 211-212)

正是上述静态的和发生的生命范畴,使得狄尔泰在晚年获得了分析历史和“精神客观物”的工具。这些心灵体验中的“普遍结构”为我们理解个体心灵提供了基本框架。因此,在力求把握普遍有效的意识本质方面,胡塞尔和狄尔泰不存在根本差异。

胡塞尔的第二个批评也与此相关。他指出,狄尔泰没有注意到意向性理论的突破性,“意向性的核心意义在他身上完全起不了任何作用”(Hua IX,

---

① 生命范畴的含义非常丰富,包括多个类别和层次的范畴。参见 Otto F. Bollnow, *Dilthey: Eine Einführung in seine Philosophie*, Stuttgart: W. Kohlhammer Verlag, 1955, Zeiter Teil; 高桦:《狄尔泰的生命释义学》,上海:上海人民出版社,2018 年,第 148—152 页。

② 参见约斯·德·穆尔:《有限性的悲剧:狄尔泰的生命释义学》,第 180 页。

③ Vgl. GS VII, S. 193; *Dilthey: Eine Einführung in seine Philosophie*, S. 109-110.

33）。而意向性是“最普遍的心理存在即生命的根本特质”（Hua IX, 47），不可被忽视。但值得注意的是，狄尔泰实际上给出了一些非常类似于意向性理论的描述——尽管他公开批评布伦塔诺，但这或许只针对后者对生命的“拆分”。他在一些文本中区分了意识活动、意识活动的内容和意识活动的对象①，这无疑就是《逻辑研究》中行为、意向内容和意向对象的翻版。每种体验类型都由不同的体验环节构成，并由特定的结构联结起来。其中，认知活动都“与我们所谓的对象性有关”（GS VII,25）情感则可被区分为“主体与其状态、主体与对象之间的难以理解的关系”（GS VII,46）。意愿则“总是与应该被实现的内容性相关”（GS VII,61）。而“内容性”被狄尔泰等同为“对象性”（GS VII,25）。除去对自身状态的情感或感受（如疼痛、无对象的悲喜等）以外，这些体验类型都是意向性的，或者以意向行为为基础。意识行为和行为内容的关联，则被看作最基本的意义结构。

因此，狄尔泰明确注意到了意向性结构，胡塞尔批评的真正核心也不是狄尔泰的理论中“没有涉及意向性”，而是我们在下一节中将表明的——狄尔泰并未将对意向性的考察贯彻到底。

胡塞尔的第三个批评针对一个“未被狄尔泰掌握并克服的缺失”，即“有关于精神构成物之客观性的激进问题”。（Hua IX, 359）胡塞尔认为，仅仅反思内在体验不足以阐明复杂的意义世界。他在《现象学的心理学》第16节中特别讲到了精神创造物和文化之物的构造问题。通过类比他人身体的构造，胡塞尔指出，物理性的物体同样可以承载精神性的意义。建筑物、工具、文字、艺术作品等等，都能够回溯到赋予其意义的主体，它们是“被精神化的实在物”（Hua IX,112）。这些“被精神化的实在物”首先依赖于个体生命，其次依赖于先验的主体间性，它们在具有目的的实践活动和实践境域中赋予事物意义。胡塞尔以武器为例，给出了非常海德格尔式的分析：当我们看到一把武器时，就已经连带地以“默会”的方式掌握了它能够实现的目的、它能够在什么场合下应用、什么行为适合它，它如何关联于武器锻造者、战士、特定历

---

① 斯坎伦特别指出，狄尔泰的《观念》和《研究》中都有与胡塞尔《逻辑研究》中意向性理论相平行的内容。参见 John Scanlon, “The Status of Intentionality in Dilthey's Study toward the Foundation of the Human Sciences”, in *Dilthey and Phenomenology*, pp. 55-67。相关讨论还可参见 GS VII,S. 14,33,39；约斯·德·穆尔：《有限性的悲剧：狄尔泰的生命释义学》，第245页。

史处境和更宽广的目的系统。一把武器能够被回溯到整个先验共同体及其历史处境。(Hua IX,113-114)最后,被精神化的实在物也依赖于承载着它的自然物。好比我们看到某个身体时,会一并意识到他人心灵的"共现"(Appräsenz);我们看到特定形态的自然物时,也同样会"激活"(beseelen)它,赋予其精神和文化意义。胡塞尔举例说,如果一幅画的颜色因色彩失去亮度或颜料而出现斑驳,那么发生改变的不只是其自然状态,还有其文化意义。(Hua IX,116)对于其他文化物来讲也是如此。因此,"意义是物体实在物之上的一个独特而非实在的层次",它不是内在的心理体验,而是能够通过自然物在时空中获得定位;它又可以不断被新的主体激活,并被赋予新的精神意义。(Hua IX,118)通过对于自然和精神交织关系的重新描述,胡塞尔保留了一个客观精神世界的可能性。

然而,胡塞尔的批评又一次表明这两位哲学家的不谋而合。狄尔泰早在《引论》提出"历史理性批判"任务时就已经表明,精神科学所研究的各种精神构成物就建基于内在的生命关联总体上,并通过内在体验得到理解。而与《观念》《研究》中的生命结构刻画并行的,还有《精神科学中历史世界的建构》(以下简称《建构》)中所关注的"历史世界的建构"和"精神世界的建构"问题。精神科学试图理解关于人类精神的一切事实,后者在历史中不断具体地发生,并表现为各种各样的"精神客观物"或"生命客观物",如家庭、部落、城邦、国家、礼俗、政治制度、法律、经济活动、战争、民族迁徙、文学、艺术、科学、哲学等等。在狄尔泰的描述中,"生命和精神渗透进个体、共同体和各种作品……它们仿佛是被镶嵌在自然的各种系统之中"(GS VII,146)。狄尔泰还在黑格尔的"客观精神"和孟德斯鸠的"法的精神"的意义上,试图去思考纯粹精神性的独立形态。(GS VII,149-150)而那些在价值评价和目的设定中创造着精神构成物的生命被狄尔泰称为"效用关联总体"(Wirkungszusammenhang),它们在相互作用中创造着精神世界和历史世界。由此精神科学也形成了两个分支,一个研究具体的历史和社会现象,另一个则形成关于精神本质的系统科学。(Vgl. GS VII, 81-83)

最终,胡塞尔将狄尔泰理论的真正困难归于他没有进行先验还原。这当然不只针对狄尔泰,而是针对一切形式的心理学,乃至胡塞尔自己提出的"现象学的心理学"。在胡塞尔看来,它们当然都只是"自然态度"下未经反思的产物。作为与先验现象学平行的领域，心理学始终停留在区域科学的范围内，而未能成为一门为一切科学奠基的"第一哲学"。在胡塞尔为《大英百科全书》撰写的"现象学"条目中（Vgl. Hua IX, 237-255; 264-277; 287-296），在《阿姆斯特丹讲稿》（Vgl. Hua IX, 335-349）和《欧洲科学的危机和先验现象学》（以下简称《危机》）第二部分中，胡塞尔多次论述了心理学所蕴含的自身悖谬、心理学与先验现象学的亲缘关系，以及现象学的心理学对于先验现象学的导引作用。但对于狄尔泰来说，胡塞尔的批评有了更强的针对性——因为狄尔泰恰恰希望摆脱心理学中的自然主义假设，而胡塞尔却指出了狄尔泰思想中的自然主义残余。与李凯尔特类似，狄尔泰也基于对自然和精神领域的划界，赋予了两个领域不同的本质特征和法则。尽管狄尔泰希望依据心灵领域的独有原则来阐明心灵体验，但他并没有解决身体和心灵的本体论地位和关系问题（Hua IX,363），也没有摆脱心灵中被动领域对于物质身体的依赖。心灵对于身体、身体对物质世界、精神创造物对于自然的依赖使得心灵的本体论地位岌岌可危。[①] 这导致了《阿姆斯特丹讲稿》中的"双重性的先验假象"（Hua IX,338）和《危机》中的主体性悖论，即主体既属于世界的一部分，又是世界意义的构造者。先验现象学则从根本上避免了这个问题。胡塞尔不仅将自然科学作为生活世界中的文化构造物，对其进行了还原；还将被我们知觉和经验的"源初自然"本身进行了现象学还原。通过悬搁"自然态度的总设定"，进而将生活世界还原为先验主体的构造物，先验现象学超越了自然科学和心理学的有限界域，也避免了由两个领域的不同本质而引起的冲突。这样，无论是精神领域，还是自然领域，最终都在先验主体的意义构造活动中找到了源头。因此，通过引入本质直观和现象学反思方法，胡塞尔的现象学心理学能够克服狄尔泰生命哲学的不彻底性。而它作为先验现象学的导引，又让我们超越此前心理学的局限性，最终到达为一切科学奠基的"第一哲学"。

---

① Vgl. GS VII, S. 80. 关于狄尔泰的自然主义残余问题，参见 E. W. Orth, "The Problem of Generalization in Dilthey and Husserl", *Dilthey and Phenomenology*, pp. 17-18; J. E. Jalbert, "'Nature' in the Human-Scientific Perspective: An Husserlian Response to Dilthey", *ibid.*, pp. 32-33; M. K. Tillman, "'Nature' in the Human-Scientific Perspective: A Dilthey Response to Husserl", *ibid.*, p. 49。

三

从胡塞尔对狄尔泰的批评及狄尔泰的可能回应中,一方面,我们看到两者的差异并未如表面看起来那么大,胡塞尔的一些批评并不能直接命中目标;另一方面,胡塞尔的有些批评却是极为精准地指出了狄尔泰思想的弱点。一旦我们将意向性理论推到极致,就会发现后期胡塞尔笔下"人格"与生活世界的先天关联(Korrelationsapriori),它充分提醒我们胡塞尔对生命整全性和丰富性的强调,由此获得的理论成果甚至在一些方面远远超过了狄尔泰。同样,一旦我们将本质直观和现象学反思贯彻到底,狄尔泰对于历史事实和个别体验的描述将仅构成思考体验结构和心灵原则的质料,它引导我们进行更深入的先验反思。

胡塞尔在《现象学的心理学》中就已经尝试尽量完整地刻画心灵体验。他提出要"从《逻辑研究》出发去进行一项普遍的扩充"(Hua IX, 43),这无疑针对的是其中的"意义—行为"之"先天关联"结构:一方面将意义扩展为"一个可能世界的普遍先天性";另一方面将行为扩展为"在所有意向性形态下的整全、具体的主观生命(das ganze konkrete subjective Leben)",包括"每种评价的、奋进的(strebendes)、意愿的以及任何种类的一般意识"(Hua IX, 43)。由此,意义在其中显现和沉淀的、无所不包的生活—经验世界就能够完整地呈现(Hua IX,94);作为意向行为之基底的、最为完整而具体地经验着世界的主体生命,亦即所谓的"人格"也能够得到揭示(Hua IX,105)。它们分别对应着关于经验世界的"先天科学"和关于具体生命的"人格心理学",这极大地扩展了具有"先天关联"结构的意向性概念。

上述扩展首先要求从自然科学的世界图景中解放出完整的经验世界。受阿芬那留斯的影响,早在1910/11的冬季学期课程"主体间性讲座"中就开始关注在自然态度下的"自然的世界概念",以获得具体的、直观的、完整的世界概念。[①] 这里的"自然态度"并非自然科学的态度,而恰恰是指我们在日常

---

① Edmund Husserl, *Die Lebenswelt: Auslegungen der Vorgegebenen Welt und Ihrer Konstitution*, Hua XXXIX, Rochus Sowa (hrsg.), Dordrecht: Springer, 2008, S. XXXV-XXXVIII.

生活中的一般态度。在《纯粹现象学与现象学哲学的观念(第二卷)》(以下简称《观念 II》)《现象学的心理学》《危机》等文本中,胡塞尔深入反思了自然科学的抽象态度,指出自然科学家如何通过对生活世界的抽象、通过翦除源初经验中的精神性要素,获得一个纯粹物理性或物质性的自然世界。因而"它在精神性上面的断裂情况必须再一次被带回到它的原始关联去",精神科学家需要重新"扬弃"自然科学的抽象性。(Hua IX, 55)这个需要返回的"原始关联"就是具体、完整的经验世界或生活世界(两者分别为《现象学的心理学》与《危机》中的提法),它重新纳入了人们的一切精神与文化意义,并保持了和主体生命的复杂关联。在生命—生活世界的先天关联中,包含了一门关于生活世界的"先天学"。

而在意识体验一侧,胡塞尔所说的"人格"几乎可以被等同于狄尔泰的"生命"概念。胡塞尔自己也经常把"人格"和"生命"并提。根据塔尼(Tani)的辨析,胡塞尔在三种情况下使用"生命"(Leben)概念:(1)在讨论时间性问题时,用"生命"来严格意指内时间意识;(2)在《观念 II》等文本中,在宽泛意义上意指前反思的经验总体;(3)经验着世界的生命(world-experiencing-life),它占有、体验、构造着历史性—境域性的生活世界。[①]在后两种意义上,胡塞尔所描述的意识体验正对应着狄尔泰那里对身体状态的内觉知以及对外部世界的外知觉。狄尔泰强调这两者的未分化状态,而胡塞尔那里实际上早在《逻辑研究》时期就已有了类似表述。在对行为的刻画中,质性(Qualität)和质料(Materie)的区分,让各种态度、意愿、情感能够伴随意向性的认知行为及其意向内容。在《观念 II》中,随着人格(Person)概念的引入,意识的范围进一步得到扩展。只不过此时胡塞尔尚未明确地应用发生现象学的概念框架。在《现象学的心理学》里,胡塞尔甚至用了和狄尔泰一样的框架(表象或思维、情感、意志)来描述整全生命的诸面向,即感觉生命(Empfindungsleben)、感受生命(Gefühlsleben)、思维(Denk-)和意志生命(Willensleben)。(Hua IX,105)而从整体上讲,胡塞尔所描述的这个意识首先是"一个永不停歇的、必然变化着的、就如同带有迅速起落之波浪的涌流(Strom)"(Hua IX,105),但它又有在多样的行为和体验中具有持续性的心理特性(Eigenschaften)、性格特性

① Cf. Toru Tani, "Life and Life-world", *Husserl Studies*, 3 (1986), pp. 61-62.

(Charaktereigenschaft)和习惯特性(habituelle Eigenschaften)(Hua IX,105)。胡塞尔经常使用"习性"(Habitualität)来刻画主体后天获得的稳定特性。换言之,主体总是在持续的意识之流中经验着世界,又在此过程中形成自身的稳定特质。当心灵的内在体验和作为其基底的身体(Leib)结合后,胡塞尔就将生命最终明确为了"人格"。它是生命最为充分的形态,也和其他人格一道成为整个精神世界的缔造者:"我们看到,我们最终被指引到这样一个关联总体中,它纯粹在人格的—精神的场域中,因此也在共同精神的、历史的场域中流动,并且所有历史的精神性都构成了一个贯穿了一切人格的、统一地流动的、自身锁闭的关联总体,它事实上能够被一个精神性的经验所通达。"(Hua IX, 358)在《维也纳讲演》中论及"人格生命"时,胡塞尔也毫不犹豫地将生命置入了文化和历史世界之中:"生命一词在此并不具有心理学意义;它意味着具有目标的、完成着精神构成物的生命:在最宽泛的意义上,在历史发展之统一体中创造着文化。"①

不过,现象学的心理学只是进入先验现象学的引导线索和准备阶段。在"现象学的心理学"讲座中,胡塞尔指出自然科学终究是一种抽象态度下的文化创造物,为了把握完整的源初经验,就需要回到前科学的经验世界(即《危机》中的生活世界)(Hua IX, §6)。这样,胡塞尔进入现象学心理学的路径就不同于狄尔泰进入描述心理学的路径,其中已经隐藏了通向先验现象学的契机。② 而如前所述,由于对自然领域的无差别悬搁与还原,先验现象学能够避免人格心理学所遭遇的"双重性的先验假象"问题和主体性悖论的困境。通过对世界之存在设定的悬搁和向着先验纯粹意识的还原,现象学所到达的纯粹直观领域将成为世界之显现和被经验的前提。这样,胡塞尔就将"生活世界—人格生命"的先天关联进一步回溯到了构造着一切意义的绝对时间之流中。

至此,胡塞尔和狄尔泰都完成了由封闭意识向整全生命的扩展。从两人

① Edmund Husserl, *Die Krisis der Europäischen Wissenschaften und die Transzendentale Phänomenologie*, Hua VI, Walter Biemel (hrsg.), Haag: Martinus Nijhoff, 1976, S. 315. 中译文参胡塞尔:《欧洲科学的危机与超越论的现象学》(又译《欧洲科学的危机与先验现象学》),王炳文译,北京:商务印书馆,2001 年。

② 关于现象学的心理学与先验现象学和生活世界现象学的关系,参见张浩军:《精神科学的奠基之路——从描述心理学到生活世界现象学》,《哲学动态》2018 年第 7 期,第 68—75 页。

相互交错、趋近与背离的思想历程中，两种探寻生命的可能性也逐渐显露出来。

狄尔泰对精神科学尤其是历史学的浓厚兴趣，让他的生命哲学发展出不同于现象学的另一个向度。在他晚年的《建构》及其续篇计划中，我们能够看到一条从《引论》到《建构》的清晰发展线索，而“历史理性批判”构成了这一发展历程的核心标识。(GS VII, 117)

历史理性批判的核心任务首先在于区分自然科学与精神科学，提出两者的本质差异及核心原则。狄尔泰指出，一切精神科学的共性即在于它们“都具有一种趋向——从人类生活以及由此而来的客观精神出发，逆溯地探究创造、评价和行动的源头，探究那些自我表达、自我客观化的内容”(GS VII, 87-88)。他所说的“历史世界的建构”，实际上指的是通过精神科学中的一系列观念构建和观念体系来理解历史世界。(GS VII, 88)而这就要求“从生命和理解出发，从内在与生命之中的实在、价值和目的的关系出发”，去澄清历史世界中种种现象的“认识论基础”。(GS VII, 117-118)生命本身的无限丰富性构成了历史世界中各种纷繁复杂现象的源头。

如果仅从上述说法上看，狄尔泰和胡塞尔并没有本质差异。但值得注意的是，在狄尔泰的思想发展中，对体验的结构性刻画已经悄然让位于对心灵体验和历史世界的具体理解，后者呈现出明确的解释学循环形态。[①] 粗略来看，在《引论》中，狄尔泰就已经展现了一种理解个体心灵及其意义世界的解释学循环结构。这一结构在其后期思想中被更明确地表达——体验的意义“就是生命各部分与生命整体的关系”(GS VII,233)；个体性体验只有作为更大整体的一部分才能得到来理解(GS VII,257)。要理解个别的体验，不仅要诉诸前反思的自身觉知，还要诉诸他人的生命体验和境遇，诉诸共同体和社会的形态与历史。“主体的心灵活动及个别的主体的成就都结合到共同的活动及成就中”(Hua IX, 10；Vgl. GS VII, 146)，换言之，每个个体生命都浸润在人类的总体精神世界中，并同它发生极为复杂的精神交织和动机关联[②]；而

① 参见约斯·德·穆尔：《有限性的悲剧：狄尔泰的生命释义学》，第33页。

② 所谓的“精神关联”不再被因果机制支配，而是受到动机关联法则规定。动机是一种“主观的因果性”，即直观体验环节间的相互触发，如艺术家的创作欲望激发他进行艺术表达。胡塞尔认为在这些动机触发关系中也存在着先天的必然法则。

变化万千的精神世界又将在个体生命的基本形态和结构中找到其源头和解释。(Vgl. GS VII, 146-156)最终,个体生命与精神世界之间构成了从整体到部分、从部分到整体的双重关联方式(GS VII,146),这也构成了"生命解释学"的基本结构。[①]

在《研究》和《建构》中,这一解释学循环被进一步拓展为体验—表达—理解的三元结构。狄尔泰指出,只有借助于包含体验、表达和理解三重环节的结构性关联总体,才能够刻画个别体验与整个精神世界之间的关联方式,进而才能真正理解"精神客观物"和生命的意义。[②] 举例来说,无论是罗马法、荷尔德林的诗还是塞尚的画,都包含内在的一些创作原则和组织结构。但它们真正具有意义、能被我们理解,只是因为它们源于我们的生命体验。这些精神客观物就是心灵体验的表达,它们借助物质载体在历史中被"客体化";而理解它们的过程则是逆向回溯至内在体验的过程。因此狄尔泰说:

> 这个生命、表达和理解的关联体,包括人们从事交流的姿势、表情、语言,包括持久存在的精神创造物——它们为一切艺术欣赏者们敞开了艺术家的心扉,也包括社会结构中永久的客观物——通过它们人类本质的共同性放射出光芒,并且以直观、确定的方式展现在我们面前。……质言之,只是通过理解的过程,一个生命才清晰地看到它自己的内心。另一方面,只有当我们将自己实际体验到的生命投诸我们自己以及他人的生命表达时,我们才理解了自己,理解了他人。所以体验、表达和理解的关系反映着一种特殊的程序;只是由于它的存在,人类才作为精神科学的对象呈现在我们面前。精神科学就植根于生命、表达和理解的关系之中。(GS VII, 86-87)

无论是表达还是理解,都涉及对于符号的使用,进而涉及使用符号的规则。符号中介的出现使得我们无法直接地、完全地通达表达者的体验。例如,当我看到一个愤怒的手势时,首先需要理解这个手势在对方文化语境中的含义,然后还需要明白这个手势背后的"故事",如对方的处境、经历,他人所处

① 参见高桦:《狄尔泰的生命释义学》,第142—145页。

② 参见约斯·德·穆尔:《有限性的悲剧:狄尔泰的生命释义学》,第241、276—283页。

共同体的境遇、历史，等等。因此，只有在确定了他人是由于被冒犯而感到愤怒，还是由于国家被侵略感到愤怒后，我们才能真正“理解”其手势的含义、通达他人的体验。至于文学、艺术、礼俗、政治制度等，无疑是更为复杂的符号系统，要理解其背后的交往行为、伦理规范、社会结构、权力关系等，才能进一步回溯到客体体认、价值评估、目的设定等行为体验中。（GS VII，156-160）而在系统知识和个人体验间存在着相互依赖关系：通过对于他人、对于更复杂世界之规则的理解，个体体验的晦暗领域将被澄清，狭窄界限也将被突破；反之亦然。（GS VII，143，145-146）例如要理解俾斯麦的生命进程，我们掌握的资料和历史知识越多，就越能重现俾斯麦的生命体验；而越理解俾斯麦的内在生命，就越能解读与他相关的历史和精神事实。（Vgl. GS VII，143）这样，尽管在《观念》和《研究》中我们能够看到对生命普遍结构和原则的揭示，但它们只是工具性的。狄尔泰的最终意图是用它们来重新理解历史，理解每个重大精神成就背后的心理动因。狄尔泰的思考路径也常常在理解心灵的普遍结构和理解个别生命的历史性存在之间摇摆。①

解释学比重的变化对应着狄尔泰思想方向的发展。真正将狄尔泰与胡塞尔区别开的，毋宁说是狄尔泰逐渐将理解具体历史形态及其中的“个体生命”当成了更高的目标。在他的研究旨趣中包含了更多对具体历史和个体生命的“好奇”，狄尔泰不止一次提到各种自传、历史档案、历史小说对于生命哲学的重要意义。② 他期待穿越社会—历史境域的迷雾，进入一个个独特的生命体验，或许这也使得他对意识本质结构的研究不像胡塞尔那样深入。因而，我们在狄尔泰这里看不到对意识层次的精微描述，看不到对意向相关项和质料先天的本质刻画，更看不到胡塞尔式的奠基研究。他的生命哲学最终展现为对具体生命和社会—历史世界的深层诠解。结构和法则在此都是为

① 关于解释学方法在狄尔泰思想中的发展及相关争论，参见高桦：《狄尔泰的生命释义学》，第 64—69 页。在狄尔泰的思想中，也始终存在描述心理学和生命解释学及历史学的隐含张力，参见谢地坤：《走向精神科学之路——狄尔泰哲学思想研究》，南京：江苏人民出版社，2003 年，第 54—58、76—78 页。

② 内尔森在分析海德格尔对狄尔泰的批评时也指出，狄尔泰更感兴趣的是在相对稳定的外部条件和社会结构中的个体生命，他的生命概念不仅仅是抽象的和普遍的，他还在个人传记和自传的意义上理解生命概念。参见 Eric S. Nelson，“Dilthey，Heidegger und die Hermeneutik des faktischen Lebens”，in *Diltheys Werk und die Wissenschaften: Neue Aspekte*，Gunter Scholtz（ed.），Göttingen：Vandenhoeck & Ruprecht，2013，S. 100。

了理解实际历史和实际精神世界服务。只有在不断的解释学循环当中,精神科学才能得到奠基。从狄尔泰自己最终构想出的精神科学形态来看,起初旨趣的微小差异已经随着上述思路的不断推进,发展为明显的分歧。

在《建构》中,狄尔泰对理想中的精神科学有很多描述。他评点了从修昔底德、亚里士多德到康德、黑格尔再到兰克、托克维尔等人的种种历史观和精神科学形态。他也指出,精神科学体系植根于体验和理解之中,而"理解活动从生命出发,不断探入新的深度;只有通过重新返回生命和社会,精神科学才能获得其最高的意义,一种处于不断增长状态的意义"(GS VII, 138)。体验当然是理解的基础,但绝大多数精神事实是无法直接被回溯到体验的,要理解它们,就需要各门类精神科学的"相互依赖"(GS VII, 143)。狄尔泰举例指出,为最大限度地展现历史世界,修昔底德依赖于从希腊城邦政治实践中获得的政治知识;波利比乌斯吸收了罗马贵族的政治智慧和自柏拉图以来的政治研究成果;尤西比乌的教会史著作中充满了关于教会法的内容;沃尔夫的先行者依赖于新的诗学和修辞学理论;等等。(GS VII, 143-144)"只有精神科学总体才能造成进步"(GS VII,144),要最大程度地理解历史,一方面需要最充分地理解人的本性,另一方面也需要各门精神科学相互合作。最终,理想的历史学家们在理解历史的时候,就要从历史的洪流中不断揭示每个精神现象背后隐藏着的真正动力。例如,在每一个文化系统背后,都有着一个个具有价值和目标的具体生命在进行创造和协作,它们的合力最终产生了经济生活、法律、政治活动、艺术、科学等;同理,在社会和政治组织背后也存在着力与力之间的关系,它们都能被回溯到最终个别性的生命统一体。因此,对于狄尔泰来说,真正理想的精神科学,就是能够揭示历史背后各种动因的知识系统。(GS VII,166-177)例如在他对德国启蒙运动的分析中,教会、封建领主、王侯、专制制度、法官、诗人、哲学家、宗教领袖、官僚机构、诸侯国、敌对国等都扮演了各自的角色,他们的精神创造物也发挥了相应的职能。(GS VII, 178-188)"最终,一切生产力都交织在时代的关联体中。我们只能在这些力量的意义关系中寻找历史的含义。"(GS VII,187)这种事无巨细而又无所不包的历史学分析成了狄尔泰的科学理想。他似乎想要为每一个音符安排好各自的位置,梳理出稳定有序的结构,最终形成和谐的乐章。然而,至少就表面上呈现出的效果来说,生命体验和历史叙事的有限性与真实历史的错综复杂和无限丰富形成了鲜明的对比，单调的结构性分析让位给繁复的力量分析并非偶然。毋宁说，狄尔泰只是提出了一个从有限生命通达无限历史的解释学理想，它恐怕也只能停留在理想状态。

狄尔泰最终构想的精神科学显然与胡塞尔的先验现象学南辕北辙。从狄尔泰的生命解释学中，海德格尔式的生存论分析已经呼之欲出。然而往往被学者们忽视的是，胡塞尔同样看到了生命的实际性和有限性。他在《生活世界》手稿、《危机》增补卷、《C 手稿》等文本中探讨过家乡世界与陌生世界，也阐释过历史传统的沉淀与创造；他剖析过出生与死亡对于世界构造的先验意义，也思考过共同体和民族的意志和命运。他在更基础的层面上描述过熟悉视域与陌生（未来）视域交互作用，也试图从更宏观的层面把握人性本身的代际传承与延续。在论述精神客观物和精神世界时，胡塞尔和狄尔泰的很多说法同样非常接近。从这里我们很容易找到一种潜在的解释学循环。或许正是因此，卢福特才认为胡塞尔的现象学中同时具备生活世界解释学的面向。[①]

但对于胡塞尔而言，仅停留在这一层次是不够的，两人的差异体现在更深的维度中。胡塞尔关注的是先验主体如何“构造”精神客观物，如何为自然物赋予精神意义。在此，尽管他注意到人和具体事物在整个目的论系统和精神网络中的位置和意义，但这些语境和背景的视域作用本身并不是胡塞尔关注的重点。甚至在后期的发生现象学中，胡塞尔的真正目标也是将它们当作被沉淀在先验纯粹意识中的“构造成就”进行还原。[②] 而在胡塞尔对人格和习性的探讨中，尽管也蕴含着一种“生命解释学”的可能性，但胡塞尔真正要抵达的终点还是作为绝对者的先验主体，它是使精神客观物对我们具有意义的可能性条件，也是人格或生命能够具有先验性和经验性双重存在方式的可能性条件——因此，中后期的胡塞尔才会探讨人格的“自身构造”问题。只有一

---

① Sebastian Luft, *Subjectivity and Lifeworld in Transcendental Phenomenology*, Evanston: Northwestern University Press, 2011, p. 80.

② 胡塞尔更关注的是这些“意向蕴含”（Intentionale Implikation）如何得到构造。视域在此更多起到指引的作用，它使得我们能够回溯到意义构造的先验维度中去追问视域的起源。兰德格朗贝很早就看到这一点，参见 Ludwig Landgrebe, “Husserls Abschied vom Cartesianismus”, *Philosophische Rundschau*, Vol. 9, No. 2/3 (1961), S. 151-162。关于胡塞尔和伽达默尔、现象学和解释学在此问题上的交锋，参见 Saulius Geniusas, *The Origins of the Horizon in Husserl's Phenomenology*, pp. 93-97。

个完全无人格性的绝对时间意识,才能够充当一切意义的真正基底。从胡塞尔的视角看,狄尔泰的生命解释学显然不够彻底,因为主体仍然沉浸于由精神客观物构成的世界之中,受它们规定;而先验现象学是"无前提性"的,即便预先被给予的世界视域也将被还原为先验主体的构造成就。这也构成了胡塞尔同海德格尔、伽达默尔等人的核心分歧。

在胡塞尔看来,最终使生命得到理解的不是对历史性生命的解释学阐明,而是向前自我的、匿名的绝对时间意识的终极回溯。在此,无论是最底层的模糊意识、本能、情感、知觉、动觉,还是更高阶的人格、精神构造物、共同体及其意义成就等,都只有在与绝对时间意识的构造关系中才能得到最终的理解。我们的问题是,这样的先验分析是否有必要,它能带来对生命何种不同的理解?对于胡塞尔来说,为什么仅仅理解具体生命及其历史境域是不够的?为什么需要将实际性的有限生命吸纳在无限的生命之流中?

我们当然可以将上述问题转化为"为什么要进行先验还原",并给出不同方向的回答,例如从认识论上找到各个学科共同的根,通过笛卡尔式的还原达到绝对的明见性,消解主体性悖论,解决心物二元论的本体论疑难,等等;但是我们也可以从生命本身着眼,追问为什么要理解历史—社会的、实际性的生命,就需要向先验主体回溯。

马克里尔(R. Makkreel)非常敏锐地看到,不同于狄尔泰那里生命体验和周围世界的解释学循环,胡塞尔的现象学中还有着建构(Aufbau)与解构(Abbau)间的独特解释学结构:"胡塞尔对生活世界理论的发现因此带来了一种在狄尔泰的生命关联总体(life-nexus)和在历史的纯粹解释学进路中未曾被认识到的先验维度。只有通过一种先验的回溯,我们才能在建构和解构的解释学循环中到达这一点;在此建构的结果被后者还原,并被保留为在历史中的实项(reell)存在之物。"[①]马克里尔的视野或许局限在《经验与判断》,他将"建构"理解为科学观念世界的形成,将"解构"理解为向前科学经验的回溯。但基于此前对"先天关联"结构的分析,我们完全可以把他的结论进一步延伸。

① Rudolf A. Makkreel, "Husserl, Dilthey and the Relation of the Life-World to History", *Research in Phenomenology* (12), 1982, p. 56.

在胡塞尔所揭示的意义奠基秩序中，任何高阶现象都可以进一步向着为其奠基的更基础层次回溯。例如，对复杂文化世界的解构将凸显出代际意义生成的维度，对代际传统的解构又将让主体间意义交流的维度显露出来。进一步的解构或还原还将使具有目的论特征的实践主体、具有动觉和意愿的身体、具有本能和趋向结构的意向行为、不断进行着被动综合的绝对时间意识渐次出现，它们对应的目的论意义网络、知觉场域、可能性视域、熟悉性视域等也都将被反思目光所照亮。在这里，我们看到的是生命—生活世界之先天关联在不同层次上的不同表现方式。换言之，胡塞尔看到的意向性结构及其扩展，敞开了远超我们想象的理论空间。基于此，我们可以重新理解建构和解构的解释学循环：对高阶现象整体的解构(Abbau)能够带来新的建构(Aufbau)可能性，而新的建构又可以引发不同的解构方式。建构和解构之所以可能，是因为在不同的态度设定(Stellungnahme)下，先天关联结构的敞开方式不同：不同的意向活动关联着不同的意向相关项；不同的主体关联着不同的世界。从《观念 I》中的先验纯粹意识到《观念 II》的具身主体性，再到《生活世界》手稿中的实践主体性，对应着从最基本的意向相关项(noema)到广延物与空间，再到生活世界的发展序列。而最彻底的反思态度无疑是现象学态度，它意味着真正无前提的自由观看态度，能够从任意方向敞开具有先天关联结构的现象学空间。

在这个意义上，胡塞尔对于意向性结构的不懈探究和对于事情本身的不断还原能够让我们从更深处返观生命本身。后期梅洛-庞蒂曾经提出过一种“超辩证法”(hyper-dialectic)，它能够让主体和世界间的一切阴影、视角、侧面、色彩、光线等都被保留了下来，不至于被对象化的反思目光吞噬，这不正是胡塞尔一直以来所践行的现象学方法吗？由此返观狄尔泰的生命解释学，它当然给我们提供了对生命的深刻理解，尤其是有限生命在特定历史境域下的生存状态。后期狄尔泰沉醉于历史所提供的诸多质料，或许正是因为在万花筒般的生命动力学中，我们能够看到的生命样态要远远多于干瘪的哲学沉思所能提供的内容。然而，在狄尔泰之后，恐怕再也没人从事他那种事无巨细的历史学——整全与盲目在他那里几乎成了同义词。而胡塞尔提供的是一束光和一双眼睛，当我们要去观看历史中的具体生命时，胡塞尔会提醒我们哪些才是需要注目的，哪些人性与历史的纵深不应被遗忘。在现象学的

"纵向解释学循环"中,一个又一个深层的意义维度被打开,一个又一个复杂的体验结构被解锁。当代生命政治哲学中对身体、欲望、本能、政治机器的发现,从实质上说无一不是对现象学反思目光的具体应用。胡塞尔曾赞扬狄尔泰"是一位能够实行天才的总体直观(作为分析和抽象的理论活动)的人……有着无可比拟的能力,能够在鲜活的具体性中去综观各处所见的个别的以及社会—历史的具体精神生命,直观地去把握其类型形态(typischen Gestalten)、变化形式、动机关联总体,去贯彻对它的伟大的、综观的解释"(Hua IX, 6-7)。如果说狄尔泰的天才体现在对各种精神形态的直观上,胡塞尔的天才则体现在对各种本质结构、形式、关系、秩序和体系的直观上。他同样有着无可比拟的能力,能够在无限流变的生命中抓住倏忽即逝的片段,在混乱无序的质料中整理出秩序井然的形式,为我们在黑暗中的前行留下微光。

最终,胡塞尔在现象学方法上的纵向解释学应该能够为狄尔泰的生命解释学提供形式与框架,一方面使其获得深度,另一方面使其获得秩序。当学者们站在狄尔泰和海德格尔的立场上批评胡塞尔时,往往会强调胡塞尔的现象学反思始终站在世界之外、同世界保持着遥远的距离。但我们要看到,这种最纯粹的反思同自然态度下的生存论描述并不矛盾,而且能够提供非常有益的补充,甚至"拯救"现象的丰富性。正是因此,阿尔维斯(L. Alweiss)才不无惋惜地说:"《存在与时间》只有通过回到胡塞尔并且承认它从胡塞尔处得到的馈赠,才能真正成功地离开胡塞尔。"①从本文所指出的方向看,这句话同样适用于狄尔泰的生命解释学。而对于胡塞尔自己来说,现象学当然也不是疏离于世界的冷漠沉思,它出自生命并将回到生命,甚至在某种意义上构成了解决生命与世界危机的关键:"欧洲生存的危机只有两种解决办法:或者欧洲在对它自己的合理的生活意义的殊异中毁灭,沦于对精神的敌视和野蛮状态,或者欧洲通过一种最终克服自然主义的理性的英雄主义而从哲学精神中再生。"(Hua VI, 347-348)

不过,科学的生命哲学是否构成了解决危机的全部方案?胡塞尔的思想当然远未被充分挖掘,后胡塞尔时代哲学的各种发展路径似乎也告诉我们,

① Lilian Alweiss, *The World Unclaimed: A Challenge to Heidegger's Critique of Husserl*, Athens: Ohio University Press, 2003, p. 166.

危机并未远去,道路依然漫长。

Why is Phenomenology Called "Scientific Life-Philosophy"?—Husserl, Dilthey and the Depth of "Life-Philosophy"

Han Xiao

Abstract: Husserl calls his transcendental phenomenology "scientific life-philosophy", which means that phenomenology not only concerns the cognitive subject, but also deals with the whole life. Through the transformation of transcendental phenomenology, Husserl gives new meanings to life-philosophy. He has greatly broadened the a priori correlation of intentionality and opened up the phenomenal space between life and the life-world. With the deepening of phenomenological reduction, the deeper life structure can be revealed, and the correlated life-world will be more specifically determined, and vice versa. Thus, a "vertical" hermeneutics of life can be developed within the correlation between life and life world. This hermeneutics of life is different from Dilthey's life-philosophy, which pays more attention to the actual existence of specific and individual life in the historical world, as well as the corresponding actual historical and social forms; while Husserl's transcendental phenomenology can provide more accurate structural descriptions and new depth for life-philosophy.

Key words: Life-philosophy, Transcendental phenomenology, Hermeneutics, Intentionality, A priori correlation

书讯

《孔子家语疏证》

(清)陈士珂辑,崔涛点校

南京:凤凰出版社,2017年

陈士珂,湖北蕲水人,号琢轩,生卒年月无考,主要生活于清乾隆年间。陈氏出身于书香门第,今传其著述二种——《韩诗外传疏证》《孔子家语疏证》,二书于《黄州府志·艺文志》皆有著录。

《孔子家语》是一部记录孔子及其门弟子言行的书,最早见录于《汉书·艺文志》,属"六艺略"《论语》类,二十七卷。后世著录篇卷有所不同。今传本《家语》十卷四十四篇,魏王肃注。自王肃作注之后,《家语》始得以广泛流传,但其真伪问题也因此而争论不休。

在清代一片声讨王肃注《家语》的学术环境中,陈士珂力证《家语》非王肃伪造,《孔子家语疏证》即其讨论成果。他以"疏证"的方式维护王肃注本《家语》,在《家语》原文段落下依次清楚地罗列出其他文献中与之相同、相类及相关的文句,以证明《家语》非王肃伪造。

此次整理,以光绪十七年(1891)三余草堂刻《湖北丛书》本《孔子家语疏证》十卷为底本,以国家图书馆藏嘉庆刻本为主要校本。又以日本宽保二年(1742)风月堂覆刻宽永十五年(1638)风月宗智刊本《孔子家语》十卷、1922年上海商务印书馆《四部丛刊初编》影印明覆宋本《孔子家语》十卷、敦煌写本《孔子家语》作为整理《疏证》中《孔子家语》本文部分的辅助校本。至于陈氏疏证部分的整理点校,则直接选择相应文献版本作为辅助校本。

本书属于"子海精华编"系列丛书之一。"子海精华编"是"《子海》整理与研究"课题的子项目,汇集海内外48所高校和研究机构的近200位专业人士,努力探索传统文化研究协同创新的新体制、新机制,现已呈现出活力和实效。(马卓文)

哲学门(总第四十辑)
第二十卷第二册
北京大学出版社,2019年12月

源初时间与流俗时间*
——论海德格尔对亚里士多德时间困境的解读

刘万瑚**

提　要:亚里士多德把时间定义为"运动的数字",因而传统上会将其时间理论归入客观时间理论,在其中,时间被认为是独立于主体的客观存在。但是,他又明确强调时间依赖于灵魂。这两个不同主张使得其时间理论中存在难以弥合的张力,对此张力的解读贯穿着亚氏时间理论研究的传统。海德格尔从此在的生存论分析出发为亚氏的时间理论提供现象学的解读:一方面,时间作为源初时间依赖于灵魂(此在);另一方面,时间作为流俗时间会被构造为独立的客观时间,流俗时间是源初时间的多重敉平。相比于传统,这一解读的优点在于,它不只是偏向唯心论或者唯实论解释,也不只是通过简单区分层次来消解这一张力。但是,它的困难是未能说明流俗时间中的相继性如何从源初时间的绽出中产生。

关键词:亚里士多德　海德格尔　时间概念　现象学

---

*　本文受中央高校基本科研业务费专项资金(项目批准号:2018NTSS55)与中国博士后科学基金特别资助(资助编号:2019T120065)资助。

**　刘万瑚,1986年生,北京师范大学哲学学院讲师。

一 导 言

在西方哲学史上亚里士多德第一次对时间概念进行了系统深入的考察,由此形成的时间理论成为西方哲学的主导时间学说之一。他的时间概念在传统上被看作是“客观时间”理论的滥觞,与奥古斯丁所开启的“主观时间”理论相对立。然而“客观时间”这一标签过分简化了亚里士多德时间理论,忽视了其时间概念的丰富内涵。时间不仅仅被亚里士多德看作是“运动的数字”这样的“客观规定”,同时他也强调时间对灵魂的依赖。他指出,倘若世界上没有灵魂,那么,时间也不存在。

亚里士多德深刻地认识到人的存在与时间之间的必然联系。他对时间与灵魂关系的论述使得其时间概念不能被简化为“客观时间”,但同时,也令他的时间概念出现一个难以弥合的张力和矛盾。一方面,他强调时间依赖于灵魂,没有灵魂,时间无法存在;但另一方面,他又明确规定时间是“运动的数字”,而运动本身可以独立于灵魂而存在。由此形成的问题是,运动的数字或者数量属于运动本身,而运动独立于灵魂,那么为何时间作为运动的数字依赖于灵魂?时间在什么意义上依赖于灵魂?时间依赖于灵魂是亚里士多德本人的看法,还是他要驳斥的荒谬看法?这些问题构成了对亚里士多德时间概念进行解读的重要阻碍。①

为了克服这一困境,从亚里士多德作品的注释者到后世的哲学家们都尝试着以不同的方式去解说他的时间理论。从文本断句的语法分析到基于宇宙观的理论考察都为学者们提供了解决这一困境的可能出路,他们或者否认时间对灵魂的依赖性,或者否认时间的独立性,抑或以中间道路尝试调节这一困境。但是,这些道路要么以唯心论或实在论的二选一方式解读时间,无视亚里士多德时间概念的复杂图景;要么以区分层次的方式简单调和这一困境,但未对时间的本质问题进行深入追问。②

---

① Ursula Coope, *Time for Aristotle: Physics IV. 10-14*, Oxford: Oxford University Press, 2005, pp. 159-160.

② 关于传统解读的这些问题,参考 Franco Volpi, *Chronos Und Psyche: Die Aristotelische Aporie Von Physik IV, 14, 223 a 16-29*, Stuttgart: Klett-Cotta, 1988, SS. 27-28。

海德格尔从时间出发探究存在的意义,除了正面阐明关于时间与存在的创造性看法,对哲学史的解读与解构也构成其哲学研究的重要内容。亚里士多德的思想塑造了西方哲学的传统,并且对当下的形而上学仍然保留着挥之不去的影响。对传统的批判性解构就不可避免地触及对亚里士多德哲学的阐释与批评。时间是这一考察工作的核心主题之一。[①]

本文以海德格尔对亚里士多德时间概念的解读为线索,展示出海德格尔基于此在之时间性(Zeitlichkeit)的论述可以为该时间理论困境提供相较于前人更为彻底并且也更具有信服力的阐释与解决。但是,海德格尔本人的时间概念以及他所提供的亚里士多德时间理论解读思路也存在着困难,并且受到了学者的批评。[②] 本文最后将试图依据胡塞尔对时间结构的阐明为这一困难提供可能的解决思路。

二 亚里士多德时间概念之困境

在《物理学》第四章的第10—14节里,亚里士多德对时间的本性以及相关问题进行了系统的考察。

他首先反驳了当时流行的关于时间的看法,即把时间看作是运动,比如,天的旋转运动。这一般被认为是柏拉图所主张的时间理论。虽然他不赞同时间就等同于运动,并且反驳了这一说法,但是,他仍然承认时间虽然不是运动,但是,不能离开运动,也就是说,时间是"属于运动的什么东西"(τῆς κινήσεώς τι)(Phys. 219a10)[③]。

时间被亚里士多德看作是运动的量,即运动发生了多少,那么,时间也过去了多少。接下来的问题是如何确定运动的时间。运动是一个连续的过程,

① Cf. Martin Heidegger, *Sein und Zeit* (Tübingen: Niemeyer, 2006), pp. 17-19. 译文参考了《存在与时间》,陈嘉映、王庆节译,北京:生活·读书·新知三联书店,2009年。以下简写为SuZ,语句略有调整,页码为德文版页码。

② 比如,最典型的批评之一来自 William D. Blattner, *Heidegger's Temporal Idealism*, Cambridge [u. a.]: Cambridge University Press, 1999, pp. 181-184。

③ 亚里士多德《物理学》的中文译本参考了张竹明(商务印书馆,2016年)的翻译。少数地方有所调整,参考 Aristotle, 1957, *The Physics*, *Books I-IV*, translated by P. H. Wicksteed and F. M. Cornford. Cambridge, MA: Harvard University Press。

它存在着先后的相继性。因此,通过界定运动的在先与在后,可以规定运动的量,由此也可以规定时间。[①] 比如,我们通过太阳先在东边升起和后在西边落下这两个部分来确定一个白天的时间。

在这个基础上,亚里士多德给出了关于时间的明确定义:“时间是依据在先与在后的运动的数字。”(τοῦτο γάρ ἐστιν ὁ χρόνος, ἀριθμὸς κινήσεως καιὰ τὸ πρότερον καὶ ὕστερον)(Phys. 219b2-3)

在给出了这个定义之后,亚里士多德相关的时间问题做了进一步的详细讨论。其中一个核心主题就是时间和灵魂(ψυχήν)之间的关系。对此,亚里士多德给出了一段充满争议的论述:

> 可能有人要问,如果灵魂不存在,时间是否存在呢?之所以会产生这个问题是因为,如果没有计数者,也就不能有任何事物的被计数,因此显然不能有任何数,因为数已经是被计数者或者能被计数者。如果除了灵魂或者灵魂的理智之外没有别的事物能够实行计数的行动,那么,如果没有灵魂的话,也就不可能有时间,而只有作为时间存在基础的运动存在,我们想象运动是能够脱离灵魂而存在的。但运动是有前和后的,而前和后作为可数的事物就是时间。(Phys. 223a22-29)[②]

在这里亚里士多德给出了关于时间和灵魂之关系的令人困惑的说明。一方面时间属于运动,运动本身是独立于灵魂的,按照这个思路时间应该是可以独立于灵魂存在的事物。但是,另一方面他又明确指出,如果灵魂不存在,那么,时间也不存在。他给出的理由是,时间是运动的数字,但是,这个数字需要一个计数者去计数,而灵魂或者灵魂中的理智是唯一能够计数的存在者,因此,如果没有灵魂,那么,也就没有数字,也就没有时间。

---

① 参考《物理学》第四章第 11 节 219a11-219b2。

② Πότερον δὲ μὴ οὔσης ψυχῆς εἴη ἂ ὁ χρόνος ἢ οὔ, ἀπορήσειεν ἄν τις, ἀδυνάτου γὰρ ὄντος εἶναι τοῦ ἀριθμήσοντνς ἀδύνατον καὶ ἀριθμητόν τι εἶναι, ὥστε δῆλον ὅτι οὐδ'ἀριθμός· ἀριθμὸς γὰρ ἢ τὸ ἠριθμημένον ἢ τὸ ἀριθμητόν. εἰδὲ μηδὲνἄλλοπέφυκεν ἀριθμεῖν ἢ ψυχὴ καὶ ψυχῆς νοῦς, ἀδύνατον εἶναι χρόνον ψυχῆς μὴ οὔσης, ἀλλ' ἢ τοῦτο ὅ ποτε ὄν ἐστιν ὁ χρόνς, οἷον εἰ ἐνδέχεται κίνησιν εἶναι ἄνευ ψυχῆς. τὸ δὲ πρότερον καὶ ὕστερον ἐν κινήσει ἐστίν· χρόνος δὲ ταῦτ' ἐστὶν ᾗἀριθμητά ἐστιν.

哲学史上往往把亚里士多德看作是客观时间理论的首要代表人物,与之相对立的是以奥古斯丁时间理论为代表的主观时间思想。但是,上述引文让亚里士多德的时间概念图景变得复杂晦涩,他的时间概念显然无法被简单归入"客观时间"。

作为运动之数字的时间应该具有独立性,但是,作为被数的数字又无法离开灵魂而独立存在。这一张力就构成了解读亚里士多德之时间概念的重要困境(Aprorie)之一。[①] 历代注释者和众多学者尝试着从不同的角度对这个张力进行理解和解决。这种解决的思路可以被概括为以下三种。

首先是实在论的思路,这是一种传统的解释道路,也体现了对亚里士多德时间观的客观主义理解。根据这个思路,亚里士多德的时间概念被看作是客观的实在物。那么,这个解读的困难就在于如何解说亚里士多德关于时间依赖于灵魂的论述。其中一个典型解读方式来自维克多·戈德施米特(Victor Goldschmidt)[②],这种思路最早可以追溯到阿奎那。他通过文本的断句来支持他的解读。按照这种解读,亚里士多德在223a 16-23开始提出关于时间和灵魂之关系的疑问,并且指出,如果依据时间需要被灵魂计数来推论时间依赖于灵魂,那么,会有一个荒谬的结果,即,灵魂不存在,时间也不存在。因此,按照这种解读,文本中的"如果没有灵魂的话,也就不可能有时间"这句话其实是亚里士多德的归谬推理,而非他自己的观点。他自己的观点应该是在 ἀλλ' ἤ (sed aut)(Phys. 223a 27)之后才给出。在 ἀλλ' ἤ 之后,亚氏指出时间的基底(ὅ ποτε ὄν)是独立于灵魂存在的,按照这一解释,亚氏通过时间基底的独立性肯定了时间本身的独立性,这是他真正的看法。这一解读在文本上就要求 ἀλλ' ἤ 之前是一个句号。阿奎那是最早持有这一解读的学者,而这一解读得到了他所使用的拉丁文译文的支持,在其中,ἀλλ' ἤ 所对应的拉丁文 sed aut 之前是一个句号,而非逗号。[③]

但是,这种看似一劳永逸的解读却逃避了无法解决的困难。首先从亚氏文本的论述上来看这种解释显得有些牵强,在这里,亚氏处理的时间和灵魂的关

① Cf. Franco Volpi, 1988, p.27.

② Victor Goldschmidt, *Temps Physique Et Temps Tragique Chez Aristote: Commentaire Sur Le Quatrième Livre De La Physique (10-14) Et Sur La Poétique*, Vol.59, Paris: Vrin, 1982, pp.111-122.

③ 对此的更多讨论参考 Franco Volpi, 1988, p.34。

系,并且细致地论述灵魂在时间构造中的作用,223a27 中的这两句话更像是从两个方面来论述灵魂对时间的地位(即时间就其被计数而言需要灵魂,就其基底而言独立于灵魂),而非一个是归谬论证,一个是亚氏本人思想。按照戈德施米特的说法,亚氏完全排除了灵魂构造作用的解读显得片面而武断。①

另一种方向相反但同样彻底的解读是唯心论的解决方式。康德和德国唯心主义以来,为了解决亚氏关于时间和灵魂关系的困境,采取了一种唯心主义的立场,比如,托尔斯里克(Torstrik)首次以黑格尔的方式诠释亚氏时间概念。② 以及在 20 世纪初期对法国哲学有重要影响的哈姆林(Octave Hamelin),他以唯心主义的方式解读亚里士多德的时间概念。③除此之外还有一种弱化版本的唯心论解读,比如马里奥·米格努奇(Mario Mignucci)将亚里士多德的主张弱化为:一个不可能(impossible)有灵魂存在的世界中,时间也不会存在。④ 但是这种唯心主义的解读方式都不是力图忠实地呈现亚氏时间理论的原本面貌,而是以唯心主义立场在亚氏时间概念中寻求支持,并且忽视该理论中时间所具有的独立现实性。因此这种主张很难看作是对亚氏时间概念的忠实呈现,只有少数人支持这一看法。

与这两种极端的解释道路不同,还存在着一种中间道路。比如,保罗·科宁(Paul F. Conen)就支持这种主张,即时间既不是纯粹主观的,也不是纯粹客观的。这也是现在大部分学者倾向于支持的一种看法。⑤ 这种解读通过区分不同的角度来消解时间概念的困境问题。一方面,时间作为被技术的数字需要灵魂这种计数者,在这个意义上,时间依赖于灵魂;另一方面,时间作为运动的数字,由于运动本身这个时间基底的独立性,它也具有独立于灵魂的

① 戈德施米特的唯实论解读被 Franco Volpi 逐条反驳,这是其中最核心的反驳内容,更多讨论参考 Franco Volpi, 1988, pp. 51-53。

② Cf. Adolf Torstrik, "ὃ ποτε ὄν, Ein Beitrag Zur Kenntnis Des Aristotelischen Sprachgebrauchs", *Rheinisches Museum für Philologie* (XII):161-173, 1857, pp. 161-173.

③ Cf. Octave Hamelin, *Le Systeme D'aristote*, Paris: Vrin, 1904/1905, pp. 294-296.

④ 更详细的论述参考 Mario Mignucci, "Aristotle's Arithmetic", in *Mathematics and Metaphysics in Aristotle*, edited by A. Graeser. Bern: P. Haupt, 1984, pp. 175-211。

⑤ Cf. Paul F. Conen, *Die Zeittheorie Des Aristoteles*, München: C. H. Becker, 1964, p. 168. 除此之外还有 Ursula Coope 等学者支持,Coope 主张,时间依赖于计数者,但是,没有计数,那么,运动仍然存在,并且在这些运动之间仍然存在着和时间类似的关系,比如"同时性""先于"等时间要素,cf. Ursula Coope, 2005, pp. 166-170。

特征。这种中间道路比较符合亚里士多德本人的文本论述,但却是一种看起来比较讨巧而空洞的方式。因为,它未能说明时间的这两个特征之间是什么关系,为什么同时可以独立于灵魂又依赖于灵魂,更为重要的是,由于时间的这个双重特征,它让时间的本质无法被明确规定,而这也使得亚氏文本一开始提出来的时间本性问题仍然处于未被解答的状态。

三 海德格尔的生存论解读

海德格尔以存在问题为自己哲学的核心主题,依据他的理解,我们需要以时间为视野去理解存在的意义,但是,传统的时间概念却由于此在的非本真状态因而陷入流俗的理解。因此,揭示存在的意义就涉及对海德格尔所说的源初时间概念的把握,这就包括两方面的工作,一方面是正面论述源初时间概念的含义,另一方面就要拆解传统的流俗理解。传统时间概念的历史庞杂丰富,不可能一一解析,由于亚里士多德是对时间现象首次进行系统考察的哲学家,并且他的时间概念贯穿和塑造了之后的西方哲学。因此,在这一拆解工作之中,对亚里士多德的时间概念的理解和批判就成了关键。[①]

在对亚里士多德时间概念的批判和解读之中,海德格尔提供了关于其时间概念之困境的解决道路。他从根本上反思了这一困境的根源。

> 人们以现今方式使用的“主体”与“客体”概念在存在论是未经规定的,因而也是不充分的——对于规定我们自身所是的存在者,即人们用灵魂、主体来意指的存在者而言尤为如此。当我们把时间置于“属于主体还是属于客体”这样两个选项中时,我们从一开始就把关于“时间之存在”的追问方向搞反了。(GA 24,p. 359)[②]

① SuZ, p. 26. “本书意在从原则上廓清存在问题,在这一工作框架内不可能连带从时间状态上详细阐释古代存在论的基础——特别是它在亚里士多德那里达到的在科学上最高和最纯粹的阶段,只能不得已而对亚里士多德论时间的著作做一点解释,因为这篇著作可以选来作为古代存在学说的根基与限度的判别者。亚里士多德的时间论著是流传至今的对时间这一现象的第一部详细解释,它基本上规定了后世所有人对时间的看法——包括柏格森的看法。”

② GA 24 = Martin Heidegger, 1997, *Die Grundprobleme Der Phänomenologie*, Frankfurt am Main: Vittorio Klostermann. 译文参考了丁耘翻译的《现象学之基本问题》,北京:商务印书馆,2018 年,引文页码均为德文全集版页码。

他认为,倘若我们未对主体和客体的意义进行规定,那么,我们讨论时间是否独立于灵魂,讨论时间属于客体还是主体,这些做法都无法获得真正深入的解答。只有考察了此在以何种方式存在(生存),在其中时间如何呈现,我们才能论述,时间的存在是“客观的”还是“主观的”。

具体来说,这个解决道路奠基于他关于时间概念的精彩论述,在其中他区分了三个不同层次的时间概念,即此在的时间性(源初的时间)、世界时间(被操劳的时间)和流俗时间(现在时刻的序列),并且对它们之间的关系做了明确的解说。接下来依次说明这三个时间概念的含义以及它们的相互关联。

首先是最源初的时间概念,即此在的“时间性”(Zeitlichkeit)。这个时间概念可以通过此在的生存进行说明,此在的存在是生存或者操心,它被规定为“先行于自身的已经在世的存在就是寓于(世内照面的存在者)的存在”(Sich-vorweg-schon-sein-in-[der-Welt-] als Sein-bei [innerweltlich begegnendem Seienden])。[①] 而这个规定中时间性的要素就明确地呈现出来,“先行于自身”“已经在世”“寓于的存在”就是源初意义上的将来、曾在和当前。值得强调的是,这些时间性要素并不是孤立的线性的纯粹形式,而是相互本质关联并且与此在的生存结合在一起。每一个源初的时间要素(“先行于自身”“已经在世”和“寓于的存在”)都超出自身而结合了其他要素,比如“寓于的存在”总是结合着“先行于自身”和“已经在世”,即当下的操劳(现在)都是着眼于对未来的筹划(未来)并且基于已经所在的处境(过去)。源初的将来,曾在和当前都是“出离自身”(Außer-sich)的,在这个意义上,它们被海德格尔称为绽出(Ekstase),这些绽出的统一性就是此在的时间性。[②] 在这些绽出中,将来具有优先地位。因为,在此在之中,过去和当前都以未来为指向,未来调节着过去和当前。

其次是“世界时间”(Weltzeit)。和时间性的绽出不同,世界时间是事物的时间,但它又不是纯粹的客观时间,而是此在操劳中形成的时间。此在在日常的操劳之中会把自己的时间性投射到所操劳的事物中。与此在的时间性对应,世界时间也有三个要素:而后、当时和现在(dann, damals und jetzt)。

---

① SuZ, p. 192.

② SuZ, p. 329:“时间性是源始的、自在自为的‘出离自身’本身。因而,我们把上面描述的将来、曾在、当前等现象称作时间性的绽出。时间性并非先是一存在者,而后才从自身中走出来;而是时间性的本质即是在诸种绽出的统一中到时。”

此在的操劳和这三个要素本质相关。①

在操劳中,我们把工作固定(fixieren)在某个时间上,这就使得世界时间具有了可定期性。而世界时间作为被操劳的时间本质上具有“为了……做……关联”,而这被海德格尔称为意蕴。比如,中午是吃饭的时间。因此,世界时间(比如中午)不是一个空洞的尺度,而是具有意蕴的。操劳需要在一段时间内完成,这个时间段揭示了世界时间的第三个特征:延展性。此在作为共在,在操劳中,也会涉及其他此在,因此,被操劳的时间就需要被公开为其他此在也可以通达的公共时间。可定期性(Datierbarkeit)、意蕴(Bedeutsamkeit)、延展性(Gespanntheit)和公共性(Öffentlichkeit)就是世界时间的四个特点。②在这里我们可以看到,世界时间的公共性就使得世界时间具有共同的可通达性,这也就意味着不再是个别此在一个人的时间,而是公共的时间,这初步显示出时间的“客观性”特性。

最后是“流俗的时间概念”(der vulgäre Zeitbegriff)。流俗时间概念意味着现在时刻的序列(Folge von Jetztpunkte)。在这个时间概念中,时间被看作由无数个现在组成的线,这条线没有起点也没有终点。这条线上的现在时刻被线性地排在一起,它们不是出离自身,因此不是绽出;这些现在时刻脱离了世界和操劳,因此,和可定期性与意蕴无关,因而也与此在无关。流俗时间作为现在时刻的序列被看作是独立的尺度。③

我们可以看到,在流俗时间中,时间性的绽出特征和世界时间的可定期性和意蕴都被消除了,流俗时间是被敉平的世界时间。流俗时间的现在是形成了现成存在者的存在意义。根据他的说法,古希腊哲学(主要是亚里士多德的哲学)就是从这个流俗时间的现在出发来规定存在的意义,由此把存在规定为现成的持续在场。④

---

① SuZ, p. 406:无论可闻其声与否,这种操劳活动作为有所操劳的结算、计划、先有所操心与防患于未然总已经在说:这事“而后”就要发生了,那事“先”就要了结,“当时”错失之事,“现在”应被补上。

② 参考 SuZ, p. 414 和 GA 24, pp. 369-374。

③ SuZ, p. 426.

④ SuZ, p. 25:“这样一来就挑明了:古代对存在者之存在的解释是以最广义的‘世界’或‘自然’为准的,而且事实上是从‘时间’取得对存在的领会的。关于这一点的外部证据——诚然也只有外部证据——就是:存在的意义被规定为 παρουσία 或 ουσία,这在存在论时间状态上的含义是‘在场’。存在者的存在被把握为‘在场’,这就是说存在者是就一点的时间样式即‘现在’(Gegenwart)而得到领会的。”

前文已经论述到,亚里士多德时间概念之张力在于,一方面时间作为运动的数字应该具有独立之地位;但是,另一方面亚氏又强调时间作为被计数之数字必须依赖于灵魂。而通过区分上述对时间概念的区分和联系就可以解决这一张力带来的困境。

海德格尔认为,亚里士多德对时间的定义"时间是依据在先与在后的运动的数字"是一种流俗的时间概念。这种时间概念具有相对于灵魂(此在)的独立性是由于它是被敉平的世界时间,遮蔽了操劳和意蕴等,因而被看作是独立于此在。但是这种独立性是一种误解和假象。因为,流俗时间来源于世界时间,而世界时间又来源于此在源初时间性的投射,因此,流俗时间在根源上依赖于此在(灵魂)。

虽然由于此在的沉沦状态,时间仅仅被看作是流俗时间,"但即使在这种自在逝去着的纯粹现在序列中,源初时间仍然穿透一切敉平与遮蔽公开出来"(SuZ, p.426)。也就是说,流俗时间对源初时间的依赖仍然无法完全被遮蔽,即时间对灵魂的依赖无法完全没抹杀。海德格尔认为正是因为如此,亚里士多德会强调时间仍然依赖于灵魂。

> 亚里士多德说:"但如果说除了心灵与心灵之意念外就没有任何东西自然地有计数禀赋,那么,如果没有心灵,时间就是不可能的。"[……]所以,就连把此在当作时间性的阐释原则上也并非处在流俗时间概念的视野之外。(SuZ, p.427)

所以,海德格尔对亚里士多德时间概念之困境的解决在于,他认为亚里士多德的时间定义本身是一个流俗的时间概念,遮蔽了其赖以存在的源初时间性,因而表现出某种"独立性",但是,亚里士多德并未完全无视这种源初时间性对流俗时间的基础性作用,因而又强调了时间对灵魂的依赖性。

我们可以看到,海德格尔对亚里士多德时间概念之困境的解决是基于他对时间的理解与细致论述。以此在的生存论分析为根据,他给出了关于时间概念的生存论解释,以完整的框架与视野重新看待甚至塑造亚里士多德时间理论,而不仅仅试图在亚里士多德的哲学体系内对时间概念的张力进行修补弥合。海德格尔以一种明确清楚的方式说明了亚里士多德分别强调时间对灵魂之独立性以及时间对灵魂之依赖性的哲学动机与根源,同时对这两个时间概念之间的关系也做了清晰的论述。因此,他的解读在哲学上展现出相对于前人更为深刻的洞见,展现出更强的说服力。

四　海德格尔之解读的困难

海德格尔对亚里士多德时间概念的解读奠基于他对时间的生存论理解,因而具有种种优越性,但也正是由于这个解读,其生存论因而存在着一个无法解决的困难。这个困难来自海德格尔生存论时间概念本身。

海德格尔关于时间的理解被布拉特纳尔(Blattner)称为一种时间唯心主义,因为,他认为,此在通过领会的筹划把时间性投射到上手事物那里,从而形成世界时间,继而形成流俗时间。[①] 所有的时间概念都来自此在的生存。但是,这种时间概念的问题在于,它无法说明流俗时间的"相继性"问题。

在亚里士多德的时间概念之中,"时间是依据在先与在后的运动的数字",在这里"在先与在后"表达出流俗时间概念的一个本质性规定:"相继性"(Sequenz),比如,晚上在中午之后,中午在早上之后,这种前后相继的秩序是固定不变的。在流俗时间中,这种相继性以严格的方式表现出来,比如,流俗时间上的下午3点接着下午2点,后者又接着下午1点。它们只是均匀流逝的空洞的前后相继的序列。在世界时间之中,虽然具有操劳的意蕴,但是,这种相继的秩序仍然是固定存在的。这种相继性可以以操劳行为的阶段性呈现出来。比如,在一个宴会的操劳活动之中,早上购买食材,下午处理食材,傍晚进行烹煮,晚上举行宴会。每一个时间段都包含着操劳活动的意蕴性,从而呈现出丰富的内容和多样的画面。但是,尽管如此,在饱含意蕴的世界时间之中,前后相继仍然是一种不可忽视的本质规定性。

但是,在源初时间之中,即在此在的时间性中,时间作为一种绽出并不必然包含(过去—当下—将来)的前后相继性。相反,在绽出的时间之中,各个时间环节具有完全不同的"先后秩序"。对海德格尔来说,在本真的源初时间中,将来在诸绽出样式中具有优先地位,换句话说,将来"先于"当前以及过去。

---

① Cf. William D. Blattner, 1999, p.27.

> 在历数诸绽出的时候,我们总是首先提到将来。这就是要提示:将来在源初而本真的时间性的绽出的统一性中拥有优先地位,虽然时间性不是通过诸绽出的积累与嬗递才发生的,而是向来就在诸绽出的同等的源始性中到时的。但是在这种同等的源始性中,到时的诸样式复又有别。差别在于:到时可以首要地借不同的绽出来规定自身。源始而本真的时间性是从本真的将来到时的,其情况是:源始的时间性曾在将来而最先唤醒当前。源始而本真的时间性的首要现象是将来。(SuZ, p. 329)

海德格尔对此的说明是,此在的本真存在是向死存在,只有此在先行到达最极端的最本己的可能性才能有所领会地回到最本己的曾在,具体地说,就是只有当此在处于对死亡的明确领会之中,才能明白自身的被抛处境以及当下的操劳活动。[①] 因此,在源初时间性的诸环节中,将来处于首要地位。海德格尔反复强调,源初时间性中的"将来""过去"和"当前"都不具有流俗时间的意义,不具有"主观"或者"客观"的含义。[②]

那么,对他的时间理论来说,存在着的明显困难就是说明具有客观先后相继的流俗时间如何能够从作为绽出的源初时间性中产生。按照海德格尔的论述,从时间性到世界时间再到流俗时间是一个被剥夺丰富内涵,被沉沦的日常理解不断敉平和减损的阶段。但是,在这种减损之中却构造着一个源初时间性无法说明的前后相继性,或者说,这种前后相继性无法在源初时间性中找到可以形成的根源。而这种相继性构成了流俗时间以及世界时间之客观性的本质规定。这也就意味着,海德格尔哲学未能充分说明,时间性如何产生出世界时间与流俗时间。

有一种可能的解决思路是:此在可以通过操劳筹划的相继性来说明世界时间与流俗时间的相继性。在每一种操劳行动之中,存在着行为实施的先后次序,比如,上述宴会的材料购置、备餐以及举办宴会都具有相继秩序。然而,这种解释并不可行的。因为,在日常操劳中,我们的操劳秩序是可调节的,而且相互之间的关联并不是稳固不可逆的。比如,菜品购置顺序可以调整。比如19号的宴会活动和20号的出游行程并不具有秩序关系,完全可以

① SuZ, pp. 325-326.

② Ibid., p. 326.

颠倒,即宴会在先,出游在后,但是,时间上我们无法说20号先于19号。也就是说,操劳的目的秩序就无法充分说明世界时间的相继。更可信的一种看法似乎是:存在着一个相继的独立客观时间序列,而此在通过筹划赋予这个时间以意蕴。那么,这就意味着,世界时间无法单单从此在的时间性中产生。①

另一种解决的可能思路基于胡塞尔现象学中意识的时间结构。依据它,我们可以说明,从此在的时间性中就可以产生世界时间和流俗时间。在胡塞尔现象学中,所有的意识行为都具有复杂的时间结构。意识的时间不能是简单的线性相继,否则我们在意识行为中把握到的永远只是当下时刻的印象,而无法构造出一个完整的对象。对象之所以能够持存着显现是因为意识行为具有如下的三重结构:源初印象—滞留—前摄(Primal Impression-Retention-Protention)。②

我们可以用下图进行说明。在图1中,x轴表示行为的意识流动方向,y轴表示源初印象中,滞留以及前摄的秩序,z轴表示滞留的方向。

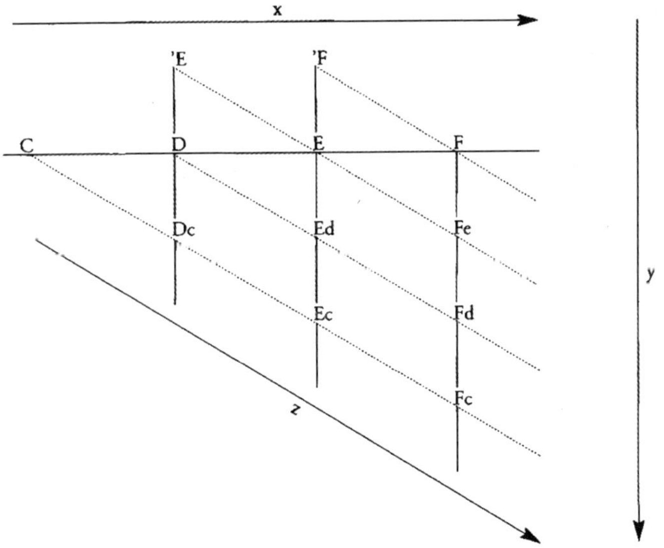

图1 胡塞尔现象学所呈现的时间意识的结构图(本图来自 Zahavi, 2003, p.86)

---

① 对这种思路的反驳,具体参考 William D. Blattner, 1999, p.184。

② 关于这个三重结构的论述,参考胡塞尔《纯粹现象学通论:纯粹现象学和现象学哲学的观念》第78节以及 Dan Zahavi, *Husserl's Phenomenology*, Stanford: Stanford University Press, 2003, pp.81-86。

比如,当我听一段旋律 CDE,当听到 D 时,对 D 的意识就是源初印象,而这个时候对 C 的意识仍然滞留在我的意识之中,在此时我会"期待"之后仍然有音乐继续出现,比如 E,这就是意识中的前摄。随着意识活动的行进,这些滞留会依据秩序积累叠加在每一个源初印象之中。比如,在 F 之中就有 Fe, Fd, Fc 等滞留着。

由于在胡塞尔的现象学中意识行为的时间结构存在着这一前后相继的秩序,因此,客观时间的前后相继的产生就比较容易被说明。即客观时间可以被看作是 y 轴秩序的外在化和对象化。这样,在胡塞尔现象学中,客观时间如何产生于主观时间就具有更为清楚和明白的解说。

然而我们也很容易注意到,这一解决思路无法直接应用于海德格尔的时间概念之中。因为,在海德格尔的生存论分析中,无法以这种滞留的秩序说明源初时间性的结构。这是由于在胡塞尔的滞留秩序中,过去具有"在先"的地位,过去的不断滞留,形成了滞留的秩序。但是,在海德格尔的生存论中,此在的本真生存要先从"将来"出发进行筹划,"源始而本真的时间性的首要现象是将来"(SuZ, p. 329)。基于先行到死("将来")为首要时间的生存论分析是海德格尔基础存在论的根本内容。倘若抛弃将来的优先性而代之以胡塞尔时间结构中的源初印象—滞留—前摄,即过去—现在—未来结构,那么,就从根本上违背海德格尔生存论的原则。因此,这一思路也无法被海德格尔的哲学所接受。

五　结　语

亚里士多德对时间的论述深刻地影响了西方哲学对时间概念的理解,并且延续至今,其丰富内容与深刻洞见不能以"客观时间"这一简单化的标签来概括,其复杂性尤其表现在时间与灵魂的关系之中。一方面,时间被亚里士多德规定为"运动的数字",即属于运动的某种事物,而运动具有独立于灵魂的地位,因而在这个意义上时间应该具有某种独立性;但另一方面亚里士多德又明确强调,时间作为被计数的数字必须依靠计数者,也就是灵魂,那么,在这个意义上时间就不能独立于灵魂而存在。这两个冲突的论述构成了对亚里士多德时间概念之把握的困境。经典的解释对这个冲突皆无法给出完全令人满意的说明,它们要么偏向于唯心论的立场,要么偏向于实在论的立场;或者通过区分不同层次的时间来消解这个冲突,而未能说明这两个不同层次之时间的关系。

海德格尔基于此在的分析为该时间问题的困境提供生存论的解决道路。他首先肯定了亚里士多德将时间理解为"客观时间"(即"时间是依据在先与在后的运动的数字")具有生存论上的合理性,因为,这是源初时间在沉沦的日常领会中被敉平之后的结果。而这也提示出亚里士多德另一个主张的合理性,即时间依赖于灵魂。因为,源初时间是此在生存的本真时间性,因而与此在息息相关。最后,他细致区分源初时间(时间性)、世界时间与流俗时间。但海德格尔的贡献在于他不只是做出了区分,而且详细论述了这些时间概念之间的关系,展示出流俗时间源自世界时间,而世界时间又来自此在的时间性,由此他较为充分地解释了亚里士多德时间概念中的张力。

然而,海德格尔的生存论解读也并非是无懈可击的完美答案。他对时间的解释基于此在的生存论分析,但是,这一分析的困境在于,难以说明流俗时间本身固有的前后相继的线性特征如何从绽出的此在时间性中产生。尽管如此,他对亚里士多德时间概念的解释为我们提供了解决这一张力的新思路,丰富了我们对时间现象的理解与把握。

Primordial Time and Vulgar Time: Heidegger's Interpretation of the aporia of the Concept of Time in Aristotle

Liu Wanhu

Abstract: Aristotle defines time as "the number of change", so traditionally his time theory would be seen as objective time theory, in which time is regarded as an objective being independent of the subject. However, he clearly emphasized that time depends on the soul. These two different opinions lead to the severe tension in his theory of time, and the interpretation of this tension runs through the traditional study of Aristotle's theory of time. Heidegger provides a phenomenological interpretation of Aristotle's time theory from the perspective of Dasein's existential analysis: on the one hand, time as the primordial time depends on the soul (Dasein), on the other hand, time as vulgar time is structured as independent Objective time, vulgar time is the multiple leveled primordial time. The advantage of this interpretation over the traditional is that it is not just biased towards idealistic or realist interpretations, nor is it a way of resolving this tension by simply distinguishing between levels. However, it fails to explain how the consequence in vulgar time arises from the Ecstasy (Ekstase) of the primordial time.

Key words: Aristotle, Heidegger, Concept of time, Phenomenology

哲学门(总第四十辑)
第二十卷第二册
北京大学出版社,2019年12月

消失的他人*
——《存在与时间》中的他人问题

文　晗**

提　要:他人问题是现象学中的一个核心问题。对于胡塞尔来说,他人问题与其所要克服的唯我论难题息息相关,由他人所通达的交互主体性领域,成为胡塞尔解决唯我论难题的基本论域。与之相对,海德格尔在《存在与时间》中也明确提到了他人,并且,海德格尔从其存在论出发,一定程度上消解了他人与自我在胡塞尔那里的困难和张力。但我们会发现,海德格尔对他人问题的处理在解决问题的同时似乎又引出了新的问题。

关键词:唯我论　他人　此在　世界　用具

一　引论:胡塞尔的唯我论问题及其解决

他人问题是笛卡尔以后直到当代哲学的一个关键问题,笛卡尔在《第一哲学沉思集》第二沉思中曾对他人有一段非常现象学的描述,"我从窗口看见了什么呢?无非是一些帽子和大衣,而帽子和大衣遮盖下的可能是一些幽灵或者是一些伪装的人,只用弹簧才能移动"①。这段描述非常精确地揭示了他

*　本文系国家社科基金青年项目"陌生经验的现象学研究"(19CZX040)的阶段性成果。

**　文晗,1988年生,湖南大学岳麓书院哲学系助理教授。

①　笛卡尔:《第一哲学沉思集》,庞景仁译,北京:商务印书馆,2012年,第33—34页。

人问题的疑难所在,自我作为个体化并且内在化的“我思”或者“先验自我”,如何能够确认那些戴着帽子穿着衣服的生物,就是如我一般的他人?如何能够确认他们不是一些幽灵或者人工智能?

这种认识他人的困难通常与“唯我论”(solipsism)问题联系在一起。在《笛卡尔式的沉思》第五沉思的一开始,当胡塞尔将要展开他对他人以及交互主体性问题的论述之时,引导这一思考的问题就被胡塞尔表述为“先验唯我论”问题:“当我——这个沉思着的自我——通过现象学悬搁,把自己还原为我的绝对的先验自我(absolutes transzendentales Ego)时,我不就成为唯一的我(solus ipse)了吗?[……]因此,解决客观存在问题而且已经表现为哲学的一门现象学,不就要打上先验唯我论(transzendentaler Solipsismus)的印记吗?”(Hua I,121)①

实际上,对于近代以来各种从自我出发的哲学思想来说,唯我论问题都是一个根本难题。一旦将个体化的自我作为一切哲学认识的开端和起点,那么,在获得了个体自我内在的明见性(Evidenz)或者自明性之后,随之而来的一个根本困扰就在于,这样一个内在性的自我如何能够超越自身达到外部世界?内在的自我如何能够不是仅仅在内在性的领域中表象外物?这一困难尤其体现在对于他人的认识上,如果说对于无生命物而言,表象或者观念化的认识方式仍然是有效的,那么,对于人这样一种特别的存在者来说,自我又该如何对其进行认识?一方面,如果自我只是一个孤独内在的主体,这一主体无法最终建立起与他人、与世界的联系,那么,主体与主体之间难免会因为共同标准的缺失而陷入怀疑论以及相对主义的泥沼;另一方面,如果主体与主体之间以及主体与世界之间预先就已经因为某种外在神学—形而上学的预设而得到保障,那么,我思或者先验自我本身的明证性又无从谈起。显然,胡塞尔正是出于这一原因,并不赞同笛卡尔通过真诚的上帝来保障外部事物的真实性,而是试图通过拥有确然明证性的先验自我或者纯粹自我来构造出

① 参见 Edmund Husserl, Husserliana I, *Cartesianische Meditationen und Pariser Vorträge*, The Hague: Martinus Nijhoff, 1973。对胡塞尔文献的引用均引自全集版,引文在文中给出全集卷数和页码,译文参考了现有中译本,下同。

客观世界。①

简言之,胡塞尔构造客观世界的设想在于,既然无法通过单独的先验自我来克服先验唯我论的难题,那么,如果我们能够证明他人或者他我(Alter ego)是与先验自我一样的先验主体,就可以保证主体之间所构造的是同一个世界。胡塞尔的最终目的是希望通过先验交互主体性(transzendentale Intersubjektivität)获得一个交互主体的本己性领域(intersubjektive Eingenheitssphäre),从而交互构造出客观世界。(Hua 1,137)实际上,对于胡塞尔来说,交互主体性的现象学与他的先验主体性的哲学之间并没有断裂,毋宁说,先验交互主体性现象学是其先验主体哲学的扩展和成熟化,我们由此就可以把先验交互主体性哲学看作是其现象学的进一步深化,如果要贯彻面向事情本身的现象学精神,就必须从单独的先验自我进入交互主体的客观领域。② 不过,我们会发现,胡塞尔围绕着"类比"为核心的一系列方法最后是否彻底地达到其目标,实际上是极其可疑的。

导致这一问题的关键在于他人问题本身内在的巨大张力。胡塞尔将他人问题同时看作是"陌生经验"(Fremderfahrung)问题。陌生经验这一术语,就已经非常明显地表明了这一问题的困难之处。陌生经验之为陌生经验,本就意味着它对于自我而言是无法以彻底明证的方式显现的。如果一切陌生经验都能够在意向性活动中作为意向相关项被有意义地构造的话,那么这毋宁意味着陌生经验陌生性的消失。因此,此处的根本张力就存在于我的本己经验和陌生经验之间。如果将陌生经验问题聚焦在他人问题之上,我们可以说,讨论他人问题不可避免会遇到的第一个棘手问题就是:一方面,本己本质(Eigenwesen)的他人不能完全被纳入经过抽象(Abstraktion)之后的先验自我的本己领域中,否则他人就成了自我的一部分,从而不成其为他人;另一方面,如果他人不能被构造为一个如我一般的先验主体,那么,客观世界又无从谈起。显然,在《笛卡尔式的沉思》第五沉思的最后,当胡塞尔引入了视域概

① 如保罗·利科所言:"他人问题在胡塞尔那里,与上帝的诚实在笛卡尔那里所扮演的角色一样,因为它为每一种真理和实在奠定了基础。"见 Paul Ricoeur, *Husserl: An Analysis of His Phenomenology*, trans. by Edward G. Ballard and Lester E. Embree, Northwestern University Press, 2007, p. 115。

② 参见 Dan Zahavi, Husserl's Intersubjective Transformation of Transcendental Philosophy, in Don Welton eds., *The New Husserl: A Critical Reader*, Indiana University Press, pp. 233-251。

念来为他人的存在做保障时,这种客观世界的客观性实际上就被打上了一个大大的问号。①

二 《存在与时间》中的他人问题

如果说,胡塞尔对他人问题的讨论,仍然遵循其先验现象学或者意识现象学的进路的话,那么,海德格尔《存在与时间》中对他人问题的讨论,从根本上就采取了一种与胡塞尔不同的生存论的道路。不过,我们会发现,虽然两者之间的方法和路径迥异,但他们沿着不同的道路实际上却走到了非常接近的终点。只不过,在胡塞尔那里所呈现的视域、他人与自我之间的张力,在海德格尔的思想中得到了一定程度的消解。海德格尔从存在问题出发对于世界和视域的强调,似乎解决了胡塞尔那里的矛盾。然而,我们需要进一步思考的是,海德格尔对这一矛盾的解决,是否又引来了新的问题呢?

《存在与时间》中对他人问题的探讨主要集中在此书第四章的25、26、27这三节中。对他人(Anderen)的分析与对"共同此在"(Mitdasein)、"共在"(Mitsein)以及"常人"(Das Man)的探讨紧密相连。从根本上说,由于《存在与时间》中讨论他人问题的上半部分是围绕着此在与世界的关系而展开,因此,对他人的研究在海德格尔看来受到了预先被给予的"世界"现象的决定性约束。而在上半部分此在与世界"互属"的框架中,他人问题实际上并不具有如胡塞尔哲学中陌生经验问题那般的重要性。要理解海德格尔对他人问题的探讨与胡塞尔的异同之处,我们首先要从海德格尔早期哲学中围绕"此在"

---

① 胡塞尔交互主体性问题的疑难如李云飞所言:"作为蕴含在我之中的他人的观念最终指向的不是作为客观的人的我的有限性,而是指向我的无限性的基础,即绝对。""就绝对本身而言,它不仅能构成个体的周围世界的基础,而且能构成每一个可能的世界视域结构的基础。因此,最终的世界视域不是复多性主体的成就,而是绝对的成就。绝对存在于一切可能性的基础中,它是构成一切可能性之基础的可能性。"参见李云飞:《论胡塞尔的先验主体间性问题的疑难》,《现代哲学》2016年第6期,第69—79页。吴增定在其研究中也发现了胡塞尔思想中相似的悖论:"就意识或主体性与生活世界的关系而言,胡塞尔似乎陷入了某种两难困境:一方面,他承认,意识的任何意向性构造都是在一个预先被给予的生活世界之中进行的;另一方面,他又反过来认为,生活世界说到底是意识的意向性构造的成就。"参见吴增定:《明见性与主体性——试析胡塞尔现象学的内在张力》,《云南大学学报(社会科学版)》2011年第6期,第3—10页。亦可参见Janet Donohoe, *Husserl on Ethics and Intersubjectivity: From Static to Genetic Phenomenology*, University of Toronto Press, 2016。

展开的现象学与胡塞尔现象学的差异之处谈起。

(一)此在与世界

如果我们粗略地将《存在与时间》第一部第一篇的主题看作是此在与世界的关系的话,那么,我们暂且可以认为此在与世界在海德格尔看来并不处在一种分离对立的关系中。

对于海德格尔而言,从笛卡尔以来的近代认识论,试图从自我出发来论证外部世界的存在,无疑是走了一条不归路。海德格尔认为,以康德为代表包括笛卡尔和胡塞尔在内的近代认识论哲学,认为"哲学的耻辱"在于无法证明外部世界的存在,恰恰是搞错了问题的方向,"'哲学的耻辱'不在于至今尚未完成这个证明,而在于人们还一而再再而三地期待着、尝试着这样的证明"(GA2,205)。[①] 因此,哲学真正需要做的工作"并非'外部世界'是否现成以及它如何现成,而是为什么本来就在世界之中的此在会有一种倾向,先在'认识论上'把'外部世界'葬入虚无,然后才来对它加以证明"(GA2,206)。而这是因为,诸如笛卡尔、康德、胡塞尔等人的哲学"都把一个最初没有世界的或对自己是否有一个世界没有把握的主体设为前提,而这个主体到头来还必须担保自己有一个世界"(GA2,206)。也就是说,这种认识论的哲学,首先通过各种方式得到一个除了我思(意识)之外不包含任何东西的单纯主体,进而希望通过这个纯粹主体构造出在他们看来外在于主体自身的世界。我们可以发现,海德格尔在这里批评的认识和推论模式,正是胡塞尔在《笛卡尔式沉思》中所阐释的构造他人的认识模式。也正是出于这样一种方式,唯我论的难题才会一直困扰着自笛卡尔以至胡塞尔的认识论哲学。

与之相对,海德格尔在《存在与时间》中围绕此在和世界所阐释的现象学恰好是对这一难题的一种克服。我们可以从海德格尔对胡塞尔的批判来看待这种克服。

第一,对"现象学还原"的重审。胡塞尔的现象学还原把一切实在,包括人以及意识的实在性都加以悬搁,从而得到了纯粹意识。胡塞尔认为这一还原克服了自然主义,而自然主义则是一种将所有"存在"都看作现成存在的学

---

① 参见 Martin Heidegger, GA2: *Sein und Zeit*, Frankfurt am Main: Vittorio Klosternmann, 1977。对海德格尔文献的引用均引自全集版,引文在文中给出全集卷数和页码,译文参考了现有中译本,下同。

说。胡塞尔还原掉自然主义,实际上就是在默认所有存在都是现成存在的基础上将其抹除。

然而,在前期思想的核心文本之一《时间概念史导论》中,海德格尔就此质问道:“把他人和自身作为 zoe(生命)、作为生物、在最广泛的意义上作为跻身于世界中的自然客体来加以经验,这难道是一种自然的考察方式吗?在自然的经验方式中,人难道是从动物学的角度来经验自身吗?”(GA20,155)实际上,这才是一种完完全全非自然的经验,“它隐含了一种完全特定的理论立场,对于这种立场而言,所有的存在者都先天地作为受规律所控制的事件进程而在世界的时—空秩序中得到把握”(GA20,155)。自然主义完全把人当作现成的、事物性的存在,这是出于一种理论化教条化的立场造成的。然而,人在其自然的经验当中,恰恰并非这样理解人,人在其自然经验中根本是“无立场”的,人不以某种特定的理论去理解人。因此,在此其实只有“事物的现成可见状态(Vorhandensein)才获得了探寻和规定”,而“他的行为、意向式存在者之存在并没有因此得到探寻和规定”。(GA20,156)

胡塞尔的还原在不顾实在性的同时,由此也就将体验的个别状态弃之不顾。没有对个别和具体状态的把握,胡塞尔的现象学还原于是就只剩下对“是什么”(Was)的探察,而遗忘了对行为的存在方式以及行为的“存在”之本质的询问。同时也就永远不能经验到存在者的“如何”(Dass)(GA20,151)。

但是,“如果说最终还存在着这样的存在者:它的‘是什么’恰好就是那有待于存在的东西且除此以外再也不是其他任何东西,那么,相对于一种这样的存在者,上述观念式的考察就将成为最为根本的错误理解”(GA20,152)。

也就是说,此在虽然是实际性的存在(GA2,56),然而,此在的本质是去存在(Zu-sein)(GA2,42)。这表明,此在的本质并非是先天已经被规定好的现成存在,而恰恰是有待此在的生存去实现的可能性。它生存着,并非如现成事物一般现实存在。因此,胡塞尔对人的存在的还原就是不合法的。

第二,由对现象学还原的批判立即就引向了海德格尔与胡塞尔相区别的另一个方面:意向性。经过现象学还原之后,胡塞尔的意向性领域就被确定为区别于实在界的纯粹意识。然而,海德格尔的意向性领域很明显不再是纯粹意识,而是比意识领域宽广得多的“实际生命经验”以及此在的“生存”领域,对于海德格尔来说,“生活的全部联系本身都是由意向性这一结构所规定的”(GA20,46)。并且,胡塞尔的纯粹意识可以在世界之先且不需世界存在,而海德格尔的此在就是“在世界中存在”(In-der-Welt-sein)。这暗含着海德格尔对认识论传统的批判和超越。近代哲学自笛卡尔以降,都试图从自我出发为哲学奠定一个可靠的基础,然而,以自我为出发点的思考,不可避免地会导致我们前述已经讨论过的唯我论难题。胡塞尔所创立的现象学试图不借助任何外物,而依赖一个纯粹自我重新奠定一种严格的哲学。然而,即便胡塞尔通过意识的意向性活动成功地弥合了主体与客体之间的分裂,其意向性仍然是在纯粹意识之内的意向性。问题于是就在于,内在的纯粹意识如何去认识超越的外在世界,对于胡塞尔仍然是个棘手的问题。海德格尔的思路则恰好蕴含着解决这一问题的可能。

海德格尔理解的“此在”不再是主体。此在的行为方式和存在方式本身就是意向性的,因此,在胡塞尔那里还存在明显二分痕迹的一些对立概念,比如意向活动和意向对象,直观与表达,感性直观与范畴直观,在海德格尔这里就不复有如此明显的区分,而被收束在意向统一体之中。海德格尔说:“只有当意向性被看作意向行为与意向对象的相互共属的时候,意向性才能得到充分的规定。”(GA20,61)同时,对于海德格尔来说,也就不存在单纯的感性直观,一切直观都含有意义表达也就是含有范畴形式。由此,海德格尔抛弃了类似意识以及某物这些传统认识论的词汇,随之抛弃的是认识论的二分思维方式。此在因而就不再是站在世界之外客观观察世界的人,同时也不是在纯粹意识的内在领域中构造意向世界的先验自我,此在与世界的相处也不再是一种意识的、理论化的方式。此在以其具体的、生存论的方式存在在世界之中。将实际生活确定为现象学的源初领域,实际上就将一切理论态度和现成存在者悬搁了起来。这被马里翁看作向此在的还原。①

因此,如果现象学要贯彻其“无前提性”和“面向事情本身”的原则,就不应该停留在纯粹意识领域驻足不前,而应该走入广阔的“生活世界”之中。现象学由此就不应该从“‘直观’出发(如果这种直观被考虑为客体的直观),而

---

① 让-吕克·马里翁:《还原与给予:胡塞尔、海德格尔与现象学研究》,方向红译,上海:上海译文出版社,2009年,第110—118页。

应该从'理解'出发"[1],从理解出发的现象学就是解释学的现象学,也是此在的现象学(GA2,37)。

第三,构成了此在的理解视域的正是世界。海德格尔认为,以往的认识论都预设了一个孤立的、没有世界的主体,进而试图从这个已经丧失了世界的主体出发,重新证明世界的存在。这样一种方式无疑一开始就走入了死胡同。如果主体与世界已经被预先规定为分离的两个存在者,想要再次证明两者之间的同一无疑是缘木求鱼。而造成这一状况的原因就在于,以往的哲学家总是将主体和世界都看作是一种现成的存在者。

海德格尔在《存在与时间》中区分了四种世界的概念:第一种是存在者层次上作为现成存在者之总体的世界;第二种是在存在论意义上表达的由存在者构成的一个范围的名称,比如"数学世界"指的是数学的一切可能对象的范围;第三种是一种先于存在论上的生存的世界的含义,指的是此在作为此在"生活"在其中的东西;第四种则是存在论生存论上的世界性(Weltlichkeit),这个世界性可以变为特殊"世界"(Welten)的任何一种结构整体,但它在自身中包含着一般的世界性的先天性(Apriori)(GA2,64-65)。

很明显,在这四种世界之中,第四种世界是海德格尔着重讨论的。在存在论意义上作为世界性的世界,先于其他一切存在者层面上以及区域存在论意义上的世界。这种世界性,实际上构成了此在(或者传统哲学中的主体)理论和实践活动的背景或者视域(Horizont),因此也就是一种先天的整体性视域。以往的认识论哲学,由于将世界当成一种现成存在者或者由存在者构成的存在者整体,因此总是希望通过类似还原的方式将世界还原掉,从而得到一个无可置疑的出发点,然而,一旦将主体活动的背景性视域还原掉,主体就成了一个在无法理解的空间中活动的孤立存在者,通过这样一个孤立的存在者想要重建起某种外部世界,无疑就不再可能。

与之相应,此在生存的源初活动,因此也就不是认识、解释等理论的生存方式,这些理论的生存方式虽然是此在存在方式的一种,但并不是最本己的。海德格尔认为,此在生存真正本己的生存方式是一种操心(Sorge)活动。这种操心活动是一种整体性的生存活动,在生存论上先于此在的任何具体活动,不

---

① 珀格勒:《海德格尔的思想之路》,宋祖良译,台北:仰哲出版社,1995 年,第 72 页。

论这些活动是理论活动还是实践活动(GA2,223)。因此,世界就不再是一个预先被给予的与主体分割的作为存在者整体的世界,此在也不是一个预先被给予的与世界相分离的此在,此在源初地就是在世界之中存在(GA2,116)。

(二)在对用具的使用中遭遇他人

海德格尔以此在对用具(Zeug)的使用展示了此在在世生存的这种整体性。海德格尔认为,此在的在世生存总是在与用具打交道中展开,他将这种与用具打交道的生存方式称之为操劳(Besorge)。也就是说,此在的生存总是与对用具的使用息息相关,此在在生活中总是会使用各种各样的用具,然而,用具并不是孤立的,每一件用具总是指向了其他用具,并在此意义上指引着(verweisen)一个更大的用具整体(Zeug ganzes)(GA2,68)。海德格尔说:"用具的存在一向总是归属于一个用具整体。只有在这个用具整体中那件用具才能够是它所是的东西。用具本质上是一种'为了作……的东西'(etwas, um zu...)。"(GA2,68)正是在这种"为了作"的结构中,用具之为用具所依靠的用具整体被指引了出来。单个的用具并不能成为用具本身,一把锤子,如果不是在其具体的使用(比如修房子)中被展示出来,而只是现成地被摆放在某处,就不会被人们认为是一把锤子,而很可能被描述为"一根木头插在一块金属里构成的物件"。只有当它被具体地使用时,我们才会把它当作一把锤子来看待,而锤子的具体使用又会指向它所修理的房子,房子又会指向人们的居住(GA2,84)。

正是因为用具本身所包含的这种"为了作"的结构,每个用具之间的相互指引才牵引勾连着指示出了一个更大的用具整体。而这个用具整体实际上就是存在论意义上的世界。

借助威尔顿(Don Welton)的研究,我们会发现,这其中包含着三种不同结构的现象,分别是"作为……"(Als...)结构的现象,"为了作"结构的现象以及"在之中"(In-Sein)结构的现象。[①] 回到锤子的这个例子,"一根木头插在一块金属里构成的物件"这一现象,是作为锤子被我们辨识出来的,这种锤子作

---

① Don Welton, *The Other Husserl: The Horizons of Transcendental Phenomenology*, Bloomington and Indianapolis: Indiana University Press, 2000, pp. 21-24. 中译本参见道恩·威尔顿:《另类胡塞尔:先验现象学的视野》,靳希平译,梁宝珊校,上海:复旦大学出版社,2012 年。

为锤子的结构,是这一现象中的内容部分。然而,我们能够将之作为锤子辨识出来的更为本质的条件实际上是因为我们具体的使用过程中辨识出了这把锤子的显现方式,我们是在用它锤钉子修房屋的过程中才让锤子成为锤子,换言之,在锤子的使用中,它实际上是为实现其他目的(修房屋)而被使用的,只有在这种“为了作”的结构中,我们才能够真正将其看作是一把锤子。

然而,这还不是这把锤子得以显现的最终结构。试想,如果没有作为锤子的目的的房屋,以及没有作为房屋的目的的人这一更大的意义指引结构的话,这其中的任何一件用具实际上都丧失了其本身的目的,因此而不成其自身,而只能成为“一根木头插在一块金属里构成的物件”或者“几百块砖垒出来的一个正方体空间”。因此,我们会发现,不管是“为了作”的结构还是“作为……”的结构,最后都必须回溯到一个预先被给予的视域或者目的之中。如威尔顿所言,“这种‘为了……结构’不是加到‘作为……结构’之上的东西,而是作为结构存在的条件。一个对象的内容(What)是内在地同对象显现的方式(How)紧密联系在一起的”,同时,“现象作为一种向我们显现的规定,它实现于某种开放场所(clearing)中……这样的场所构成了现象的‘在……之中结构’(in-structure)……这种‘在……之中结构’又被称为视域(horizon)。各种视域之总视域就是世界”。①

实际上,我们会看到,从“作为……结构”这一视角来看的视域或者世界,如果从目的入手,则可以被看作此在。如海德格尔所言:“因缘整体性本身归根到底要回溯到一个‘何所用’(Wozu)之上。这个‘何所用’就不再有因缘。这个‘何所用’本身不是一种以世内上手事物的方式存在的存在者;相反,这种存在者的存在被规定为‘在世界之中的存在’,它的存在中就有世界之为世界本身……这个此在本质上就是为存在本身而存在。我们这样就指出:因缘结构导向此在的存在本身,导向这样一种本真的、唯一的‘为何之故’。”(GA2,84)也就是说,用具相互指引所构成的因缘整体性,最后都指向了同一个目的,而这个目的本身不再为其他目的而存在,因此也就可以被看作是最终的目的。这个最终的目的就是此在。所有的用具最后都是为了此在的生存,此在的生存就是用具指引结构的终点。

---

① Don Welton, *The Other Husserl: The Horizons of Transcendental Phenomenology*, p. 23.

伴随着用具所展示的因缘整体性，他人也就随之被指示了出来。海德格尔说："他人随同在劳动中供使用的用具'共同相遇'（mitbegegnen）了……在这个上手事物的存在方式中，亦即在其因缘中，有一种本质性的指引——指引向一些可能的使用者（Träger），而这个上手事物应是为这些使用者'量体剪裁'的。"（GA2，117-118）也就是说，用具不仅仅在用具之间相互指引，用具同时也指引出了那些使用着用具的使用者。回到那把锤子的例子，一把锤子在指引着它所维修的房屋的同时，也指引出了制造锤子的工人，锤子在指引房屋同时也指引出了修建房屋的建筑工人。在这个因缘整体性中被揭示出来的不仅是用具和此在，还有那些同样使用着用具的他人。此在和他人就是在这个用具所揭示的整体世界中彼此相遇。这种相遇显然不是一种理论上的相互认识，而是一种前理论的生存论存在论上的相互遭遇。理论上的认识都是主题性的认识，我们每次认识都是针对某一个事物的认识，认识锤子的同时就不可能认识锤子的制造者，认识房屋的时候就不可能同时认识房屋的建筑者。但在前理论的相互指引的结构中，用具和用具的使用者就在这种相互指引的关系中共同出场了。并且，我们会发现，用具和用具使用者的共同出场也是同时的，在它们之间不存在谁先谁后的问题，对用具的揭示总是伴随着对用具使用者或者制造者的揭示，反过来也是一样。如海德格尔所言："他人并不首先作为飘飘荡荡的主体现成摆在其他物件之侧，而是以他们操劳于周围世界的存在方式从在世界中上手的东西方面显现出来。"（GA2，123）

同时，使用着用具的他人，其存在方式显然与用具不同，他人既不是以上手状态存在，更不是以现成状态存在，而是以与此在相同的方式在世生存。海德格尔称之为"共同此在"（Mitdasein）（GA2，118），共同此在这一术语很形象地揭示了，他人的存在方式实际上与此在完全相同。也就是说，尽管在存在者层面上，人与人之间也许会有许多不同，这些不同包括身份、地位、阶级、相貌、体型、气质、性格等各个方面，但如果我们撇开存在者层面上的不同不论，仅就存在论层面上来说，此在与他人并无任何不同。他人与此在一样，都是操劳着同物打交道的存在者，同时其本质也是"去存在"而不是某种现成的本质。

与之相应，海德格尔认为，"此在的世界是共同世界（Mitwelt）"（GA2，118），也就是说，此在的在世生存预先就已经是与他人共同的在世生存，即便此在在一个荒无人烟的星球上,这种存在论上的共同世界也不会改变(GA2,123)。因此,此在绝不是一个单独的存在者,只要此在在世界之中存在,只要世界得到了敞开,此在也就敞开了与此在一起在世的他人,他人也以与此在同样的方式向其他存在者以及此在敞开,并且在这种共同世界中,此在与他人就已经处在一种相互关系之中。①

三 本真的生存与他人的消失

行文至此,我们会发现,海德格尔对胡塞尔的唯我论难题的克服,是通过两个步骤实现的:

第一,海德格尔将自我和他人(此在和他人)回溯到了一个更为本源的在世生存的结构中。也就是说,虽然就存在者意义上具体的生存内容来说,此在与他人是不同的存在者,但在存在论层面上,此在和他人都是在—世界—之中—存在的存在者。作为视域的此在和他人的共同世界,保证了此在不是这个世界中孤独的存在者,而是向来已经与他人共同生存在世界之中。

不过,海德格尔对此在和世界关系的探讨与胡塞尔晚年对生活世界的探讨,其结构非常相似。在海德格尔的《存在与时间》和晚年胡塞尔的哲学中,世界都是作为此在(或者先验自我)的终极视域被预先给予。而在这样一个预先被给予的视域之中,此在和他人以及先验自我和他我都身处同一个"世界"之中。②

第二,相比于胡塞尔的犹豫不决,海德格尔之所以能如此果断而彻底地回溯到同一个世界,实际上是因为,他将此在看作是一种"去存在"的存在者,从而取消了传统哲学中将人看作身心复合体的做法。当胡塞尔认为我们在本己性领域中只能经验到他人的躯体时,他无疑预设了在他人的躯体的背后,还隐藏着一个类似先验意识的东西,正是这个隐藏在躯体背后的东西,决定了他人无法被彻底纳入自我的内在性领域之中。如果说,胡塞尔通过身心

① 参见 Joseph J. Kockelmans, *Heidegger's "Being and Time"*, University Press of America, 1989, pp. 140-141。

② 参见 Michael Theunissen, *The Other: Studies in the Social Ontology of Husserl, Heidegger, Sartre, and Buber*, trans. Christopher Macann, The MIT Press, 1986, p. 181。

复合体，以及在身心复合体之间的类比中部分地肯定他人仍然是一种认识—反思模式的话，那么，海德格尔则是在一种抛却传统哲学对所谓“人的本质”的规定的基础上，从此在这种存在方式(而非存在内容)在世界内展开的意义指引整体中遭遇了他人。即便在处理主体与世界的关系的时候，海德格尔与胡塞尔的处理方式有异曲同工之处，但海德格尔经由用具指引出他人的路径则与胡塞尔迥然不同。这也代表着一种完全不同于传统认识论模式的哲学路径。

然而，我们会发现，海德格尔这种处理他人问题的方式，存在着抹消他人他异性的风险。胡塞尔在处理他人问题时的犹豫不决，如前所述，正是因为胡塞尔意识到，如果他人能够被彻底纳入自我的本己性领域，那么他人的他异性就已然被取消，他人也就不再成其为他人。相反，由于海德格尔对此在的理解是从存在论出发，将此在看作一种不包含任何实质内容的去存在，因此预先就已经在存在论层面上取消了此在和他人之间的区别。就算此在和他人在具体的生存中表现得千差万别，但他人作为一个别的此在，本质上与此在没有任何不同。①

与胡塞尔相反，海德格尔的这种处理方式，似乎使得真正的他人在其哲学中消失了。海德格尔从其存在论差异(die ontologische Differenz)出发对于此在本质的判定，将存在者层面上人的不同都断定为无关紧要的差异。如果此在的本质规定在于其存在方式而非存在内容，那这毋宁意味着，此在与共同此在无非都是以能在这种存在方式在世存在的存在者，由此，存在论层面上的此在，实际上生存在一个本质孤独的世界中。所有的他人不过是穿着不同衣服的本质相同的此在。在表面的色彩斑斓之下，隐藏着的是整齐划一的同一个此在。

而这种此在本质的孤独在海德格尔对于此在本真生存的论述中体现得更为明显。当此在由对死亡的“畏”(Angst)而从日常的平均状态中被抽离出来，当此在第一次面对死亡这一不可能的可能性时，此在终于复归于一种本真的生存状态之中。然而，此在面对独属于自己的死亡，从而进入本真状态，

① 参见 Irina Poleshchuk，“Heidegger and Levinas：Metaphysics，Ontology and the Horizon of the Other”，*Indo-Pacific Journal of Phenomenology*，2010，Vol 10，pp. 23-32。

同时也意味着此在的本真生存需要把此在从其亲熟的世界和与他人的关联中,从闲谈和好奇中抽离出来,就此而言,此在的本真生存无疑是属己的。本真的生存固然本真,却终究只是向来我属的孤独的生存。① 图尼森在论述胡塞尔的交互主体性现象学时曾下过一个判断:"先验哲学在它的先验交互主体性理论中达到了它的完成,先验交互主体性理论同样确认并强化了先验哲学以之为基础的孤独。"②对于《存在与时间》中的海德格尔,我们同样也可以认为,存在哲学在它的存在论层面上达到了某种程度的完成,但这种存在论差异的理论同样强化了存在哲学以之为基础的孤独。③

列维纳斯在他对海德格尔的著名批评中曾认为:"海德格尔的存在论把与他人的关系从属于与存在一般的关系……海德格尔的这种存在论仍处于对匿名者的服从中,并且不可避免地导致另外一种强力,导致帝国主义式的统治,导致专制。"④本论文对海德格尔《存在与时间》中他人问题的梳理无疑证明了这一判断。然而,当列维纳斯进一步将海德格尔的思想归结为一种总体性的哲学时,我们不得不为海德格尔辩护的地方在于,海德格尔的思想中虽然消除了他人的他异性,但仍然打开了一个外在性、他异性的维度,在《存在与时间》中,对此在而言真正外在性、他异性的陌生经验并不是他人,而是死亡。正是由于死亡对于此在而言的无法显现和不可理解,海德格尔才会由此获得超出此在有限生存范围之外的经验,并在转向之后展开对大地问题的探讨。可以说,在整个海德格尔思想中,真正的源初经验或者陌生经验,实际上正是与世界相对立的对于大地的经验。也正是在这个意义上,我们可以认为,转向之后的海德格尔思想,实际上深化了其现象学的研究。以大地为核心的陌生经验,超出了此在有限的生存经验,打开了一个外在性、超越性、无限性

① 就此而言,与他人共在虽然是此在的生存论上的结构,却仍然是一种非本真的生存。可参见约纳斯对海德格尔的批评,汉斯·约纳斯:《诺斯替宗教——异乡神的信息与基督教的开端》,张新樟译,上海:上海三联书店,2006 年,第 311—312 页。

② Michael Theunissen, *The Other: Studies in the Social Ontology of Husserl, Heidegger, Sartre, and Buber*, p. 163.

③ 海德格尔式的孤独可以参考其晚年的一篇小文章《生生不息的风物:我为什么留在外省》,参见 Martin Heidegger, GA13: *Aus der Erfahrung des Denkens*, Frankfurt am Main: Vittorio Klosternmann, 1983, S. 9-13。

④ 列维纳斯:《总体与无限》,朱刚译,北京:北京大学出版社,2016 年,第 18 页。

的维度,并为后世包括列维纳斯在内的现象学的进一步发展奠定了基础。[①]

Gone Others: Thc Problem of Others in *Being and Time*

Wen Han

Abstract: The problem of others is a core issue in phenomenology. For Husserl, the problem of others is closely related to the solipsism problem that he has to overcome. The field of intersubjectivity accessible by others has become Husserl's basic domain of discourse to solve the solipsism problem. In contrast, Heidegger also explicitly mentioned others in *Being and Time*, and Heidegger dispelled the difficulty and tension between others and self in Husserl to some extent from his ontology. However, we will find that Heidegger's handling of the problem of others seems to bring forth new problems while solving them.

Key words: Solipsism, Others, Dasein, World, Useful things

① 参见登盖伊的名著《法国新现象学》,见 Hans-Dieter Gondek, László Tengelyi, *Neue Phänomenologie in Frankreich*, Suhrkamp Verlag, 2010。亦可参见雅尼考对这一思想线索的考察,虽然他对现象学的这条发展路线持批评态度。见 Dominique Janicaud, *Laphénoméologie dans tous ses états*, Gallimard, 2009, pp. 41-149。

书讯

《探索人性——一种神学与哲学的途径》

[英]麦奎利著,何光沪、高师宁译

北京:东方出版社,2019年

麦奎利(John Macquarrie, 1919—2007)是当代英国著名的哲学家、神学家,曾在格拉斯哥大学、纽约协和神学院和牛津大学(玛格丽特夫人神学讲座教授)任教,是牛津大学荣誉教授、英国研究院会员。麦奎利的主要研究领域是基督教神学、宗教哲学、欧陆哲学等。其主要著作有《二十世纪宗教思想》(1963)、《基督教存在主义研究》(1965)、《基督教神学原理》(1977)、《探索人性》(1982)、《海德格尔与基督教》等数十种,并与罗宾逊合作将海德格尔的代表作《存在与时间》译成英文。

《探索人性——一种神学与哲学的途径》一书是麦奎利对人性问题进行思考和研究的一部力作,作者采用了基督教神学和各种哲学的方法,并借鉴了生物学、心理学、社会学和其他学科的成果,鞭辟入里地分析了人性问题中所包含的诸多难题。全书共二十章,分别从"成为""自由""超越""自我性""认识""有形性""拥有""社会性""语言""疏离""良知""委身""信念""爱""艺术""宗教""苦难""死亡""希望"和"存在"共20个范畴出发,对各派神学哲学和已有的种种理论取精用宏,全面讨论了与人性相关的诸多重大问题。在详尽而又深入地剖析人生各个侧面的基础上,本书对人的实存进行了现象学的描述,对人的实存结构进行了哲学的分析,并在揭示人生的局限性、依赖性及超越性等之后,引向了上帝的存在及神启的意义,最后达至对人性的深度和人生的另一维度的认识,这不仅为我们研究人性问题提供了更为广阔的视野,同时也为对人性问题有着浓厚兴趣的学者们提供了必不可少的参考,具有一定的理论意义和学术价值。(关祥睿)

哲学门(总第四十辑)
第二十卷第二册
北京大学出版社,2019年12月

庄子“小大之辩”新探
——兼及对语言和写作方式的说明

刘　欢[*]

提　要:被誉为“庄学之魂”的《逍遥游》,开篇以鲲鹏寓言的形式提出了“小大之辩”的问题,实际蕴含了庄子刻意安排的“玄机”。然亦因此而“旧是难处”,历来吸引了多少名贤“钻味”其中,不断有所谓的“新意”产生,然而却很难说谁的解释便为确解。究其原因,乃在于庄子复杂深刻的思想与特殊的语言运用交织所构成的层层相扣的迷宫设计。当你以为读懂了庄子真意而暗自窃喜时,实际上也许不过才走出了束缚我们的第一个井口而已,远没有达到真理之光,所以你不得不继续沉浸其中仔细求索。借助于其他文本的参照和对比,笔者发现,鲲鹏寓言每一言的运用背后都蕴藏深意,而对之的理解也会随着文本的不断展开而更加深入,最终抵达庄子希冀大家关注和重视的生命本身。

关键词:小大之辩　自大　大知　无知　知止

自大之心的形成,从表面上来看,似乎与经验、阅历不足导致的认识短浅相关,但究极说来,乃是由于对认知能力的盲目自信所致,总是以所历所知者为人生甚至宇宙全部的真相,并以此窥测、衡量与己不同的存在。殊不知不同存在者又各有其存在的理由及方式,如欲强行以己之知明之于彼,或以己之知对待外物,无异于使生命陷溺于与物相刃相靡的茫昧状态而渐趋枯萎、

*　刘欢,1989年生,郑州大学哲学学院讲师。

凋敝,这样,不仅于己身无益,对他者或外物也是一种伤害。所以,对于以生命为主要关注的庄子来说,破自大之心,便成为其需要解决的首要任务。基于这一背景,庄子在《逍遥游》开篇,不仅用汪洋恣肆的浪漫主义笔法描述了恢宏磅礴的鲲鹏形象,而且还刻意增加了两次虫鸟(分别为蜩、学鸠与斥鴳)对自己生活处境的满足与对鲲鹏"九万里而南为"的不解与嘲笑之语,以与鲲鹏形象形成强烈对比,并最终以"此小大之辩也"的点题之句"总结篇首以来之文"①,甚至由此延伸到对人间世界的"小大之辩"②的讨论中,这便是鲲鹏寓言给我们所呈示的大体结构。

由此可知,"小大之辩"实是庄子刻意要凸显的一个问题,这个问题首先所指向的,便是蜩、学鸠、斥鴳之类所代表的以自己所见所知为标准衡量他者的自大之心。对此,吕惠卿"之二虫以己为是,以彼为非,彼是既分,爱恶交起,此其所以累于小,而不知有大也"的解释,可谓正中肯綮,不仅道出了蜩与学鸠沉溺于一己之是非而不知有异己者的狭隘与固陋,而且还指点了"小大之辩"与《齐物论》的关联。而郭象"各安其天性,不悲所以异"③的解释,显然消解了庄子潜藏的对成心的批判之关注,自然亦削弱了庄子思想的理论深度。不过,这只是"小大之辩"第一层次的含义,即对以己为至之"小"的批判。这种理解希冀通过将虫鸟背后所蕴藏的自大之心直观地呈露出来的方式,直击人的心灵,从而引发读者情感上的共鸣,让我们意识到其固陋与浅薄。这是一般读《逍遥游》会产生的感觉,亦符合文中反复出现的"小知不及大知,小年不及大年""之二虫又何知"等对虫鸟所代表的"小知"的批评。④

---

① 钟泰:《庄子发微》,上海:上海古籍出版社,2002 年,第 12 页。

② 《逍遥游》中"知效一官"开始的那段,亦是"小大之辩"问题的延续,说见陆西星:《南华真经副墨》,北京:中华书局,2010 年,第 6 页。

③ 分别参见吕惠卿:《庄子义集校》,北京:中华书局,2009 年,第 4 页;郭庆藩:《庄子集释》,北京:中华书局,2012 年,第 18—19 页。

④ 诚然,鲲鹏与小鸟在形体上的大小区别是显而易见的,并且,如果就小鸟不理解大鹏来说,二者在视野、胸怀、境界等方面亦确实存在小大之分。因此,顺理成章的解释则是认为庄子是以形体上的大小隐喻视野、胸怀、境界的大小。学者们亦多持此见解,以陈鼓应先生为例,陈先生如此解说"小大之辩"的内涵及意义,"小麻雀的笑大鹏,关键所在,在于小大的分别,因而庄子最后用'小大之辩'作为结语,以示小天地和大世界的不同,并明世俗价值与境界哲学的差异。"(陈鼓应:《庄子的开放心灵与价值重估——庄子新论》,北京:中华书局,2015 年,第 8 页。)此外,王博、陈少明先生亦有类似看法,参见王博:《庄子哲学》,北京:北京大学出版社,2013 年,第 157 页;陈少明:《〈齐物论〉及其影响》,北京:北京大学出版社,2004 年,第 103—104 页。

然而,如果以为这就是庄子思想的全部,则庄子哲学不过与推崇圣人理想的儒学类似,成了劝导人提高眼界、胸怀的道德说教,这样庄子思想的魅力必将大打折扣。而实际上,庄子最主要的贡献不仅在于从语言和写作方式着手的对自大之心的多方揭露,更在于对如何破自大之心的反复而曲折的理性说明。虽说在主张万物从根源上是齐一的庄子那里,《逍遥游》开篇通过鲲鹏与虫鸟形象展现出来的“小大之辩”,最终显然是要被超越的,但这种超越却要在一个更高的无知之为知的真知层面才能实现,因而绝不意味着庄子在一开始就取消了小大的分别。而真实的情况恰恰是,正是这一小大的分别给出了作为庄子思想起点的对破自大之心的关注,并最终使得庄子从语言、写作方式以及理性说理两个层面展开了对破自大之心以反归自体的思想理路的推进。故本文拟从“小大之辩”入手,去寻绎庄子对这一问题的关注和解决。

一　听闻对视觉中心主义的批判——愚故道

一般而言,人们对自己亲眼看见的事情,比较容易相信其为真,因而看见往往意味着真正经历和基于此而来的理解,所以河伯在见到比自己更大的北海若时能够自惭于之前的自美行为;并因为同样的经历,开始联想并反思此前所听闻而甚为轻视的“少仲尼之闻”与“轻伯夷之义”之说的合理性,这正是河伯能够走出崖涘因观于更大的北海,而知道自己认知能力是有局限而不自大的开始。但如果仅仅是听闻,则一般很难改变业已形成的看法,反倒可能会因为与己所见所知之不同,而一概将其视为层次低的表现,正如《秋水》篇河伯自述“闻道百以为莫己若者”及“尝闻少仲尼之闻,而轻伯夷之义者,始吾弗信”之语,以及《逍遥游》中小鸟听闻气势磅礴的鲲鹏故事后不仅没有感觉自己渺小,反而嘲笑鲲鹏大而无用的片段所侧面反映出来的那样。这正是我们日常生活中“说我看到的,比说我听到的,可信度要高”[①]这一常识之体现。

然而,对视觉能力的推崇也会引发问题,因为看是需要距离的,而一旦有了距离,便意味着认识同时就有了定向,这种定向提供了看问题的视点,使我们有所见有所得,但同时也可能使我们因局限于此视角而造成认识上的徧

① 陈少明:《广“小大之辩”》,《人文学衡》,杭州:浙江大学出版社,2019 年。

狭。换句话说,看见往往意味着基于此境域的理解,这种理解一方面固然构成了主体看待、理解自身和世界的基本出发点,另一方面也会因为视角的限制即主体只能看到基于此境域的存在及基于此而来的价值的合理性,从而使主体产生对自我认知能力的盲目自大之感。以这种总是以所知所历者而自足的自大之心应物,会进一步引发是其所是而非其所非的是非之争,而将他者所见之道斥为伪说或不切实际,且必欲将自己所见之道明之于彼。这样自以为真理在握,其实无异于将自己禁锢于牢笼而无法达到超出自己认知能力的存在。而通达其他视角以敞开不同可能性,正是使我们的认识走出自我中心主义局限以通达大道的关键。由是,大道便隐没于由自大之心所引发的小有成就之樊篱,而不再向其彰显。这是听闻道理对一个人常不起作用的根源,也是小鸟被认为视野、胸怀、境界小的主要原因。

如何才能破自大之心?首先需要走出崖涘,知道在自己之外始终有异己者的存在,视角所不及处不必然意味不存在,更不必然意味为非,这样才能始终保持知之开放性,而不为一己之知的有定向的视角所遮蔽。不过,对于如何才能走出崖涘,庄子直接述说得很少,或许基于成心难破,或许明白道与言之间的张力所造成的对道言说就会变成"道可道,非常道"的"吊诡"现象,因而深知自己说他人有是非之心亦难逃是非之责的怪圈,而不免沦为强制性的灌输或说教,所以,他经常将此寄希望于"造物者"或"大圣"或偶然的一个机缘。[①] 但庄子亦深知道与言之间并不必然截然对立,反倒可能会因为本真生命的开显而参与和谐的"天籁"之音的化育。故而庄子没有沉默,而是基于对"以天下为沉浊,不可与庄语"(《天下》)的透彻省察,自觉选择了一种迥然不同于"庄语"的"寓言""重言""卮言"(《寓言》)相结合的写作手法,通过塑造很多听闻大、远、怪的言说而惊的例子,用非言非默的高度语言自觉的方式[②]给我们提示了些许通向破自大之心的线索。

而作为听闻言说而惊的例子,在鲲鹏寓言中最直接的表现莫过于《齐谐》

① 《齐物论》:"万世之后而一遇大圣,知其解者,是旦暮遇之也。"《大宗师》:"庸讵知夫造物者之不息我黥而补我劓,使我乘成以随先生邪?"《秋水》:"顺流而东行,至于北海。"

② 庄子对语言的高度自觉从其对寓言形象的取名亦可窥见端倪,如蜩即后文所说寿命极短的蟪蛄或蝉;学鸠,指习飞之小鸟;斥鴳之"斥"为"小泽","鴳"为小雀,都隐喻了所处境域之小所可能带来的认识上的局限。

这部书的引入,因为鹏之大正是由这部作为"记载怪异的书"中的传闻证实的,而蜩与学鸠之嘲笑鹏适南冥的行为亦在某种程度上可以理解为是基于此传闻之荒诞不稽而发。其他的还有如肩吾听闻接舆之言而发出的"大而无当,往而不返。吾惊怖其言,犹河汉而无极也。大有径庭,不近人情焉"的感叹(《逍遥游》),公孙龙听闻庄子之言而表现出的"汒焉异之""无所开吾喙"的惊讶不解之情,坎井之蛙闻东海之鳖之大后而产生的"适适然惊,规规然自失"的怅然若失之情(《秋水》),以及孙休听闻"至人之德"而可能会有的"惊而遂至于惑"惶惑不安貌(《达生》)等,都直接道出了听闻远、大、怪之异己者之说之于己见所起的惊骇效果。其意显然并非如一些论者所说,是庄子为了从侧面衬托自己思想或境界之大的"自傲"之心的体现①,如此不免小看了庄子。实际上,庄子这里想表达的意思是当彼此的认知能力不在同一个层次上时,是不会有对对象的真实认知的。隐含的意思则是只有从崖涘中走出,真正照见他者的存在,才能理解异己者的存在。故这些听闻故事的引入,其实是通过彰显视觉弊端的方式,潜藏了一种对视觉中心主义所带来的自大之心的批判。而只有破除自大之心,才能为进一步与闻大道廓清认识上的障碍。②

也就是说,庄子之所以常用大、远、怪这类形象作为那个让固陋者走出崖涘的异己者,确有出于"寓言以惊俗"③的刻意为之的自觉,因为如果是比自己层次更低的存在反而容易加强主体的自大之心。所以,"不得已"只能采取这样一种"谬悠之说,荒唐之言,无端崖之辞"的方式,以"使人得自超拔于卑近凡俗之自然物与一般器物之外",进而"使神明自拔于卑小常见之物之上之外者"④。故尽管常用"大"的字眼,但庄子所指称的大或远,显然并不在其形体之大或环境之高,而在心知的超越与飞升。因为形体和环境是自然形成的客

① "庄子喜用大辞乃在于庄子自身精神境界的高远……他选用大辞来言说对象也透露了他的一种自傲。"(参见包兆会:《论庄子文辞之"大"、"奇"》,《南京师范大学文学院学报》2004年第2期)

② 此义严复先生亦曾谈到过:"学道者以'拘虚''囿时''束教'为厉禁,故开宗明义,首戒学者必游心于至大之域。逍遥游云者,犹佛言'无所住'也;必得此而后闻道之基以立。"(引自钱穆:《庄子纂笺》,北京:九州出版社,2011年,第68页)严复先生虽未明言,但主张突破各种局限而后方可闻道的说法实际上亦暗含了对认知能力的批判的意思,而笔者这里则是从听闻引申至对视觉中心主义的批判这个角度着手。

③ 憨山:《庄子内篇注》,武汉:崇文书局,2015年,第10—11页。

④ 唐君毅:《中国哲学原论·原道篇》,北京:中国社会科学出版社,2006年,第180—181页。

观存在,对认识能力的提高并不具有实质性意义,而观念世界即如何看待、理解这个世界的观念形态却是可以改变的。而走出自己的舒适圈,见到比自己更大的存在,由此产生或疑惑、惊奇,或喟然自惭之心,从而不再以己为大,则是实现自我心灵转化的第一步。而"大"的意向只是起一个从侧面激发自己从自大之心中走出来而照见认知能力是有局限的作用。如何说？或许我们可以借助《天运》篇中的一段文本来理解:

> 乐也者,始于惧,惧故祟;吾又次之以怠,怠故遁;卒之于惑,惑故愚;愚故道,道可载而与之俱也。

这段话的背景是庄子设定的黄帝与北门成论乐的寓言,通过黄帝对所奏之乐的分层解说描述"闻乐时心境的变化"(陈鼓应)。初闻之时,"所常无穷,而一不可待",故听之者悚然惊惧,只有惊惧方能显乐之神妙尊崇①,而神妙尊崇其实是对乐之"大"的暗示;再闻其声,"欲虑之而不能知也,望之而不能见也,逐之而不能及也",故产生"形充空虚,乃至委蛇"的怠惰困顿之情(此可参照《天下》篇末尾对惠施的评价部分),进而产生了负累想逃离的冲动;最后闻之,将"行流散徙,不主常声"稽于"达于情而遂于命"之圣人,圣人能够做到"无言而心说",然己却"欲听之而无接焉",所以生发了暗惑之情,而暗惑正是使我们认识到自身局限也即"愚"从而达道的前提。② 所以,此处黄帝实际上是通过展示天地之大乐的方式,揭示了北门成先由仰慕进而产生欲效仿之心,却发现这样不仅望尘莫及还导致自己因丧己于物而形劳精累,由此陷入困惑无解的心路历程。重点当然落在"愚故道"上。而"愚",正如《老子》"愚人之心"(20 章)、"非以明民,将以愚之"(65 章)等说法所暗示的,乃是对认知能力甚至"学"的批判,也即只有认识到自己认识能力的局限、不自大,才能为进一步入道奠定基础。与之形成鲜明对比的,则是《应帝王》中神巫季咸的例子,壶子依次所展示的地文、天壤、衡气机、未始出吾宗的四种面向,亦让季咸感到有不齐、无得而相的困惑,但不同的是,季咸并没有因此反思到自我认知能力

① 钟泰依据徐锴《说文系传》将"祟"解为"神出以警人",前所引钟泰书,第 321 页。

② 本文对此的解释是在参照"成疏"("不悟至乐,初闻之时,惧然惊悚;再闻其声,稍悟音旨,故惧心退息;最后闻之,知至乐与二仪合德,视之不见,听之不闻,故心无分别,有同暗惑者也")的基础上"以意取之"的结果。

的局限，而是“立未定，自失而走”，流于表面的羞愧，所以季咸终未达道境，而其能够通过相面“知人之生死存亡，祸福寿夭，期以岁月旬日”的本领亦不过只是一种雕虫小技。

推想庄子缘何要以听闻批判视觉带来的弊端，原因可能在于，与代表了方向性、提供的是一种视点、关注表层、与理智相关而主要属于一种从空间角度理解事物的视觉相反，听觉是能够通过360度球状环绕，从而引导我们进入事物或情境之中，而更加关注内部①，并且包含了一种基于时间而来的主体自身精神状态的转变过程②，故听闻显然比视觉更接近道，此点在《大宗师》南伯子葵告诉女偊如何“闻道”的“闻诸副墨之子，副墨之子闻诸洛诵之孙，洛诵之孙闻之瞻明，瞻明闻之聂许，聂许闻之需役，需役闻之於讴，於讴闻之玄冥，玄冥闻之参寥，参寥闻之疑始”的说法中亦可侧面感知。对此，林希逸以“九个‘闻’字，真是奇绝”③一语来点评，尽管其并未对“奇绝”的原因进行进一步的说明，但却不妨碍我们从这个角度加以理解，并且“闻道”的说法亦直接道出了由听闻而达道的可能性。而且，这种说法亦可证之于《庄》书其他地方，比如《养生主》文惠君听闻庖丁之言“得养生焉”的说法，以及《齐物论》中闻人籁、地籁、天籁的说法等，皆从不同角度凸显了听闻之于得道的可能性④。不

① 本文此处的说法借鉴了美国听觉文化研究学者乔纳森·斯泰恩（Jonathan Sterne）的说法，他曾提供了一份被称为“视听连祷文”的关于视听二元对立的说法，对视听的特性进行过精到的总结，原文为“听觉是球状环绕的，视觉则是方向性的；听觉将主体浸泡，视觉则提供视点；声音是向着我们而来的，但视觉则是向着它的对象而去的；听觉关注内部，视觉关注表层。听觉包含着与外界的物理接触，视觉则要求与之保持距离；听觉将我们置于事件之中，视觉则提供关于事件的视点；听觉趋向于主观性，视觉趋向客观性；听觉带我们进入生命世界，视觉则将我们引向衰败和灭亡；听觉与情感相关，视觉与理智相关；听觉主要是一种时间感官；视觉则主要是一种空间感官；听觉是一种令我们沉浸在这个世界中的感官，视觉则是这一种将我们与世界分离的感官。”（转引自王敦：《当人文研究遭遇“听觉”课题：开拓中的学术话语》，《东岳论丛》2018年第39卷第8期。）

② 《庄子》中有很多涉及自身精神状态转变的描述都与反省视听及心知相关，著名的例如讲述“心斋”过程的“听之以耳”“听之以心”到“听之以气”的变化，“堕肢体，黜聪明，离形去知”的“坐忘”过程，“闻人籁”“闻地籁”到“闻天籁”的过程，“所见无非全牛者”“未尝见全牛也”“以神遇而不以目视”“官知止而神欲行”的过程、“外天下”“外物”“外生”“无古今”“入于不死不生”的过程等。

③ 林希逸：《南华真经口义》，昆明：云南人民出版社，2002年，第106页。

④ 实际上不止庄子，整个中国古代思想，都显示出了重视听觉或时间感之思想优于重视视觉和对象化之空间感之思想。此点从甲骨文“聖”之造字“从耳，谓其耳顺”，或《风俗通》所说的“圣者，声也。言闻声知情”与耳或声的直接关联即可得知。对此，李景林老师曾以儒家“闻而知之”与“乐”及“圣”的关联为例，论述过以“听”涵“视”作为中国古代哲学证显道体之方式，参见李景林：《听——中国古代哲学证显本体之方式》，载成中英主编《本体诠释学》（第二辑），北京：北京大学出版社，2002年，第157—166页。

过,要彻底发挥听闻达致道的优势,却并非日常的耳止于声的听觉感官可以实现。因为在强大而坚固的自大之心面前,听闻的这种引导我们进入道之中的作用显然并不能很好发挥。于是,为了对闻道能够得道进行补充限定,庄子又引入了“气”的概念,取的正是“气,虚而待物”的特性,而所谓的“虚而待物”,实际上,更多地意指消除了听闻和心知的连接而来的局限性,从而能够以虚明澄澈之心应物的本真状态。

不过,在《庄子》的语境中,不仅有我们前面所谈的对听闻的引入和重视,还有对类似于“葆光”“混沌”“参寥”“冥冥”“混冥”“窈窈冥冥”“昏昏默默”“象罔”“芒笏”(“笏芒”)这样的“视觉语词”的大量运用,来表达得道或对真理的领悟。细审这些有着“家族相似”特征的象征了看不清楚、昏暗的“视觉语词”,其背后所包含的不仅仅是独特的证悟“道”的方式[①],亦隐含了一种对视角主义所形成的自大之心的批判。故与其说庄子更重视听闻,毋宁说庄子通过听闻和目视对视觉中心主义的双重批判,最终彰显的是一种耳目并用而体证道的方式。不过这种耳目并用,却是以另类的“徇耳目内通而外于心知”式的调动身体通感并通过否定性工夫进入的无意识状态,取代了“耳目鼻口,皆有所明,不能相通”的各自为伍而不能见整全之道的夹杂了心知谋虑的有意识的方式。[②] 明白了这一点,我们才可以了悟,其实我们完全可以借由耳目而达道,关键就在于如何发挥二者的作用,这可能也是庄子并用“视觉语词”和“听觉语词”的原因。此正如陈嘉映先生所说:“高深奥妙的思想不会妄图全盘代替基本而简单的见识,倒是要在复杂的情境中获得理解,亦即与常理常情沟通。”[③]在证悟道的过程中,庄子并没有摒弃耳目,而是基于道与言之间的纠葛,表露出既对常识所依据的视觉中心主义进行批判、解构,又从根本上并不违背人最终只能借由耳目以达致深层意识的深刻思想,从而得以在更高层次上重新焕发耳目感官的生机与活力,引导我们不断处于道之中,而获得源源不断的精神动能。某种程度上来说,这亦是庄子思想高于名家一味反常

---

① 郑开:《道家著作中的“视觉语词”例释》,载《道家形而上学研究》(增订版),北京:中国人民大学出版社,2018 年,第 407—436 页。

② 因为“视而可见”“听而可闻”者只能是“形与色”“名与声”这种表层的东西,而“形色名声”并不足以得物之真,所以需要通过得意而忘言的方式去体悟道。

③ 陈嘉映:《说大小》,载《从感觉开始》,北京:华夏出版社,2005 年,第 83 页。

识从而变成相对主义的高明之处。

二　由物而道——知不知是非之竟而返归自体

“三言”的写作手法,尽管采取了“藉外论之”借重于耆艾之言和“和以天倪,因以曼衍”的多种手法互用的方式反复论及问题,说到底亦只是从隐喻的角度来暗示主旨,这对于那些没有成心且悟性比较高的人来说,或许能够实现“精神由大解放而得到大自由”①的目的。然对一般有成心的众人而言,描述一种悠远且看似荒诞不经的鱼化而为鸟的现象,并以不那么正经的《齐谐》之言和较古老的汤之问棘之语来佐证,似乎很难起到扩充胸襟识见或“破世俗浅陋之见,而豁其逍遥之胸次”②的效果,反而可能会适得其反。为此,庄子不仅在语言与写作方式上埋下线索,通过众多听闻而惊例子的引入,引导我们认识到自我认识能力的固陋与狭隘,从而忘却已有的成见和知识,进入证悟道的实践层面。而且还通过将《逍遥游》中作为具象存在的大鹏、小鸟等抽象化为“物”并对“物”进行理性分析的方式,得以在更普遍的论理意义上来反复探讨并试图解决这一问题。对此最集中的体现,莫过于《齐物论》和《秋水》篇,故下面的讨论将以此二篇合论的方式来进行。

《逍遥游》中“小大之辩”的问题,在《齐物论》中,是以“儒墨之是非”的表达方式呈显的,但不像前者仅提出问题,而把答案蕴藏其中,后者的出现,就是“为了解决逍遥游游出的种种生命问题”③。而《齐物论》所给出的这个方法,一言以蔽之,即所谓的“莫若以明”,陈鼓应先生将其解为“不如用明静之心去观照”,再具体点说,即“不如以空明的心境去观照事物本然的情形”或“不如用明静的心境去观照事物的实况”④。参照下面“为是不用而寓诸庸,此之谓以明”的说法,所谓“以明”的真正内涵,大致有两个层面的意思,即以不掺杂已知和成见的空明心境去观照事物本然的情形的观物智慧,和基于这种观物智慧而来的,不用已知或固执己见,而将用寄寓在各物的“功分”上的一

① 陈鼓应:《庄子的开放心灵与价值重估——庄子新论》,第5—6页。
② 罗勉道:《南华真经循本》,北京:中华书局,2016年,第9页。
③ 叶海烟:《庄子的生命哲学》,台北:东大图书公司,2015年,第111页。
④ 陈鼓应:《庄子今注今译》,北京:中华书局,2009年,第61、62、66页。

种处物智慧。不过,这种处物智慧并非轻易可以获得,它需要经由一种“高度的智慧的鉴照”,才能“洞察执偏之病”,从而节制自己以己知去对待外物的专断,而真正顺从每一物自身之用。换句话说,这种“高度的智慧的鉴照”,在庄子那里,其实要经过一系列对主体和客体的双重理性反思过程,它包含对问题的判断和对问题的解决两个部分。

具体说来,庄子是以儒墨之是非作为反思的起点。儒墨各自站在自己的立场和出发点,是己之是而非对方之是,并希冀以己之是明之于与己不同之彼,由此是非之心与好恶之情交相为用,造成了学派纷争的对立局面。虽背后自有其所以如此的理由,但究极说来,皆与对知性能力的过分自信,因而相信圣人能够为我们提供理想生活的范本相关。换句话说,虽然儒墨亦承认单个视角的局限性,但却乐观地相信,就我们生活的共同体而言,这无穷多的视角必定能够激发人类的智慧,产生一个“先知先觉”的圣人,作为无限的存在,我们都能在他的引领下生活,是以儒墨都将自己思想上溯至“天帝”或“古圣贤王”,作为证实自己思想具有天经地义的合法性的根据。也就是说,尽管大家在走出崖涘观于大之后皆可承认一己的有限性,从而不再以己为至,但依然难逃寻求标准以指导生活之心。庄子在《秋水》开篇的北海若与河伯的寓言中通过“大天地而小毫末”“至精无形,至大不可围”“若物之外,若物之内,恶至而倪贵贱,恶至而倪小大”“然则我何为乎?何不为乎?吾辞受趣舍,吾终奈何”等层层设问的方式,就直接暴露了寻求外在标准来作为日常生活为与不为背后的依恃心理。对此,庄子的反思是,事物皆处于“物,量无穷,时无止”的变化流转过程中,因而即便是“圣人”,也只是有限性的存在,如果认识不到自己在知识、能力、道德等方面的限度,便难免会有“以己出经式义度”而强人从己的嫌疑。而且,即便圣人能够认识到自我认识能力的局限,而将“仁义”奠基于人心,其“仁义”亦只是针对那个特殊的历史时空所产生的对治策略,故只可在那一时空短暂使用,而不能长久沿用,否则就会成为一种“名言”意义上的作为“公器”或标准的存在,而被僵化或意识形态化,这样就暴露了推行“仁义”背后的“成心”,这便是庄子对这一问题的基本判断。

找到了病因,我们来看庄子是如何“对症下药”的。为了彻底解决“儒墨之是非”所造成的价值纷争,庄子从引入作为个体的“物”的概念和对认识主体的局限进行反思两方面思考问题。首先,庄子将“物”上升到“物,量无穷,时无止”以及“物得以生谓之德”的本然层面去讨论是非问题。从本然层面之单个事物来看，每一个个体事物都是整全的动态存在，有大小、长短、高下、方圆、坚脆、精粗等形理的差异，也有“各有仪则”的德性区别，并且皆处于具体的历史时空中，有其由种种偶然因素因缘和合所造就的必然性。从整体世界来看，个体事物数量上无穷，整个世界亦处于不断运动变化的流转过程。就此而言，万物固有所然，亦固有所可，且其间必然都会经历分、合、成、毁的生死变化，但究极说来并无有价值上的不同，而可视为“道通为一”①，这便是庄子的“齐物”观点。其次，事物皆为整全、动态的存在，而人的认识却需要抽取事物的某一点进行独立研究，故必然会经历一个由浅入深逐步发展的过程，待至对这点认识透彻后，亦只是对此点的相对真理，而非关于事物的完整认识，并且当你以为发现了真理之时，由于事物是时刻处于不断运动变化过程中的动态存在，故之前认识到的这点在事物本身而言可能已经偏离该点而有了新的变化，所以人的认识有的时候会表现出与真实的事物交一臂而失之的滞后性。就此而言，“言未始有常”，即任何关于具体事物的论断都不会是恒久不变的绝对真理，而只能是关于事物某一方面或者某一具体历史时空的相对真理。明了于此，我们便明白认识能力是有局限的，且认识能力的根本局限性在于“知有所待而后当”，而“其所待者”之物本身却是“特未定也”的事实。从这个意义上来说，那些打着“天理”名义、声称具有天经地义的正当性的社会价值（如儒墨之学说），在表征其代表了一类人存在的合理性的同时，亦有不可避免的局限性，它们未尝不是出自有见于物之某一方面的人为塑造安排的结果。若希冀以此规范全体，必然有因不合规矩的存在而产生弃人、弃物的专断，又有什么理由陷入自贵而相贱的是非之争中呢？如此庄子便将问题转化为是非之辩，开启了从言辩层面对这一问题的反思。

面对形形色色的事物，为了区分的方便，人们以彼此之名对各物进行分类、辨别，如果仅仅停留于这个层面，本来没有什么问题，但由于成心的存在，人都有自贵而相贱的自大倾向，这样便导致了是其所是而非其所非的是非之争。可是，如惠施所言，“彼非我是”不过是出于“我”的立场的偏见而已，因为

① 这样“道”的概念便被引入到对是非的探讨中，且成为解决问题的关键。

从“彼”的立场来看,即可调转过来成为“彼是我非”(简言之即“彼是”),因而本来是“物无非彼,物无非此;物无非是,物无非非”,所谓“彼非我是”的是非之争,不过是出于各自不同立场而来的“物论”之争罢了。如果不能认识到这点,人就会产生基于认知能力的自大心理,从而将自己发现的某些相对性真理,看作绝对真理,并执持此观点去看待事物和对待他人,而每一个主体亦都会基于某一点而有所认识,这就意味着互相之间并不能真的相知。既然如此,是否意味着存在一个判断双方是非的标准呢?这就需要一个第三方,但这个第三方的观点要么与我同,要么与彼同,要么与彼我都同,要么与彼我都不同,又如何能作为标准呢?如此势必需要加入第四方、第五方……然而所待之他者皆有各自立场,于是“辩”是不可能分出是非的,如果希冀以这种方式寻出是非,无异于将自己的生活奠基于外在的标准之上,而难逃“有待”的束缚。而“物,量无穷,时无止”,生命如果沉沦于此,终将“外神劳精”,“逐万物而不返”。所以,尽管庄子的“齐物”观点表面上看近于惠施,但终究因为“庄子善言道,而惠施精于物”,显现出二者根本的不同。换句话说,正是借由惠施这个“质”,庄子将思想推至其极,然后提醒我们,“知”不是要我们陷溺于与物相刃相靡的困顿中,而是为了引向内在之德的充实与完满,引向对生命而非外物的重视。这就意味着庄子的思想不会流于相对主义和虚无主义,因为其“齐物”观点只是“以道观之”的方法下得到的暂时结论,终究要引向奠基于“必有分”的生命之真。此即庄子所谓的“是以圣人不由,而照之于天,亦因是也”。真正的圣人不由“因是因非”“因非因是”的二分性,却因有高度智慧的鉴照,而能顺应每一物各自之真。

综上所述,《逍遥游》开篇通过鲲鹏与虫鸟形象展现出来的“小大之辩”的问题,到了《齐物论》和《秋水》中,是由“儒墨之是非”和惠施的相对主义两个层面来承担的。庄子首先揭露出儒墨之是非问题,然后通过层层追问,上升到是非的根源,即对“天”的理解不同。但尽管对“天”的理解不同,在把“天”作为终极根源的层面上却是相同的。而在庄子看来,儒墨所依据的“天”,显然源自理性追溯且已经过人文化所成的“天”,而非原初意义上代表了各自之真的“天”,所以其“天之所为”,因为背后执持的是对知性能力的相信,但却因为“知有所待而后当”,故亦终难逃“人之所为”的非议。如此揭露出各自思想背后所有的成心和依恃标准的问题,进而借用惠施“历物之意”的相对主义作为跳板，去反思是非这一标准化前提预设是何以产生的，是否存在能够作为判断彼此是非的外在评判者。最后，以道观之，得出万物在根源上是齐一但各有分际的观点，终于勘破了基于以物观之和以俗观之的标准而来的大小、有无、然否的相对性，由此跳脱相对主义的羁绊，终至因己之是之天。

不过，虽然我们最终得以从相对主义的羁绊中跳出，但仍会有困惑，此正如河伯“然则何贵于道邪”的反问所体现的，是不是在打破儒墨之是非所依据的“天”的至上性标准之外，道又代替“天”成了终极性的根源呢？这样是不是意味着庄子只是为了凸显自己“道”之“是”而非他人“天”之“是”，从而又难逃是非之争的怪圈呢？但只要我们明白庄子所言之道只是没有任何具体规定性和实际内容的“无”，并且“知道”是为了“达理”而“明于权”从而不以物害己，我们便能始终保持内心的淡定从容而不为外物所伤，从而不断返归自身生命之真，去开显生命意义上的真正自由，以自己的方式开创属于自己的生活，则“道”便不再是那个高高在上的超越性的主宰，我们人之所为的种种行径亦未尝不是真正意义上的“天之所为”。也就是说，对于体道者而言，我们不用等到“万世之后而一遇大圣”，而是当下就可以是庄子所期待的那个旦暮遇之的“知其解者”了。这样，经过最彻底的否定性，庄子抵达的是最真实的肯定性，这种肯定性就是奠基于各自生命本真的存有之开显。

三　结语　强为之名曰大——我与物皆得解放

如果认为鲲化为鹏，鹏徙于南冥的寓言暗示了庄子对“大知”的推崇，这种“大知”实际意味着对认识能力局限进行反思的“无知之知”或“不知之知”，包含对内、对外两个方面的意义：

对内而言，这种智慧使得人能够充分地认识自身，这种充分地认识自身表现在紧密相连的两个方面，一是像《逍遥游》中许由“鹪鹩巢于深林，不过一枝；偃鼠饮河，不过满腹。归休乎君！予无所用天下为”之说法所代表的，自知生命之主不在形体、名誉、地位、财富等外物而在内在之“德”的充实，从而无欲于外物而专注于“无己”“无功”“无名”的“炉锤之间”锻造工夫的内在修炼；一是《秋水》篇北海若“天下之水，莫大于海，万川归之，不知何时止而不盈;尾闾泄之,不知何时已而不虚;春秋不变,水旱不知。此其过江河之流,不可为量数”之说法所代表的,内心由于“成和之修”的修养而达到了静定如止水的状态,外物无足以动其心,而能对自身之由“自化”(即上面所说的自己努力修养所达成的自我的提升和转化)而来的精神之“大”充分自知。正是这种对自身的充分自知,使得我们能够将生命从与物相刃相靡的割折状况中解脱出来,将生命的价值寄托在自身内在之和的修养,而不是依赖任何外在的知识评价体系或价值标准上,从而实现个体生命意义上的真正自由。并且,因为从根源上庄子认为万物各个不同,所以,奠基于每个人努力而来的生活方式也会有所不同,这个世界最终呈现的显然不是整齐划一的同一性模式,而是丰富性和多样性的存在图景。

对外而言,“大知”亦并非意味着比别人看到的更多意义上的“相对之大”,或者无所不知意义上的“绝对之知”,而是充分意识到“物”从数量上来说无穷多(因而必然存在不同于自己的异己者),从时间上来说无穷远(事物是处于不断发展变化过程中的动态存在),而我们却都是作为无限的宇宙时空中渺小而短暂的有限性存在,从而明白认识能力的有限,收束自大之心,不再以有限之知窥测他者和世界的一种自我节制其知或“知止”的智慧。这种智慧不仅能够使人们因为“观于远近”而获得不以己小而自卑,亦不以己大而自大的通达,不为物所累,而且亦能使我们跳脱自我中心主义的囿限,将自己置于无限的宇宙中,认识到自己的渺小,不再妄自尊大、以己度人而伤人伤己。对此,我们来看一下鹏腾上天空看到了什么或许便能更好理解。《逍遥游》鲲鹏寓言“野马也,尘埃也,生物之以息相吹也。天之苍苍,其正色邪?其远而无所至极邪?其视下也亦若是则已矣”的说法对此做出了描述。“野马”“尘埃”象征了天地间氤氲之气的流行,亦象征了万物无论小大美丑皆和谐共荣的生生气象。从中可知,鹏抟扶摇而上九万里之高空给它带来的,并非“以天下之美为尽在己”的自大,而是对之前在地面上视天所看到的苍苍之色的怀疑,以及由此怀疑所带来的对自我认知能力的反思。所以,相比于蜩、学鸠、斥鴳所引发的“小大之辩”,鲲鹏寓言中的鲲鹏表现出来的却总是一副无言的状况,这种“无言”背后所反映的正是这种自我收束其知的“知止”智慧。某种程度上来说，这才是大鹏之能够被称为代表了“大知”的原因[1]。

由此再来看鲲鹏寓言，我们才能读出“化而为鸟”“怒而飞”“抟扶摇而上九万里”“图南之志”“积厚”等语言背后所蕴藏的转化自身的努力。换句话说，鲲鹏等“大”之形象所暗示的更深层次的意蕴，乃希冀读之者能够参悟，所谓的“造物主”或“大圣”，并非任何外在的救世主，而是暗指每一个个体自己，也即我们每个人自己才是将自己拉出崖涘的那个真正意义上的“觉者”。所以正如孔子“我欲仁，斯仁至矣”“为仁由己”、孟子“心之官则思”所体现的对自我作为道德主体的凸显，庄子通过“无己”“无功”“无名”的否定性方式，亦同样暗含了对生命意义上的自由主体的开显。此外，与蜩、学鸠、斥鴳满足于自身固有形性而形成认识上的樊篱，从而不再能够理解异己者的存在，而自己将自己沦为“小”相反；北冥中的鲲，意识到自己体形虽大，但却处于黑暗之中，不能照见他者的存在，所以凭借辛苦的抟风而上努力，冲破了形体的局限，使心灵到达了象征光明而能包容他者的南冥，这才是真正的由自我努力所成就的精神之“大”。所以，正如吴光明先生所言，“腾上天空不是要离开这俗世，反而是要以天空的视野接受这俗世”[2]，大鹏自化所带来的，不仅有属于生命意义上的真正自由，还有由此飞升而实现的视野转换。这种由对认知能力的充分相信而向认知能力的怀疑的视野转换，将会进一步引发心胸的无限开阔，从而开显出包容与尊重万物的宽容精神。由此伴随着个体自我解放的，是天地万物的同时解放。能做到这点，或许人才能真正从人类中心主义的囿限中走出来，实现与万物的共生共荣。

---

① 可能基于实现心灵的转化在于个人觉悟，因而不便于过多言说，否则会变成一种道德说教。故而庄子更多从“物”的角度着眼，让我们看到自己强加给异己者的标准实际上未必符合异己者的本性，甚至对其造成了框限和割折，从而从人与物相刃相靡的现象描述中得到启发而反思自身。

② 吴光明：《庄子》，台北：东大图书公司，1988 年，第 114 页。

A New Exploration of Zhuangzi's "Debate of Big and Small": An Explanation of Both His Language and Literary Style

Liu Huan

Abstract: "Free and Easy Wandering" (*xiaoyaoyou*) is praised as the heart and soul of Zhuangzi studies. Through the form of the fable of Kun (鲲) and Peng (鹏), the opening chapter raises the issue of the "debate of big and small." As a matter of fact, this fable contains the "mysteriousness" which Zhuangzi intentionally set up. Yet this also brings along difficulties, attracting worthy and famous people to "drill into" the meaning, thereby constantly creating new meanings. Nevertheless, it is difficult to determine which interpretation is correct. The reason for this lies in the layered labyrinth design of Zhuangzi's profound and complex way of thought along with his unique usage of language. Once you think you understand the true meaning of the *Zhuangzi* and even smirk to yourself in secret, in fact, you perhaps have just walked out of the first "mine entrance" fettered us, and are far from reaching the actual light of truth. Thus, you have no choice but to continue to immerse yourself in the text and continue your quest with caution. Through the assistance of reference and comparison to other texts, I finally discovered that behind the usage of every word in the fable of Kun and Peng, hides a profound meaning. Moreover, the correct understanding will ceaselessly continue to unfold and deepen through adherence to the text, which will at last achieve the life itself that Zhuangzi wishes us all to observe and value.

Key words: Debate of big and small, Self-important, A vast consciousness, An attitude of not know, To know how to stay within the sphere of our ignorance

哲学门(总第四十辑)
第二十卷第二册
北京大学出版社,2019年12月

陆世仪的"性善只在气质"说及其在理学史上的意义*

——以《性善图说》为中心

申祖胜**

提　要:程朱学派在人性问题上有一个基本倾向,即贵性贱气。这种倾向容易造成在"气"之外孤立地言"性","性"容易虚悬于人生之上,亦即此"性"不是从人的存在来界定或解说,而是从天命的层面言说,此"性"之特点是超越而定著。这和先秦孔孟之以"性"并非静态的结构,尤其并非已经全然决定的存在,是显有差别的。有鉴于此,陆世仪提出合理与气方有性之名,性只在气中。其对"性善"的诠释,亦是努力回归孟子本义,主张"性善只在气质"。他将性善之"善"定位在人性的发用层面,而非天道的流行层面,以此有效区分"命善"与"性善",避免了宋儒的一些错误表述,在凸显儒学的道德主体性上,也较宋儒更前进了一步。在经历程朱重"理"之道德论不断深化"性"之本体与超越性之后,陆世仪企图将关注拉回至人的实际生活,并将道德与客观现实进行更紧密的联结。

关键词:陆世仪　性善　命善　《性善图说》

性善论是儒家心性思想的主流,起于孟子,盛于宋明。宋明诸儒所言"性

---

*　本文系中央高校基本科研业务费专项资金资助项目"明清之际太仓朱子学研究"(20720201004)阶段性成果。

**　申祖胜,1987年生,厦门大学哲学系助理教授。

善”与孟子所言“性善”已有不同,其所主张之“性善”不仅是讲“人性之善”,而且是讲“凡物莫不有是性”的泛性善,[①]亦即“性本善”。从“性善”到“性本善”,儒学核心主张虽一直未变,但支持与阐述的论据已经不一。具体来说,孟子“性善”之性,是人后天努力实践展现出来的;宋明儒“性本善”之性,则是先天本具而内在的。“性善”之工夫指向是“存心养性”,“性本善”之工夫指向则是“复性”,虽同名为“性”,意旨却不一。就内涵论,二者固然均指向道德实践面向,亦都指明如仁义礼智般的良善德性为人之性的内蕴,然则,“性善”之“善”是通过人心拣择反省而加以贞定的,“性本善”之“善”则认为其是天赋的道德法则,亦是名同实异。[②] 陆世仪(1611—1672,号桴亭,世称桴亭先生)“性善”思想的复杂性,正导源于他同时受到二者的共同影响,也正因为他有效统合了由先秦儒家与程朱理学而来的心性和理气之基本概念,才实现了对宋儒心性思想的突破和超越,并使得儒家传统的“性善”说更臻于圆融。陆世仪的性善论思想集中体现在其晚年所著《性善图说》中,本文即以此文本为考察对象,细致梳理,并加以分析,借以了解陆世仪“性善”说之义理形态及其在理学史上的意义。

一 《性善图说》的创作背景

陆世仪对“性善”问题的思考,经历过一个复杂的发展和演变过程,中间曾有过数次修正,其思想之真正定型是在其五十六岁时。这一年,即康熙五年(丙午,1666),陆世仪著《性善图说》,系统阐发了其性善论思想。在《性善图说》之前,有陆世仪写的一则小序,我们可先引来一观,以作背景了解。陆世仪道:

> 丙午端月,克艰陈生来自澄江,会讲于升书马先生之资深堂,共论性善之旨。余出昔年东林旧《讲义》与诸友共读,中有“性善属气质”之说,诸友读而跃然以喜者过半。然终以宋儒有义理、气质之说,不能无少疑,

① 参阅李存山:《从性善论到泛性善论》,收入氏著:《气论与仁学》,郑州:中州古籍出版社,2009年。

② 参阅刘振维:《从“性善”到“性本善”——一个儒学核心概念转化之探讨》,《东华人文学报》2005年第7期。

> 颇著辩论。归而思论性之旨莫备于《易》,观性之法莫妙于《太极图》。因凭《易》论《图》,凭《图》论性,稍为发明。以见人性之善正在气质,非余臆论。庶质之当世贤人君子有所就正云。①

陆世仪所言东林旧《讲义》,即顺治十七年(庚子,1660)其五十岁时在无锡东林书院之讲学记录,今《桴亭先生文集》卷一所收《高、顾两公语录大旨》当即此《讲义》概要。② 此年秋八月,陆世仪受高攀龙侄儿高世泰之邀,讲学无锡东林书院,故有是《讲义》之作。在《高、顾两公语录大旨》中,陆世仪提道:“人性之善不必在天命上看,正要在气质上看。”此即“性善属气质”之说。不过,陆世仪此时虽已识得“性善属气质”,但也只是“微发其端”,而未作深入阐发。其说因与宋儒义理、气质之说表述相异,颇引来不少学者的争辩与讨论。③ 陆世仪在经过一段时期的细思之后,终于借着《易》与周子之《太极图说》完成了他的《性善图说》。此《性善图说》是专为论性而作,从天命之大本,讲到万有之不齐,层次井然,系统周密。陆世仪毗陵同学马负图评价此《性善图说》道:“陆子桴亭此图此说,发明人性之善正在气质,气质之外无性。会通天人,贯穿万物。言简而意该,理实而辞显。使韩愈氏之徒既不得致疑于三品之杂,

---

① 陆世仪:《性善图说》,见《陆子遗书》第15册,光绪二十五年(1899)太仓唐受祺京师刊本。

② 陆世仪在《高、顾两公语录大旨》开篇言道:“今日是东林秋祭仲丁讲期,承彙旃先生之命,远邀会讲。仪空疏无似,齿德俱卑,岂敢漫然自命曰讲?惟兹东林是高、顾两先生昔年讲学旧处,无已,则愿以当日两先生讲学之旨梢一述之,可乎?”(陆世仪:《高、顾两公语录大旨》,《桴亭先生文集》卷一,见《陆子遗书》第2册,光绪二十五年太仓唐受祺京师刊本。)又据陈瑚撰《行实》称:“庚子八月,锡山高彙旃先生迎府君讲学东林,游泰山祠,谓邑有孝子当袝祀于此,壁间书其行实。望日谒圣,东林设皋比,请府君讲端文、忠宪二先生学术本末。”唐受祺附案语称:“先生有《庚子东林讲义》,原书已佚。《文集》中仅载有《高、顾两公语录大旨》讲义一首,不审涵溪先生从何处钞得?学者读之,尚可见其梗概也。”《行实》与唐受祺案语俱见凌锡祺《尊道先生年谱》“顺治十七年”条。(凌锡祺:《尊道先生年谱》,见《陆子遗书》第1册,光绪二十五年太仓唐受祺京师刊本。)陆世仪在此讲义中,主张不要在高妙的言语上探求性,而要以平实的工夫下学上达。他大力批评了王学末流“不学不虑”的理论流弊,并高扬了顾、高二人“知性言学,知学言性”的理论主张。

③ 其实,陆世仪在《高、顾两公语录大旨》一文中对宋儒之分义理、气质二性已有所评,并谓其说与己意并不根本相悖。盖当其时,陆世仪虽已识得“性善属气质”,但一己之性善论体系未得真正建立,对于前贤成说非敢决然相弃,亦不愿决然相弃,故在言辞上多有回护。然在外人看来,其说既已异于宋儒,即不得不存有怀疑。陆世仪在此文中评宋儒道:“以天命与气质分言,始于宋儒。然宋儒亦是欲分明善恶之源流,故强为分析,非截然二之也。故程子曰:‘人生而静以上不容说,若说性时便已不是性。’亦是见得性必着气质而后可言性,不可只于天命上添说话也。人苟实见得此理,则天命之性固是至善,气质之性亦是至善,学问之功愈不可少。何以言之?天命之性浑然至善,固不须学问而亦着不得学问。气质之性,幸不同于禽兽草木矣,然不学则善者亦归于不善。且看禽兽草木同是气质,惟不知学、不能学,则终不能善。故曰:人为万物之灵。故曰:人之气质之性亦至善也。”

而为告子、阳明之学者又不得借天命之说以伸其虚无要渺之论。其有补于性学,而有功于孟子、程、张盖不小矣!或以此为翻驳宋儒义理、气质之快论,此岂知吾桴亭者哉!"[①]盖陆世仪站在程朱后学的立场,对程朱理论之隐而不显、说而不周以及喻而不详处,多有廓清辨明。他能突破前人思想局限而开展出新的思想境界,其学有进于程朱,却并不背离程朱。他对程朱谈论性命之理,反多回护之意,以为"宋儒不得已而言",是"为世道人心之防"。[②]

"图"作为哲学思想的一种展现形式,形象而直观,陆世仪对之尤加意焉。他道:"大凡图之为用,所谓立象以尽意也。天下万世俱未之知,而又无可举示,故笔而为图。"[③]图象之建立,自古多有渊源,如伏羲之画卦,言"以通神明之德,以类万物之情"(《系辞》下),其本旨正在阐明天道万物之原始与反终之理。周敦颐所传《太极图》图式结构之安排,正是依《易》义而立,并相应于其所建构之"圣人之学"的思想内涵。人能据此以明天道真理,则人道亦悉有准则。《太极图》明确指示出性命之根源,使"天道性命相贯通"之大义得以充分彰显,是以陆世仪论性要借重《太极图》。他称:"《太极图》最好观性。太极不离乎阴阳,故有气质之性;而实不杂乎阴阳,故有义理之性。"[④]陆世仪《性善图说》之作,自称是"凭《易》论《图》,凭《图》论《易》,稍为发明。"《性善图说》是在《易》与周子《太极图》的基础上专就性善问题作的进一步发挥,此《图说》称得上是陆世仪晚年最重要的作品,其学术思想的分量已相当于一部著书。

周子的原图总共有四个大圈、五个中圆圈,及一个小圆圈,分五层排布,暗蕴五个时间历程。第一层是"无极",第二层是"太极",第三层是"五行",第四层是"妙合而凝",第五层是"万物化生"。由《太极图》与其历程的层次,可以明显看出,《太极图》所要表示的是"顺化生人"的宇宙生成图示(见图1、

---

① 陆世仪:《性善图说》跋,见《陆子遗书》第15册,光绪二十五年太仓唐受祺京师刊本。

② 陆世仪在《答王周臣天命心性志气情才问》中道:"夫性命之理,孔子罕言,圣门高弟所不得闻。至宋儒始明白而析言之,岂难于孔子而易于宋儒哉?孔子不得已而不言,宋儒不得已而言,皆为世道人心之防。不可不知也。"又道:"夫天地之间,盖莫非气,而其所以然之故,则莫非理。理与气在天则为天之命,在人则为人之性。性与命兼理与气而言之者也。夫性与命兼理与气言,而宋儒专言理,何也?曰:兼言理气,道其全也。专言理,明其主也。欲知性知天,则不可不观其全。欲率性事天,则不可不知其主。故宋儒言理而未尝不言气,在观者自得之耳。"(陆世仪:《答王周臣天命心性志气情才问》,《论学酬答》卷二,见《陆子遗书》第11册,光绪二十五年太仓唐受祺京师刊本。)

③ 陆世仪:《思辨录辑要》卷三十一,清文渊阁《四库全书》本,出版年代不详,以下凡引及该书皆为此版本。

④ 陆世仪:《思辨录辑要》卷二十六。

图2)。[1]

图1　朱子所定周敦颐《太极图》

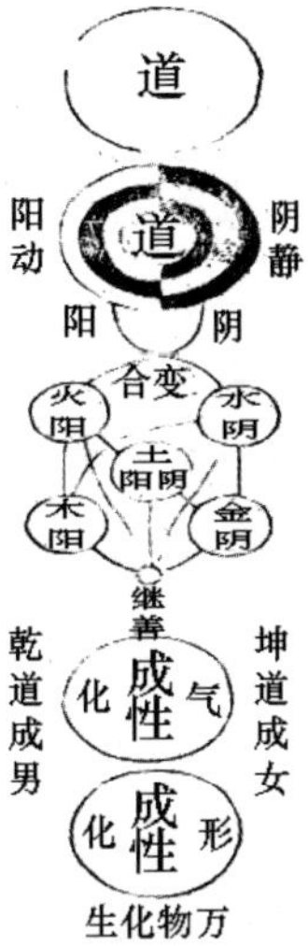

图2　《性善图说》第一图

《性善图说》共有五图五说,五图在继承周子《太极图》图式的基础上又有新的创发。下面我们依陆世仪五图说顺序依次展开论述。

二　《性善图说》的思想内涵

陆世仪释此图道:

> 《易》曰:“一阴一阳之谓道。继之者善也,成之者性也。”此论性之原也。古之圣人言性者有矣。《书》曰:“维皇上帝,降衷于下民,若有恒性。”《诗》曰:“天生蒸民,有物有则。”则性之大原出于天,于此可见,然未尝亲切指示于天人相命之际言之也。惟孔子读《易》,于卦画阴阳之间,实见夫天人相命之理,恍若目可以睹,而手可以指者,特揭之曰:“一阴一阳之谓道”,又曰:“继之者善也,成之者性也。”而后人义理、气质之说由之以起矣。盖后人不察“性”之一字为人物公共之性,又不察“善”之一字

① 《太极图》中第二层“三环圈”与第三层“五行圈”之图式,所呈现之“阳动阴静”与“五行流布”状态,是以气为妙合生化的资具,进而呈现第四层与第五层之图式,言乾男、坤女二气凝而成形,并由形气交感,而万物化生。

为人性独有之善,而但见人性之参错不齐,不可独以“善”名之也。因举“恶”而归之于气质,举“善”而归之于义理。若曰天命之初未著于物,其善固如是耳。而不知天命之初未著于物,此人与物之所同,而未可独以归之于人者也。今试以周子之图明之。

自阴阳、五行以上,皆所谓“一阴一阳之谓道也”。“继之者善”,则阴阳五行以下一圈。《图说》所谓“无极之真,二五之精,妙合而凝”者耳。此固天与人物将接未接之顷,但可以“善”名,而不可以“性”名者也。至“乾道成男,坤道成女”之时,而有气化;“男女构精万物化生”之时,而有形化。于是万物始各一其性,而有性之名。夫是之谓“成之者性”。是成性之中万有不齐,而总其伦类之大凡,则惟人也得其秀而最灵,故曰人之性善。是善也,正以人之气质得于天者较物独为纯粹,故有是善,非于气质之外别有所谓义理。物不能得,而人独能得之也。然则何以谓之义理也?曰:是即气质中之合宜而有条理者,指而名之也。何者为合宜而有条理?即恻隐、羞恶、辞让、是非之四端是矣。因四端,知其有健顺五常;因健顺五常,而知健顺五常之所由来者,实本于阴阳五行之德。此所以谓之义理。而非于阴阳形气之外别有一物焉谓之义理,而人可得之以为性也。周子所以谓:“阴阳一太极,太极本无极也。”①

“继善成性”与“性善”是中国哲学尤其是宋明理学在“性与天道”论的思辨中,围绕“善”与“性”的关系展开的重要义理间架和理论走向。这两种观点分别出自《易传》与《孟子》,二者虽然都是既讲“性”又说“善”,但在“性”与“善”的先后顺序及关联程度上却大相径庭。《易传》是“善”在“性”先,“善”与“性”在发生论上是两个前后跟进又相互独立的阶段。《孟子》则是“性”在“善”先,而且“孟子道性善”突出的是“性”与“善”不可分割的内在关联,讲“性”是为了彰显“善”,讲“善”正是在说“性”。② 本来,“继善成性”与“性善”引出的是两种不同的义理间架和理论走向,如《易传》言“继善”重在说明天道的流行,《孟子》言“性善”,则在于揭示人性的发用。二者虽都是以发用流行讲述善德,但毕竟天人有分而不可混同。只是,自二程始,理学家普遍倾向于

① 陆世仪:《性善图说》,见《陆子遗书》第15册,光绪二十五年太仓唐受祺京师刊本。

② 参阅向世陵:《宋代理学的“继善成性”与“性善”说辨》,《哲学论集》2008年第41期。

将二者整合起来思考，于是不免产生一些概念使用上的混乱。即如“善”之一字，“继善”之“善”与“性善”之“善”，在概念使用范围与内涵之具体指涉上明显有所不同。“继善”之“善”，“善”在“性”先，此“善”是落在天命的层面上说。而天命之初未著于物，此人与物之所同，故未可独以此“善”归之于人。“性善”之“善”，“善”在“性”后，此“善”是落在道德价值取向的层面说。“成性之中万有不齐，而总其伦类之大凡，则惟人也得其秀而最灵，故曰人之性善。”此“善”独当归之于人。简单地说，“继善”之“善”与“性善”之“善”是两种意义的“善”，且各有其所特定的使用范围，如超出了原本有限的使用范围，便会产生混乱。

在对待孟子所言“性善”的问题上，一般人由于囿于用义理、气质二分的观点来区分善恶，但见人性之参错不齐，不可独以“善”名之，因举“恶”而归之于气质，举“善”而归之于义理。又由于“性善”是一个必须维护的命题，故其在解释“性善”理论时，常常将“性善”归到天命之初、未落气质时。① 但“善”如归到这个层面，此“善”就不再是“性善”之善，而是“继善”之善，亦即“命善”。在陆世仪看来，许多人在这个问题上都陷入了概念使用上的混乱而不自知。其图说最先要辨明的一个问题，便是指明“命善”与“性善”各自的言说范围。陆世仪透过《太极图》将其思想加以阐明。

周子之《太极图》呈现出的是一个系统的宇宙生发结构，第一阶段为太极两仪，第二阶段为阴阳变合，第三阶段是阴阳变合而生之五行。陆世仪道：“自阴阳、五行以上，皆所谓‘一阴一阳之谓道也’。‘继之者善’，则阴阳五行以下一圈。”他认为阴阳五行以下之一圈，代表着天与人物将接未接之顷，但可以“善”名，而不可以“性”名。至“乾道成男，坤道成女”之时，方有气化。至“男女构精万物化生”之时，方有形化。有形化之后，才有“性”之名，是以讲“性善”只能在形化之后方可言。陆世仪道：“是成性之中万有不齐，而总其伦类之大凡，则惟人也得其秀而最灵，故曰人之性善。是善也，正以人之气质得于天者较物独为纯粹，故有是善，非于气质之外别有所谓义理。物不能得，而

① 如二程道：“孟子道性善，极本原而语之也。”（程颢、程颐：《二程集》，王孝鱼点校，北京：中华书局，1981 年，第 1254 页。）朱子亦多有类似的表述，如其道：“孟子说性善，但说得本原处，下面却不曾说得气质之性，所以亦费分疏。”（黎靖德编：《朱子语类》卷四，王星贤点校，北京：中华书局，1986 年，第 70 页。）“孟子性善，似也少个‘气’字。”（黎靖德编：《朱子语类》卷四，第 72 页。）

人独能得之也。”在陆世仪看来,性之大原出于天,“性”之一字为人物公共之性,而“善”之一字,则为人性独有之善。陆世仪反对将性区分为义理之性与气质之性,他认为在这种观念影响下,人们很容易将善归之于义理,而将恶归之于气质。他主张只有一个性,这个性就是“气质之性”。当然,陆世仪所言此“气质之性”和朱子所言“气质之性”不是等同的。朱子所言“气质之性”,其实是指“性”堕入于气质,所谓“气有不存,而性却常在。虽其方在气中,然气自是气,性自是性,亦不相夹杂”①。陆世仪所言“气质之性”,“性”②与“气”不能如朱子这般讲“堕入”,也不能讲“气自是气,性自是性,亦不相夹杂”的话,所谓“二之则不是”③,“性”与“气”之间只是非一非异,不即不离,它代表着一种“性”“气”未曾分离的更为原初的关系。“性”与“气”的这种关系,正照应天理层面的理气关系——“即气是理”④。在陆世仪这里,“性”“气”不能分设对言,“性”专指“气质之性”,在这种意义层面,我们甚至可以说,“性”自身已带有“气”的成分。

陆世仪这里讲“然则何以谓之义理也?曰:是即气质中之合宜而有条理者,指而名之也”。我们应将这句话看作是陆世仪对“性”“气”关系的一种变相说明,亦即是在讲“即气是理”而不能仅从字面理解,认为这是在讲理气一物、理只是气之条理。要知道,陆世仪对理先于气、理气之非一物等命题是坚定维护着的,他不可能将理仅仅视作气之条理。事实上,陆世仪这里也不是

① 《朱子语类》卷四载:“论天地之性,则专指理言;论气质之性,则以理与气杂而言之。未有此气,已有此性。气有不存,而性却常在。虽其方在气中,然气自是气,性自是性,亦不相夹杂。至论其遍体于物,无处不在,则又不论气之精粗,莫不有是理。”黎靖德编:《朱子语类》卷四,第67页。

② 准确地说,此处实下不得“性”字,而当下一“理”字。之所以用一“性”字,主要是为了与朱子作对比。

③ 程颢语。在笔者看来,陆世仪对“性”的认知,深受程颢影响。陆世仪在谈其对性、命问题的看法时,常称引二程之语,且深表认同,如“善固是性,恶亦不可不谓之性”“人生而静以上不容说,若说性时便已不是性”“在天为命,在物为性”等。陆世仪虽未指明这些话出自大程还是小程,但其实都是程颢语,此不难看出,在“性”的认知问题上,陆世仪无形中已经接受了程颢的说法。有关程颢的论“性”思想,可参阅郭晓东:《从“性”“气”关系看张载、二程工夫论之异同》,《台湾东亚文明研究学刊》2009年第6卷第1期。

④ “即气是理”是陆世仪特有的对理气关系的表述,并不见用于朱子及其他朱子学者。“即”这里有合一之意,意谓理气在空间关系上不可分开各在一处,亦即就物的存在看,可说理气是“一”。然而这种“一”却不是同一,而只是在空间上无法分离的“一”。这种不可分性对于理或气来说都是一种限制,这种限制在陆世仪思想中是重要的。从某种程度上讲,陆世仪对“即气是理”的强调与突出,反映了他哲学思想中开始有重气的倾向。当然,这种重气倾向,其意图是针砭对理的单独观照,并非要否定理的第一序位,对于理的主导位阶,陆世仪并未不同于朱子。参阅申祖胜:《陆世仪“理先于气”说之特色及其时代意义》,《中国哲学史》2018年第1期。

仅讲“条理”,他讲的是“合宜而有条理”。

“何者为合宜而有条理？即恻隐、羞恶、辞让、是非之四端是矣。因四端,知其有健顺五常;因健顺五常,而知健顺五常之所由来者,实本于阴阳五行之德。”陆世仪以健顺五常论人物之性,在思路上和朱子并无大异。朱子《中庸章句》注“天命之谓性”曰:“天以阴阳五行化生万物,气以成形,而理亦赋焉,犹命令也。于是人物之生,因各得其所赋之理,以为健顺五常之德,所谓性也。”①以仁义礼智为内涵的人性来源于阴阳五行之德,来源于气化的天地之理,人性中的这些内容即是天地之性。可以看到,在思路上,陆世仪和朱子并无二致。但如细究起来,双方仍存在细节上的不同。和朱子之坚持“气自是气,性自是性,亦不相夹杂”不同,陆世仪坚持性之为性的基础是由理、气二者共同构成的,他不能同意前儒尊性贬气的说法。

当陆世仪以健顺五常来讨论人对于天的秉承关系之时,尽管他也会使用“理”这个概念,但究其所指却与程朱在相同情形下所言之“理”,意义微有不同。在陆世仪,这里对“理”字的使用一定程度上祛除了传统道学中很强的伦理意义,而更多地是就气化变合中呈现出的条理而论的。当然,对“理”的这种祛伦理倾向并不代表陆世仪是相对主义或虚无主义,恰恰相反,陆世仪是出于让“性”不会成为固化现成之物这样一个更深层的考虑。陆世仪并不如程朱那样将性奠基于理,而是坚持将性奠基于气化之刚柔健顺之诚然大德上,并以此来突显性之先天本蕴的劲健不息之良能。在陆世仪看来,即气是理,有其理必有其气,有其气必有其理,有五行之气,就有五常之德,而五行乃是阴阳之分化,有阴阳则有刚柔健顺之性。也就是说在理气论上有太极、阴阳、五行,那么在性命论上自然要有健顺五常之德。此健顺之理既是天道运行的基本品格,也是人物所本具之性,健顺之道通贯天人。(见图3)

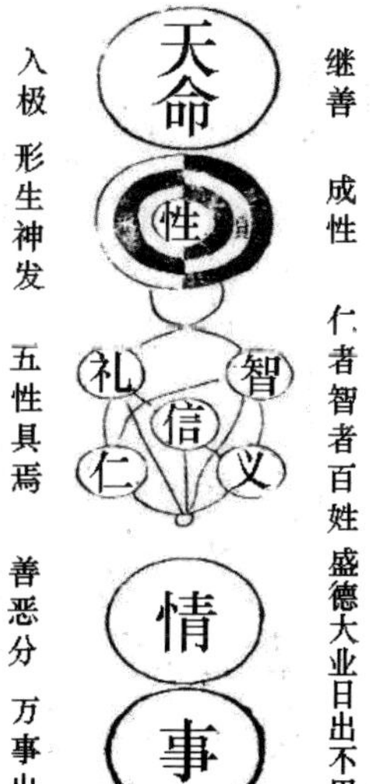

图3 《性善图说》第二图

① 朱熹:《中庸章句》,见朱杰人等编:《朱子全书》第6册,上海:上海古籍出版社,合肥:安徽教育出版社,2002年,第32页。

陆世仪释此图道:

> 前图乃“天以阴阳五行化生万物”之图,故就阴阳五行以上观天地,阴阳五行以下观人。此图则就人而观者也。周子所谓“人极”,则孔子所谓“继善”也。“继善”似不可云“人极”,然“继善”之“善”即“一阴一阳”之“道”。“道”即“太极”,人所本之以立极者,是即“人极”也。若形生神发则成性也,性成于形生神发之后。则必有气质而后有性,而“人极”不可遂名“性”也。若性之有五,则所谓仁、义、礼、智、信之德,得天五行之气而生者。自圣贤以至于凡庸,固无不全不备。然其间气禀不齐,则即于全备之中而亦有偏轻偏重之异。故得木气多,而偏于仁,则谓之仁者,而其所见亦偏于仁。得水气多,而偏于知,则谓之智者,而其所见亦偏于知。得五行之气俱偏且驳,而五德俱偏且驳,则谓之百姓而日用不知。是仁也、智也固善也,即日用不知亦善也。何也?百姓但不知耳,惟其亦有是五德,故有是日用。若禽兽草木,则并日用而无之矣。故全备之圣人,发而为盛德、为大业;而日用不知之百姓,亦发而为与知、为与能。盛德大业,善也;与知、与能,亦善也。①

如陆世仪所言,图2是就阴阳五行以上观天地,图3则就阴阳五行以下观人。陆世仪指出,周子所谓“人极”即《易传》所谓“继善”。依《太极图说》,“人极”是圣人为现实人生所立之最高道德范则,就其根源讲,则直接导源于“太极”。“人极”以静为本体,以动为用,并以中正仁义为内涵特征,是纯粹至善的。陆世仪认为,“人极”与“太极”原不是两个,在天地言则谓之“太极”,在人心言则谓之“人极”,总之只是个“理”字。② “性”成于形生神发之后,必有气质而后有性,故“人极”不可遂名为“性”。在陆世仪看来,自圣贤以至于凡庸,都具备仁、义、礼、智、信五种德性,只是“其间气禀不齐,则即于全备之中而亦有偏轻偏重之异”。如得木气多,则偏于仁,得水气多,则偏于知。一般说来,只有圣人在五德上是无所偏驳的,一般人(“百姓”)则不免因气禀的偏重导致五德各有所偏倚。陆世仪又指出,一般人相对于圣人来说,在五德

---

① 陆世仪:《性善图说》,见《陆子遗书》第15册,光绪二十五年太仓唐受祺京师刊本。

② 参阅陆世仪:《太极图说讲义》,《桴亭先生文集》卷一,见《陆子遗书》第2册,光绪二十五年太仓唐受祺京师刊本。

的呈现上虽有偏倚,但相对于禽兽草木来说,仍有无可置疑的优越性。这种优越性表现在,无论是圣人还是百姓,即无论其所禀五德是否有偏驳,皆能发为日用。而禽兽草木,则不能如人一般发为日用。"百姓但不知耳,惟其亦有是五德,故有是日用。若禽兽草木,则并日用而无之矣。"陆世仪这里未明确指定禽兽草木是否如人一般亦具有五德,但从这里的话语看,即便他承认禽兽草木亦具有五德,但禽兽草木所具之五德和人之所具五德,在本质上明显是有所差别的。禽兽草木所具之五德并不能发为日用,故如其具,其所具亦只是"虚具",其五德不具有发为日用的动能。

我们知道,在人性与物性的同异问题上,朱子由于始终坚持着本然之性与气质之性二分的言性思路,并用本体论思维处理二者关系,这在某种程度上已经预定了其思想内部必然潜隐着一个难以解决的矛盾。正如陈来先生所指出的:"从哲学上说,在理气同异的问题上,有些理论上的矛盾朱子并未解决,其中主要是气质蒙蔽说与气异理异说的矛盾,如果按照气异理异说,人禀得何种气即禀得何种理,禀得何种气多,则禀得何种理多,这个说法必然导致只承认有气质之性,而不能承认有本然之性,本然之性说是与气质蒙蔽说联结在一起的。气质的清浊虽然可以蒙蔽性理,但并不影响到性理的完具或欠阙。而照气异理异说,不善的原因并不是因为气质蒙蔽了作为性之本体的理,而是所禀受的气质的偏驳本身决定了所禀得的理的偏少。这两种不同的思想涉及本体论上理气观的两种不同立场,如果说宇宙之间,理是作为气之中的一种实体存在的,那么就自然地导出在人性论上的性之本体说和气质蒙蔽说。如果坚持气异理异说,那么推而上之,必然得出结论,即理并不是气之中的某种本体、实体,而只是气的属性,气的条理。而后一种论点就不是理学的本体论,而近于气学的气本观点了。朱子虽然也强调气异理异之说,但他并没有意识到,这一观点坚持到底,就要求在本体论上确立气本论,而他自己始终仍是一个理学的本体论者。同时,从构成论上究竟如何阐述本然之理到气质之理的转化,也是一个未被解决的问题。"①

应该说,朱子哲学所面临的这种困境在陆世仪是不存在的,究其根源,主要是两人对"性"之内涵的界定已经有所不同。朱子坚持"性即理","性"之

① 陈来:《朱子哲学研究》,上海:华东师范大学出版社,2000年,第142—143页。

中并没有气的成分,其所谓“气质之性”,只是“性”①随人于气质而表现出来的性,所以气质容易蒙蔽性理,气质被视作是不善的来源。陆世仪所言之“性”,并不是一个本体论范畴,其所指就是“气质之性”,其中既有理的成分,也有气的成分。此“气质之性”就是具体的人性或物性,此间不涉及体用思维,自亦无所谓“性之本体”的说法。陆世仪反对将恶归于气质,他认为气质正是“性”之生成的必要部分,当作正面的看。朱子哲学中所潜隐着的气学说可能会流入气本论的问题,在陆世仪是不成其为问题的。②

陆世仪尝称:“论性只有程朱二处说得全备,程子曰:‘论性不论气不备,论气不论性不明,二之则不是。’‘二之则不是’者,谓性只在气中也。朱子曰:‘论万物之一原,则理同而气异。论万物之异体,则气犹相近而理绝不同。’‘理绝不同’者,谓人为万物之灵,独能具众理而称性善也。”③在陆世仪这里,称人之性善是相对于万物来说的,此“善”并不单纯地指浑然至善、未尝有恶。陆世仪道:“盛德大业,善也;与知、与能,亦善也。”“善”表现在人性上,除了指人禀有仁义礼智信五全德外,还指“人为万物之灵,独能具众理”这一“能具众理”之能力。以“能具众理”之能力来充足善之内涵,这其实是将性善定位在了是否具有自觉的道德实践能力,而这正是孟子言性善的思路。可以说,在性善的问题上,陆世仪已经自觉地向孟子靠拢了。

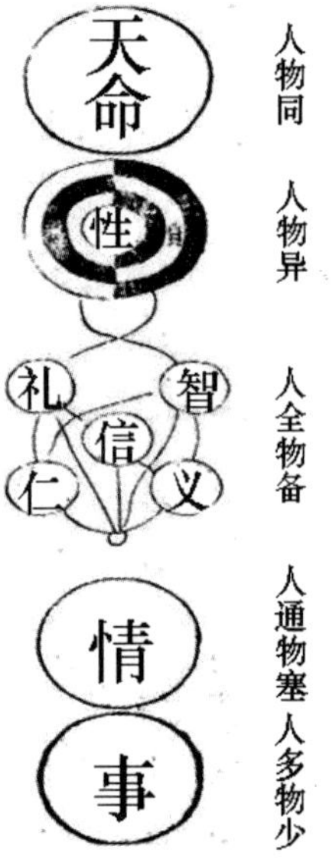

图4 《性善图说》第三图

陆世仪释此图(见图4)道:

人与物,同得天地之理以为性,同得天地之气以为形。而人性善,物性不善者,何也?曰:此人之所以为灵,物之所以为蠢,而性情有偏全、通塞之不同,事为有多少之各别,而不可不观之《太极图》者也。盖人与物未有气质之先,浑然天命耳。物固不

① 此处“性”字作“理”字理解,其真实意涵是指“性之本体”。笔者之所以用“性”字,是为了表意用。

② 陆世仪道:“天地之间盖莫非气,而其所以然之故则莫非理。理与气在天则为天之命,在人则为人之性。性与命兼理与气而言之者也。”(《思辨录辑要》卷二十六)

③ 陆世仪:《思辨录辑要》卷二十六。

得拒之以为己无，人固不得专之以为己有也，此人物之所同也。至一落气质，而人与物遂相去悬殊矣。同一五德也，人则全，而物则偏。虽人之中亦有仁智之殊，物之中亦有五德之目，而人终处其全，物终处其偏也。同一知觉也，人则通，而物则塞。虽人之中亦有昏蒙冥顽之属，物之中亦有猩猩、鹦鹉之俦，而人终处其通，物终处其塞也。同一事为也，人则多，而物则少。虽人之中亦有饱食终日、无所用心之辈，物之中亦有予手拮据、予口卒瘏之伦，而人终处其多，物终处其少也。惟其全，惟其通，惟其多，故虽赋秉偶亏，终可通于圣贤之路。惟其偏，惟其塞，惟其少，故虽灵明偶露，终难勉以学问之功。此人性之所以为善，而物性之所以不得为善也。①

陆世仪此图说所要集中探讨的是人与物的同异问题。他指出，在浑然天命的层面，人与物并无差异。至一落气质，人与物遂相去悬殊矣。这种悬殊体现在：在仁义礼智信五德的禀受上，人禀受得全，物禀受得偏；在知觉上，人则通，物则塞；在同一事为上，人则多，物则少。正是因为人之全、通、多，所以“虽赋秉偶亏，终可通于圣贤之路”。而物因其偏、塞、少，所以“虽灵明偶露，终难勉以学问之功”。陆世仪延续了宋儒以理气论来解释人物之生成与心性之属性，谓人得天地间的正通之气，故能贵于禽兽草木。值得注意的是，陆世仪在将人与物作对比时，此“人”与“物”皆为类名词，陆世仪并未忽略“人”之中仍有圣贤与常人之个体表现的不同，但他显然认为，同一类之中的个体不同无疑是小于不同类之间的类属不同。换言之，即便是人类之中的昏蒙冥顽之属，其所禀之气较物类所禀之气，仍更为清明纯粹。

实则，用人物气质构成的材料不同来解释人与物的差别，这是理学世界构成论的一个基本思想。如朱子便曾言道：“人物并生于天地之间，本同一理，而禀气有异焉。禀其清明纯粹则为人，禀其昏浊偏驳则为物。”②又道：“自一气而言之，则人物皆受是气而生；自精粗而言，则人得其气之正且通者，物得其气之偏且塞者。”③所谓气之清浊偏正，在理学家们看来，都只是大概而

① 陆世仪：《性善图说》，见《陆子遗书》第15册，光绪二十五年太仓唐受祺京师刊本。
② 朱熹：《孟子或问》卷一，见朱杰人等编《朱子全书》第6册，第924页。
③ 黎靖德编：《朱子语类》卷四，第65页。

论。如朱子便称:“若大概而论,则人清而物浊,人正而物偏。又细别之,则智乃清之清,贤乃正之正,愚乃清之浊,不肖乃正之偏。而横渠所谓物有近人之性者,又浊之清、偏之正也。”[①]值得注意的是,陆世仪在回答何以人性善、物性不善的问题时,并不是将原因直接归为是否禀气清明,他是透过能否勉以学问之功来联结二者的。亦即认定物因禀气昏浊,故难勉以学问之功,故其性不善;而人无论是贤与不肖,皆可勉以学问之功,故皆性善。这其实是从侧面肯定了人即使在气禀昏蔽至极的情况下,本然的心性之明,仍然是时时醒觉、时时自求呈现的,并不因为气质的昏昧而丧失或停止。人心之虚灵知觉能知性理而发用性理,乃是其本有的能力,其自发醒觉的动能并不会被气禀所拘限,而是在气禀之中可以随时冲破障蔽,自显其本然德性之光明。[②] 陆世仪这样的观点,既肯定了人相比于物来说,其道德的自觉与动能具有内在必然性,也指出了“学问之功”在个人“成性”过程中的重要性。

陆世仪释此图(见图5)道:

> 人之气质之性其善如此,而人性有恶,儒者辄以归之气质,其故维何?曰:予以性善归之气质者,以人之性对物之性而观也。儒者以性恶归之气质者,以人之性对人之性而观也。以人之性对人之性而观,则见夫气质,则圣者上而凡者下也;五德,则圣者全而凡者偏也;情知,则圣者通而凡者塞也;事为,则圣者多而凡者少也。所大同者,惟天命耳。故以善归天命,恶归气质。以人之性对物之性而观,则人与物之气质,真有同异;而圣、凡之气质,异而不害其为同。人与物之五德,真有偏全;而圣凡之五德,偏而不害其为全。人与物之情智[③],真有通塞;而圣凡之情智,塞而不害其为通。人与物之事为,真有多少;而圣凡之事为,少而不害其为多。固无藉于大同之天命,而后始见性之有善而无恶也。夫无藉于大同之天命,而后始见性之有善而无恶,则世之为告子、阳明之学者,虽欲为无善无恶之说,而终不能自托于大同之天命。即有同异、偏全、通塞、多

① 朱熹:《答李晦叔》,《文集》卷六十二,见朱杰人等编《朱子全书》第23册,第3016页。

② 《思辨录辑要》卷七载:问:“既言未发是性,则岂小人性少,君子性多乎?”曰:“君子率性,小人溺情。性非有多少也。欲动情胜而本体牿亡也。岂得无多少之异乎?”曰:“既云牿亡,则谓小人无未发亦无不可。”曰:“虽云牿亡,未必全失。未全失,则岂无性体偶一呈露之时?”

③ 此“情智”从原文写。“情知”与“情智”在此图说中皆有出现,二者意思一致,可通用。

少之分，而不害其为同异、偏全、通塞、多少。则世之为荀卿、扬雄、韩愈之学者，虽欲为性恶、性浑、性有三品之说，而终不能有妨于皆善之气质。此吾之说不为无功于性学，而不得不为天下之言性者一尔陈之也！①

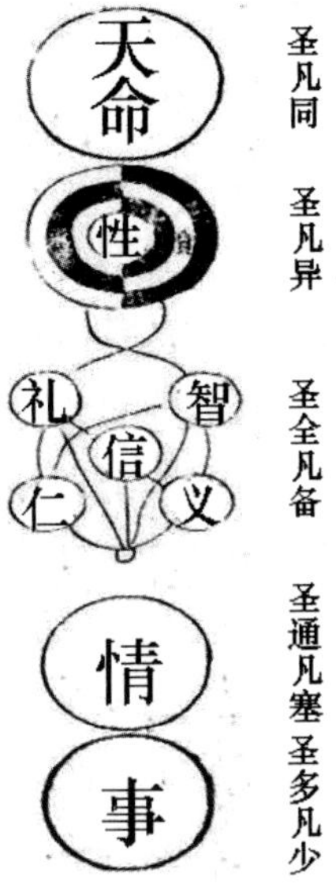

图 5 《性善图说》第四图

此图说是接着上一图说而言的。陆世仪在这里列举了两种诠解“性善”的思路，一种是前儒的思路，一种是他自己的思路，两种思路在肯定人性善、物性不善上是一致的。陆世仪主张性善当于气质上看取，亦即就气质说性善。这种观点与前儒所习惯的将恶归于气质，在表意上不免相左。陆世仪解释称，前儒之以恶归气质，源于他们是以人之性对人之性而观，亦即以圣人与凡人对观。如此，“则见夫气质，则圣者上而凡者下也；五德，则圣者全而凡者偏也；情知，则圣者通而凡者塞也；事为，则圣者多而凡者少也。所大同者，惟天命耳。故以善归天命，恶归气质”。前儒既以圣、凡所禀之气质有别，故欲证成人之性善命题，不得不曲为之说，言此“善”是就天命之初、继之者善处讲。但正如我们在上文辨析过的，天命之初之“善”，只是“命善”，而非“性善”。陆世仪不满意于将性善归到天命的层面，他选择了另外一种对人性善命题的证成思路，亦即以人之性对物之性而观。以人之性对物之性而观，则见夫气质、五德、情智、事为，在人、物，则真有同异，在圣、凡，则异而不害其为同。无论是圣人还是凡人，其性相对于物性来说，都是善的。根本无须落到天命的层面，才可讲人之性有善而无恶。

陆世仪尝称：“以天命与气质分言，始于宋儒。然宋儒亦是欲分明善恶之源流，故强为分析，非截然二之也。故程子曰：‘人生而静以上不容说，若说性时便已不是性。’亦是见得性必着气质而后可言性，不可只于天命上添说话也。人苟实见得此理，则天命之性固是至善，气质之性亦是至善，学问之功愈不可少。何以言之？天命之性浑然至善，固不须学问而亦着不得学问。气质

① 陆世仪：《性善图说》，见《陆子遗书》第 15 册，光绪二十五年太仓唐受祺京师刊本。

之性,幸不同于禽兽草木矣,然不学则善者亦归于不善。且看禽兽草木同是气质,惟不知学、不能学,则终不能善。故曰'人为万物之灵'。故曰'人之气质之性亦至善也'。"[①]陆世仪既然就气质说性善,则从根本上打消了在天命层面言人性善的必要性。如此,"则世之为告子、阳明之学者,虽欲为无善无恶之说,而终不能自托于大同之天命"。另外,就气质言性善,此性善是在与物性之不善作对比时彰显出来的,人性中固仍存在同异、偏全、通塞、多少之个体性差异。但即便如此,并不妨碍肯定人皆有善之气质。换言之,荀卿、扬雄、韩愈等学者所言之性恶、性混、性有三品说,皆可统属在陆世仪的性善说之下。[②]

我们要看到,陆世仪虽就气质言性善,但他并非不了解前儒就天命言性善的传统意涵,他是有意识地要调整此种论述的视角,从而突出性善在践行工夫下的价值开显意义。陆世仪称:"(人之)气质之性,幸不同于禽兽草木矣,然不学则善者亦归于不善。"陆世仪所言之"性善",着眼于道德主体,强调的是人如何于此做工夫,以显豁人之优于禽兽草木之尊贵性。陆世仪并不否认宋儒"性本"的思想,但他的思考重心,明显是放在主体道德创造的实践过程上,在他看来,离开了此一过程,性本是固有、本自现成而自存的说法,其实不具有必然的意义。陆世仪实际上是以善的过程性去打造性的实体性,"继善"与"成性"在陆世仪不是两段事而是一段事,善的价值就体现在继继不息而成就的本性上,它同时也是作为源头的天道价值的真正实现。

陆世仪释此图(见图6)道:

> 人之性善,然善之中万有不齐,故必观于其万有不齐者,而后人性之善始见。物之性不善,然不善之中亦万有不齐,故必观于其万有不齐者,而后物性之不善始明。明其所谓不善者,而其所谓善者益可得而知也。今夫物与人对观,则但见其不同于人已耳。及以物与物对观,则禽兽与

---

① 陆世仪:《高、顾两公语录大旨》,《桴亭先生文集》卷一,见《陆子遗书》第2册,光绪二十五年太仓唐受祺京师刊本。

② 《思辨录辑要》卷二十六载曰:曹晖吉问:"性不可离气质之说确不可易,但与荀卿、扬雄、韩愈诸子之说作何分别?"予曰:"孟子言性善,于气质之中道其常也,《书》所谓'恒性'也。荀卿言性恶,于气质之中道其变也。扬雄、韩愈言性善恶混,言性有三品,不知气质之有常变而概言之也。若知恒性,则虽荀卿、扬雄、韩愈亦恍然于性之皆善,而必不至于多赘矣。"

> 草木，其天命无不同也。而气质，则禽兽与草木异矣。五德又异矣。情知、事为，抑又异矣。且不特禽兽与草木，即禽兽与禽兽，草木与草木，又异矣。抑不特禽兽与禽兽，草木与草木，即禽兽之中同一马也，而良驽异。同一牛也，而驯犷异。草木之中同一参芪、乌附也，而美恶异。以至于异之极，而有竟至于相反者。如火之性本热，而海之中有阴火。水之性本寒，而山之中有温泉。天下不以阴火，而遂谓火之性寒。不以温泉，而遂谓水之性热。盖有恒者，可以为定训。而无恒者，不可以为定训也。故以物与物较，即其万有不齐者，而弥见其杂。以人与人较，即其万有不齐者，而弥见其纯。其纯也、杂也，善不善之所由分也。夫同是万有不齐也，于物则谓之杂，于人则谓之纯，何也？人可以学问，而物不可以学问也。人可以学问，故万有不齐而可以至于齐。物不可以学问，则万有不齐者，亦竟成其为不齐而已矣。其所以能学问者，何也？灵故也，全故也，通故也，则皆气质之为也。故曰：人之气质善，舍气质之外无性也。①

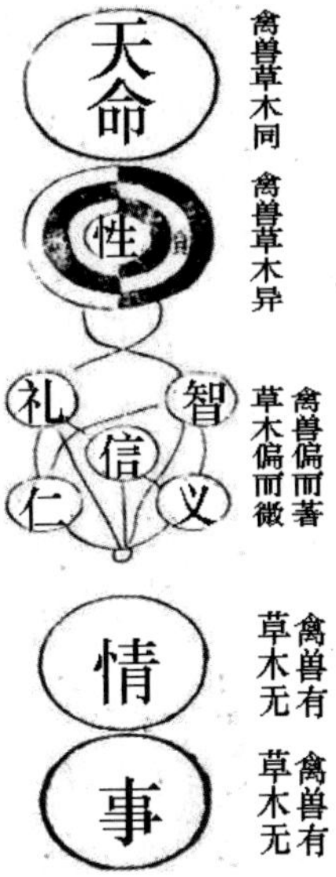

图6 《性善图说》第五图

陆世仪此图说所围绕说明的是人与物之异，以及物与物之异的问题，实际表述的是其理一分殊思想。在陆世仪性学工夫的转进历程中，对理一分殊之旨的体会与把握实际上起到了纲纽的作用。② 按照陆世仪理一分殊的原则，万物在受气初生之际，其理都是相同的，而当万物各自具有了自己特定形体之后，其性就有了差别。从构成论的意义上说，气所构成的形质在“理一”到“分殊”的演化中起了决定作用，即特定的形质有其特定的理、性。对于人物之性的善与不善，陆世仪道：“人之性善，然善之中万有不齐，故必观于其万有不齐者，而后人性之善始见。物之性不善，然不善之中亦万有不齐，故必观于其万有不齐者，而后物性之不善始明。明其所谓不善者，而其所谓善者益可得而

① 陆世仪：《性善图说》，见《陆子遗书》第15册，光绪二十五年太仓唐受祺京师刊本。

② 参阅申祖胜：《论陆世仪的“理一分殊”思想》，《哲学动态》2018年第5期。

知也。"称人之性善,并不是说每个个体人性都已是纯然至善。现实人性是万有不齐的,之所以称人之性善,不是站在单一个体的立场,而是站在"类"的立场上说。此"善"是在与物性之"不善"作对比中显现出来的。陆世仪尝称:"孟子言人无有不善,原未尝说至善。言人之所以异于禽兽者几希,原未尝说无恶。所谓性善者,道其常不道其变也,论其理一不论其分殊也。"①人与物相较,人见其纯,物则见其杂。"纯"缘于人禀气清明,所谓"人之气质善",故其知觉灵、五德全、情智通,可以学问,人性之万有不齐可以至于齐。物之"杂"表现在,物不可以学问,故万有不齐者,亦竟成其为不齐而已。

在人之性善的问题上,陆世仪既看到了性善之普遍性的一面,同时也未忽略人性在个体表现上的差异,其理一分殊思想把人性之普遍性和差别性有效地结合了起来,一方面承认人之气质本善,一方面又指出人之学以"成性"之必需,为解决天道宇宙的本体问题、厘清同一性与多样性的关系提供了较好的思路。

从儒学发展的角度看,早期儒学已将人理解为一个生成的过程而不是既定的存在。就先秦而言,"学"一直被放在一个至关重要的地位,"为学"与"成人"是紧密联系在一起的,"成人"的过程就是"为学"的过程。② 肯定"学以成人",逐渐成为儒学绵延相承的传统。在陆世仪"学以使万有不齐至于齐"的提法中,传统观点被赋予更为具体的内涵,并得到了进一步的发展。陆世仪注重"学以成性"的为学过程,实蕴含着对后天工夫的肯定。就陆世仪来说,性善之"善",并不只具有果地上的意义,而是实实在在的由"学问"以成性、尽性的工夫过程。借用陈来先生有关孟子性善论的说法:"仅讲性善论,是从本体来看,是存在地去看;但是从性命之理的角度讲,君子是要实践地看。"③陆世仪之性善论思想,亦当作如是观。

---

① 陆世仪:《思辨录辑要》卷二十七。

② 参阅陈来:《论儒家教育思想的基本理念》,收入氏著:《从思想世界到历史世界》,北京:北京大学出版社,2015 年。陈来先生在文章中指出:"不论是士还是君子,儒家的'学'就是学为一种高尚的人格、完整的人格、具有多方面优秀品质的人格。培养一种追求高尚人格的人,以德性教育为中心的整全人格的塑造,是儒家的教育目标和理想,也是两千多年来儒家教育的历史实践。中国古代的教育理念是'做人',学做君子,学至圣人,体现了'做什么样人格的人'是儒家教育观的根本问题。"

③ 陈来:《孟子论性善与性命》,《现代哲学》2017 年第 6 期。

三 《性善图说》所引起的反响及其在理学史上的意义

陆世仪《性善图说》既成,在当时即引起了不小的回响。陆世仪记道:

予《性善图说》出,惟予老友数人皆浩然无疑,以为孔、孟之言至此方合。其余则不敢疑、不及疑者有之,未能浩然也。毗陵汤公纶曰:"先生之言善矣,然自此而往,辨者将日众。"老友顾殷重亦曰:"恐天下将以此为标的。"予曰:"只恐立论处未是耳!若是,则以为标的,而往后性学将自此而章明也。"顾子曰:"恐亦有不可与辨者。"予曰:"惟入异端深及有客气者,不可与辨,外此皆不妨。"①

吴江戴芸野读予《性善图说》,问:"先生以气质论性善,则性中之恶何以处之?"予曰:"孟子原止说性中有善,不曾说无恶。盖缘当时之人皆以仁义礼智为圣人缘饰出来,强以教人,非本来之物,如杞柳、桮棬等议论,故孟子特特指点,以为四端原人性中本有,非谓性中止有善而无恶也。若止有善而无恶,则人人皆圣人矣。故程子曰:'恶亦不可不谓之性。'"曰:"如此,则似有性善,有性不善,及善恶混之说,如何?"曰:"有性善、有性不善及善恶混,与孔子性相近之说原相似,但立意主客不同耳。孔子言'性相近'与《书》言'恒性'相似,原主善一边言,故曰'人之生也直'。盖人之所以为人,与禽兽异者,只是这个。故善是个主,恶是个客。若有性善,有性不善,及善恶混之说,则主客无别。故语虽相似,而旨意相去不啻天渊也。如韩子'博爱之谓仁',周子亦曰'爱曰仁'。语虽一般,而识仁、不识仁直是迥别。"②

龚子无竞读予《性善图说》,与予论性终日。予曰:"五图大旨不过云孟子所称性善在成之者性,不在继之者善耳。成之者性已属气质,故即就气质发明之,人习闻气质之恶,今见称其为善,不觉骇怪,要之,不骇怪不肯究心,不究心不能透彻。"③

---

① 陆世仪:《思辨录辑要》卷二十七。
② 同上。
③ 同上。

此外,据《光绪武进阳湖县志》卷二十八《艺文 · 子部 · 儒家类》记载,恽日初(1610—1678)著有《驳陆桴亭论性书》一卷,[①]此文今已难以寻觅。[②] 又,颜元《存学编》卷一收有《上太仓陆桴亭先生书》一文,中间记有南方儒者对陆世仪《性善图说》的批评语:

> 一日游祁,在故友刁文孝座,闻先生有佳录[③],复明孔子六艺之学,门人姜姓在州守幕实笥之,欢然如久旱之闻雷,甚渴之闻溪,恨不即沐甘霖而饮甘泉也。曲致三四,曾不得出。然亦幸三千里外有主张此学者矣,犹未知论性之相同也。既而刁翁出南方诸儒手书,有云,"此间有桴亭者,才为有用之才,学为有用之学,但把气质许多驳恶杂入天命,说一般是善,其《性善图说》中有'人之性善正在气质,气质之外无性'等语;殊新奇骇人!'乃知先生不惟得孔、孟学宗,兼悟孔、孟性旨,已先得我心矣。当今之时,承儒道嫡派者,非先生其谁乎!"[④]

以上所引诸人对陆世仪《性善图说》的批评,其矛头指向主要围绕在"人之性善正在气质"这一点上,对于习闻于气质之恶的人来说,乍见陆世仪言人之气质为善,自然会觉骇怪,这原不足为奇。但陆世仪坚持要在气质上看性善,以及主张"气质之外无性",这并不是要故意立异于程朱等前儒,他实是有所见而言。正如我们在前文已经论析过的,程朱学派在人性问题上有一个基本倾向,即贵性贱气。这种倾向容易造成在"气"之外孤立地言"性","性"容易虚悬于人生之上,亦即此"性"不是从人的存在来界定或解说,而是从天命的层面言说,此"性"之特点是超越而定著。这和先秦孔孟之以"性"并非静态的结构,尤其并非已经全然决定的存在,是显有差别的。

陆世仪道:"五图大旨不过云孟子所称性善在成之者性,不在继之者善耳。成之者性已属气质,故即就气质发明之。"他虽言性善当于气质上看取,

---

① 汤成烈等纂,吴康寿、王其淦修:《光绪武进阳湖县志》,见《中国地方志集成 · 江苏府县志辑 37》,南京:江苏古籍出版社,1991 年,第 722 页。

② 恽日初后裔孙恽宝惠(1885—1978)撰述的《恽氏先世著述考略》是迄今发现的唯一对常州恽氏文集进行较为全面考证的文献。他在该文中称,恽日初所著《驳陆桴亭论性书》虽在县志中有存目,他却不曾见过。参阅许菁频:《〈恽氏先世著述考略〉补正》,《中国典籍与文化》2014 年第 2 期。

③ 按,此录当为《思辨录》。

④ 颜元:《颜元集》,王星贤等点校,北京:中华书局,1987 年,第 49 页。

并不代表他就是气学论者，他也并未如王船山一般提出“气本善”的论点。①陆世仪区分出人之气质善、物之气质不善，“善”与“不善”不是落脚在道德意义层面。在陆世仪，人之气质善，是指人禀气清明，故可以“学问”。物之气质不善，是指物禀气混浊，不可以“学问”。陆世仪对气之“善”与“不善”的认知，和明清之际的其他气学论者之认定“气质本善”，是有本质性区别的。

应该承认，陆世仪的“气质”论，较之程朱，明显多了几层转折，也就是面对“气质”，其有更多的想法与思考。当然，“重气”并不是陆世仪目的所在，重人生之道德实践才是其根本关怀。陆世仪本意是诉诸操之在己的道德实践，并以此建立起人文世界的秩序。统观而论，陆世仪所言“气质之性”，实与程朱之间有了诠释上的微妙变化，这当然也是对重“理”之道德形上学的重新思考。陆世仪意在申明“性”不是孤悬于人道之外之性。换言之，在重“理”之道德论不断深化“性”之本体与超越性之后，陆世仪企图将关注拉回至人的实际生活，或者是将道德与客观现实进行更紧密的联结。

劳思光在评说宋儒与先秦孔、孟心性论之差别时曾指出：“宋儒虽皆以归向孔孟为宗旨，但宋儒对孔孟学说之了解，乃有一最大疏误。此即不深辨‘心性论’之特性，而与形上学及宇宙论混为一团。于是，北宋儒者自极早时期起，即致力于形上学或宇宙论系统（或二者混合之系统）之构造，而欲将孔孟所言之‘心性问题’，安置于此种系统中。由此，宋明儒学之理论，自始即与孔孟立说之本旨有一根本距离。”②陆世仪对“气质之性”以及“性善”说的重新阐释与分疏，正是他重回孔、孟心性传统所作的努力与尝试，在理学发展史上具有特殊的意义。

① 参阅陈来：《诠释与重建：王船山的哲学精神》第六章，北京：北京大学出版社，2004 年。

② 劳思光：《新编中国哲学史》3 卷上，桂林：广西师范大学出版社，2005 年，第 57 页。

Lu Shiyi's Theory of Good Nature and Its Meaning in the History of Neo-Confucianism

—Centered on *An Illustrated Study of Good Nature*

Shen Zusheng

Abstract: As regarding the discussion on the heart-mind and intrinsic nature, the Cheng-Zhu Confucian School had a basic tendency that stressing human nature instead of Qi, which can easily cause comprehend heart – mind beyond Qi. In other words, human nature is not defined or explained from the existence of human beings, but from the mandate of heaven, which is different from Confucius and Mencius's propositions of mind and nature. For this reason, Lu Shiyi advocates that the concept of human nature will be achieved only when Li and Qi are properly formed into combination. His conception of good nature of man discusses the possibility of moral consciousness that meshes well with Mencius's theory of nature-good. Lu Shiyi tries to distinguish the conception of good nature of man from the conception of mandate of heaven by locating the fulfillment of the goodness of human heart in the place of human nature instead of mandate of heaven level. It makes the problem which Confucian scholars of the Song dynasty neglected to be solved. In highlighting moral principles and its principal characteristics, Lu Shiyi makes an improvement on the issue of moral subjectivity in the discourse of Confucianism.

Key words: Lu Shiyi, Good nature, The goodness of fatality, *An Illustrated Study of Good Nature*

哲学门(总第四十辑)
第二十卷第二册
北京大学出版社,2019年12月

美德统一性视域中的朱子仁论研究*

张新国**

提　要:宋明以来,儒家伦理秉承先秦孔孟伦理思想,主张学问的精神在于“做人”“为人”和“成人”。可以说,成就什么样的人以及如何成就这样的人,成为儒家的根本问题。这与现代西方美德伦理学的逻辑是高度一致的。儒家伦理所追求的“君子人格”,内在地包含着仁、义、礼、智等诸德目。以性善论为基础,儒学对追寻仁、义、礼、智等诸美德的思考,与美德伦理学中美德统一性问题具有相通性。这一点在朱子仁论思想中有较为集中的显示。需要强调的是,在以美德伦理学为方法发掘儒家伦理道德新义时,不仅应当注意传统儒家伦理与现代美德伦理之间的诠释限度,还应当注意区分先秦儒家美德伦理与宋明理学伦理对美德统一性问题阐释的差异。

关键词:仁论　美德伦理学　美德的统一性　人格

宋明以来,儒学讲求从道德伦理上挺立人的主体价值,儒家伦理秉承先秦孔孟伦理思想,主张学问的精神在于“做人”“为人”和“成人”。张载讲:“学者当须立人之性。仁者人也,当辨其人之所谓人。”①张载结合对思孟学

---

* 本文系2018国家社科基金青年项目“永嘉朱子学研究”(18CZX033)、2014国家社科基金重大项目“朱子门人后学研究”(14ZDB008)、2017江西省高校人文社会科学重点研究基地项目“陈埴哲学研究”(JD17105)阶段性成果。

** 张新国,1984年生,南昌大学哲学系讲师,江右哲学研究中心研究员。

① 张载:《张载集》,北京:中华书局,1978年,第321页。

派“仁者人也”的新解,主张人应当树立区别于万物的人之性。朱子讲:“‘道二,仁与不仁而已。’……圣贤千言万语,只是教人做人而已。”[1]朱子认为古代儒家教育的落脚点在于做人。陆九渊也认为:“学者所以为学,学为人而已。”[2]即象山先生认为学者为学的根本在于学做人。梁漱溟讲“儒家期以‘成己’,亦曰‘成己、成物’,亦即后世俗语所云‘作人’”[3]。陈来教授认为:“从人论的角度,‘成为什么人’以及‘如何成就理想的人’是儒家的根本问题。中国古代的教育理念是‘做人’,学做君子,学至圣人,体现了‘做什么样人格的人’是儒家教育观的根本问题。”[4]可见,成就什么样的人以及如何成就这样的人,是儒家的根本问题。这与现代西方美德伦理学的逻辑是高度一致的。儒家伦理所追求的“君子人格”,内在地包含着仁、义、礼、智等诸德目。以性善论为基础,儒学对追寻仁、义、礼、智等诸美德的思考,与美德伦理学中美德统一性问题具有理论实质的相通性。这一点在朱子仁论思想中有较为集中的显示。需要强调的是,在以美德伦理学为方法发掘儒家伦理道德新义时,不仅应当注意传统儒家伦理与现代美德伦理之间的诠释限度,还应当注意区分先秦儒家伦理与宋明理学伦理对美德统一性问题阐释的差异。

一　以美德统一性考察朱子仁论的可能性及意义

美德伦理学作为一种新的伦理学思潮,三十多年来,赢得了不少呼应者和回应者,也是自其一开始就与中国哲学尤其是儒家哲学多有互动的西方哲学思想。迄今为止,可以说有一个较为明显的现象,即既有的研究基本上是拿先秦儒学尤其是孔子的思想,来与美德伦理学做比较,并取得不少值得关注的有益成果。美德统一性思想在先秦儒学中也可找到颇多接榫点。而如果我们承认宋明理学的工夫论与儒学的德性论并非不可兼容的话,那么以美德伦理学来分析或者说扩展儒学研究的新论域,则并非是不能成立的。当然,具体的论证还须给出。

---

① 朱熹:《朱子全书》第 14 册,上海:上海古籍出版社,合肥:安徽教育出版社,2010 年,第 412 页。

② 陆九渊:《陆九渊集》,北京:中华书局,1980 年,第 470 页。

③ 梁漱溟:《梁漱溟全集》第 7 卷,济南:山东人民出版社,1993 年,第 159 页。

④ 陈来:《儒学美德论》,北京:生活·读书·新知三联书店,2019 年,第 315 页。

对于儒家伦理思想是否能称为美德伦理学，学界目前存在着不同的见解。万俊人教授认为，儒家伦理缺乏像亚里士多德乃至整个西方伦理中的那种作为独立的实体存在的个体概念，失去人伦或关系的中介，个人的美德无从谈起，因此他认为儒家的美德伦理首先且根本上是关系中的“协调性”义务规范和对这些规范的内化践行，而非独立的个体目的性价值的完成或目的实现。[1] 在万俊人教授看来，把握西方传统视域中的美德伦理学所讲的“美德”的关键，在于理解作为具体的、特殊的社会角色的个人，在社会实践成就方面的圆满。易言之，这种美德既指向个人性的稳定性的德行品质，同时指向这种品质所导致的社会成果，即成就自己与成就社会的统一。以此观之，他认为儒家伦理立足协调人情关系，忽略了个人主义意义上的个人的价值，单向度地注重人的道德行动的动机，属于义务论的伦理学，或者说责任性的道德哲学，缺失了对于社会性效果的承诺，即不具有西方本体实存意义上的个体目的性。应当说，这一观点可能导源于麦金泰尔对儒学伦理思想的认识。[2] 总结起来，这一论断的立论基础是比较过时的，即认为儒学因为不讲个人主义从而在形式和实质上都具有抽象性和空想性。这个问题涉及对儒家伦理的认识史，其实长期以来学界从未间断反思儒学德行论是否能与所谓的义务论伦理学画等号。

其实连麦金泰尔也承认：“儒家的美德伦理之所以形成自己的目的论特征，就在于每一个人都有一个目标，也就是‘养成自身的道德品格，从人伦关系的道义承担中确证自己的人格’。”[3]麦氏认为，儒家伦理也应当说注重在成就德行的人生过程中来证成生命的价值。每个人所具体承担的社会角色虽然各异，但都构成一个个具体的成德之路，而所成之德，因为儒学对于美德统一性的承诺，是一致的，即君子人格。以此看来，就不能说儒学不注重社会学意义上的个人，不能以儒学看重人的责任，就断言说儒学不讲目的性价值和社会性的圆满成就。如此一来，儒家伦理能否以美德伦理学来加以考察，就值得重估了。刘余莉认为，尽管儒学伦理思想中与美德伦理学一样也强调人

---

① 万俊人：《现代性的伦理话语》，哈尔滨：黑龙江人民出版社，2002 年，第 214 页。

② 麦金泰尔：《不可公度性、真理和儒家以及亚里士多德主义者关于德性的对话》，《孔子研究》1998 年第 4 期。

③ 麦金泰尔：《孔子与亚里士多德的美德概念的再讨论》，《中国学术》2002 年第 1 期。

的品质修养和人格塑造,但不能整体上强势地认为儒家伦理就是美德伦理学。相反,如果灵活地运用美德伦理学的相关方法论开掘儒学关于德性、德行等成人之道的现代意义,则无论对于儒家伦理还是对于美德伦理学都具有很大的积极意义。① 黄慧英则径直认为"它(引者案:指孔门儒家伦理)属于德性伦理"②。

以美德伦理学的具体理论来分析儒家伦理不乏其人。余纪元认为:"虽然孔子没有提出一种(美德)统一论的伦理学,但德性是交互性的似乎隐含在其思想里。"③即孔子仁学实际上建构的是一种交互性美德或曰统一性美德理论体系。换言之,仁,在孔子这里,不是一个与智德无关的德目,而是主张一个仁的人内在地应当包含智德等,反之亦然。后来朱子说:"仁义礼智四者皆一理。举仁,则义礼智在其中;举义与礼,则亦然。"④朱子认为,仁义礼智具有内在的贯通性。说仁,则义、礼、智都在仁之中,其他德目亦然。这是对孔子美德统一性思想的确认。朱子经常强调说:"(仁)只是一个浑然天理。"⑤这个"浑然"就是指包含了许多其他德目而形成一个统一性的伦理思想。与孔子不同,朱子不只是讲仁之为德即仁德,还讲仁之为道即仁道。与仁德主要从人的品格立论不同,朱子讲的仁道是将人心之德与天心之德结合起来讲。朱子说:"盖仁之为道,乃天地生物之心,即物而在,情之未发而此体已具,情之既发而其用不穷。"⑥在朱子看来,天地的心体现为万物化育的发生,人的心正是禀赋了天地生生之德而为言的。程朱理学一以贯之的大传统是以生论仁,在他们看来,仁的其他意义也可依照生生得到说明。朱子说,天地之心具有元亨利贞四种德,其展现、流行为春夏秋冬四季。四季之中,温然爱人利物的春生之气贯通在夏秋冬之中,或者说夏秋冬就是春生之气流行的不同阶段的别名。天地之心,内在地限定了人心的观念结构。与春生之气展现为四季同理,仁德展现为恻隐羞恶辞让是非之心、爱恭宜别之情。其中,恻隐之心贯

---

① 刘余莉:《儒家伦理学——规则与美德的统一》,北京:中国社会科学出版社,2011年,第1页。

② 黄慧英:《儒家伦理:体与用》,上海:上海三联书店,2005年,第57页。

③ 余纪元:《德性之镜:孔子与亚里士多德的伦理学》,林航译,北京:中国人民大学出版社,2009年,第259页。

④ 朱熹:《朱子全书》第14册,第248页。

⑤ 同上书,第259页。

⑥ 朱熹:《朱子文集》卷六十七,《朱子全书》第23册,第3280页。

通于羞恶之心、辞让之心和是非之心之中。《孟子》讲“仁,人心也”(《孟子·告子上》),又讲“仁也者,人也”(《孟子·尽心下》)。在朱子看来,此论在体用上都有着力,即既说明仁是人之为人者,又强调成人的过程就是践行仁德的过程。这就合乎逻辑地引入到朱子仁论的工夫层面,而这正是先秦未讲到的。美德伦理学其实不仅思考“我们应当成为什么样的人”,其实也内在地思考“我们如何成为具有理想人格的人”。如果这一逻辑站得住脚的话,就不能说宋明理学因为比先秦儒学多讲了“工夫”这一层,而不能称为美德伦理学。应该说,美德伦理学具有不同的理论形态,而这么说并不构成对美德伦理学自洽性的损害。

赫斯特豪斯认为:“每一种美德都关系到要把事情做对,因为每一种美德都关系到对实践事务进行正确推理的能力,亦即实践智慧。”①如果说宋明理学讲的“工夫”对应于这里的“实践”的话,那么“工夫论”则指向这里的“实践智慧”。在西方,实际上从苏格拉底开始,实践是伦理思想的基础观念,美德伦理学亦然。这与中国哲学尤其是儒学对行动品格的强调是一致的。而宋明理学讲的工夫论可以用孔子“克己复礼为仁”一言以蔽之,即实践仁德直接体现为克服其欲望而回向普遍的法则。与规范伦理学注重“我们应该如何行动”不同,美德伦理学诉诸“我们应该成为什么样的人”。这就更加坚定地维护了古希腊目的论的传统。这一点在儒学中可以找到共鸣。朱子讲实践诸种美德目的在于君子人格的养成,儒家意义世界的生成正可由此得到解释。廖申白认为:“在中国儒家伦理学的传统中,德性成为关切的中心,人的主要的目的。……在程朱学派看来,通过长久而细致的事事磨炼的工夫,一个人可以达到那种近乎神明的状态与境界,并且在那种状态下,道或天(即宇宙)将变得澄明。”②以往的研究较多关注理学对于这种神明的状态和境界的叙述,而忽视了理学对于美德的目的论论述。而宋明理学常说的天道,根源还在于为人心伦理学做铺垫和理论的支撑,即新儒家经常言及的道德的形上学。

---

① 赫斯特豪斯:《美德伦理学》,李义天译,南京:译林出版社,2016年,第14页。

② 廖申白:《伦理学概论》,北京:北京师范大学出版社,2009年,第31页。

二　朱子美德统一性思想解析

在朱子看来,这种体现天理天道的人心最能彰显人的道德意义和伦理价值,而人践行美德不仅具有人伦的意义,亦且具有宇宙论的本体意义。这个宇宙论的思想正是上述所言朱子美德伦理思想较之现代西方美德伦理学多出来的一重意义,而另一重无疑是工夫论对其美德思想的辅证。从美德统一性视域观之,朱子的美德论意义可以理解为:诸德统一于仁德,而仁德又统一于天德。天德在朱子不是一个不可知的人格神,而是集自然规律和社会法则于一体的道理本体。

朱子对于美德的讨论最为明显的特征有两点:一是注重以"仁"作为其他德目的统领,一是注重将人心之德的"仁"与天地之德的"元"结合起来诠释,并且将天德之元视为人德之仁的本体基础。朱子在《仁说》中说:

> 盖天地之心,其德有四,曰元亨利贞,而元无不统。其运行焉,则为春夏秋冬之序,而春生之气无所不通。故人之为心,其德亦有四,曰仁义礼智,而仁无不包。其发用焉,则为爱恭宜别之情,而恻隐之心无所不贯。故论天地之心者,则曰乾元、坤元,则四德之体用不待悉数而足。论人心之妙者,则曰"仁,人心也",则四德之体用亦不待遍举而该。盖仁之为道,乃天地生物之心,即物而在,情之未发而此体已具,情之既发而其用不穷,诚能体而存之,则众善之源、百行之本,莫不在是。此孔门之教所以必使学者汲汲于求仁也。……此心何心也?在天地则坱然生物之心,在人则温然爱人利物之心,包四德而贯四端者也。①

可见,在朱子看来,心之德,是一个总摄贯通、无所不备的综合性范畴,这个"德"的直接意义就是"美德",只是包含了更多的东西。天地以化育万物为本质,宋明理学家将其诠释为"天地之心",继而程朱认为,天地之心包含四重德行,名之为气论的元亨利贞,此为宋代新儒学的生气论或生机论。而这正是新儒学人性论、人心论的基础。在程子的基础上,朱子指出,与天地之心的元

---

① 朱熹:《朱子文集》卷六十七,《朱子全书》第23册,第3279—3280页。

亨利贞四德相对应，人心之德以其仁义礼智四德将本来浑然一体的人性十字打开，开显为具体的美德德目群。与元统摄其余德目一样，朱子认为仁是诸美德的枢机，即仁内在地包含其他美德在自身之内。不惟如此，仁也是其他美德得以证成的本质标准。说“人心即仁”与“仁即人心”是同时成立的。前者突出的是美德的规范性、客观性和普遍性，而后者——即思孟学派经常强调的“仁，人心也”——则更多地凸显美德实践的主体性和能动性。

麦金泰尔认为，儒学否认关于德性统一性的这种强势论断。尽管无“勇”则不能“仁”，但“勇者不必有仁”。他指出，孔子实际上主张“勇”在不失其为“勇”的情况下，是可以为恶所有的。① 这显然是对孔子美德论的误会。儒家历来主张，在美德德目中，仁是统摄性、统一性的美德，其他美德只有在仁的视域中才有其自身的意义。黎良华指出：“麦金太尔在这里显然对孔子的思想存在一定的误解，比如，离开‘仁’的‘勇’在孔子那里实际上只是‘勇’德的表象，而不是真正的‘勇’德。当然，麦金太尔之所以误解了孔子，与他承认美德可被不正当使用这一观点具有很大的关联。”②从美德统一性视域观之，儒学美德论属于强势的统一性思想。不唯儒学如此，这是中西方古典伦理学共有的思想特色。

如果说朱子《仁说》尤重阐发仁之观念，朱子《克斋记》则尤重求仁工夫的开发。不可忽视的是，朱子在这两个文本中对观念和工夫都有涉及，只是亦不能否认，相对于《仁说》先观念而后略提求仁工夫之必要，《克斋记》则是将天理人欲对勘，对仁之观念稍作提点后，便将主题转入求仁工夫的具体路径及其效验的叙述。朱子指出：

> 人有是身，则有耳、目、鼻、口、四肢之欲，而或不能无害夫仁。人既不仁，则其所以灭天理而穷人欲者，将益无所不至，此君子之学所以汲汲于求仁，而求仁之要，亦曰去其所以害仁者而已。盖非礼而视，人欲之害仁也；非礼而听，人欲之害仁也；非礼而言且动焉，人欲之害仁也。知人欲之所以害仁者在是，于是乎有以拔其本、塞其源克之，克之而又克之，

---

① 麦金泰尔：《不可公度性、真理和儒家以及亚里士多德主义者关于德性的对话》，《孔子研究》1998 年第 4 期。

② 黎良华：《美德的统一性：一种有限辩护》，北京：中国社会科学出版社，2018 年，第 71 页。

以至于一旦豁然,欲尽而理纯,则其胸中之所存者,岂不粹然天地生物之心,而蔼然其若春阳之温哉!默而成之,固无一理之不具,而无一物之不该也。感而通焉,则无事之不得于理,而无物之不被其爱矣。呜呼,此仁之为德,所以一言而可以尽性情之妙,而其所以求之之要,则夫子之所以告颜渊者,亦可谓一言而举也与!然自圣贤既远,此学不传,及程氏两先生出,而后学者始得复闻其说,顾有志焉者或寡矣。①

可见,与《仁说》等文本更注重从心灵和精神来把握仁不同,《克斋记》更为注重从身体和行动维度来把握仁。如果说前者主要从认知着力,后者则主要从实践突破。与单纯强调求仁的必要性不同,朱子在《克斋记》中引入程子四箴的思想,发挥孔子克己复礼为仁的深义,提出求仁在于去除害仁的人欲,意思是只要人欲尽去,则性善之理自然呈露。这与程子的思路是一致的。朱子主张事事、时时克胜人欲、复于天理,非此则心之全德曷克臻达?而一旦求取仁德,则物各付物,便是各适性分、参赞化育、汇合天地之心。而此仁德是一个综合范畴,其中包含了仁之断制的义、仁之节文的礼以及仁之分别的智。于此可见,宋儒去人欲存天理的求仁说归根结底不是说不再像先秦儒那样重视美德,相反,在此基础上,是以实实在在的工夫论来为美德的具体化做担保。从美德伦理学的视角来看,朱子的美德思想实际上主张诸美德以仁为归趋和格律。

而在晚年的《玉山讲义》中,朱子更是将对仁的范畴考察和工夫贞定融会贯通,指出仁德对于其他德目的基础性地位,朱子指出:

性是太极浑然之体,本不可以名字言。但其中含具万理,而纲理之大者有四,故命之曰仁、义、礼、智。孔门未尝备言,至孟子而始备言之者,盖孔子时性善之理素明,虽不详著其条而说自具;至孟子时,异端蜂起,往往以性为不善,孟子惧是理之不明而思有以明之,苟但曰浑然全体,则恐其如无星之秤、无寸之尺,终不足以晓天下,于是别而言之,界为四破,而四端之说于是而立。②

---

① 朱熹:《朱子文集》卷七十七,《朱子全书》第24册,第3709—3710页。

② 朱熹:《朱子文集》卷五十八,《朱子全书》第23册,第2778页。

儒家德目论的演变是一个漫长而复杂的观念历程。这里朱子阐释了儒家美德条目从孔子的仁发展为孟子的仁义礼智四德论的思路。按朱子的这一说法并无多大的说服力。但有一点是很明确的,即朱子认为孟子的四德论就是从孔子的仁论思想发展而来的。从美德条目上,朱子并不认为孟子的美德思想为孔子的美德思想注入了新的、异质性的东西,只是由于社会文化环境变化后,孟子将孔门美德观念做了更清晰的表述。朱子以事物与人心的正确感应说明由于已发之情之善来论定未发之性是善的。性即人性,人性在朱子看来,是一个综合性范畴。在道德哲学上,人性不是一个科学术语,而毋宁说是一种文化信仰、价值追求。从美德统一性视域来看,人性可言说是诸美德的总体和整体。朱子接着说:

> 仁、义、礼、智,既知得界限分晓,又须知四者之中,仁义是个对立底关键。盖仁,仁也,而礼则仁之著;义,义也,而智则义之藏。犹春、夏、秋、冬虽为四时,然春、夏皆阳之属也,秋、冬皆阴之属也。故曰"立天之道,曰阴与阳;立地之道,曰柔与刚;立人之道,曰仁与义"。是知天地之道不两则不能以立,故端虽有四,而立之者则两耳。
>
> 仁义虽对立而成两,然仁实贯通乎四者之中。盖偏言则一事,专言则包四者。故仁者,仁之本体;礼者,仁之节文;义者,仁之断制;智者,仁之分别。犹春、夏、秋、冬虽不同,而同出乎春。春则春之生也,夏则春之长也,秋则春之成也,冬则春之藏也。自四而两,自两而一,则统之有宗,会之有元矣。故曰五行一阴阳、阴阳一太极,是天地之理固然也。①

朱子《答陈器之(问〈玉山讲义〉)》是一篇极为重要的文献,其中体现了朱子纯熟的道德哲学思想。除了具有以往仁论观念和求仁工夫思想,朱子还将《太极解义》的宇宙论思想灌注于其伦理学中。从本质上说,这也是中国哲学"思知人不可以不知天"的天人交通精神传统。朱子认为,仁义礼智四德构成人性的基本纲理,从内涵上说,仁与义构成四者中对立的两极。其中,"礼则仁之著""智则义之藏"。从美德伦理学观之,朱子的意思可以理解为:对他人仁爱(仁)的行动的展开一定是符合而非违背普遍的法则(礼),同时,在道德

---

① 朱熹:《朱子文集》卷五十八,《朱子全书》第23册,第2779—2780页。

语境中,人的认知质言之,这种对立导源于朱子由太极而阴阳而五行而万物的图式观念架构。从仁义礼智四主德到对立之仁义两德,相当于从五行到阴阳的回溯。在朱子看来,天地万物普遍的道理往往都是体现为相反相成的矛盾两面,天理天道是人道的本体宇宙基础,所以对应于元亨利贞四德、春夏秋冬四季的仁义礼智四德,就可以继续统一到仁和义两个德目上。同理,像阴阳两仪统一于太极之理一样,仁义两德亦统一于仁德。朱子认为这是“天地之理固然”。按朱子从宇宙本体的层面为其道德思想奠立基础,但他对天理天道的阐释是直言式的,并未给出更多的论证。在朱子看来,宇宙、世界的原因就在其自身之中,没有更后、更高的原因。从美德统一论来看,则可描述朱子的观念为诸德统一于仁义礼智四德,仁义礼智四德可统一于仁义两德,仁义两德又统一于作为全德的仁,而仁德又统一于以生物为心的天地自然。

另外,正像“哲学”有“西方哲学”“欧陆哲学”“德国哲学”可以反映地域特色一样,美德伦理学应当说也可以不是单核的。换句话说,中国的美德伦理学可以体现其天理观和工夫论特色,而不影响其美德伦理学的思想特质。这是我们以美德伦理学考察朱子学的合理性所在。

三　从朱子美德统一性思想管窥儒家伦理

简言之,美德的统一性问题所要探究的是各种美德之间到底是怎样的相互关系。从其内涵上,应当说具体包含这样三个问题,即美德的本质与结构、美德与美德之间的关系,以及美德与其他非美德品质间的关系。宋明新儒学秉承传统儒学精神,注重对于做人、为人、成人的系统阐释。以美德统一性为视域考察儒家伦理,有益于阐明儒学成就自我人格、进行道德评价以及开展教育教化的理论。

儒学关于美德统一性的思考肇始很早。《国语·楚语下》记载子高就曾评论王孙胜是“其为人也,展而不信,爱而不仁,诈而不智,毅而不勇,直而不衷,周而不淑”,并指出这样的“六德”是“华而不实”和难以实行的。这是较早涉及美德统一性相关思想的材料。孔子曾说:“好仁不好学,其蔽也愚;好知不好学,其蔽也荡;好信不好学,其蔽也贼;好直不好学,其蔽也绞;好勇不好学,其蔽也乱;好刚不好学,其蔽也狂。”(《论语·阳货》)相比于子高,孔子此处的美德论因其对于“学”的集中关注显示出更强的美德统一性思想元素。“学”本身是一种活动，而不是一种德性。而值得注意的是，儒学讲的“学”不单单指的是智识活动，往往指向美德人格的生成，即更多地指向价值的塑造。朱子注解此节时说：“六言皆美德，然徒好之而不学以明其理，则各有所蔽。”[①]朱子以其理学的视野认为孔子强调的是道德行动的内在意义。儒学认为，学以明理的过程不纯粹是一个增进知识的过程，在其主要意义上体现为一个价值和规范的塑造过程，可概括成为学以进德，成就完美人格的过程。陈来教授认为：“儒家的‘学’就是学一种高尚的人格，完整的人格，具有多方面优秀品质的人格，这样的人才是真正的人。”[②]这里“真正的人”指的实际上就是儒学强调的“仁者人也”思想，即通过日用常行的工夫修养达到的具备心之全德之仁的人。追寻完美的人格状态应当说是嵌入人的存在本能之中的。科尔斯戈德（C. M. Korsgaard）认为：“我们打量我们自身，总觉得我们应该更好、更加完美，我们应该是另外一副模样。”[③]这就说明人的存有过程本身是一个通过学习而自我规范、自我教化的过程，逐步由不充分的和碎片化的美德状态修养到充分的和全部的美德状态。只是儒学公设了仁作为统一性的美德以及统一性的美德状态。黎良华认为：“对于一般的有美德者来说，其在美德的养成问题上似乎总是处于一个学习者的过程。”[④]在儒学看来，普通人通过学习来增进美德不仅是必要的，而且是可能的。朱子在其《格物补传》中曾讲：“人心之灵莫不有知，而天下之物莫有不理。惟于理有未穷，固其知有不尽也。”[⑤]朱子诠释“大学”为“大人之学”，这个“大人”除了与“小子之学”相对，主要的意义还是对“真正的人”亦即人之所以为人者的追寻。而实际上，朱子正是接着张载以“人之所以为人者”来诠释思孟学派对仁与人的关系，而这样的“仁”正是朱子文本透露出来的统一性美德。余纪元诠释儒家美德论时认为：“如果一个品格特点孤立存在的话，它就不能是一种真正的美德。”[⑥]这一

---

① 朱熹：《四书章句集注》，北京：中华书局，2016 年，第 179 页。
② 陈来：《儒学美德论》，第 316 页。
③ 克里斯蒂娜·科尔斯戈德：《规范性的来源》，杨顺利译，上海：上海译文出版社，2010 年，第 2 页。
④ 黎良华：《美德的统一性：一种有限辩护》，第 221 页。
⑤ 朱熹：《四书章句集注》，第 7 页。
⑥ 余纪元：《德性之镜：孔子与亚里士多德的伦理学》，第 261 页。

思路也适合来理解朱子的美德统一性思想。

应当说,“礼”虽然不是一个德行,更不是一个德性,与礼相关的德行是“知礼”,与礼相关的德性是“好礼”。依照这个理路,可以说与“学”相关的德性就是“好学”。我们说孔子具有“好学”的德性是没有问题的。实际上,孔子也自认为是“好学”的,如其曰:“十室之邑,必有忠信如丘者焉,不如丘之好学也。”(《论语 · 公冶长》)忠信之德,应当说春秋时期是最为基本的德目,而在孔子看来,“好学”是比忠信更为重要的德性,这就属于孔子对于思想的新开展了。孔子在评价弟子时说“德行:颜渊、闵子骞、冉伯牛、仲弓”(《论语 · 先进》),可见孔子将颜渊视为德行之首。而同时,在孔子看来,颜渊是学生中最为“好学”(《论语 · 雍也》)的,他还把“敏而好学”视为“文”的要素。《中庸》“好学近乎知”就是对孔子这一思想的明确了。

余纪元认为:“如同亚里士多德的因实践智慧是一种状态而联系各个美德,孔子似乎也有着相似的观点。作为实践智慧的‘义’知道‘礼’的要求,也知晓一个人何时和如何与‘礼’分开而不违反其基本精神。‘义’从‘礼’那里获得了对反映天道之善的一种总体观念的理解。”①以“义”来对应亚里士多德的实践智慧,是一种独特的理解。也有学者提出质疑,如黎良华认为:“‘义’在孔子或者说儒家那里似乎更多与一种准则性的观念相关,它显然缺乏亚里士多德的实践智慧所注重的认知方面的能力。因此,将‘义’与亚氏的‘实践智慧’对举,恐怕有点牵强。当然,可以肯定的是,将孔子作为全德之统称的‘仁’与亚里士多德的整体美德(即大写的美德)相对等应该是没有太大问题的。”②应当说,以“义”来诠释美德统一性状态的“实践智慧”有见于义对于仁之用的彰显,而以“仁”来诠释“实践智慧”则有见于仁在流行和行动的意义上可以称其为“仁体”。这里有一个问题,以上两位学者均未对“实践智慧”的“智慧”义予以足够重视,即儒家讲的“智”德。余纪元讲“作为实践智慧的‘义’知道‘礼’的要求,也知晓一个人何时和如何与‘礼’分开而不违反其基本精神。”这里的“义”明显具有了“智”的内涵。在亚里士多德“实践智慧”观念的观照下,上述黎良华首肯“智”内在地为仁所具有,这是值得肯定的。前

① 余纪元:《德性之镜:孔子与亚里士多德的伦理学》,第 262 页。

② 黎良华:《美德的统一性:一种有限辩护》,第 70 页。

面提到，朱子主张“智者义之藏”，即儒家讲的“智”不只是知识性的分别，在其实质上指的是“应当”和“正义”的道德判断。在朱子，言智则义在其中，言礼则仁在其中。这与孔孟的思路是一致的。陈来教授认为：“与亚里士多德德性的统一性结构不同，儒家有一套自己的德性结构，以仁为基础，以智和礼为平衡机制，从教育、修养入手来解决这个问题。”[①]这个“平衡机制”的一重意义应当说是为作为全德的“仁”提供源源不断的养分，以为仁的行动的合理性提供担保，所以讲“教育、修养”是“入手处”。管子认为“既智且仁，是谓成人”（《管子·枢言》）。“成人”即具有了仁之全德的人。这里的“智”为仁敞开了意义，即保证了人的仁行剥落封闭性。易言之，防止好心办坏事。在儒学看来，这正是关联于“好学”的“智”德的本质。如果说儒学认为“义”的标准就是“礼”，朱子的四德统一性就可以表述为礼包含于义、义包含于智、智包含于仁。黄榦曾说：“六经中专言仁者，包四德也；言仁义而不言礼智者，仁包礼，义包智。”[②]当然，这并非是说朱子美德统一性思想是一个单线的，相反，其是可逆的和交互的。在《玉山讲义》中，朱子讲“仁智交际之间，乃万化之机轴，此理循环不穷，吻合无间”。表面上朱子讲的是宇宙论，本质上还应当理解为朱子对人的行动规范的揭示，即将仁爱行动的开展与对实践各要素的学习紧密结合起来，有好的目的且其行动符合规律，那么自然和社会的法则就能够在人的赞助下流行不息。

最后需要交代的是，朱子美德伦理学指向的仍然是君子人格即圣贤人格培育，君子人格或者说君子伦理是儒家伦理的代表性形态，这一点在宋以后的儒家最为看重，而关于人格实践或人格锻炼的思想正是儒家美德伦理可以有所贡献之处。值得强调的是，“人格”表明的正是一种统一性的美德状态。黎良华认为：“美德的统一性是以人格为其存在形态。”[③]换言之，人格就是美德统一性的另一种表达。杨国荣教授认为：“从人的存在这一维度看，德性同样并不仅仅表现为互不相关的品格或德目，它所表征的，同时是整个的人。

① 陈来：《儒学美德论》，第 286 页。
② 朱熹：《朱子全书》第 14 册，第 246 页。
③ 黎良华：《美德的统一性：一种有限辩护》，第 199 页。

德性的具体表现形式可以是多样的,但作为存在的具体形态,德性又展现为同一道德主体的相关规定。德性的这种统一性往往以人格为其存在形态。相对于内涵各异的德目,人格更多地从整体上表现了人的存在特征。”①相反,当美德不能统一时,人的实践就会有缺陷和弊病,不能达到德行实践的完满,而这正是我们在以学习为基底的存在过程中所应努力去除的。

On the Humanity Theory of Zhu Zi from the Perspective of Unity of Virtue

Zhang Xinguo

Abstract: Since Song and Ming dynasty, Confucian ethics has inherited the ethics of Confucius and Mencius before Qin dynasty, they advocated that the spirit of learning should be "being a human" and "being an moral adult". Accordingly, the question is highly consistent with the logic of modern western virtue ethics, what kind of person and how to achieve such a person have become the fundamental problem of Confucianism. The "gentleman's personality" pursued by Confucian ethics inherently includes humanity, righteousness, courtesy and wisdom. On the basis of the theory of goodness of human nature, a theoretical essence in common could be seen both in Confucianism's, especially in humanity theory of Zhu Zi, pursuit of humanity, righteousness, propriety, wisdom and the theory of unity of virtue in virtue ethics. What should be emphasized is that when using virtue ethics as a method to explore new meanings of Confucian ethics, attention should be paid not only to the limit of interpretation between traditional Confucian ethics and modern virtue

① 杨国荣:《伦理与存在——道德哲学研究》,上海:华东师范大学出版社,2009 年,第 149 页。

ethics, but also to the interpretation difference between Confucian ethics before Qin dynasty and Song and Ming Neo-Confucianism ethics.

Key words: Humanity theory, Virtue ethics, Unity of virtue, Moral personality

书讯

《朱子〈感兴诗〉中日韩古注本集成》

(全二册)(域外中国古代文学研究资料丛刊)

卞东波编校

上海:上海古籍出版社,2019年

本书为全国古籍整理出版专项资助项目。朱熹的《斋居感兴二十首》是一组曾产生深广影响的作品。因属“语录讲义之押韵者”,故当代研究寥寥,但从东亚汉文化圈交流史与东亚朱子学史的角度来看,意义重大。本书汇集了八种中国注本、四种日本注本、四种朝鲜注本,并附有东亚《感兴诗》的著录、唱和及其他相关资料,比较全面地展现了朱熹《斋居感兴诗》在东亚范围内的地位。(陈曦)

哲学门(总第四十辑)
第二十卷第二册
北京大学出版社,2019年12月

亚里士多德论混合与生成
——生物体中的两种同质部分

葛天勤*

提　要:本文从亚里士多德对于混合与生成的区分出发,指出亚里士多德在讨论同质部分的生成与混合的时候出现了一个不一致。为了解决这个问题,我们提出了两种同质部分:混合的同质部分和生成的同质部分。在生物体当中,我们分别论述了这两种同质部分以及它们各自的特征。但是对于非生物体而言,本文指出只存在混合的同质部分,而不存在生成的同质部分。随后,本文将两种不同的同质部分应用到亚里士多德对于动物的相关生命活动的具体描述中,说明了我们对于生物体的两种同质部分的区分能够与亚里士多德对于动物生命活动的相关论述相契合,从而进一步证明了本文所提出的生物体中的两种同质部分的合理性。

关键词:混合　生成　同质部分　生物体

一　问题的提出:混合与生成的区别

作为变化(μεταβολή)的一种,生成(γένεσις)无论在亚里士多德的形而上学中,还是在他的自然哲学中,都是一个至关重要的概念。而混合(mix-

*　葛天勤,1993年生,东南大学哲学与科学系副教授。

ture,μίξις)[①]则与亚里士多德可生灭的自然世界中的同质部分[②](uniform parts,ὁμοιομερῆς)的形成密切相关。在《论生灭》327b6-13 中,亚里士多德认为有必要区分混合和生成两个概念,并认为这样的区分会是很"明显"的(δῆλον,《论生灭》327b8)。随后,他在 327b11-13 通过一个例子说明了二者的区分:火把木头烧毁了,那么就不是二者的混合,而是一个事物的生成与另一个事物的毁灭[③](另外一个相似的例子参见《论生灭》328a27)。此外,亚里士多德在讨论四元素在混合物当中的存在状态时也把混合这一特殊的过程在一方面与生成区分开来,在另一方面又把混合与质变(alternation,ἀλλοίωσις)相区分(见《论生灭》327b22-31)。再者,我们从变化的来源的数量当中也能看出需要对二者进行区别。混合的来源是两个或两个以上的事物,而生成的开端只有一个,因为生成总是从一个事物到另一个事物[④]。如果生成的开端有多个,那么它就很难通过《物理学》第一卷中提到的变化的三本原模型来分析:比如说在火元素和土元素混合变成了肉的过程中,我们很难说它们的缺失(privation,στέρησις)和主体(subject,ὑποκείμενον)分别是什么。因此,基于以上三个方面,我们认为亚里士多德明确区分了混合与生成这两种不同的变化:生成是一种实体上的变化,它与性质上的变化(质变)、数量上的变化(生长)、位置上的变化(位移)共同构成四种主要的变化类型(参见

① 本文并不严格进一步区分作为过程(process)的混合和作为产物(product)的混合物,如同 D. Frede, "*On Generation and Corruption* I. 10: On Mixture and Mixables", in *Aristotle's On Generation and Corruption I*, ed. by Frans A. J. de Haas and Jaap Mansfeld, Oxford University Press, 2004, p. 290 n. 3 所做的那样;因为本文认为过程以及产物是相对应的。

② 亚里士多德似乎很少直接给同质部分下定义,他经常采用列举的方式说明哪些事物是同质部分。对于同质部分的列举可参见例如《天象学》385a7-10、388a13-20。对于动物来说,同质部分就是肉(这也是亚里士多德最喜欢使用的例子,我们在后文中也常常会以肉来指代生物体的同质部分)、骨头、皮肤等;在这里需要注意的是血液的特殊性,在一些文本中亚里士多德似乎否认了血液是身体的一个部分,但是在另一些时候亚里士多德又把血液看作是一种同质部分,参见 C. Frey, "From Blood to Flesh: Homonymy, Unity, and Ways of Being in Aristotle", *Ancient Philosophy* 35. 2 (2015), p. 375 n. 2,我们在下文中会进一步讨论血液的特殊性。对于植物来说,同质部分主要是树干、树皮等;非生物体的同质部分就是金、银、铜、铁、锡之类的事物。

③ 也参见 H. Joachim, *Aristotle on Coming-to-be and Passing-away*, Oxford University Press, 1926, pp. 178-179; Williams, *Aristotle's De Generatione et Corruptione*, Oxford University Press, 1982, p. 143 对这个例子的解释。

④ 亚里士多德在《物理学》I. 7 分析变化的时候认为生成总是从一个事物开始,比如说 189b32-33: φαμὲν γὰρ γίγνεσθαι ἐξ ἄλλου ἄλλο καὶ ἐξ ἑτέρου ἕτερον;190b3-4:ἀεὶ γὰρ ἔστι ὃ ὑπόκειται, ἐξ οὗ τὸ γιγνόμενον。

《论生灭》319b31-320a2)；但是混合则是一种很特殊的变化，它既不是以上四种变化中的任何一种，也不能将其再放入某个另外的范畴的变化当中去①。

然而，通过进一步考察亚里士多德的文本，我们却发现亚里士多德在这个问题上会出现一个不一致的说法。这个不一致就出现在同质部分之上：亚里士多德在一些文本中认为同质部分是混合的产物，或者说是一种混合物；但是在另外一些文本中，亚里士多德却指出同质部分是生成的产物。比如说在《论生灭》334b3-6，亚里士多德提出肉是由火和土而来的混合物②；但是在《论题篇》151a25、《论天》306b22、《论生灭》322a7、《论动物的生成》743a17-18、744b27-28 等处，亚里士多德又明确提到同质部分(主要是肉、骨头等)是生成的结果：他在上面的这几处文本中都把同质部分和 γίγνομαι 并置，认为这些同质部分都是生成的。那么，同样是某一同质部分(比如说肉)，它为什么既能够是生成的结果，又可以是混合的结果呢(毕竟我们认为变化的过程分别对应着各自的变化的产物)？本文的任务就在于考察这种不一致，并试图解决这一问题。

学界几乎没有注意到这一问题，反而不少学者在论述过程中经常将混合和生成混为一谈。既然亚里士多德明确区分了生成与混合，我们就有理由对同质部分进行更深入的探究。在下文中，我们将指出：解决这个不一致的方式就在于在生物体的同质部分中，继续区分出两种不同的同质部分③，也就是

---

① 参看 Frede, "*On Generation and Corruption* I. 10", p. 290。

② 关于这一点见 Frede, "*On Generation and Corruption* I. 10", p. 305。

③ 实际上，学界从形质论视角对于质料所进行的类似做法并不鲜见，比如 J. Whiting, "Living Bodies", in *Essays on Aristotle's De Anima*, ed. by M. Nussbaum and A. Rorty, Oxford University Press, 1992, pp. 75-91；M. L. Gill, "The Limits of Teleology in Aristotle's *Meteorology* IV. 12", *HOPOS: The Journal of the International Society for the History of Philosophy of Science* 4. 2 (2014), pp. 335-350 等，更多学者的提及参见 C. Byrne, "Compositional & Functional Matter: Aristotle on the Material Cause of Biological Organisms", *Apeiron* 48 (2015), p. 390 n. 11。但是(1)首先，本文通过从区别混合与生成的角度(而并不从形质论角度来处理同质部分，尽管我们承认生成的同质部分存在形式和质料，并且是一种实体，故而可以通过形质论角度来分析)来区分两种同质部分的做法与他们都不同。(2)其次，我们提出的是两种不同的同质部分，二者不能共同存在，而是分别属于生命活动的不同阶段，这一点也是和其他学者不一样的地方：他们有的似乎认为两种同质部分可以同时存在，有的认为只是存在着对于同质部分的两种不同的描述。(3)再次，有些学者由于采用了形质论角度进行分析，他们会同样以形质论来分析我们所谓的混合的肉，而我们认为混合的肉是不能通过形质论来分析的。(4)最后，本文的另一个不同之处还在于我们将这种区分应用到动物的具体生命活动中，而这一点是上面这些学者几乎都没有提到的。

混合的同质部分和生成的同质部分①;前者是混合的结果,而后者是生成的结果。这就是说,当亚里士多德提到同质部分被“生成”这样的表述的时候,他实际上指的是生成的同质部分,而不是作为混合物的同质部分。我们接下来将分别讨论生物体中两种同质部分的特征,并指出二者的区别。之后,我们将考察非生物的同质部分:对于这些事物,我们指出只存在着一种同质部分,也就是混合的同质部分。因为本文认为在非生物中,由混合的同质部分生成的事物不再是同质部分,而是个体复合物;承认非生物的生成的同质部分就意味着要违背亚里士多德的形质论。最后,本文将把生物体中的两种同质部分应用到动物的生命活动中去。通过这一方式,我们可以进一步确证本文对于两种同质部分的看法具有合理性:两种同质部分的提出不仅可以弥合亚里士多德在混合与生成之间产生的不一致,从而明确了混合物和生成物的区分;而且能够符合亚里士多德所描述的动物的具体生命活动过程。诚然,亚里士多德没有在作品中直接提出过这两种同质部分。但是,如前所述,当亚里士多德在一些文本中提到肉是混合物,在另一些文本中又认为肉是生成的结果时,我们有理由认为亚里士多德在这些地方区别了两种同质部分。此外,我们下文中提到的一些文段②也可以间接为两种同质部分的存在提供证据。最后,本文的第三部分对于亚里士多德生命活动的讨论,也是为了证明两种同质部分的存在的合理性。总而言之,本文的目的就在于说明,尽管亚里士多德没有明确提到这一区分,但是这一区分不但不会违背亚里士多德的观点,而且有助于解决亚里士多德文本中的一些疑难之处。

二 亚里士多德的两种同质部分

(一)生物体中的两种同质部分

1. 生物体中的混合的同质部分

我们首先来讨论混合的同质部分。很明显,混合的同质部分是一种混合

① 在下文中,为了行文的便利,我们一般会用混合的肉与生成的肉来表述这样两种同质部分。

② 比如在《天象学》390a22-b1 中,亚里士多德提到尸体突然变成灰土;在《形而上学》1035a17-21、a31-34 两处,亚里士多德似乎暗示着肉和骨头在死后也能存在一段时间;在《论动物的部分》649a16-19 和 649b21-27 当中,亚里士多德指出热的性质对于血来说,既是本然的又不是本然的。

物,而且混合的同质部分就是由四元素在冷和热的作用下[①]混合而成的(比如说混合的肉就是由火和土混合而成)。而尽管学界对于混合物的具体混合方式以及混合物中四元素“潜在地存在”的具体含义等问题有很多不同的争论,但是一般而言,混合物有以下四个特征[②]。混合物的第一个特征是同质性,这也是作为混合物的同质部分的一个很重要的特点[③]。亚里士多德认为同质性就是每一部分和它的整体都相同,比如说肉的每一部分都是肉[④]。这一点与生物体中的异质部分(non-uniform parts,ἀνομοιομερής)相对立,比如说作为异质部分的手、脚、头等事物就没有同质性,它们的任一部分和整体都是不相同的。第二个特征是可恢复性。这就是说,形成混合物的四元素在被混合之后可以再次分解为四元素(参见《论生灭》327b23-30 的论述),比如说混合的肉可以分解为原来构成它的火和土。在我们看来,混合物的这一特征意味着它不是非常稳定的;相比于生成物而言,混合物没有很强的统一性:混合的肉很容易就会化为火和土,但是生成的肉却不是如此,在我们看来它不会直接分解为元素。第三个特征就是所谓的潜在存在性。亚里士多德认为构成混合物的是四元素[⑤],而四元素在混合物中既不是以一种完全不变的状态存在,也不是在混合物中完全毁灭了,而是在混合物中“潜在地(δυνάμει)存在”(《论生灭》327b22-31)。[⑥] 最后一个特征是均衡性(《论生灭》328a28-30)。

---

① 冷热是四元素的冷热干湿四种能力中的两种,冷热对于混合的同质部分的作用参看《天象学》378b12,以及更详细的《天象学》IV. 1-11。

② 以下几个特点来自于 Wood & Weisberg,“Interpreting Aristotle on Mixture”, *Studies in History and Philosophy of Science*, Part A 35. 4 (2004), p. 683 的概括,我们认为他们提出的第五第六两个特征存在一定争议,而且与本文的论述主旨没有太大关系,故而将其略去。

③ 这也可以证明前面说过的混合物是同质部分的观点。另外同质性也是所有同质部分的特征,正如我们在后面会看到的那样,无论是混合的肉还是生成的肉,它们都具有同质性。

④ 这是建立在古代物理学和形而上学的基础上。尽管这一问题在亚里士多德之后也引起了许多争议,比如说斯多亚学派和阿弗洛狄西亚的亚历山大之间关于混合理论的争论等。不过这个问题已经超出了本文的讨论范围。

⑤ 无论是两种还是两种以上的四元素。比如对于肉而言,亚里士多德多次提到它是由火和土混合而成的(比如说《论生灭》334b3-6、《论天》302a20)。

⑥ 如何理解元素在混合物中“潜在地存在”是学界争论的一个难题,参见 Bogen,“Fire in the Belly”, in *Form, Matter, and Mixture in Aristotle*, ed. by Frank A. Lewis and Robert Bolton, Blackwell Publishers, 1996, pp. 183-216;A. Code,“Potentiality in Aristotle's Science and Metaphysics”, in *Form, Matter, and Mixture in Aristotle*, pp. 217-230;T. Scaltsas,“Mixing the Elements”, in *A Companion to Aristotle*, ed. by Georgios Anagnostopoulos, Wiley-Blackwell, 2009, pp. 242-259 等人的解释。但是本文的任务并不要求我们进一步讨论这一争论。

尽管学界对于这一特点的理解也存在着很多争议,我们可以姑且认为构成混合物的四元素的冷热干湿四种能力(power,δύναμις)在混合物中呈现为一种相互平衡的状态①,这在某种程度上使得混合物保持了一定的稳定性,而不会让其中的某一构成元素占据统治地位。

在概述了混合的同质部分的特点之后,我们要进一步指出,由于之前我们提到过混合和生成是不同的,而生成作为实体上的变化只能应用在实体之上,因此我们认为混合的同质部分并不是实体,故而有些学者提出的混合的比例是混合物的形式的观点也是有问题的②。因为如果混合的同质部分也是实体的话,混合与生成(以及混合物和生成物)就没有什么区别了,而这一点恰恰是亚里士多德所反对的:混合与生成不能被混淆。而既然混合的同质部分不是实体,那么它就没有严格意义上的本质③,这样混合的同质部分就无法实现其功能(因为本质就意味着实现其功能)④。从而,它也无法通过形质论来分析,四元素不是混合的同质部分的质料、混合的比例也不是其形式。尽管混合的肉在存在论的地位上显得较为薄弱,但无论如何混合的肉至少还是一种同质部分,还是一种肉,尽管只拥有通过冷热的作用而造成的肉的一些诸如一定的软硬度等性质⑤。同时,这些冷热的相互作用也使得混合物具有了一定的稳定性,而不会立刻分解为四元素⑥(尽管它们的稳定性和统一性比不上我们下面所要讨论的生成的同质部分)。对于冷热的具体作用情况,亚里士多德在《天象学》IV. 1-11 对冷热如何造成各种混合的同质部分的性质进

① 或者说混合的同质部分中冷热作用的结果是平衡的。事实上,对于这一特点的理解也涉及之前对于"潜在地存在"的理解,故而不少学者都会同时论及这两个问题。

② 比如见 Code,"Potentiality in Aristotle's Science and Metaphysics", p. 224。

③ 只有实体才有严格意义上的本质的观点,参见《形而上学》Z. 4-6,尽管学界对这段文本的解释充满了争议,但是亚里士多德承认这一点是没有异议的。

④ 对此参见《论灵魂》412b10-22 的论述,也可见 M. Leunissen, *Explanation and Teleology in Aristotle's Science of Nature*, Cambridge University Press, 2010, p. 88。

⑤ 类似于 Gotthelf 所说的同质部分的 πάθη,尽管我们和他的论述角度不同。在我们看来,他所说的同质部分指的都是生成的同质部分,而没有注意到混合的同质部分,原因可能就在于他没有关注混合概念,参见 A. Gotthelf, "Teleology and Embryogenesis in Aristotle's *Generation of Animals* II. 6", in A. Gotthelf, *Teleology, First Principles, and Scientific Method in Aristotle's Biology*, Oxford University Press, pp. 90-116。

⑥ 对于冷热造成混合物的稳定性和软硬等性质的论述还可参考 Byrne, "Compositional & Functional Matter", pp. 394-395。

行了详细的讨论。几乎所有学者都认为《天象学》IV. 1-11 的解释是非目的论性质的①;这些同质部分的形成是在“物质必然性”(material necessity)②的作用下,而不是为了实现某个目的。故而,我们认为对于混合的同质部分的讨论并不处于自然目的论的领域之内;这就是说,混合的同质部分自身没有其功能,也没有其目的。③ 混合物的产生并不是为了实现某种特定的目的,而是四元素在冷热的作用下经由“物质必然性”而形成的。

2. 生物体中的生成的同质部分

如前所述,生成的同质部分总是来自于某一事物(可能是混合的同质部分,也可能是另一种生成的同质部分,正如我们在第三部分会提到的那样),而它作为生成的产物可以说是一种实体(尽管是较弱意义上的实体,相比于作为整体的个体复合物而言)④。因为亚里士多德多次提到只有依照实体的(κατὰ οὐσίαν)变化才可以算是生成,而且他在《物理学》190a32-33 也指出只有实体(τῶν οὐσιῶν μόνον)才有严格意义上的生成(ἁπλῶς γίγνεσθαι)⑤。我们认为,相对于混合的肉来说,生成的肉具有形式和本质,

---

① 例如参见 Gill, “The Limits of Teleology in Aristotle's *Meteorology* IV. 12”, p. 335; Byrne, “Compositional & Functional Matter”, pp. 394, 396 等。

② 当然,这里的“物质必然性”不同于亚里士多德在《物理学》II. 8-9 提出的“假言必然性”(hypothetical necessity)。因为根据“假言必然性”,某事物之所以必然如此还是由于其为了实现某个目的,参见《物理学》200a13,200a32-35。因此,“假言必然性”依然带有自然目的论的性质。

③ 我们在下文中还会继续提到功能和目的的紧密联系。

④ 当然,亚里士多德在《形而上学》1040b5-16 拒斥了实体的可感部分作为实体的可能性,但是他同时又在《形而上学》1041b17、b21 以肉作为实体的例子。本文自然无法处理实体是否具有多重含义或是否存在着不同程度的实体这样繁复的问题(对此可参看 D. Morrison, “The Evidence for Degrees of Being in Aristotle”, *Classical Quarterly* 37.2 [1987], pp. 382-401),而是主张实体还是具有一定的层级性。处在整体的个体生物之内的同质部分具有一定实体性,但相比于整体复合物而言它的实体性是很弱的:凭借整体实体,生成的同质部分才可以被认为是生成的结果,从而能够具有一定实体性。而亚里士多德又认为实体不能由内在于其中的现实的实体构成(《形而上学》1039a16-17),甚至在另外的地方直接说实体不能由实体构成(《形而上学》1041a4-5),但我们认为 1041a4-5 说的是实体不能由与它相同意义上的实体构成,这样我们似乎就可以为生成的同质部分提供一些实体性;或者说它们至少还算是一种潜在的实体(可参看 1040b5-8 中提到的实体的部分只是一种潜能的说法,也可对照之前的 1039a16-17)。聂敏里也承认 Z17 1041b17 的肉也是实体,尽管他还同时认为 Z16 1040b5-16 提到的动物的部分是潜在意义上的实体,“即使它们单独来看是实体”,对此分别参看聂敏里:《实体与形式:亚里士多德〈形而上学〉Z 卷研究(Z10-17)》,北京:中国人民大学出版社,第 198—201、284—285 页。所以本文认为肉等生成的同质部分至少可以是潜在的实体,而不是说它们完全不是实体。

⑤ 这里的“严格意义上的生成”就是本文讨论的生成概念。亚里士多德在这里将它和其他偶性上的变化相区别。如前所述,混合并不是这几种变化(或宽泛意义上的生成)中的任何一种。

同样也就可以实现其功能(ἔργον)[①]。(从这个角度而言,生成的肉可以被区分为形式和质料,从而可以通过形质论的角度来分析。)比如说,亚里士多德提到过肉也有触摸的功能(参见《论动物的部分》653b21-24、《论动物的生成》734b24-31、《天象学》390a10-13);与此类似,我们也可以据此推测亚里士多德认为其他生成的同质部分比如骨头、皮肤等也有某种特定的功能[②]。一个事物的功能和它的目的具有十分密切的联系,我们可以说一个事物的功能的实现就是其自身的目的[③],所以说生成的肉也有其目的,它可以被放置在自然目的论的框架之下进行解释;再者,生成过程本身在亚里士多德看来就带有目的论性质。

在这里,我们特别可以考虑"同名异义原则"(principle of homonymous)和两种同质部分的关联。我们可以将这一原则简要概括如下:x 之所以被称作是 x,是因为 x 能实现 x 的功能;而当 x 不能发挥这一功能时,x 就不再"是"x,除了在同名异义上还能被称作是 x 之外[④]。我们认为,对于生成的肉和混合的肉而言[⑤],这里的 x 实际上指的应该是生成的肉,也就是说,只有当肉能够实现其功能的时候(也就是当肉是处在一个活着的生物体之内的肉的时候),它才能被称作是生成的肉;而当生成的肉变成混合的肉而无法施展其功能的时候,它只是在同名异义上是生成的肉。因此,同名异义原则正好对应了两个阶段下的同质部分,同时也反映了两种同质部分之间的一种关系:混合的同质部分只是在同名异义上(这里的"同名"意味着它们都被称作是"肉""骨头""皮肤"等)是生成的同质部分,而只有生成的同质部分才拥有功能和本质;当生成的同质部分离开它所在的活着的整体生物体而失去功能之后,它

---

① 参见《物理学》198a24-27。不少学者会承认形式、本质、功能这三者是同一的,比如参见 D. Modrak, "Form and Function", *Proceedings of the Boston Area Colloquium in Ancient Philosophy* 22 (2006), esp. pp. 118, 124。

② 关于骨头的功能参见《论动物的部分》653b33-36。

③ 关于这一点可参见 Leunissen, *Explanation and Teleology in Aristotle's Science of Nature*, pp. 12-13。她区分了三种不同的目的(或目的因),而功能就是其中的一种,并且列举了《物理学》198b24-28 和 200b4-8 作为这一类目的因的例证。

④ 亚里士多德在很多地方都明确表述过同名异义原则,比如参见《论灵魂》412b10-22、《形而上学》1035b23-25 等。

⑤ 尽管亚里士多德在提到同名异义原则的时候通常都以异质部分作为例子,不过他在我们上面提到的《论动物的生成》734b24-31、《天象学》390a10-13 就把同名异义原则应用到了同质部分之上。

就会毁灭而成为混合的同质部分。

3. 血液在同质部分中的特殊性和生命热

血液在同质部分中的地位略显复杂。有学者认为血液严格说来不是人体的一个部分[①];另外还有学者则试图证明血液是一种非生命物,就像金银铜铁一样[②]。要处理血液的问题,我们认为首先要明确它究竟是不是同质部分。我们之前提到过,同质部分的一个特点就是同质性,也就是说每一部分都和整体一样,而血液显然是符合这个条件的[③];因此我们认为无论是生成的血液还是混合的血液,二者都是一种同质部分,或者说至少是一种同质体,即使它们不是严格意义上的人体的部分的话。而血液究竟是不是人体的一个部分,以及是不是一种非生命物这两个问题,我们则认为需要区分两种作为同质部分的血液:混合的血液和生成的血液。如果我们意识到两种血液的特点以及它们之间的关系,我们就能够对上述问题做出回答,并且能够推进我们对其他生物体的同质部分的认识,也就是生命热(vital heat)在生成的同质部分中所起的作用。而之所以学者们会遇到有关血液的这些问题,原因则在于本文区分的两种血液会先后出现在进行着相关生命活动的动物体内——这是其他生物体的同质部分所没有的情况,正如我们在第三部分中所论述的那样。

亚里士多德认为血液是由四元素中的水和土(或者再加上气)所构成的[④]。作为混合物,混合的血液具有我们之前提到过的关于混合的同质部分的特点。这样的血液可以不处于动物体之内(比如受伤后从身体中流出来的血液)[⑤],因此在这个意义上我们可以说混合的血液不是人体的一个部分。同样,当血液离开身体之后,因为它失去了灵魂的影响,从而可以被看成是一种非生命物,因此上面学者们的观点从混合的血液的角度来看具有一定合理性[⑥]。但是如果他们将这些结论扩展到普遍的血液,那么就会出现一些问题,

---

① Frey, "From Blood to Flesh", pp. 375-394 就坚持这一观点。

② 参看 Sheldon M. Cohen, "Aristotle on Heat, Cold, and Teleological Explanation", *Ancient Philosophy* 9 (1989), pp. 255-270。

③ 之前 Wood & Weisberg, "Interpreting Aristotle on Mixture", p. 683 在提到同质性的时候就用血液作为例子。

④ 亚里士多德认为血液由水和土构成参见《天象学》384a17,认为由水、土、气构成参见《天象学》389a19。

⑤ 尽管在通常情况下,混合血液的存在时间很短暂:离开身体的混合的血液很快又会化为四元素。

⑥ 从这个角度说,我们甚至也可以主张混合的肉、骨头等同质部分不是生命物,也不是生物体的一部分。

这首先是因为亚里士多德在不少文本当中也把血液作为人体中的一个部分列举出来(比如《论动物的部分》640b18-20、647b10-16,《动物志》511b1-10);其次也在于亚里士多德也会提到血液的定义这样的说法(参见《天象学》390b16),而作为非实体的混合物的血液是不能说存在着严格的定义的。再者,在《论灵魂》416a29-b10(也可对照《论动物的部分》654b7-11)当中,亚里士多德也主张血液作为一种被消化了的营养产物,也是一种受到灵魂影响的同质部分,就和处于身体中的肉一样。最后,有学者还据此主张同名异义原则依然适用于血液(尽管他没有说是生成的血液):没有灵魂影响的(混合的)血液就相当于同名异义的(生成的)血液。[1] 因此,我们可以从以上四个方面的论述中得出同样也存在着生成的血液的结论。生成的血液和生物体中其他生成的同质部分一样,也可以展现某种功能(尽管亚里士多德没有明确说出血液究竟有什么功能,但是我们认为血液可以有营养其他器官的功能[2],另外血液还有从之生成肉等其他同质部分的功能,正如我们在第三部分会提到的那样)。而当生成的血液离开身体之后,它就变成了混合的血液,然后又被分解成土和水(或者是土、水和气)。这样在区分了两种血液之后,我们就能对之前两个问题做出回答:由于失去了灵魂的影响,混合的血液是一种非生命物,而(一个阶段下的)混合的血液严格说来也不是人体的部分;生成的血液则既是生命物,也是人体的一个部分。

我们对于两种血液的区分也有助于解决下面这个问题。在《论动物的部分》649a16-19 和 649b21-27 当中,亚里士多德认为血在一种意义上是热的,在另一种意义上又是不热的,而且还认为血液的热对于血液来说不是本然的(οὐ καθ' αὑτὸ θερμόν,649b27)。这两段文本让很多学者感到困惑,因为这似乎意味着热的血液(这一被认为是具有功能的血液的事物)就像是一个偶性复合物[3],从而就让一些学者得出了上面提到的血液不是生命物等几个结论。但是本文认为通过区分两种同质部分,我们依然能够解决这一问题。对于混合的血来说,热的确不是本然的;但是对于生成的血液来说,热却是本

① 参看 Frey,"From Blood to Flesh", p. 376。

② 参见《论动物的部分》650b12-13;D. Ebrey,"Blood, Matter, and Necessity", in *Theory and Practice in Aristotle's Natural Science*, ed. by David Ebrey, Cambridge University Press, 2015, p. 63。

③ 比如参见 Ebrey,"Blood, Matter, and Necessity", p. 387。

然的。这一种使得血液拥有某种功能的热让混合的血液生成为生成的血液①,因而在我们看来这种热受到了灵魂的影响。不过这种带有灵魂影响的热不是四元素之一火所带来的普通的热,而是一种生命热。亚里士多德认为生命热处在普纽玛(πνεῦμα)之中(参看《论动物的生成》735a29-736a20),而普纽玛的位置则位于心脏(参见《论动物的运动》703a11-16)。② 亚里士多德在《论动物的生成》736b29-737a6 中又指出生命热既不是火,也不直接来源于作为四元素之一的火③。因为火不能生成动物,而生命热则是一种具有生成性的热④。由此,我们认为生成的血液所含有的热是一种生命热,它带有生成的功能,既可以让混合的血液生成为生成的血液,又可以让生成的血液进一步生成为肉、骨头等其他同质部分。而这样的话,除了血液,从血液而变化过来的其他生成的同质部分也具有这种带有灵魂影响的生命热。这样,我们认为生物体中构成了生成的同质部分的除了四元素之外,还有生命热。但是由于生命热毕竟还不是灵魂本身,故而仅仅通过热还不能解释生成的同质部分的定义,对于它们的本质或定义的追寻还是要通过灵魂(参看《论动物的生成》734b24-34)⑤。

综上所述,我们已经讨论了混合的血液和生成的血液,并且通过论证生成的血液中拥有生命热,同时指出了其他生成的同质部分也存在着和普通的热不同的生命热:正是这种带有灵魂影响的特殊的热导致了生成的同质部分的诸多特征。由此,我们就完成了生物体当中的两种同质部分的论述。在下文中,我们将转而讨论非生物体的同质部分。

(二)非生物体的同质部分

对于非生物体的同质部分(比如说金银铜铁等金属)来说,我们认为只存

---

① 参见 J. Lennox, *Aristotle: On the Parts of Animals*, Clarendon Press, 2001, pp. 197-198。

② 亚里士多德的普纽玛和生命热理论较为复杂难解。对此的一般性讨论可参见 A. L. Peck, *Aristotle: Generation of Animals*, Harvard University Press, 1943, pp. 576-593。

③ 这就是说,火不能直接带来生命热,火在灵魂影响下才可能形成生命热,对此参见 S. Connell, *Aristotle on Female Animals*, Cambridge University Press, 2016, pp. 221-224。

④ 也参看 D. M. Balme, *Aristotle: De Partibus Animalium I and De Generatione Animalium I*, Clarendon Press, 1992, p. 162 对这一段的解释,尤其是 736b29-37。

⑤ 如果脱离了灵魂的影响,生命热和四元素的火带来的普通热可能也就没什么区别了,所以热本身还是只能解释混合的同质部分的软硬度等性质,正如我们之前提到的那样。在我们看来,生命热的特殊性就在于它与灵魂的紧密联系。

在混合的同质部分,而不存在生成的同质部分。非生物体的混合的同质部分(比如说混合的铜)的特点也和我们之前提到的生物体中的混合的同质部分相同。混合的铜就是由四元素在冷热的作用下混合而成的,它具有的可延展性、可熔性等性质也是通过冷热的具体作用而形成的(对此可参见《天象学》IV.9 的具体论述)。混合的铜作为铜并不是实体,它也没有形式和功能,对于混合的铜的一些解释也都不是在目的论的框架下而进行的。

然而,与生物体中的同质部分不同的是,本文认为并不存在生成的同质部分(也就是说不存在生成的铜)。这首先因为,亚里士多德在提到同质部分的生成时举的例子几乎是生物体中的同质部分,而基本不提金银铜铁等非生物体。① 而更重要的原因则在于,从混合的铜而生成的生成物不是某种所谓的"生成的"铜,而是具体的铜球或铜像,也就是具体的形质复合物。亚里士多德在《形而上学》中曾经多次提到,从铜或其他类似的事物而生成的不是铜(χαλκός)而是铜制的(χάλκεος)事物②(比如 1033a5-23、1049a34-b2 等)。我们当然不能把一个铜球称为是铜,而铜球、铜像也不是一个同质部分(或同质体)。除非我们以一种不符合亚里士多德形质论的说法把一个生成的铜球看作是"球形的铜"而不是"铜制的球",我们或许才能在一种很弱的意义上说这个生成了的"球形的铜"是同质部分;但是即使是这样,我们也不能说这样的铜是一种实体③。这里的原因就在于,这样产生的所谓的"生成的铜"就会成为一个偶性复合物而不是实体;因为形式在这一生成物中就不再具有优先性(参见《形而上学》1029a5-7),从而会成为一种类似于性质的事物④,而这一

---

① 尽管亚里士多德在《气象学》383b11 似乎提到了生成的"陶器和某些种类的石头"(κέραμος...καὶ λίθων ἐνίων γένη),但是我们认为亚里士多德在这里说的作为生成的结果的不是"石头"自身,而是某种"石制品"。这是因为,此处亚里士多德的用词 κέραμος 也可以指"陶土",从而我们可以将陶器理解成"陶土制品"。与此相应,"石头"在这里也可以指称"石头制成的具体产品"。

② 在这里,本文无法深入讨论这一点在亚里士多德形质论中的重要意义。简而言之,这至少说明了形式在复合物中的优先性。

③ 亚里士多德在《形而上学》1045a26 提到过"球形的铜"(στρογγύλος χαλκός)这一说法。尽管学界对于这个语词所在的 H6 相关文本的解读有着非常大的争议,但是一般来说学者都会同意这个例子意味着这个"球形的铜"就像是一个偶性复合物而不是统一的实体,比如参见 Bostock, *Metaphysics: Books Z and H*, Oxford University Press, 1994, p. 282; F. A. Lewis, "Aristotle on the Unity of Substance", *Pacific Philosophical Quarterly* 76 (1995), p. 258 n. 41; V. Harte, "Aristotle *Metaphysics* H6: A Dialectic with Platonism", *Phronesis* 41.3 (1996), p. 286 n. 26。

④ 参见 Bostock, *Metaphysics: Books Z and H*, p. 282 所举的例子。

点并不符合亚里士多德形质论的基本观点。因此,如果要遵循亚里士多德的形质论,我们只能否认存在生成的铜,而是只能主张存在着生成的铜球、铜像等个体复合物。当然,铜球和铜像都是实体,它们都具有各自的形式,尽管它们的功能并不明显;但如果生成物是一把铜制的斧头的话,那么我们就可以说它能够展现很明确的功能了。而且亚里士多德在《物理学》II. 8 通过"技艺类比"(craft analogy)来论证自然目的论的时候也指出人造物具有自身的内在目的和功能[①]。这样,对于其他类似的非生物体的同质部分,我们也可以得出相同的结论:只有混合的同质部分,而不存在生成的同质部分。

三　两种同质部分在生命活动中的应用

通过以上的论述,我们已经指出只有对于生物体中的同质部分来说,才存在着混合的同质部分和生成的同质部分的区别。在下文中,我们就要将这两种同质部分的区分应用到具体的生命活动中去。由于亚里士多德在现存的著作中讨论的基本都是动物的生命活动,尤其是较为"高等"的哺乳动物的生命活动;因此为了行文上的便利,我们就以动物为例,简要论述两种同质部分在具体生命活动中的体现。

本文自然无法讨论所有的生命活动过程,而是主要讨论与两种同质部分的相互转变关系较为密切的活动,也就是食物的消化、同质部分的生成以及动物死后同质部分的最终消解这几个生命活动的过程。根据学者们的研究[②],亚里士多德认为食物会首先在胃中得到消化,而消化的过程被称作是"调制"(concoction, πέψις),这是一种通过热而产生的使食物变软(《天象学》379b18),并分离成不同产物的变化[③],而食物在胃中消化之后得到的产物

① 关于这一类比的解读,以及对于人造物具有功能和内在目的的一个辩护,可参看 C. Witt, "In Defense of the Craft Analogy: Artifacts and Natural Teleology", in *Aristotle's Physics: A Critical Guide*, ed. by Mariska Leunissen, Cambridge University Press, 2015, pp. 107-120, esp. pp. 112-117。

② 以下关于动物生命活动的论述我们主要参考了 Boylan 的详尽阐释。他所呈现的图示尤其有助于我们理解亚里士多德所论述的生命活动的过程,见 M. Boylan, "The Digestive and 'Circulatory' Systems in Aristotle's Biology", *Journal of the History of Biology* 15. 1 (1982), pp. 89-118, esp. p. 113。

③ Boylan, "The Digestive and 'Circulatory' Systems in Aristotle's Biology", pp. 94-95.

之一就是营养血液(参见《论动物的部分》650a34-35)[①]。在我们看来,这种血液还是混合的血液,因为在消化过程中,消化物并没有受到生命热的影响(用来消化的热还是一种普通的热,而生命热则主要出现在心脏附近),所以消化完成的混合的血液也许会像一些学者所认为的那样接近于非生命物的状态[②]。随后,混合的血液会先流经肝脏和脾脏进行第二次的消化[③],而在这一次消化之后产生的依然是混合的血液。在这之后,血液会流向心脏。在心脏中,混合的血液由于受到生命热的影响,从混合的血生成为生成的血[④],并且成为随后进一步生成为其他同质部分的来源。[⑤] 这样一来,血液的"调制"最终得以完成。

这里值得一提的是,亚里士多德认为食物和混合的血液在经过每一次"调制"的过程之后,还会形成其他附属产物(residue,περίσσωμα)[⑥]。前几次消化的附属产物最后会形成人体的各种排泄物和头发、指甲、脂肪、动物的蹄、角等产物[⑦],亚里士多德主张这些事物也是同质部分[⑧]。在所有这些附属产物中,亚里士多德指出有一些产物是"有用的"(useful,χρησίμης,指甲、脂肪、头发等,尤其是动物的蹄、角等),而还有一些附属产物是完全"无用的"(useless,ἄχρηστος,比如说排泄物、胆汁等)[⑨]。本文认为既然亚里士多德指出这些有用的附属产物作为同质部分也有各自的功能[⑩],而且我们要从目的因的角度来探究它们(《论动物的部分》655b19-21),那么它们依然是生成的

① 参看 Cohen, "Aristotle on Heat, Cold, and Teleological Explanation", p. 260。

② Cohen, "Aristotle on Heat, Cold, and Teleological Explanation", pp. 259ff.

③ 参见 Boylan, "The Digestive and 'Circulatory' Systems in Aristotle's Biology", pp. 103ff。

④ 参看《论青年和老年,论生和死,论呼吸》469b8。

⑤ 血液是在体内的非附属产物的同质部分(也是一般学者所考虑的同质部分)当中唯一一个先后存在着混合的和生成的两种同质部分的事物,我们认为这就是血液的特殊性之所在。这也是没有区分两种血液的学者遇到我们之前提到的困难的原因。

⑥ 参见 Boylan, "The Digestive and 'Circulatory' Systems in Aristotle's Biology", pp. 94-95。

⑦ 见《论动物的生成》745b15-20 等。

⑧ 在《天象学》389a11-13 和《动物志》487a1-10 亚里士多德也把这些事物和血、肉、骨头等同质部分并置,而且在《天象学》第四卷的其他地方他也论述到这些事物如何在冷热作用下形成,并具有了一定的性质。

⑨ 两种附属产物的区分见《论动物的生成》725a3-4;对于作为无用附属部分的胆汁没有功能的论述见《论动物的部分》677a11-15, b1-10。

⑩ 亚里士多德在《论动物的部分》655b2ff、663b20-35 等处指出爪尖、指甲、蹄、角、头发等也有其各自的目的和功能。在《论动物的部分》652a5, a20 亚里士多德则提到了作为附属产物的骨髓的功能。毛发的功能参见《论动物的部分》II. 14-15,尤其见 658a18-19, b5-6, b14-18。

同质部分，而这些附属产物在进一步形成的过程中也受到了生命热的影响[1]。无用的附属产物由于没有功能，完全不能为生物体贡献什么(《论动物的生成》725a4-6)，因而是混合的同质部分，它们就相当于非生命物的同质部分。此外，亚里士多德又指出，最后在心脏的消化过程中形成的附属产物最后会转变成精液或经血[2]，它们也是有用的附属产物。我们认为这两种附属产物也是生成的同质部分，这不仅因为它们的形成已经受到了生命热的影响，而且亚里士多德认为精液和经血都拥有各自的功能，它们在动物生殖的过程中无疑具有重要的作用。

随着消化过程的结束，也就是生成的血液形成之后，亚里士多德认为肉、骨头等同质部分又是通过遍布全身的血管中的生成的血液而生成[3]，而生成的血液所进一步生成的产物就是同样带有生命热的生成的同质部分。这样一来，动物通过进食食物，最终就能生成体内的各种同质部分，从而维持其他的生命活动。最后，当动物死去之后，身体中的所有生成的同质部分就会毁灭成为混合的同质部分[4]；因为动物已经失去了灵魂，所以这些同质部分已经不能施展其功能，而只是在同名异义上是生成的同质部分。但是刚刚死去的血肉骨头还能在一段时间内保持某些性质，因此可以被看作是一种混合的同质部分[5]。由于这时候的同质部分已经是混合物，那么它们就具有可恢复性，也就是说这些混合物很容易分解为构成它的四元素，而不像生成的同质部分

① 由于这些附属产物的形成很多也是通过多余的消化产物在血管里进行的(比如参见《论动物的部分》II. 5 对于脂肪的描述)，我们有理由认为它们在形成过程中受到了血管中生成的血液所带有的生命热的影响，因而也是一种生成的同质部分。

② 这一点可以说是亚里士多德生殖理论中的基本观点，尤其参见《论动物的生成》726a26、738a36 等处。至于亚里士多德认为精液经血也是同质部分这一点可参看《动物志》487a4，而亚里士多德也会认为经血是一种血液，见《论动物的生成》738a9ff。

③ 在这里可参见《论动物的部分》III. 5、650a1-36 等处的论述，尤其是 668a1-11。还可参看 Ebrey, "Blood, Matter, and Necessity", pp. 64ff; Frey, "From Blood to Flesh", p. 375 n. 1; Cohen, "Aristotle on Heat, Cold, and Teleological Explanation", p. 261 等人的解释。

④ 亚里士多德并没有说过动物死后身体会立刻毁灭成四元素，因而根据下面一些文本的暗示和学者的解读，我们认为死去的身体就会成为各种混合的同质部分。

⑤ 参见 Whiting, "Living Bodies", p. 79; Gill, "The Limits of Teleology in Aristotle's *Meteorology* IV. 12", pp. 345-346 的论述以及她们提及的文本。此外 Gill 还强调《形而上学》1035a17-21, a31-34 也暗示着相同的观点，亦即死后肉、骨头等还能以某种方式存在一段时间，见 M. L. Gill, *Aristotle on Substance: The Paradox of Unity*, Princeton University Press, 1989, pp. 123-133; Gill, "The Limits of Teleology in Aristotle's *Meteorology* IV. 12", pp. 341-342。

那样具有较强的统一性。于是经过一段时间,血、肉、骨头等混合的同质部分最终就变成了四元素①。

由此,我们就完成了对于亚里士多德的相关生命活动的描述。从中我们不难看出,本文所区分的两种同质部分可以与亚里士多德对于具体生命活动过程的讨论相契合,从而进一步确立了我们区别混合的同质部分和生成的同质部分的合理性。其他一些主张在生物体内同时存在着两种同质部分(或质料)的学者在面对具体生命活动的时候就会遇到困难,比如他们会很难说明两种肉是如何在体内形成并同时存在的,以及二者之间存在着什么样的关系;同时他们也很难把两种血液应用到消化的过程中,如果二者不是先后存在而是可能在某个时间段同时存在的话。

四 结 论

本文从亚里士多德对于混合与生成的区分出发,展现了亚里士多德在讨论同质部分作为混合物与生成物当中出现的一个不一致:某一同质部分既可以是生成物,又可以是混合物。为了解决这种不一致,我们提出了两种同质部分:混合的同质部分和生成的同质部分。在生物体中,我们成功发现了这两种同质部分,并且分别指出了二者的特点和区分;但是对于非生物体,我们指出只存在着混合的同质部分,而不存在生成的同质部分。最后,我们通过亚里士多德对于动物的相关生命活动的描述,将两种不同的同质部分运用到具体的生命活动过程当中,使得我们的区分有了更强的合理性。我们可以说亚里士多德在《论生灭》《物理学》、《天象学》第四卷等作品当中对于同质部分的生成和混合的理论性讨论是形而上学性质的探索(比如说对于生成概念本身的论述,以及对于同质部分与实体理论等问题的思索),而这些讨论最终也能够恰当地应用到他的动物学著作所展现的具体生命活动当中。

从这个角度出发,本文所完成的工作为我们进一步寻找亚里士多德的形而上学和生物学之间的关联提供了一个初步的图景。首先,我们可以看到,

① 参看《天象学》390a22-b1,亚里士多德指出有时候坟墓里的古老尸体会突然化成灰,这就是混合的同质部分全部变成四元素的一个体现。

在亚里士多德的生物学讨论中，不仅有关于生物体整体（比如说人、马等）的研究和他的实体理论在很大程度上是相符合的（正如很多学者所言），而且，对于生物体的部分来说，我们也能找到同样的一致性：本文所讨论的生成的同质部分作为一种实体，符合亚里士多德在《形而上学》《物理学》等作品中对于实体生灭的论述。其次，由于生物学研究所具有的经验性，亚里士多德在进行具体的生物学考察时也会根据实际情况对他的形而上学理论进行一些调整，让理论和具体现象相符合。就本文而言，这一点体现在混合的同质部分的提出之上，尤其是对于两种血液的区分。（见图1）混合物不是实体，也不是生成的结果，但是它们确实存在于自然界中，因而亚里士多德也没有忽视它们。这样一来，从更广层面上说，本文的讨论也有助于我们重新思考亚里士多德的形而上学和自然哲学之间的张力：形而上学为自然物的研究提供了一个基本的和普遍性的框架，但是自然哲学的具体研究有时候也能对这个整体性的框架产生影响，让亚里士多德进一步丰富他的形而上学理论。

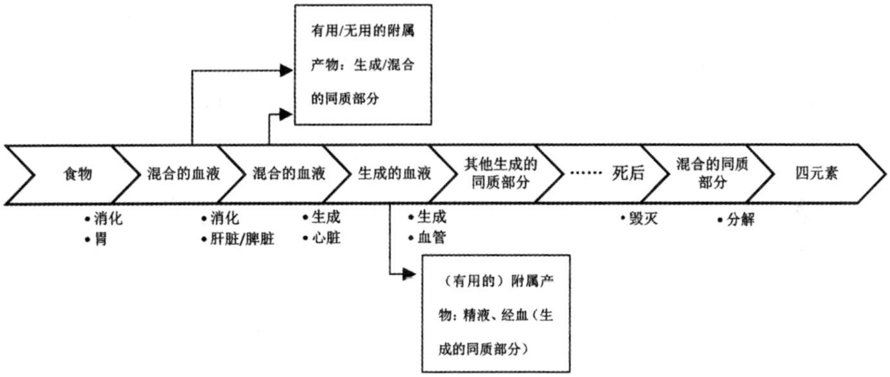

图1　将两种同质部分应用到具体生命活动中的图示

Aristotle on Mixture and Generation —Two Kinds of Uniform Parts in Living Beings

Ge Tianqin

Abstract: There seems to be an inconsistency when Aristotle discusses the mixture and generation of uniform parts, given that he makes sharp distinctions between mixture and generation. In order to resolve this prima facie inconsistency, this paper proposes two kinds of uniform parts in Aristotle, i. e. the uniform part as a product of mixture ([uniform parts] m) and the uniform part as a result of generation ([uniform parts] g). This article also spells out the characteristics and relationships of two kinds of uniform parts in living beings. However, this paper argues that for the inanimate being, there exist no (uniform parts) g, but only (uniform parts) m. In addition, this essay will discuss Aristotle's account on various animals' living activities in the light of two kinds of uniform parts that this article proposes. In this way, this paper shows that the account of animals' living activity given by Aristotle is compatible with the distinction between (uniform parts) m and (uniform parts) g, and this also proves the validity of this paper's solution to the inconsistency between mixture and generation.

Key words: Mixture, Generation, Uniform parts, Living beings

哲学门(总第四十辑)
第二十卷第二册
北京大学出版社,2019 年 12 月

扩张的因果模型
——同构问题及其解决

吴小安*

提　要:本文主要讨论了结构方程的因果理论的路径之一:哈尔彭—珀尔的实际因果定义。主要工作是:首先,HP-2015 定义在引入规范性之后是如何处理同构问题的。哈尔彭在他的文章中(Halpern and Hitchcock 2015)使用的还是 HP-2005 定义,但还没有专门的文章来详细地讨论 2015 年的新定义引入规范性之后是如何处理之前的问题的。其次,我认为 HP-2015 定义在处理过度决定问题上会得出和他坚持了十年的结论不同的结论,而他的辩护是苍白的,这是新定义的一个缺点。再次,受内德·霍尔(Ned Hall)因果理论的启发,我将提出一个进化版的 HP-2015 定义,并证明这个定义能够处理过度决定问题,也能够处理之前 HP-2015 所能够处理的问题。

关键词:实际因果　因果模型　结构方程　哈尔彭—珀尔定义

一　导　论

当我们说事件 c 是事件 e 的原因,我们想表达的是什么?乍一看会觉得

* 吴小安,1984 年生,西北工业大学马克思主义学院副教授,西北工业大学陕西省舆情信息研究中心研究员。感谢叶峰老师,中国人民大学的裘江杰老师仔细阅读了本文,纠正了很多错误;感谢中国人民大学的刘畅老师组织的“因果性”工作坊,与会的钟磊老师、任会明老师、梅剑华老师给出了很多建设性的批评意见。

这并不是一个很困难的问题,但是细究起来你会发现,要把它说清楚不容易。哲学上对这样一个问题有很多不同的回答:

1. 因果的律则性理论(Regularity Theories)[①]。它认为我们要判定事件 c 是事件 e 的原因,就必须满足三个条件:

(1) c 和 e 在时空上是连续的(spatio-emporal contiguity);

(2) 事件 e 时间上后继于事件 c(temporal succession);

(3) 所有的 C-型事件(像 c 一样的事件)总是紧接着(或者说是稳定地关联着)E-型事件 (constant conjunction)。

这种定义是符合我们经验直观的,在日常生活中,我们看到两个事件总是前后相继,联系紧密,我们会觉得它们之前也许有一种因果关系,这种定义试图捕捉的正是这样一种直观。

2. 因果的概率理论(Probabilistic Theories)[②]。如果事件 c 是事件 e 的原因,事件 c 的发生提高了事件 e 发生的概率。

这种定义也是符合我们经验直观的,通常我们认为一个事件是原因,其他事件不是原因,正是因为这个事件"天赋异禀,迥异常人,能化腐朽为神奇",所以这个事件对于结果的产生有一种决定性的影响作用。

而我们今天主要讨论因果的反事实理论。因果的反事实理论也有很多分支:

1. 因果操控理论(manipulability theories of causation)。因果操控理论又分:

(1)干涉主义的因果操控理论(Woodward 2005);

(2)行动者(Agency)的因果操控理论(Menzies and Price 1993)。

2. 因果的结构方程路径。结构方程路径之间也有差异:

(1)克里斯托弗 · 希区柯克(Christopher R. Hitchcock)的路径(Hitchcock

---

① 这个理论有很多难以逾越的困难(Lewis 1973),今天的哲学界通过律则性理论来定义因果的努力已经变得很微弱了。尽管 Paul and Hall (2013, 13)为其叫屈,认为其"在过去半个世纪被不公正地打入了冷宫"。

② 朱迪亚 · 珀尔(Judea Pearl 2009)认为用概率的语言来表达因果关系从根本上就是一个错误,他提出了观察到的和干涉的(seeing and doing)之间的区别,引入了 do-算子,扩充了概率的语言来表达因果关系。

2001，Hitchcock 2007）；

（2）哈尔彭—珀尔（Halpern-Pearl）的路径（Halpern and Pearl 2001，Halpern and Pearl 2005，Halpern 2015，Halpern and Hitchcock 2015）；

（3）内德·霍尔（Ned Hall）的路径（Hall 2007）。

本文从讨论刘易斯（Lewis 1973）的反事实因果路径开始，主要讨论哈尔彭—珀尔的路径的问题及其改进。

简单的因果反事实分析认为：事件 c 是事件 e 的原因当且仅当如果事件 c 不发生，那么事件 e 也不会发生。这种把因果关系解释成反事实依赖关系是符合我们直观的。比如，我们常说华盛顿是美国革命胜利的原因，说这句话的时候我们想表达的是：如果没有华盛顿，那么美国革命就不会胜利。

当然这样一个简单的因果反事实理论面临着很多问题，比如像早期先发制人（Early Preemption）的问题，这个问题描画了这样一个情境："设想两个训练有素的杀手 A 和 B 协力暗杀一个令人厌恶的独裁者。独裁者出现，两个杀手都瞄准，A 首先扣动扳机，并击中了目标，当 B 看到 A 扣动了扳机他就没有射击，但是如果 A 不射击，那么 B 一定会射击，而且 B 枪法精准，一定会命中目标。"在这样一个情境之中，简单的反事实分析就不适用了，因为尽管 A 的射击是独裁者死的原因，但是独裁者的死并不反事实依赖于 A 的射击，因为如果 A 不射击，那么 B 就会射击，独裁者还是会死。

为了坚持反事实的立场，解决这个问题的最基本的直觉是，我们需要在某种条件下把存在的反事实依赖关系彰显出来，即我们让因果路径之外的其他因素保持不变，看看在没有事件 c 发生的情况之下，事件 e 会不会发生。如果事件 e 还是会发生，那么我们就不认为事件 c 是事件 e 的原因；如果事件 e 不发生，那么两个事件之间就存在依赖关系，我们就可以说事件 c 是事件 e 的原因。比如我们为了证明华盛顿是美国革命胜利的原因，我们假定在其他开国元勋不变的情况之下，华盛顿没有投身美国独立的洪流，于是后面一系列原本和华盛顿相关，且他在其中起到中流砥柱作用的历史事件都可能改变。

但是这个想法还是有问题，比如对称的过度决定（symmetrical overdetermination）的问题，如果保持因果路径之外的其他因素为其现实的状态，可能有些因果关系还是彰显不出来。比如美国开国元勋，我们经常会提到华盛顿和杰斐逊，意思就是他们在革命事业中的作用是并驾齐驱的，所以我们不妨假定,华盛顿和杰斐逊都是美国革命胜利的原因,即他们中的任何一个投身革命都可以使得美国革命获得胜利。如果按照我们之前的假定,我们为了测试华盛顿对于美国革命的因果作用,而固定杰斐逊投身革命,那么哪怕华盛顿干不干革命,美国革命还是会成功,同样固定华盛顿,也不能彰显出杰斐逊的作用。

二 哈尔彭—珀尔定义

出于以上考虑,哈尔彭(Joseph Halpern)和珀尔(Judea Pearl)在2005年(Halpern and Pearl 2005)给出了关于因果的一个定义①。在具体给出这个定义之前,我们需要一些概念的准备。

首先,我们需要理解什么是一个因果模型。在信奉因果模型的人眼中,因果模型是一种语言,通过这个模型中的变元及其取值来模拟刻画这个世界。一个因果模型 M 由两部分组成,一部分是特征 S,就是列出所打算考虑的变元及其相关的取值②,S 所取的刻画这个世界的变元又有内在变元 V 和外在变元 U 之分,外在变元是由模型之外的因素决定的,而内在变元是由外在变元和其他内在变元决定的。这些内在变元和外在变元的可能取值构成一个集合,我们表示为 R。

比如说我要建一个模型来说明,华盛顿和杰斐逊是美国革命胜利的原因,我这样一个模型之中就有5个变元 W,J,V,U_1,U_2,我们用 U_1 表示的是华盛顿有投身美国革命的志愿,U_2 表示的是杰斐逊有投身美国革命的志愿,$W=1$ 表示华盛顿投身革命,$J=1$ 表示杰斐逊投身革命,$V=1$ 表示美国革命胜利,而这五个变元如果取值为0,表示的是对相关情境的一种否定,比如 $V=0$ 表示美国革命没有成功。其中 W,J,V 这三个变元都是内在变元,而

① 他们在2001年的会议文章中给出了第一个定义,但是因为反例的存在他们进一步修改了定义,并在2005年发表了这个定义。

② 整个世界在一个建模者的眼中是一个庞大的因果网络,是不可能穷尽的,"知止其所不知,至矣",所以尽管有现实情境的凭依,实际上还是建模者自己主观上决定了,在这样一个情境中,我们要选择哪些变元来表达,以及如何通过结构方程来表达它们之间的关系,所以正如 Halpern and Hitchcock (2010)的标题中"模型的艺术"(the art of modeling)之所谓也。当然也并不是说建构模型是一件完全主观任意的事情,还是有许多考量在里面,只是缺少一个根本性的指导规则。

U_1,U_2 是外在变元。我们通过给这些变元赋不同的值来表达我们所希望的各种情形,所以特征 S 除了内在变元 V 和外在变元 U 之外还有表示变元取值的值域 R ,它表示内在变元和外在变元所有可能取值的集合。内在变元和外在变元的取值构成集合:$R = \{0,1\}$ 。所以一个特征就是 $S = (U,V,R)$ 。

因果模型的另一个组成部分就是结构方程 F ,表示变元之间的依赖关系,比如说当我们认为杰斐逊和华盛顿任何一个投身美国的革命都会胜利,那么这个结构方程可以写为:$V = W \vee J$($\vee$ 是数理逻辑中的一个符号,表示或者的意思),$W = u_1$,$J = u_2$(u_1 和 u_2 是我们在决定要考察那个情境之后设定的值)。每一个内在变元都有一个表达它的结构方程。结构方程有如下一些性质是我们需要清楚的:

1. 结构方程不是对称的,因为它编码了反事实,比如结构方程 $Z = f_Z(X, Y, \dots, W)$ 编码的是如下形式的反事实:"If it were case that $X = x, Y = y, \dots, W = w$, then it would be the case that $Z = f_Z(x, y, \dots, w)$ "①。所以尽管我们用的是等号,但是这个等号更像是程序语言中的赋值语句(assignment statement),所以方程左右两边的变元你不可以移动到另一边。所以结构方程就暗含了一种非回溯的推理(non-backtracking reasoning)。

2. 干涉(intervention),结构方程的重要性体现在,它能够使我们判定,当遇到外在干涉的时候,将会有什么结果。因为虽然结构方程系统并没有编码这个系统中所有可能的反事实,但是这个系统是由"**基础的**"结构方程组成的,所有其他的反事实都可以从中推导出来。比如我们要判定形如:"如果 $X_1 = x_1$,那么……"是反事实,我们要把结构方程系统中关于 X_1 的结构方程 $X_1 = f_1(pa(X_1), U_1)$ 替换为 $X_1 = x_1$,关于其他变元的结构方程则保持不变,于是我们构造了一个新的结构方程系统。这种变化我们可以符号化为:$M = (S, F) \Rightarrow M_{X \leftarrow x} = (S, F_{X \leftarrow x})$

3. 自主性(autonomy),当我们把结构方程系统中关于 X_1 的结构方程 $X_1 = f_1(pa(X_1), U_1)$ 替换为 $X_1 = x_1$,关于其他变元的结构方程则保持不变,正是体现了这样一种自主性。

---

① 我这里用了英文,是因为中文没有像英文那么明显的语法规则,让我们一下子就知道这是一个反事实的表达。

4. 每一个因果模型都对应着一个因果图(causal graph),一个结构方程系统通过图可以得到更加清晰直观的表达:内在变元和外在变元对应着图中的一个节点;如果 X 是 Z 的父,那么画一个从 X 到 Z 的箭头。从变元 X 到变元 Z 的**连通路径**(directed path)是连接 X 到 Z 的头尾相连的箭头序列。没有箭头指向它的变元是外在变元;结构方程可以排序为已经在结构方程左边出现过的变元不会出现在结构方程的右边,反映在图中就是不存在一个从这个节点出发再回到这个节点的连通路径,即这个图是"**非循环的**"(acyclic)①。我们所考虑的结构方程系统都将是非循环的。而且如果一个结构方程系统是非循环的,那么方程的系统有唯一的一个解,即外在变元的值和结构方程一起唯一地决定了每一个变元的值。但是因果图并不能穷尽因果模型的全部内容,比如说有的因果模型是析取模型还是合取模型在因果图中就体现不出来。图1 就是上面所讲的美国革命的过度决定问题的因果图:

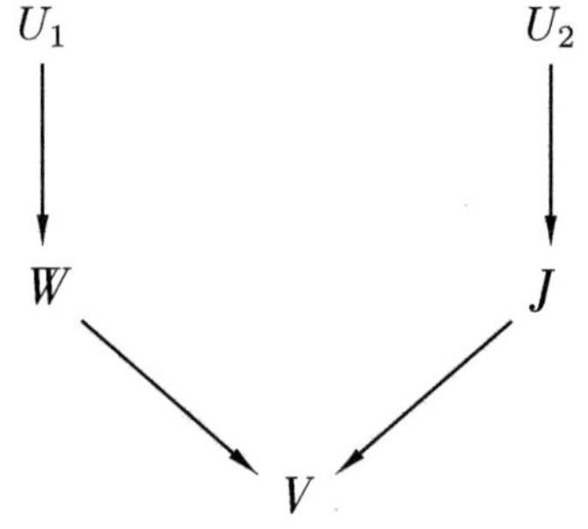

图1 美国革命胜利因果图

其次,我们要定义哈尔彭—珀尔定义所需要的因果语言的语法和语义。

有了因果模型,我们要在它的基础上形式化地定义实际原因、因果事件,然后我们才能确切地定义因果。

定义 1:假定一个**特征**, $S = (U,V,R)$,一个**原始事件**(primitive event)是形如 $X = x$ 的一个公式,其中 $X \in V$ 和 $x \in R(X)$ 。

一个 S 上的**因果公式**(causal formula)是如下的形式之一:$[Y_1 \leftarrow y_1, \ldots, Y_k \leftarrow y_k]\varphi$(简写为 $[\vec{Y} \leftarrow \vec{y}]\varphi$,意味着如果 Y_1 设定为 y_1 ,…, Y_k 设定为 y_k ,

① 我们知道现实情境中的确存在变元之间互相影响的情况,但是我们这里不讨论那种情况。

那么 φ 就会成立)，其中

- φ 是原始事件的布尔组合，
- $Y_1,\ldots,Y_k$ 是 V 中的不同的变元，
- $y_i \in R(Y_i)$ 。

直觉上 $[Y_1 \leftarrow y_1,\ldots,Y_k \leftarrow y_k]\varphi$（我们也把公式简写为 $[\vec{Y} \leftarrow \vec{y}]\varphi$）的意思是：如果 Y_i 的值设定为 y_i ，其中 $i = 1,\ldots,k$ ，那么 φ 将成立。

我们称由因果模型 M 和背景 $\vec{u}$ 组成的对 $(M,\vec{u})$ 为一个**因果设定**。**因果公式的语义**：如果因果公式 ψ 在**因果设定** $(M,\vec{u})$ 中为真，那么我们记为：$(M,\vec{u}) \vDash \psi$ 。

- 当背景为 $\vec{u}$ 时，如果变元 X 有值 x 在因果模型 M 中的方程的唯一（既然我们要处理的是无环模型）解之中（即在 U 中的外在变元设定为 $\vec{u}$ 的情况下，内在变元的唯一的向量值同时满足因果模型 M 中的所有方程），我们表达为：$(M,\vec{u}) \vDash X = x$ 。
- $(M,\vec{u}) \vDash [\vec{Y} \leftarrow \vec{y}]\varphi$ iff $(M_{\vec{Y}\leftarrow\vec{y}},\vec{u}) \vDash \varphi$ 。

终于我们可以接近最后的哈尔彭—珀尔定义了。

Halpern and Pearl (2005)：

定义 2（哈尔彭—珀尔定义）：$\vec{X} = \vec{x}$ 在因果设定 $(M,\vec{u})$ 中是 φ 的 **一个实际原因**，如果如下三个条件成立：

AC1 $(M,\vec{u}) \vdash (\vec{X} = \vec{x})$ 和 $(M,\vec{u}) \vDash \varphi$ 。

AC2(a) 存在内在变元的集合 V 的一个划分，划分为不相交的两个子集 $\vec{Z}$ 和 $\vec{W}$，其中 $\vec{X} \subseteq \vec{Z}$ 和在 $\vec{X}$ 与 $\vec{W}$ 中变元的分别设定为 $\overrightarrow{x'}$ 和 $\vec{w}$ ，使得

$(M,\vec{u}) \vDash [\vec{X} \leftarrow \overrightarrow{x'}, \vec{W} \leftarrow \vec{w}] \neg \varphi$ 。

AC2(b^u) 如果 $\overrightarrow{z^*}$ 使得 $(M,\vec{u}) \vDash (\vec{Z} = \overrightarrow{z^*})$ ，那么对所有 $\vec{W}$ 中的子集 $\overrightarrow{W'}$ 和 $\vec{Z}$-$\vec{X}$ 的子集 $\overrightarrow{Z'}$ ，我们有

$(M,\vec{u}) \vDash [\vec{X} \leftarrow \vec{x}, \overrightarrow{W'} \leftarrow \vec{w}, \overrightarrow{Z'} \leftarrow \overrightarrow{z^*}]\varphi$ 。

AC3 $\vec{X}$ 是极小集；即不存在 $\vec{X}$ 的严格子集 $\overrightarrow{X'}$ 使得 $\overrightarrow{X'} = \overrightarrow{x'}$ 满足条件 AC1 和 AC2，其中 $\overrightarrow{x'}$ 是 $\vec{x}$ 在 $\vec{X}$ 中的变元的限制。

[AC2(a).]背后的直觉是让偏离路径上（off-path）上的变元取任意的值（即可以是它实际的值，也可以是非实际的值），只要能够使得原因和结果之间的反事实依赖体现出来就好。[AC2(b^u).]则是在确保因果路径上的变元

取其实际值的情况下,看看能不能产生相应的结果。这个定义面临的最大困难就是同构问题(problem of isomorphism)。所谓同构问题,指的是在一些情形中,它们的反事实依赖的结构是同构的, 即它们的结构方程相同,但是应用实际因果定义得出的因果判断有的却和我们的直觉相悖。显然同构问题是对 HP-2005 定义的致命反驳。我们考察下面两对例子来看看哈尔彭—珀尔所面临的困难是哪些。

三 同构问题

表 1 “森林火灾”和“虚假阻止”案例

森林火灾	虚假阻止
纵火者纵火和闪电袭击都会导致森林火灾,因为纵火者的纵火还有闪电的袭击,森林发生了火灾。	杀手手握致命毒药,但是在最后一刻改变主意,没有在受害人的咖啡里下毒。保镖在咖啡里放了可以化解这一类毒药的解药。受害人喝了咖啡,安然无恙。【保镖放解药是不是受害人活下来的原因? 大部分人都会说不是,但是根据 HP 定义,它却是原因。】

上述两个情形的因果图及结构方程如下表:

表 2 “森林火灾”和“虚假阻止”所对应的因果图

森林火灾	虚假阻止
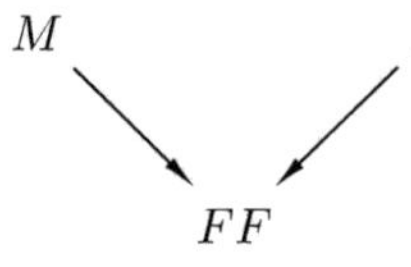 M = 1 表示纵火者纵火,0 表示没有纵火。L = 1 表示闪电袭击,0 表示没有闪电袭击。FF = 1 表示森林火灾,0 表示没有森林火灾。**结构方程**: $FF = M \vee L$	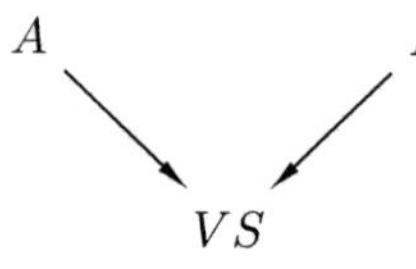 A = 1 表示杀手放毒药,0 表示不放毒药。P = 1 表示保镖放解药,0 表示不放解药。VS = 1 表示受害者活着,0 表示死了。**结构方程**: $VS = \neg A \vee P$

表 3 “早期先发制人”和“短路”案例

早期先发制人	短路
一个还处在训练期的杀手执行他的第一次任务。这个受训杀手枪法精准：他只要射击，就一定会命中目标。教官在他身边，如果受训杀手最后一刻迟疑（受训杀手经常发生这种情况），没有扣动扳机，那么教官就会开枪，解决目标。事实上，受训杀手表现得非常好，他开枪杀死了目标。	受害人有两个保镖保护他不被暗杀。两个保镖策划了一场挫败阴谋投毒暗杀的演习。他们计划在受害人的饮料里面放入毒药，但也会放入解药来中和毒药。但在没有确保放入解药之前，他们不会在饮料里面放入毒药。所以第一个保镖在饮料里面放入解药，第二个保镖直到解药被放入了之后才放毒药。如果第一个保镖中途暂停，或者被阻止，那么第二个保镖是不会放入毒药的。实际情况正如所计划的那样，解药毒药都放入到饮料中，受害人喝了饮料安然无恙。

上述两个情形的因果图及结构方程如下表：

表 4 “早期先发制人”和“短路”所对应的因果图

早期先发制人	短路
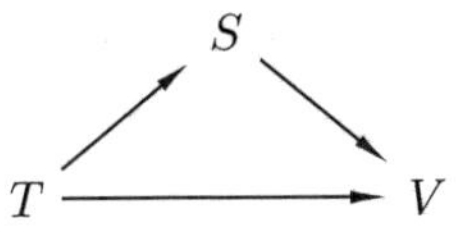 $T=1$ 表示受训杀手开枪，0 表示不开枪。$S=1$ 表示教官开枪，0 表示不开枪。$V=1$ 表示受害者死亡，0 表示不死。结构方程：$T=1$；$S=\neg T$；$V=T\vee S$	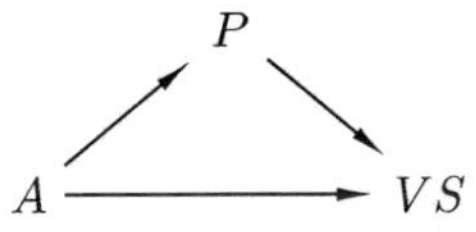 $A=1$ 表示第一个保镖放解药，0 表示不放解药。$P=1$ 表示第二个保镖放毒药，0 表示不放毒药。$VS=1$ 表示受害者活着，0 表示死了。结构方程：$A=1$；$P=A$；$VS=A\vee\neg P$

上述例子也是一样，在早期先发制人的例子中，我们认为杀手开枪是受害人死亡的原因，但是在“短路”Hall（2007，35-36）中大多数人都不会接受“保镖放解药是受害人活下来的原因”，因为在这个例子中并不存在一个我们理解的危险，而保镖通过放解药解除了这个威胁，所以我们不会认同那样的因果判断。

面对上述的困难，哈尔彭和希区柯克认识到因果包含比结构方程更多的东西。经济学家丹尼尔·卡内曼（Daniel Kohneman）认为统计规范（statistical norm）和规定规范（prescriptive norm）都会影响我们的反事实推理：“一条导致一个事件的因果链,相较于改变这个因果链的**常规**(routine)方面,如果我们改变这条因果链条的**非常规**(exceptional)方面,那么这个事件将有更大的可能不发生。"(Kahneman and Miller 1986, 143)哈尔彭受此启发,把规范性引入因果的定义之中。上述引文用哈尔彭他们的术语来说就是,相较于通过改变现实情形中正常方面而得到的偶然性,通过改变现实情形中的异常方面而得到的不同于现实情形的偶然性要更为合理。而反事实推理和因果推理是紧密相关的,那么我们就可以得出规范也会影响我们的因果判断。

我们的路径是因果模型路径,所以我们是用一些变元来刻画这个世界,所有这些变元的一次取值就刻画了一个特定的情形,在这里我们称为一个**世界**。我们知道满足哈尔彭—珀尔定义的世界很多,受卡内曼的启发,我们只考虑那些比实际的世界更加规范的世界。

但是以什么形式来刻画这样一个想法却是一波三折,在 Halpern(2008)中,哈尔彭用的是分层函数(ranking functions)来刻画,Halpern and Hitchcock(2015)用的是拟序来刻画,主要的考虑是分层函数是**全序关系**(total order),即任意两个世界都可以比较,但很有可能因规范性不同而导致两个世界无法比较,所以似乎第二个刻画要合理一些。我们这里采用第二种方法。

下面我们给出"规范"的形式表达。假定$\succeq$是世界之间的拟序(partial pre-order)关系[①]。

- 如果两个世界 s 和 s' 满足关系 $s \succeq s'$,这表示的是世界 s 至少像世界 s' 一样规范。
- 偏序关系是自返、传递和反对称,而拟序关系是自返和传递的。
- $s \succ s'$(表示的是 s 比 s' 严格规范)**当且仅当** $s' \not\succeq s$ 和 $s \succeq s'$;
- $s \equiv s'$(s 和 s' 同等规范)[②]**当且仅当** $s \succeq s'$ 和 $s' \succeq s$。
- 当说两个世界不可比的时候,所表达的意思是我们还无法判断两个世界 s 和 s' 谁比谁更规范。

我们称满足定义(2)中的条件 AC2(a)的世界 s 为一个见证(*witness*),可

---

① 尽管 Halpern and Hitchcock(2010)使用的是全序,但是显然把世界之间的关系设定为拟序关系要比全序关系更为合理,因为显然存在在规范的意义上是不可比较的两个世界。比如同样的两个世界通过不同的规范性加权标准,很难说谁比谁更规范。

② 需要注意的是符号≡表示的是同等,并不是同一。因为拟序并不满足反对称。

能存在很多见证，我们称 s 为最佳见证，如果不存在其他见证 s'，使得 $s' > s$。

根据 Halpern and Hitchcock (2015, 435)，我们可以得到如下的定义：

定义 3（实际因果[2005]） $\vec{X} = \vec{x}$ 在因果模型 $(M, \vec{u}, \succcurlyeq)$ 中是 φ 的**一个实际原因**，如果如下三个条件成立：

AC1　$(M, \vec{u}, \succcurlyeq) \models (\vec{X} = \vec{x})$ 和 $(M, \vec{u}, \succcurlyeq) \models \varphi$。

AC2　存在一个 V 的划分 $\{\vec{Z}, \vec{W}\}$，且 $\vec{X} \subseteq \vec{Z}$，设定 $\vec{X} = \overrightarrow{x'}, \vec{W} = \vec{w}$，对于任意的 $Z \in \vec{Z}$，如果 $(M, \vec{u}) \models Z = z^*$，那么如下的两个情形成立：

a. $(M, \vec{u}, \succcurlyeq) \models [\vec{X} \leftarrow \overrightarrow{x'}, \vec{W} \leftarrow \vec{w} \neg \varphi$，且 $s_{\vec{X} = \overrightarrow{x'}, \vec{W} = \vec{w}, \vec{u}} \succcurlyeq s_{\vec{u}}$。

b. $(M, \vec{u}, \succcurlyeq) \models [\vec{X} \leftarrow \vec{x}, \overrightarrow{W'} \leftarrow \vec{w}, \overrightarrow{Z'} \leftarrow \overrightarrow{z^*}]\varphi$。其中 $\overrightarrow{W'}$ 是 $\vec{W}$ 的任意一个子集，而 $\overrightarrow{Z'}$ 是 $\vec{Z}$ 的任意一个子集。

AC3　$\vec{X}$ 是极小集；即不存在 $\vec{X}$ 的严格子集 $\overrightarrow{X'}$ 使得 $\overrightarrow{X'} = \overrightarrow{x'}$ 满足条件 AC1 和 AC2，其中 $\overrightarrow{x'}$ 是 $\vec{x}$ 在 $\vec{X}$ 中的变元的限制。

上述定义是哈尔彭和希区柯克在 2015 年的文章中的定义，但实际上应该是他们 2012 年前后的定义，这和欧美的发表体制有关，一篇文章从投稿到发表有的时候能有两三年之久，所以表面上这是很新的文章，但其中的很多想法在出版之前，作者可能已经改变了。哈尔彭在 2015 年一篇会议文章 Halpern (2015) 中给出了实际因果的第三个定义，这是我看到的哈尔彭最新的定义：

定义 4（实际因果[2015]） $\vec{X} = \vec{x}$ 在因果设定 $(M, \vec{u})$ 中是 φ 的**一个实际原因**，如果如下三个条件成立：

AC1　$(M, \vec{u}) \models (\vec{X} = \vec{x})$ 和 $(M, \vec{u}) \models \varphi$。

AC2　(a^m). 存在 V 中的变元集合 $\vec{W}$ 和 X 中的变元的设定 $\overrightarrow{x'}$ 使得，如果 $(M, \vec{u}) \models (\vec{W} = \overrightarrow{w^*})$，那么 $(M, \vec{u}) \models [\vec{X} \leftarrow \overrightarrow{x'}, \vec{W} \leftarrow \overrightarrow{w^*}] \neg \varphi$. ，且 $s_{\vec{X} = \overrightarrow{x'}, \vec{W} = \overrightarrow{w^*}, \vec{u}} \succcurlyeq s_{\vec{u}}$。

AC3　$\vec{X}$ 是极小集；即不存在 $\vec{X}$ 的严格子集 $\overrightarrow{X'}$ 使得 $\overrightarrow{X'} = \overrightarrow{x'}$ 满足条件 AC1 和 AC2，其中 $\overrightarrow{x'}$ 是 $\vec{x}$ 在 $\vec{X}$ 中的变元的限制。

哈尔彭在文章中并没有详述为什么引入这个新的定义，他只是提到了晚期后发制人的例子，强调“真正重要的是在实际情形中所发生的。因而唯一被允许的变元值的设定，是在实际情形中所发生的那些值”（Halpern 2015, 3）。也就是说在经历了十年的挣扎（2005—2015），试图为原先的定义辩护之后,他还是回到了更符合直觉的因果定义,我猜想其中的理由是,因为之前的定义没有考虑规范性,以至于不能解决很多问题,哈尔彭试图对定义进行各种限制以期能够输出符合常识的结论,现在引入了规范性之后,发现原先的那些苛刻的设定就不再那么必需了。

关于实际因果的判断是语境敏感的,所以引入规范性从直觉上看是完全合理的,的确有些因果判断的真值在一个语境中为真,而在另一个语境中则为假。通过引入规范性,我们在很多情形中就可以得到符合我们直觉的因果结论。下面将详细地考察这个扩张的因果模型的优劣。

四　六个反例

(一)缺省(omission)因果的例子

我们考虑缺失因果的一个例子:一家人出门旅行,因为天气炎热,邻居又没有帮忙浇花,家中的花都因为缺水枯萎而死。

这个例子所对应的因果模型和因果图如下:

表 5　"缺省因果"案例所对应的因果图

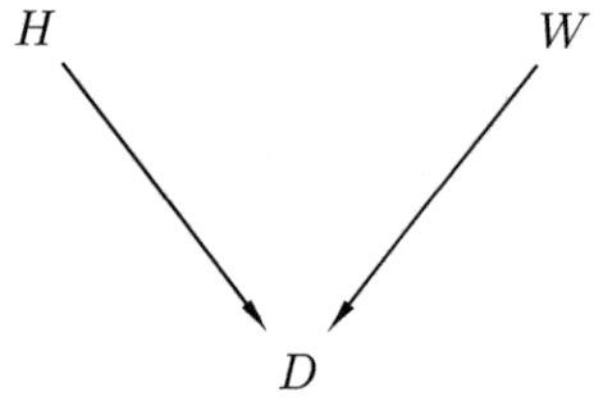	$D = H \wedge \neg W$
实际的世界:$(H = 1, W = 0, D = 1)$	
$H = 1$ 是 $D = 1$ 的原因的见证:$(H = 0, W = 0, D = 0)$ $W = 0$ 是 $D = 1$ 的原因的见证:$(H = 1, W = 1, D = 0)$	

其中 $H = 1$ 表示的是天气炎热干燥,$W = 1$ 表示的是邻居浇花,$D = 1$ 表示的是花枯萎而死。

1. HP-2005[①]

· 证明:$H = 1$ 是 $D = 1$ 的原因

① 需要注意的是,出于证明的严格,我应该在证明中把定理是否满足 AC1,AC2(a 和 b),AC3 都详细列出来,但是出于表述的简略性,除非有特别的情况,一般我们都默认 AC1,AC3 是显然满足的,我们的讨论主要集中在是否满足条件 AC2(a)和(b)。

我们取 $\vec{W}=\{W\}$,$\vec{Z}=\{H,D\}$,$\vec{u}=(1,0)$,于是有:

$(M,(1,0)) \vDash [H=0,W=0](D\neq 1)$

$(M,(1,0)) \vDash [H=1,W=0](D=1)$

于是得到见证:$(H=0,W=0,D=0)$,且有 $(H=0,W=0,D=0)\succcurlyeq(H=1,W=0,D=1)$。

所以我们证明了 $H=1$ 是 $D=1$ 的原因。

· 证明:$W=0$ 是 $D=1$ 的原因

我们取 $\vec{W}=\{H\}$,$\vec{Z}=\{W,D\}$,$\vec{U}=(1,0)$,于是有:

$(M,(1,0)) \vDash [H=0,W=1](D\neq 1)$

$(M,(1,0)) \vDash [H=1,W=0](D=1)$

于是得到见证:$(H=0,W=1,D=0)$,但是我们并没有合理的理由认为它和实际的世界相比哪一个更加规范。

2. HP-2015

· 证明:$H=1$ 是 $D=1$ 的原因

我们取 $\vec{W}=\{W\}$,于是有:

$(M,(1,0)) \vDash [H=0,W=0](D\neq 1)$

于是得到见证:$(H=0,W=0,D=0)$,且有 $(H=0,W=0,D=0)\succcurlyeq(H=1,W=0,D=1)$。

· 证明:$W=0$ 是 $D=1$ 的原因

我们取 $\vec{W}=\{H\}$,于是有:

$(M,(1,0)) \vDash [W=1,H=1](D\neq 1)$

于是得到见证:$(H=1,W=1,D=0)$,但是我们并没有合理的理由认为它和实际的世界相比哪一个更加规范。

在继续我们的讨论之前,我们看看哈尔彭和希区柯克在2015年的文章中(Halpern and Hitchcock, 2015)对于这个问题的讨论,在那篇文章里面,他们讨论了四种对于缺失因果的立场,而且他们认为对于缺失的不同看法对应着不同的规范性排序:

(1) 缺失从来不是原因(持这种立场的是[Beebee 2004]和[Moore 2009])。在这种立场的眼中:"缺失比积极事件(positive events)更加典型。"所以导致了如下的一个排序:$(H=0,W=0,D=0)\succ(H=1,W=0,D=$

1) > (H = 1,W = 1,D = 0) ,所以我们会得到天气炎热是花死的原因。

(2) 缺失是某种第二性的因果状态(持这种立场的是[Dowe 2007]和[Hall 2004])。在这种观点看来,浇水和不浇水是一样规范的,但是 $H = 1$ 有一个更为正常的见证。我们能够得到的规范性排序为:(H = 0,W = 0,D = 0) > (H = 1,W = 1,D = 0) ≥ (H = 1,W = 0,D = 1) ,从这个排序可知,相较于 $W = 0$,我们更倾向于认为 $H = 1$ 是花死的原因。

(3) 缺失总可以是原因(持这种立场的是[Lewis 2004b],[Lewis 2004a],[Schaffer 2000])在这种观点之下,我们有 (H = 0,W = 0,D = 0) ≡ (H = 1,W = 1,D = 0) ≥ (H = 1,W = 0,D = 1) ,所以我们可以认为 $H = 1$, $W = 0$ 都是花死的实际原因。但是这样的话,那些被要求天热时务必给花浇水,但是没有给花浇水的邻居的行为是花死的原因,那些没有被请求给植物浇水,现实也没有给植物浇水的邻居的行为也是花死的原因了。这个结论显然是荒谬的。

(4) 缺失的因果身份依赖于它们的规范状态(持这种立场的是[McGrath 2005])。如果有某种理由认为邻居负有给花浇水的责任,那么我们可以认为 (H = 1,W = 1,D = 0) 至少像现实世界 (H = 1,W = 0,D = 1) 一样正常,那么邻居没有给花浇水就是花死亡的原因,比如邻居信誓旦旦地答应给花浇水,或者这家人和邻居之间有一种默契,会在一方不方便的时候给对方的花浇水,否则我们可以认为缺失不是原因。

从上述的证明可以知道,用 HP-2005,HP-2015 的理论可以得出天气炎热是花枯死的原因,但是对于邻居不浇花是否是花枯死的原因则有争议。我个人更支持最后一种形而上学的立场,即视具体的情况而定,如果邻居答应了帮忙给花浇水,那么一个天气炎热邻居给花浇水的世界就要比天气炎热没有给花浇水的世界更规范(即[H = 1,W = 1,D = 0] > [H = 1,W = 0,D = 1]),在这个情况之下,邻居不浇花就是花死的原因;如果邻居没有答应帮忙浇花,那么一个天气炎热邻居没有浇花的世界就要比一个天气炎热邻居浇花的世界要规范(即[H = 1,W = 0,D = 1] > [H = 1,W = 1,D = 0]),那么邻居不浇花就不是花死的原因。

(二)原因和背景条件的例子

表 6 "擦火柴"案例所对应的因果图

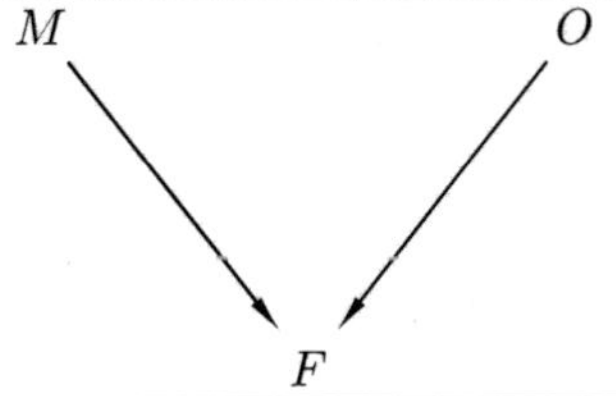	$F = M \wedge O$
实际的世界：$(M = 1, O = 0, F = 1)$	
$M = 1$ 是 $F = 1$ 的原因的见证：$(M = 0, O = 1, F = 1)$ $O = 1$ 是 $F = 1$ 的原因的见证：$(M = 1, O = 0, F = 1)$	

$M = 1$ 表示的是点火柴，$O = 1$ 表示的是有氧气，$F = 1$ 表示的是有火焰。

1. HP-2005

· 证明 $M = 1$ 是 $F = 1$ 的原因

我们取 $\vec{W} = \{O\}, \vec{Z} = \{M, F\}$，$\vec{u} = (1,1)$，于是有：

$(M,(1,1)) \vDash [M = 0, O = 1](F \neq 1)$

$(M,(1,1)) \vDash [M = 1, O = 1](F = 1)$

于是得到见证：$(M = 0, O = 1, F = 0)$，且有 $(M = 0, O = 1, F = 0) > (M = 1, O = 1, F = 1)$。

· 证明 $O = 1$ 是 $F = 1$ 的原因

我们取 $\vec{W} = \{M\}, \vec{Z} = \{O, F\}$，$\vec{u} = (1,1)$，丁是有：

$(M,(1,1)) \vDash [O = 0, M = 1](F \neq 1)$

$(M,(1,1)) \vDash [O = 1, M = 1](F = 1)$

于是得到见证：$(M = 1, O = 0, F = 0)$，但是显然一个有氧气 + 点火柴的世界显然要比一个无氧气 + 点火柴的世界要规范，所以 $(M = 1, O = 1, F = 1) > (M = 1, O = 0, F = 0)$。所以 $O = 1$ 不是 $F = 1$ 的原因。

2. HP-2015

· 证明 $M = 1$ 是 $F = 1$ 的原因

我们取 $\vec{W} = \{O\}, \vec{Z} = \{M, F\}$，$\vec{u} = (1,1)$，于是有：

$(M,(1,1)) \vDash [M = 0, O = 1](F \neq 1)$

于是得到见证：$(M = 0, O = 1, F = 0)$，且有 $(M = 0, O = 1, F = 0) >$

$(M=1,O=1,F=1)$。

· 证明 $O=1$ 是 $F=1$ 的原因

我们取 $\vec{W}=\{M\}$,$\vec{W}=\{O,F\}$,$\vec{u}=(1,1)$,于是有:

$(M,(1,1))\vDash[O=0,M=1](F\neq 1)$

于是得到见证:$(M=1,O=0,F=0)$,但是显然一个有氧气+点火柴的世界显然要比一个无氧气+点火柴的世界要规范,所以 $(M=1,O=1,F=1)>(M=1,O=0,F=0)$。所以 $O=1$ 不是 $F=1$ 的原因。

根据 HP-2005 和 HP-2015 我们能够得到点火柴是产生火的实际原因,而氧气不是产生火的实际原因。我们的直觉在这个问题上是非常鲜明的,一般地,我们都认为点火柴才是实际原因,而氧气不是原因。这就涉及在实际因果理论中,我们是怎么理解实际原因和原因的概念。

哲学上认为这种认定点火柴是产生火焰的原因,而不给氧气这个名分是一种常识的错误。一个原因不显然,或者在某些对话语境中,说某个东西是原因是不恰当的,所以常识错误地推断认为点火柴相对于氧气的存在更加是原因。而从实际上的因果结构来看,它也是原因,刘易斯认为这里有"公然歧视原则"(principles of invidous discrimanation)(Lewis 1973, 559),霍尔认为我们讨论因果的时候,要持一种"原因的平等意义"(egalitarian sense of cause)(Hall 2004, 228)。但是在哈尔彭和希区柯克看来,并不是因为一个因素不显然,或者在一个对话语境中称其为原因不恰当,所以才错误地推断说它不是原因。实际上因果模型的方程体现了这种"平等",这些方程是对世界的客观刻画,并不被一种背景的显然性所影响,但是在实际因果中追求客观性却是一个错误,Hitchcock and Knobe(2009)认为实际因果这个概念的意义在于它所包含的"选择性"。当我们从那么多实际的原因中挑选出一个,并贴上"实际原因"的标签的时候,有很多实用和主观的因素决定了我们的挑选。所以(因果模型+规范性=实际因果)实际上就是(客观性+实用因素=实际因果)。

所以按照这个说法,我们可以说 HP-2005 和 HP-2015 得出的结论是符合我们期望的。但这个例子还是有问题,对下述理论的处理并不尽如人意。

(三)森林火灾的例子

我们通过森林火灾来看一下 HP-2005 和 HP-2015 之间的区别:

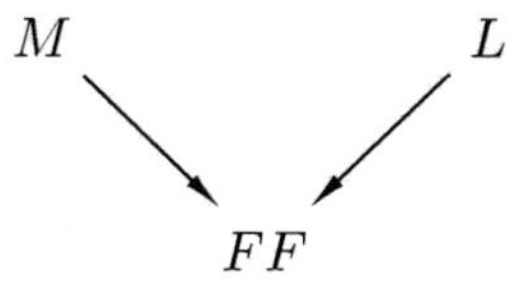

图 2 “森林火灾”的因果模型

注意,我们这里考虑的是析取的因果模型 $(M^d,(1,1))$,结构方程为: $FF = L \vee M$,实际的世界: $(L = 1,M = 1,FF = 1)$ 。“森林火灾”合取的因果模型不需要再考虑了,因为它和上面“原因和背景条件的例子”实质上是一样的。

1. HP-2005

· 证明 $L = 1$ 是 $FF = 1$ 的一个实际原因

我们取 $\vec{Z} = \{L,FF\}$, $\vec{W} = \{M\}$, $\vec{u} = (1,1)$,于是有:

$(M,(1,1)) \vDash [L = 0,M = 0](FF \neq 1)$

$(M,(1,1)) \vDash [L = 1,M = 0](FF = 1)$

于是得到见证: $(L = 0,M = 0,FF = 0)$,且有 $(L = 0,M = 0,FF = 0) > (L = 1,M = 1,FF = 1)$ 。

· 证明 $M = 1$ 是 $F = 1$ 的一个实际原因

我们取 $\vec{Z} = \{M,FF\}$, $\vec{W} = \{L\}$, $\vec{u} = (1,1)$,于是有:

$(M,(1,1)) \vDash [M = 0,L = 0](FF \neq 1)$

$(M,(1,1)) \vDash [M = 1,L = 0](FF = 1)$

于是得到见证: $(L = 0,M = 0,FF = 0)$,且有 $(L = 0,M = 0,FF = 0) > (L = 1,M = 1,FF = 1)$ 。

2. HP-2015

· 证明 $L = 1$ 是 $FF = 1$ 的一个实际原因

我们取 $\vec{Z} = \{L,FF\}$,这是必然的选择,因为我们要证明的是“ $L = 1$ 是否是 $FF = 1$ 的一个实际原因”,取 $\vec{W} = \{M\}$,当然我们还有一种选择取 $\vec{W}$ 为空集,但是因为按照 HP-2015 的要求, $\vec{W}$ 中变元的取值必须是其实际的值,所以取不取空集实际上是一样的,这里我们暂且假定: $\vec{W} = \{M\}$ 。于是有:

$(M,(1,1)) \vDash [L = 0,M = 1](FF = 1)$

所以我们不能证明 $L = 1$ 是 $FF = 1$ 的原因。

· 证明 $M = 1$ 是 $FF = 1$ 的一个实际原因

我们取 $\vec{Z}=\{M,FF\}$，这是必然的选择，因为我们要证明的是"$M=1$ 是否是 $FF=1$ 的一个实际原因"，取 $\vec{W}=\{L\}$，当然我们还有一种选择取 $\vec{W}$ 为空集，但是因为按照 HP-2015 的要求，$\vec{W}$ 中变元的取值必须是其实际的值，所以取不取空集实际上是一样的，这里我们暂且假定：$\vec{W}=\{L\}$。于是有：

$(M,(1,1)) \vDash [L=1,M=0](FF=1)$

所以我们不能证明 $M=1$ 是 $FF=1$ 的原因。

· 定义能够证明 $L=1 \wedge M=1$ 是 $FF=1$ 的一个实际原因

我们取 $\vec{Z}=\{L,FF,M\}$，$\vec{W}=\varnothing$，于是有：

$(M,(1,1)) \vDash [L=0 \wedge M=0](FF \neq 1)$，

于是得到见证：$(L=0,M=0,FF=0)$，且有 $(L=0,M=0,FF=0) > (L=1,M=1,FF=1)$。

3. Halpern (2015)

哈尔彭在上文中提出了一种添加因果变元来解决更新定义和修改定义得出结论不符合的方法，他认为原先的模型还是不能准确地表达全部信息，因为模型中没有体现到底是 $L=1$ 导致了这场火灾，还是 $M=1$ 导致了这场火灾，或者 $L=1$ 和 $M=1$ 共同导致了这场火灾，才使得我们在判断原因的时候很无助，所以引入三个变元来表示上述三种情形：$A=L \wedge \neg M$（$L=1$ 导致了这场火灾），$B=\neg L \wedge M$（$M=1$ 导致了这场火灾），$C=L \wedge M$（$L=1$ 和 $M=1$ 共同导致了这场火灾），新的因果图如下：

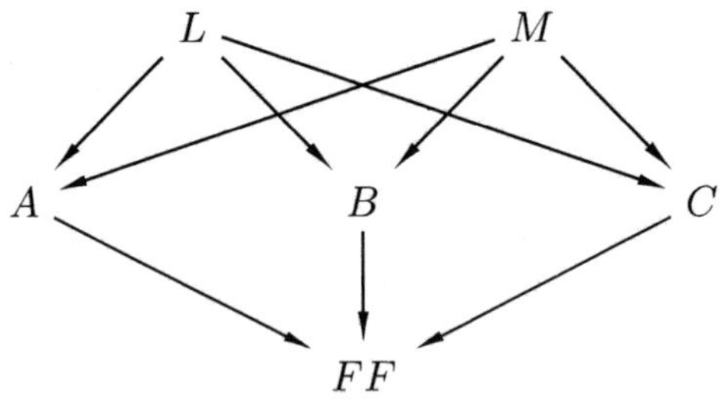

图3 改进的因果图

结构方程：$A=L \wedge \neg M$，$B=\neg L \wedge M$，$C=L \wedge M$，$FF=A \vee B \vee C$

实际世界：$(L=1,M=1,A=0,B=0,C=1,FF=1)$

a. HP-2005

· 证明 $L=1$ 是 $FF=1$ 的一个实际原因

我们取 $\vec{Z}=\{L,C,FF\}$，$\vec{W}=\{A,B,M\}$，于是有：

$(M,(1,1))\models[L=0,A=0,B=0,M=1](FF\neq 1)$，

$(M,(1,1))\models[L=1,A=0,B=0,M=1](FF=1)$（注意：根据 HP-2005 的定义，集合 $\{A=0,B=0,M=1\}$ 的任意子集也要满足这个公式，显然是成立的，因为不管对集合 $\{A=0,B=0,M=1\}$ 如何选择，$C=1$ 必然会使得 $FF=1$）。

· 证明 $M=1$ 是 $FF=1$ 的一个实际原因

我们取 $\vec{Z}=\{M,C,FF\}$，$\vec{W}=\{A,L,B\}$，于是有：

$(M,(1,1))\models[M=0,A=0,L=1,B=0](FF\neq 1)$，

$(M,(1,1))\models[M=1,A=0,L=1,B=0](FF=1)$。

b. HP-2015

· 证明 $L=1$ 是 $FF=1$ 的一个实际原因

我们取 $\vec{Z}=\{L,C,FF\}$，$\vec{W}=\{A,B,M\}$，于是有：

$(M,(1,1))\models[L=0,A=0,B=0,M=1](FF\neq 1)$。

· 证明 $M=1$ 是 $FF=1$ 的一个实际原因

我们取 $\vec{Z}=\{M,B,FF\}$，$\vec{W}=\{A,L,C\}$，于是有：

$(M,(1,1))\models[M=0,A=0,L=0,B=0,C=0](FF\neq 1)$。

需要注意的是，HP-2005 和前面的几个证明都不一样的地方在于，前面的几个例子中，在集合 $\vec{W}$ 中的变元所取的值都是其实际的值，而在这个例子中，为了看到闪电的效应，我们必须考虑纵火犯纵火未成的偶然情况，在集合 $\vec{W}$ 中的变元所取的值都是非实际的值。

根据 HP-2005 的理论，$L=1$ 或者 $M=1$ 都是 $FF=1$ 的实际原因，但是根据新的 HP-2015，$L=1$ 或者 $M=1$ 只是实际原因的一部分。这是一个很尴尬的结论，哈尔彭坚持 HP-2005 的理论十年，认为通过他的理论所得出的 $L=1$ 或者 $M=1$ 都是 $FF=1$ 的实际原因是对的，现在根据新的 HP-2015 理论，他得不出上述的结论，那只能试图来说明，得不出上述的结论也没有关系，$L=1\wedge M=1$ 是 $FF=1$ 的实际原因也符合直觉，也是对的。

而对于过度决定的问题，我认为基本想法应该是：导致这样一个结果的

事件分别都是原因,但是随着原因数目的增加,心理上认为是原因的那个分量在不断下降。希望的理论是一个能够实现这个基本想法的理论。

我们似乎圆满地解决了问题,通过添加变元,修改因果模型,我们成功使得 HP-2005 和 HP-2015 得到了一致的结论,而且这里结论也有其合理的地方。哈尔彭也强调"这是 HP-2015 的一个特征,而不是一个缺点(bug)"(Halpern 2015, 7)。但是我还是觉得并不满意,就是这种结论会不会只是为了解决这个问题而刻意建构出来的,因为 A,B,C 完全不是一种对于事实情境的模拟(至少通常在构造模型的时候,我们所选择的变元是对现实情境的模拟),而是一种逻辑的构造(霍尔[Hall 2007])在文章中强调一种对于现实情境的"划分"来构造变元),如果认可这个因果模型对于问题的解决,就意味着认可逻辑的构造变元在因果模型中的可行性,那样会不会引起很多其他的问题呢?而且在这个修改模型中的证明也没有引入规范性,是不是意味着我们在某些时候就不需要考虑规范性,那就要说清楚何时需要引入规范性,何时不需要引入规范性。

在我看来第一个模型是没有问题的,不需要修改,恰恰是 HP-2015 本身需要修改,我将在后面详细阐述我的观点。

(四)虚假阻止

"虚假阻止"的例子与析取模型的森林火灾的例子同构,我们先来看一下它的结构方程和因果图:

表 7 "虚假阻止"案例所对应的因果图

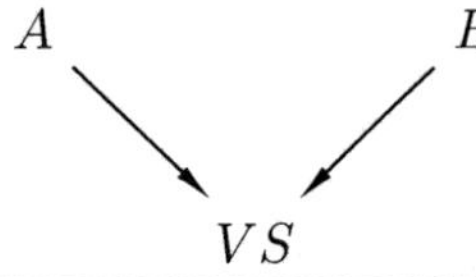	$VS = \neg A \vee B$
实际的世界:($A = 1, B = 0, VS = 1$)	
$A = 0$ 是 $VS = 1$ 的实际原因的见证:($A = 1, B = 0, VS = 0$) $B = 1$ 是 $VS = 1$ 的实际原因的见证:($A = 1, B = 0, VS = 0$)	

$A = 1$ 表示的是杀手投毒,$B = 1$ 表示的是保镖放解药,$VS = 1$ 表示的是受害人活了下来。

我们首先看看这个模型是怎么和上面的森林火灾的模型同构的。

a. 如果我们认为默认状态是活,偏离状态是死,那么 $A = 1$ 表示的是杀手投毒，$B = 1$ 表示的是保镖放解药，$VS = 1$ 表示的是受害人死。那么结构方程就是：$VS = A \wedge \neg B$。

b. 如果我们修改一下设定：$A = 1$ 表示的是杀手投毒，$B = 1$ 表示的是保镖放解药，$VS^* = 1$ 表示的是受害人活。那么结构方程就是：$VS^* = \neg A \vee B$。

c. 如果我们再修改一下设定：$A^* = 1$ 表示的是杀手不投毒，$B = 1$ 表示的是保镖放解药，$VS^* = 1$ 表示的是受害人活。那么结构方程就是：$VS^* = A^* \vee B$。

1. HP-2005

· 证明 $A = 0$ 是 $VS = 1$ 的实际原因

我们取 $\vec{Z} = \{A, VS\}$，$\vec{W} = \{B\}$，$\vec{u} = (0,1)$，于是有：

$(M,(0,1)) \vDash [A = 1, B = 0](VS \neq 1)$

$(M,(0,1)) \vDash [A = 0, B = 0](VS = 1)$

于是得到见证：$(A = 1, B = 0, VS = 0)$，根据 Halpern and Hitchcock (2015) 的思路，他们就给出结论说，$(A = 1, B = 0, VS = 0)$ 和实际的世界 $(A = 0, B = 1, VS = 1)$ 不可比。所以我们不能证明 $A = 0$ 是 $VS = 1$ 的实际原因。

· 证明 $B = 1$ 是 $VS = 1$ 的实际原因

我们取 $\vec{Z} = \{B, VS\}$，$\vec{W} = \{A\}$，$\vec{u} = (0,1)$，于是有：

$(M,(0,1)) \vDash [B = 0, A = 1](VS \neq 1)$

$(M,(0,1)) \vDash [B = 1, A = 1](VS = 1)$

于是得到见证：$(A = 1, B = 0, VS = 0)$，同样根据 Halpern and Hitchcock (2015) 的思路，$(A = 1, B = 0, VS = 0)$ 和实际的世界 $(A = 0, B = 1, VS = 1)$ 不可比。所以我们不能证明 $B = 1$ 是 $VS = 1$ 的实际原因。

2. HP-2015

· 证明 $A = 0$ 是 $VS = 1$ 的实际原因

我们取 $\vec{W} = B$（我们还有一个选择就是取空集，但是两个选择实质上是一样的），于是有 $(M,(0,1)) \nvDash [A = 1, B = 1](VS \neq 1)$。所以我们不能证明 $A = 0$ 是 $VS = 1$ 的实际原因。

· 证明 $B = 1$ 是 $VS = 1$ 的实际原因

我们取 $\vec{W} = A$（我们还有一个选择就是取空集，但是两个选择实质上是一样的），于是有 $(M,(0,1)) \nvDash [B = 0, A = 0](VS \neq 1)$。所以我们不能证

明 $B = 1$ 是 $VS = 1$ 的实际原因。

HP-2005,HP-2015 都证明了我们不能判断杀手不放毒是不是受害人活的原因,也不能判定保镖放解药是受害人活的原因。鉴于我们的直觉在这个例子上面的混乱,我觉得这个结果未尝不是一个可以接受的结果。

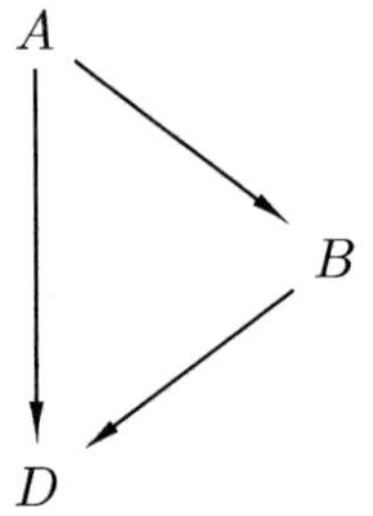

图 4　早期先发制人的因果图

(五) 早期先发制人

$A = 1$ 表示杀手 A 开枪,否则取值为 0; $B = 1$ 表示杀手 B 开枪,否则取值为 0; $D = 1$ 独裁者死,否则取值为 0。

这个因果模型的结构方程为:

$$B = \neg A$$

$$D = A \vee B$$

实际背景 $\vec{u} = (1)$,实际世界: $A = 1, B = 0, D = 1$ 。

1. HP-2005

· 证明 $A = 1$ 是 $D = 1$ 的实际原因

我们取 $\vec{Z} = \{A, D\}$, $\vec{W} = \{B\}$,于是有:

$(M, (1)) \vDash [A = 0, B = 0](D \neq 1)$

$(M, (1)) \vDash [A = 1, B = 0](D = 1)$

于是得到见证: $(A = 0, B = 0, D = 0)$,显然我们有: $(A = 0, B = 0, D = 0) > (A = 1, B = 0, D = 1)$ 。

· 证明 $B = 0$ 不是 $D = 1$ 的实际原因

我们取 $\vec{Z} = \{B, D\}$, $\vec{W} = \{A\}$ ($\vec{W}$ 也可以取空集,并没有实质区别),不存在一个 A 的取值使如下的等式成立:

$(M, (1)) \vDash [B = 1, A = ?](D \neq 1)$

所以我们证得 $B=0$ 不是 $D=1$ 的实际原因。

2. HP-2015

· 证明 $A=1$ 是 $D=1$ 的实际原因

我们取 $\vec{Z}=\{A,D\}$，$\vec{W}=\{B\}$，于是有：

$(M,(1))\vDash[A=0,B=0](D\neq 1)$

于是得到见证：$(A=0,B=0,D=0)$，显然我们有：$(A=0,B=0,D=0)>(A=1,B=0,D=1)$。

· 证明 $B=0$ 不是 $D=1$ 的实际原因

我们取 $\vec{Z}=\{B,D\}$，$\vec{W}=\{A\}$（$\vec{W}$ 也可以取空集，并没有实质区别），不存在一个 A 的取值使如下的等式成立：

$(M,(1))\vDash[B=1,A=?](D\neq 1)$

所以我们证得 $B=0$ 不是 $D=1$ 的实际原因。

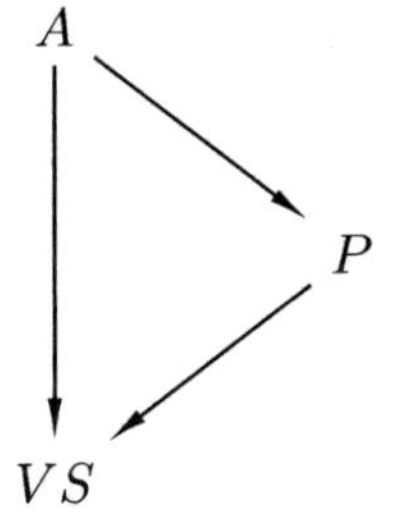

图 5 短路的因果图

（六）短路

结构方程为：

$$P=A$$
$$VS=A\vee\neg P$$

实际背景：$\vec{u}=(1)$，实际世界：$(A=1,P=1,VS=1)$

$A=1$ 表示保镖 1 号放解药，$P=1$ 表示保镖 2 号放毒药，$VS=1$ 表示受害人活着。

1. HP-2005

· 证明 $A=1$ 不是 $VS=1$ 的实际原因

我们取 $\vec{Z}=\{A,VS\}$，$\vec{W}=\{P\}$，于是我们有：

$(M,(1)) \vDash [A=0,P=1](VS \neq 1)$

$(M,(1)) \vDash [A=1,P=1](VS=1)$

于是我们有见证 $(A=0,P=1,VS=0)$,因为按照之前的约定,只有当一个保镖放了解药(即 $A=1$)的时候,另一个保镖才会放毒药(即 $P=1$),所以一个放了解药再放毒药的世界就比一个不放解药只放毒药的世界要规范,所以我们有:$(A=1,P=1,VS=1) > (A=0,P=1,VS=0)$,所以我们得到 $A=1$ 不是 $VS=1$ 的实际原因。

· 证明 $P=1$ 不是 $VS=1$ 的实际原因

我们取 $\vec{Z}=\{P,VS\}$,$\vec{W}=\{A\}$ ($\vec{W}$ 也可以取空集,但是正如下面所看到的,取任何值都没有用),不管 A 取什么值都不能够使得下面这个式子成立:

$$(M,(1)) \vDash [P=0,A=?](VS \neq 1)$$

所以 $P=1$ 不是 $VS=1$ 的实际原因。

2. HP-2015

· 证明 $A=1$ 不是 $VS=1$ 的实际原因

因为在 HP-2005 中 P 取值就是实际值,所以证明过程一样。即同样可以证明:$A=1$ 不是 $VS=1$ 的实际原因。

· 证明 $P=1$ 不是 $VS=1$ 的实际原因

和 HP-2005 中的证明一样,不管 A 取任何值,式子 $(M,(1)) \vDash [P=0,A=?](VS \neq 1)$ 都不成立,所以同样可证:$P=1$ 不是 $VS=1$ 的实际原因。

五 进化版的 HP-2015

下述 HP-2015 定义的修改思路主要来源于霍尔(Hall 2007),他认为原因和结果之间的依赖关系被一些不重要的结构给掩盖了,所以需要一种“还原”把那些不重要的事件结构从我们的分析中隐去,让真正的依赖关系凸现出来。这种还原要求改变一个或者多个外在变元的取值,再根据结构方程依次更新其他变元的值,取偏离值的(deviant)变元可以回到默认(default)的值,但是不能让取默认值的变元回复到偏离的值，否则就不是一个还原①。如果在这种还原之后，两个事件有依赖关系，我们就说它们有因果关系。

我们试图把这种思想体现在 HP-2015 的定义之中。当我们确定一个集合 $\vec{W}$，其中的变元可以取实际的值，正如 HP-2015 所要求的那样，也可以让它们取还原的值（如果有的话），但是霍尔文章中的还原是一个“状况”（situation）的还原，实际上与结构方程模型中的一个“世界”的概念相互对应，于是我们给出如下的定义：

定义 5（实际世界的还原）存在一个 V 的划分 $\{\vec{Z},\vec{W}\}$，一个实际世界的还原是对 U 中所有外在变元的一次重新赋值，并根据结构方程更新所有内在变元的取值，需要满足的条件是：

1. $\vec{Z}$ 中变元的取值依然是其实际的取值；

2. 我们用 $\overrightarrow{w'}$ 表示的是重新赋值之后集合 $\vec{W}$ 中变元的取值，如果 $(M,\vec{u}) \vDash (\vec{W} = \overrightarrow{w^*})$，那么 $\vec{W} = \overrightarrow{w'} \geqslant \vec{W} = \overrightarrow{w^*}$。

定义 6（集合的规范）任何一个集合 $\vec{W}$，如果 $\vec{W} = \overrightarrow{w'} \geqslant \vec{W} = \overrightarrow{w^*}$，那么任意 $B \in \vec{W}$，$B = \overrightarrow{w'} \geqslant B = \overrightarrow{w^*}$ ②

有了上面的定义准备，我们就可以给出 HP-2015 进化版的因果定义了：

定义 7（实际因果［2015 进化版］）$\vec{X} = \vec{x}$ 在因果设定 $(M,\vec{u})$ 中是 φ 的**一个实际原因**，如果如下三个条件成立：

AC1　$(M,\vec{u}) \vDash (\vec{X} = \vec{x})$ 和 $(M,\vec{u}) \vDash \varphi$。

AC2　(b^i). 存在 V 中的变元集合 $\vec{W}$ 和 X 中的变元的设定 $\overrightarrow{x'}$ 使得：存在实际世界的一个还原，且 $(M,\vec{u}) \vDash [\vec{X} \leftarrow \overrightarrow{x'}, \vec{W} \leftarrow \overrightarrow{w'}] \neg \varphi$，$s_{\vec{X}=\overrightarrow{x'},\vec{W}=\overrightarrow{w'},\vec{u}} \geqslant s_{\vec{u}}$。

AC3　$\vec{X}$ 是极小集；即不存在 $\vec{X}$ 的严格子集 $\overrightarrow{X'}$ 使得 $\overrightarrow{X'} = \overrightarrow{x'}$ 满足条件 AC1 和 AC2，其中 $\overrightarrow{x'}$ 是 $\vec{x}$ 在 $\vec{X}$ 中的变元的限制。

上述一大堆定义搞得非常复杂，但是其实背后的直觉非常简单，我们固定偏离路径的取值为其实际的值，看看结果是不是反事实依赖于原因，或者我们固定偏离路径的值为其默认的值，并且要求得到这个默认值是通过改变

① 这是霍尔在文章（Hall 2007, 53）中所提到的合乎法则的可能变化（nomologically possible variant）的关键所在。

② 需要注意的是，这里我们滥用了表达方法，$B = \overrightarrow{w'}$ 表示的是 B 的赋值和 $\vec{W} = \overrightarrow{w'}$ 中 B 的赋值相同。

一个外在变元的值,按照结构方程顺序得到其他的值,但是这个过程中不会发生实际取默认值的变元在重新赋值之后取偏离的值这种情形,一旦我们剔除掉一些真正的干扰结构,又能看到它们之间存在一种反事实依赖,那么存在相应的因果关系。具体的流程图如下:

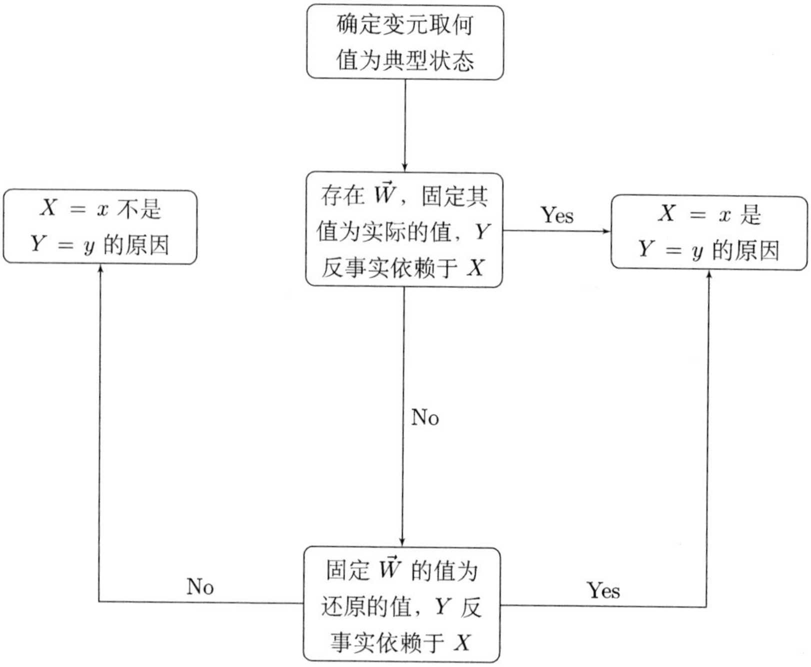

图 6 HP-2015 改进版的流程图

下面我们来进一步检测它的效应。

1. 缺失因果的例子

用 HP-2015 的方法就可以得到我们想要的结果。

2. 原因和条件背景的例子

用 HP-2015 的方法就可以得到我们想要的结果。

3. 森林火灾的例子

· 证明 $L = 1$ 是 $FF = 1$ 的一个实际原因

我们取 $\vec{Z} = \{L, FF\}$,取 $\vec{W} = \{M\}$,存在 $\vec{W}$ 的一个还原使得 $M = 0$,于是有:

$(M,(1,1)) \vDash [L=0,M=0](FF \neq 1)$

于是得到见证：$(L=0,M=0,FF=0)$，且有 $(L=0,M=0,FF=0) > (L=1,M=1,FF=1)$。

· 证明 $M=1$ 是 $FF=1$ 的一个实际原因

我们取 $\vec{Z}=\{M,FF\}$，取 $\vec{W}=\{L\}$，存在 $\vec{W}$ 的一个还原使得 $L=0$，于是有：

$(M,(1,1)) \vDash [L=0,M=0](FF \neq 1)$

于是得到见证：$(L=0,M=0,FF=0)$，且有 $(L=0,M=0,FF=0) > (L=1,M=1,FF=1)$。

4. 虚假阻止的例子

· 证明 $A=0$ 是 $VS=1$ 的实际原因

我们取 $\vec{Z}=\{A,VS\}$，$\vec{W}=\{B\}$，$\vec{u}=(0,1)$，我们有 $\vec{W}$ 的一个还原使得 $B=0$，于是有：

$(M,(0,1)) \vDash [A=1,B=0](VS \neq 1)$。

于是得到见证：$(A=1,B=0,VS=0)$，同样可以根据 Halpern and Hitchcock (2015)的思路，认为 $(A=1,B=0,VS=0)$ 和实际的世界 $(A=0,B=1,VS=1)$ 不可比。所以我们不能证明 $A=0$ 是 $VS=1$ 的实际原因。

· 证明 $B=1$ 是 $VS=1$ 的实际原因

这个证明思路和 HP 2015 的证明思路是一样的，兹不赘述。

5. 早期先发制人

· 证明 $A=1$ 是 $D=1$ 的实际原因

证明的思路和 HP-2015 一样。

· 证明 $B=0$ 不是 $D=1$ 的实际原因

证明的思路和 HP-2015 一样。

6. 短路

· 证明 $A=1$ 不是 $VS=1$ 的实际原因

证明的思路和 HP-2015 一样。

· 证明 $P=1$ 不是 $VS=1$ 的实际原因

证明的思路和 HP-2015 一样。

六 结 语

表 8 三种定义结果一览表

		HP-2005	HP-2015	进化版 HP-2005
六个例子	缺省	√	√	√
	森林火灾	√	√	√
	过度决定	√	×	√
	虚假阻止	√	√	√
	前期先发制人	√	√	√
	短路	√	√	√
	直觉	×	√	√
	计算复杂性	×	√	√
	对“偶然性”的限制	太自由	过于严格	中道

以上是我给出的证明。我所提出的进化版 HP-2015 的因果定义,不但可以获得和 HP-2015,HP-2005 同样的效力,解决它们能够解决的问题,而且能够解决它们不能很好解决的问题,特别是过度决定的问题(即上文中森林火灾的例子)。HP-2005 最大的问题在于它对于“偶然情形”没有很好的认识,偏离路径上变元的取值可以由规范性变到非规范性,也可以由非规范性变到规范性,完全离开了我们建立因果形式化理论的初始直觉;而 HP-2015 的定义相较于 HP-2005 更符合我们的直觉,但是在面对简单的过度决定的问题却只能束手束脚。笔者受霍尔因果理论的启发,他认为一个变元的取值所对应的状态,从非规范性(即偏离)到规范性(即默认)的转变在某种意义上是合理的,因为通过这个过程,把干涉依赖效应的一些多余结构给剔除了,得到了我们想要的“隐形依赖”,但是从规范性到非规范性的转变显然是不合理的,让一些状态从不存在到存在,显然是打开了“潘多拉的盒子”,会引入虚假的依赖。受霍尔这些观点的启发(重要的是他依靠这些想法,在处理用神经元图表达某些因果情形的时候势如破竹,解决了很多棘手的问题),我进一步改进了 HP-2015 的定义。引入霍尔的这个观念,既符合我们的直观,又在技术上

没有瑕疵，既能解决老问题又不产生新问题，我认为这是一个有效的改进。

参考文献

Beebee H. "Causing and Nothingness", Collins, J., Hall, N. and Paul, LA Causation and Counterfactuals[J]. 2004.

Dowe, Phil. 2007. *Physical Causation*. Cambridge University Press.

Hall, Ned. 2004. "Causation and Counterfactuals", edited by L. A. Paul, John Collins, Ned Hall, 225-276.9. MIT Press, Cambridge, MA.

——. 2007. "Structural Equations and Causation", *Philosophical Studies* 132 (1): 109-136.

Halpern, Joseph Y. 2008. "Defaults and Normality in Causal Structures", *KR*, 198-208.

——. 2015. "A Modification of the Halpern-Pearl Definition of Causality", *IJCAI*, 3022-3033.

Halpern, Joseph Y., and Christopher Hitchcock. 2010. "Actual Causation and the Art of Modeling", *arXiv Preprint arXiv: 1106.2652*.

——. 2015. "Graded Causation and Defaults", *The British Journal for the Philosophy of Science* 66 (2): 413-457.

Halpern, Joseph Y., and Judea Pearl. 2001. "Causes and Explanations: A Structural-Model Approach", in *Proceedings Ijcai-01*. Citeseer.

——. 2005. "Causes and Explanations: A Structural-Model Approach. Part I: Causes", *The British Journal for the Philosophy of Science* 56 (4): 843-887.

Hitchcock, Christopher. 2001. "The Intransitivity of Causation Revealed in Equations and Graphs", *The Journal of Philosophy* 98 (6): 273-299.

——. 2007. "Prevention, Preemption, and the Principle of Sufficient Reason", *The Philosophical Review* 116 (4): 495-532.

Hitchcock, Christopher, and Joshua Knobe. 2009. "Cause and Norm", *The Journal of Philosophy* 106 (11): 587-612.

Kahneman, Daniel, and Dale T. Miller. 1986. "Norm Theory: Comparing Reality to Its Alternatives", *The Psychological Review* 93 (2): 136.

Lewis, David. 1973. "Causation", *The Journal of Philosophy* 70 (17): 556-567.

——. 2004a. "Causation as Influence. Expanded Version", in *Causation and Counterfactuals*, pp. 75-106. Cambridge, MA: MIT Press.

——. 2004b. "Void and Object", in *Causation and Counterfactuals*, edited by John Collins, Ned Hall, and L. A. Paul, 277-290. MIT Press.

McGrath, Sarah. 2005. "Causation by Omission: A Dilemma", *Philosophical Studies* 123 (1-2): 125-148.

Menzies, Peter, and Huw Price. 1993. "Causation as a Secondary Quality", *The British Journal for the Philosophy of Science* 44 (2): 187-203.

Moore, Michael S. 2009. *Causation and Responsibility: An Essay in Law, Morals, and Metaphysics*. Oxford University Press.

Paul, Laurie Ann, and Ned Hall. 2013. *Causation: A User's Guide*. Oxford University Press.

Pearl, Judea. 2009. *Causality: Models, Reasoning, and Inference*. second edition. Cambridge University Press.

Schaffer, Jonathan. 2000. "Causation by Disconnection", *Philosophy of Science* 67 (2): 285-300.

Woodward, James. 2005. *Making Things Happen: A Theory of Causal Explanation*. Oxford University Press.

Extended Causal Models
—Problems of Isomorphism and It's Solution

Wu Xiao'an

Abstract: This paper mainly discusses one of the paths of the causal theory of structural equation models: the actual causal definition of Halper-Pearl. The main work is: First, HP-2015 defines how to deal with isomorphic problems after introducing normativity. Halpern still uses the HP-2005 definition in his article (Halpern and Hitchcock 2015), but there is no specific article to discuss in detail how to deal with previous problems after introducing normativity in the 2015 new definition.

Secondly, I think the conclusion of the HP-2015 definition in dealing with over-determination issues will be different from the conclusion he has insisted on for ten years, and his defense is pale, which is a shortcoming of the new definition.

Thirdly, inspired by Ned Hall's causal theory, I will present an evolutionary version of the HP-2015 definition, and I will prove that this evolutionary definition can deal with over-determination issues, and it can also deal with issues that HP-2015 could handle before, my improvement is reasonable.

Key words: Actual causation, Causal models, Structural equations, Halpern-Pearl definition

书讯

《唐文治经学论著集》(全六册)

唐文治著,邓国光辑释

上海:上海古籍出版社,2019 年

唐文治(1865—1954),字颖侯,号蔚芝,晚号茹经,江苏太仓人,曾任清朝农工商部左侍郎兼署理尚书,多次参与处理清王朝的外交事宜,并两次出洋处理政事,在此过程中了解到了西方国家的近代思想、教育状况,并对近代中国的思想教育现状进行了深刻反思。1906 年,唐文治先生决心退出政坛,致力于中国的教育改革,先出任了上海高等实业学堂(原名为南洋公学,今交通大学的前身)监督,后创办了国学专修馆,1949 年后改名为中国文学院。唐文治先生投身于中国教育事业近半个世纪,教学与著书并重,亲自编写了大量经学类的教材与著述,在中国近代思想史中,是经学与实业并重的重要人物。

本书为全国古籍整理出版专项资助项目,是继 2018 年出版《唐文治文集》之后推出的"唐文治集"第二种《唐文治经学论著集》。本书收录了唐文治经学著述 18 种,包括了《十三经提纲》《周易消息大义》《尚书大义》《诗经大义》《礼记大义》《大学大义》《中庸大义》《论语大义》《孟子大义》《孝经大义》等书,另外还附录了一些重要的单篇文章,其一生经学成就基本涵括无遗。这些著作大多是唐文治先生在民国时期于讲学过程中先后编写的,既有经学研究的意义,又蕴含着唐先生教学实践中的所悟所得,有助于人们更为深入全面地认识唐先生的学术精义。(陈曦)

哲学门(总第四十辑)
第二十卷第二册
北京大学出版社,2019 年 12 月

黑格尔,可理解的历史与自由

汤姆·洛克莫尔著,陈辞达译*

提　要:最重要的思想家有时恰恰是最难理解的思想家。在撰写关于黑格尔的文章时,必须清除对其立场的顽固歪曲,这些歪曲持续地阻碍我们进入文本。本文认为黑格尔不是一个宗教的思想家,而是一个现世的思想家,他提出了一种现世的历史观,将德国观念论通向知识的方式的一个版本应用于历史现象。黑格尔关于历史的概念是可理解的,其根源在于他对于历史的观念论思想是被建构的,因此也是可以被人类所认识的。如果像黑格尔所认为的那样,历史就是自由的前进,那么我们应该在现代国家的制度中承认自身。然而,这并不一定会发生。我将声称历史是可以被理解的,但其却未能实现人类的自由,因为尽管有可能,但事实上在现代国家的制度中我们承认自身不是必然的。

关键词:黑格尔　历史　自由　观念论

最重要的思想家有时恰恰是最难理解的思想家。在撰写关于黑格尔的文章时,必须清除对其立场的顽固歪曲,这些歪曲持续的阻碍我们进入文本。从某种意义上讲,马克思是黑格尔最重要的学生,也是将黑格尔作为背离实践的持续歪曲的根源,由此从马克思视野中核心的理论和实践问题来看,其同样也是黑格尔视野中的核心问题。通过对于黑格尔的一瞥,马克思就著名

* 汤姆·洛克莫尔(Tom Rockmore),1942 年生,北京大学哲学系人文讲席教授。陈辞达,1994 年生,北京大学哲学系宗教学系博士研究生。

地声称我们不仅需要解释世界,还需要改变世界。然而,在改变我们生活的世界方面,很少有哲学家能像黑格尔那样具有影响力。人们常说黑格尔的右翼和左翼学生在斯大林格勒的战场上相遇。黑格尔对历史的持续影响至少与任何其他哲学家一样巨大。

本文认为黑格尔不是一个宗教的思想家,而是一个现世的思想家,他提出了一种现世的历史观,将德国观念论通向知识的方式的一个版本应用于历史现象。我将要论证黑格尔的历史概念是可理解的,它植根于他所建构的、人类可以认识的历史的观念论思想。如果像黑格尔所认为的,历史就是自由的前进,那么我们就应该在现代国家的制度中承认自身。然而,这并不一定会发生。我将声称历史是可以被理解的,但其却未能实现人类的自由,因为尽管有可能,但事实上在现代国家的制度中我们承认自身不是必然的。

一　关于黑格尔的宗教解读

据说很少有思想家像康德那样不好理解。这一点对于黑格尔也是适用的,包括他的历史概念。在某种程度上,这是因为,与他对美学的观点相比,我们没有黑格尔已出版的关于历史的著作,而是必须从各种来源所整理的他的讲义中来发现这一点。这部分也是因为黑格尔是一个德国观念论者,而德国观念论尽管经过了两个多世纪的深入研究,但在很大程度上仍然是未知的。20世纪初,随着分析哲学在英格兰的兴起,摩尔(G. E. Moore)提出,所有观念论者都否认外部世界的存在。这一意见导致了一个多世纪以前对观念论的分析的封锁,这种封锁从未被解除,并显然阻碍了对于观念论理论的理解。在一部重要的著作中,斯特劳森(Strawson)提出了一种不带观念论色彩的对于康德的解读。值得一提的是,在我们这个时代,分析性的思想家正在转向(或回归)黑格尔,但这个黑格尔是不带观念论色彩的(如麦克道尔[McDowell]、布兰登[Brandom]、斯蒂克勒·韦托弗[Stekeler-Weithofer],但不包括雷丁[Redding]),这就好像不考虑一个思想家的中心主题在某种方式上可以使得其更容易被理解一样。

根据康德的观点,我们不能根据从语境中提取的段落来解释一个思想家,而应该从整体的思想上来解释。然而,即使是在中心主题上也没有达成一致,在批判哲学中仍然鲜活或死亡的东西上面也没有达成一致,除了认为康德是一个非常重要的思想家之外,没有就任何别的方面达成一致。对于黑格尔来说也是如此,他被广泛研究但可以说却没有被更好地理解。

关于黑格尔的两个错误的传说尤其阻碍了人们对已有困境的理解。一个观点是认为他把当时的德国视为历史的终结。然而,他所指的德国,不仅仅是他那个时代的普鲁士王国,而且是神圣罗马帝国中所出现的社会背景。这后来演变成教会和国家之间的对立,最终导致了新教改革,一直延伸到黑格尔时代并得到了他的确认。[①] 正确的理解是,正如他所认为并明确说到的,太阳从东方升起,但在欧洲达到顶峰,这是历史的终结。然而,他同样,也许是前后不一致地,指出美国是未来之地。另一个传说的观点是他对历史采用了一种神学的方法。

黑格尔经常被描绘成一个宗教的思想家,但我认为这是错误的。由右翼黑格尔主义者制定的神圣的宗教解释,被青年黑格尔派成员所采纳并被马克思主义者在辩论中继续蓬勃发展。这里有两个例子。哈特曼(Hartman)认为黑格尔的"整个世界体系"是一种"神学"。[②] 胡克(Hook)认为,对于黑格尔来说,历史是"上帝的自传"。[③] 然而,关于黑格尔用神学对于历史进行分析的认识是不正确的。因为如果主体是上帝,那么人类在历史中发展的认识也不能是正确的。如果主体不是有限的人类而是无限的上帝,那么历史既不能是可理解的,也不能是人类自由在其中所达到的历史。

如果黑格尔是一个宗教思想家,那么相对哲学来说,他就更喜欢宗教,但事实并非如此。例如,在《精神现象学》中,黑格尔从认识论的角度描述宗教,认为宗教致力于表象,这是一种缺乏知识的形式,因为表象会在哲学概念中被取代。根据黑格尔的说法,哲学知道唯有宗教寻求知道的东西。

黑格尔的历史概念也有类似的观点。被作为宗教思想家所广泛理解和批评的黑格尔,对历史现象提供了一种非常有趣的现世的方法。黑格尔被普遍地称为是一个基督教思想家,但这可能是错误的。甚至有人认为,他的整

---

① Hegel, G. W. F., *The Philosophy of History*, trans. J. Sibree, New York: Willey, 1900, p. 344.

② Hegel, G. W. F., *Reason in History*, translated by Robert Hartman, LLA, 1953, p. xvi.

③ Hook, Sidney., *From Hegel to Marx*, New York: Humanities Press, 1950, p. 36.

个立场是一种对于上帝存在的本体论证明。

黑格尔死后,右翼黑格尔主义者对黑格尔对于哲学的基督教方法加以颂扬,青年黑格尔派成员将这一点作为正确的加以接受但拒绝其作为一种方法。从基督教的观点来看,人类的历史是从上帝那里堕落和回归的记录。然而,如果这是对基督教观点的准确陈述,那么就历史而言,黑格尔根本不是一个基督教思想家。

例如,被洛维特(Löwith)[1]所采用的常见的基督教历史观,作为任何种类历史的基本概念模型,从根本上与黑格尔的方法格格不入。黑格尔在基督教方面是非常有见识的,但不是对其有利的,而是非常批判的。他认为,只有在宗教改革之后,基督教精神才获得了真理和真实,并且政治生活第一次开始以理性为基础。[2] 虽然他注意到神圣罗马帝国被教会吞并了,但他认为基督教通过十字军东征达到顶峰,这是对宗教和神圣精神的歪曲。[3] 黑格尔认为,只有在越来越世俗化的时期,即艺术终结的时期,人类才成功地将神性元素融入其自身的地位。[4]

有人可能会说,尽管如上所述,但黑格尔所捍卫的历史观特定来说仍然是基督教的。然而黑格尔事实上明确地说,精神的理想能够并且事实上必须实现,正如他只从世俗原则中来描写一样。[5] 事实上,这是必要的,因为他认为只有当教会和国家之间的对立通过新教改革得到解决并有利于后者时,自由才能在国家中实现。从这个意义上说,黑格尔不是一个特定的基督徒,而清晰地是一个后基督教思想家。

显然,黑格尔并没有任何像基督教那样的标准宗教观,甚至也没有基督教的历史观。如果黑格尔持有我们所熟悉的宗教的历史观,那么我们就不会认识我们自己,而是通过认识历史来认识上帝。然而,要将基督教的上帝观与一种历史的知识理论相统一是困难的,也许是不可能的,并且无论如何,把

---

① Löwith, Karl., *Meaning in History: The Theological Implications of the Philosophy of History*, Chicago: University of Chicago Press, 1957.

② Hegel, *The Philosophy of History*, p. 345.

③ Ibid., p. 394.

④ Ibid., p. 407.

⑤ Ibid., p. 109.

一种基督教的历史观或者历史的认识归于黑格尔都是错误的。

如果上帝是人类历史的主体,那么就不能说人类知道它。基督教的上帝被认为是不可捉摸的,超越人类知识的,如果有可以知道的东西的话,只能够通过类比。如果是这样的话,那么人类个体的生命将不会是毫无意义的,而是只有通过回归上帝才是有意义的。这种推论经常被否定。因此,莎士比亚著名的比喻将人类生活比作"由一个白痴所说的故事或讲述,充满了噪音与愤怒,毫无意义"。

根据黑格尔的观点,历史不是开启向上帝回归的道路,而是开启向自由的理念进步的道路。黑格尔把历史理解为人类历史,由有限的人类所创造的历史,因此是可知的,采取了一种对于历史的现世的方法。他认为历史现象是从一系列人类行为中产生的,因此,他大概同意英国诗人蒲柏(Pope)的观点,蒲柏的名言是:"于是认识你自己,而不以神为尊,/对人类的正确研究就是人。"

二 德国观念论的认知理论与人类历史

要开始理解黑格尔的历史概念,关键是要把握他对历史的方法,即不忽视宗教,但基本上是现世的方法。黑格尔对于历史知识的概念可以说是将一种德国观念论的认知概念的版本应用于历史领域。由于这种认知的概念并不广为人知,我现在将非常简要地描述它。

认知建构主义是德国观念论的核心主题。描述这种认识方法的一个简单方法是将它与柏拉图主义进行比较和对照。如果他真的有一个可以在现代意义上被识别的术语,我们不知道并且现在也不能确定柏拉图的立场。柏拉图主义,传统上归于柏拉图的立场,开启了臭名昭著的形式(forms)的理论道路。在《斐多篇》中,苏格拉底将这一理论作为标准科学的因果解释的替代物而提出。在因果的语言中,这一理论似乎非常现代,因为它授权一种从原因到结果的推论,而不是从结果到原因的推论。根据形式的理论,通过事物与形式或概念的关系,或从因果关系来解释的个体对象,不能通过从表象到真实,或从结果到原因的反向推论来认识。

在形式的理论基础之上,柏拉图以攻击各种模仿的艺术而闻名,因为艺术家不知道也无法知道他们仅仅模仿着的是什么东西。由于模仿是一种表象的形式,于是柏拉图驳斥了认识表象,由此也驳斥了一种对于知识的表象性方法。取而代之的是,他建议对于真实的直接直觉。在《理想国》中,他认为基于天性和教养,一些有天赋的人可以直接直觉到真实。

柏拉图与批判哲学之间存在着明显的联系。康德后来表明,我们可以比起认识自己更好地认识一个作家,并且表明他对柏拉图有深刻的理解(B 370)。我的假设是,无论是否是有意识的,批判哲学以及以其为直接背景,并在其巨大影响下所产生的后康德的德国哲学,及由此而来的所有德国观念论,都可以被理解为是一种承载了康德的核心认知洞察力的,即被称为哥白尼式革命的、超越批判哲学的努力。

康德的哥白尼转向是一种认知建构主义的形式。建构主义是一种次好的理论,它指的是对我们只能知道在某种意义上我们所建构的东西的洞察,它只有在认识的主要途径——直觉主义和表象主义——失败后才变得有趣。康德既反对表象,又反对直觉,因此,他放弃了两种对于独立于思维的真实的主要认识方法,因此,他放弃了认识真实的可能性,只把认知局限于现象。著名的哥白尼式革命,一个他从未用以描述自己立场的术语,但在他有生之年被用来指批判哲学,这表明我们只知道由认识者所"建构"的东西。通过这种方式,康德解释说,不是如何认识从未被说明过的真实,而是如何去认识现象。根据康德的观点,我们知道并且能够知道现象,因为我们是按照自己的计划来建构它们的。

康德沿着建构主义道路解决认知问题的努力,有助于回答德国观念论的两个核心问题:什么是德国观念论?谁是德国观念论者?一些评论者认为,德国观念论意味着沿着认识论基础主义路径解决知识问题的努力。如果这是正确的,那么康德就不会是一个观念论者,因为德国观念论只会在批判哲学之后才开始。从这个角度来看,在康德觉醒之后写作的认识论基础主义者莱因霍尔德将成为德国第一个观念论者。这种观点的另一个结果是,将不存在德国观念论。

如果我们想要维持一种被称为德国观念论的东西的存在,那么康德和后康德的德国观念论者就必须有一些共同点。他们的共同点是制定一种建构主义认知方法的努力。德国观念论的一个中心主题是由不同的人来共同完成建构主义认知方法的努力。康德提出了一种哥白尼式的认知方法。后康德的德国观念论则聚焦在阐释、批判、完成上,从而进一步推进康德的哥白尼式革命。这项任务以不同的方式吸引了所有德国观念论者的注意,包括马克思,从这个角度来看,马克思完全是德国观念论中的一员。

如果这是正确的,那么谁是德国观念论者的答案就很容易找到。德国观念论者包括康德,他是一系列关注制定建构主义认知方法的思想家中的第一人,也包括那些继续这项任务的思想家。换句话说,德国观念论恰好就是建立一种建构主义认知方法的努力。

三 黑格尔的认知建构主义

黑格尔的建构主义概念在《精神现象学》的导论中得到了阐述,后来又应用到历史、自然科学、美学以及其他认知领域。根据恩格斯由思想下降到世界,而事实上要反过来从世界上升到思想的观点,黑格尔被认为是忽视经验的。黑格尔的认知概念不是先验的,而是后验的,不是绝对真理,而是后验的,事实上明显是实验性的。黑格尔认为,理论是以概念(Begrife)的形式出现的,用以解释认知对象。对象和对象的概念,换句话说,理论和它要解释的对象都位于意识之中。然后,对于产生的以解释经验的理论进行检验,因此通过将理论与其在意识内部的认知对象相比较,对进一步的经验进行评估。这种检验有且只有两个可能的结果:要么理论符合经验的检验,这样,概念和对象就可以说是在黑格尔模糊地描述为同一和差异的一致性的地方相吻合;要么相反,理论没有通过经验的检验,必须重新制定。

在黑格尔的认知方法中,概念或理论与认知对象的关系是循环的。这个依赖于概念的对象,是作为认知框架的结果而在字面上构造的。这一概念是人们认识对象的努力的结果。康德建构主义的核心主题是,我们知道我们先验建构的东西,因此在经验之先并脱离于经验。对于认识采取一种后验方法的黑格尔认为,在意识层面上,我们只能认识我们在经验中并通过经验所建构的东西,而这是作为一个概念性框架建构来把握它的结果。在一定程度上,当我们知道概念和对象是同一的,但是,由于世界不是由主体构建的,而是独立于主体的,概念和对象也是非同一的,或者不相同的。认知主张既不被证明是先验的,它们也不是通过某种形式的基础主义来被证明的。它们是通过制定自我证明理论而被证明的。

四　黑格尔对于历史的建构主义方法

在黑格尔的历史方法中,他的一般建构主义方法被应用于知识。他关于未能从历史中学习的著名讽刺暗示我们可以也应该这样做。众所周知亚里士多德喜欢诗歌而不是历史,因为前者关注可能发生的事情,因此是普遍的,但是历史只发生一次,没有教训可教。现在,如果可以从历史中学习,那么在某种程度上,历史必须是可理解的,或是能够教导我们的。

黑格尔认为所有现象本质上都是理性的,因此可以被理性所掌握,这是他最古老的概念之一。例如,黑格尔在他的论文的第三部分的开头,强调了开普勒和牛顿对我们掌握行星轨道的贡献,在他发现精神概念之前,他在职业生涯开始时所使用的术语中,黑格尔就坚持,人类的理性可以并且实际上确实掌握了自然。①

正如黑格尔所指出的,对于那些理性地看待它的人来说,这个世界是理性的。② 黑格尔认为,哲学给历史带来的是理性,③它体现在历史中,人类通过这种理性发展和认识自己。在相关方面,黑格尔和马克思都致力于在黑格尔的"现实的是合乎理性的,合乎理性的是现实的"主张的基础上发展一种历史观,这也是他对历史可理解性观点的一个关键。黑格尔和马克思都致力于对历史现象的一种建构主义方法。

---

① "关于行星位移之间的关系,还有待于补充一些观察结果,这些似乎只是经验问题。事实上,它们不可能是与理性格格不入的度量或数量。因为我们对自然规律的追求,以及对自然规律的认识,都只是建立在这样一种信念之上的,即自然是由理性塑造的,我们相信所有自然规律的同一性。当那些通过经验和归纳来寻求规律的人遇到了看起来像规律的事物时,他们会为自己的发现、自然和理性在其中的一致而高兴,当其他的表象难以相适应时,他们会对先前的实验感到些许怀疑,并尽一切努力建立所发现结果之间的和谐。我们的主题,即行星的轨道,提供了一个恰当的例子:虽然行星的位移表明了一个算术级数,但不幸的是,自然界中没有一个行星对应于这个级数中的第五个成员,它被认为确实存在于火星和木星之间,但对我们是未知的,这是一颗穿越外太空的行星。现在人们正在急切地寻找它。"Hegel, G. W. F., *De orbitis planetarum*, translated from the Latin original by David Healan, Berlin and Yokohama, 2006.

② Hegel, *The Philosophy of History*, p. 11.

③ Ibid., p. 9.

建构主义也许是德国观念论的核心主题。黑格尔把建构主义和观念论联系在一起,明确地宣称我们所说的观念论指的是合乎理性的都是现实的。[①]黑格尔认为,现实的是合乎理性的,否则它就不可能被知道。更一般地说,历史是合乎理性的,因为含蓄地说,人类所做的一切根据定义来说都是合乎理性的。然而,不能由此推断是因为历史是合乎理性的,以及人类在历史语境中充分认识到自己,也不能由此推断人类是完全自由的。

黑格尔有着百科全书般的兴趣,非比寻常地博学。他的历史方法广泛借鉴了现代政治经济学、亚里士多德以及许多其他人的思想。在他对“需求系统”(System of needs)的描述中,他改写了亚当·斯密的“看不见的手”,其作为理性的狡计(cunning of reason)重新出现。他进一步将亚里士多德关于人类活动的概念改写为目的论的,作为现代工业社会的一种方法。在《尼各马可伦理学》中,亚里士多德提出了一种活动概念,这种概念后来作为根据人类的行为来理解人类的模板,以及作为不根据从堕落和回归上帝的视角,而是根据一个基本的世俗模式来理解社会和历史的模板。同样的模式后来被马克思所遵循和放大。像有时所说的那样,马克思自己模型的不同之处并不在于考虑现代社会的经济结构,这同样的主题也吸引了黑格尔的注意,而主要的不同在于强调在所谓的上层建筑的基础定理中松散捕捉到的经济维度。

黑格尔通过将人从康德在批判哲学设定的界限中解放出来,使人的理性重新得以恢复。黑格尔的建构主义历史观与维柯类似。维柯有一句名言,只有创造自然的上帝才能认识自然,而创造历史的人类能够认识历史。黑格尔和在他那个时代鲜为人知,但跟后来影响了马克思的维柯一样,认为我们认识人类历史是因为我们创造了历史。然而,黑格尔的观点比维柯的观点更为广泛,因为他认为我们可以知道一切发生在意识层面上的事情。

五 历史、自由和国家

黑格尔认为,历史本质上是目的论的。他认为历史的目的论是对自由观

① Hegel, G. W. F., *Phänomenologie des Geistes*, in Hegel-Werke, Frankfurt a. M.: Suhrkamp, 1971, volume III, p. 179.

念日益成长的意识。黑格尔认为,这一思想始于东方,结束于“欧洲”,更具体地说,是结束于“自我意识的太阳”,即“绝对的历史终结”。① 他的名句:“东方知道并且到现在只知道一个人是自由的;希腊和罗马世界知道有些人是自由的;德国世界知道所有人都是自由的。”②由于不应将自我意识和自由同等看待,因此这里存在深刻的模糊性。因为它并不意味着我们是否知道我们是自由的,也就是说,除了在自我意识层面之外我们也是自由的,也不意味着我们实际上在其他方面是自由的。

黑格尔对历史有着深刻的了解和兴趣,他和所有人一样,都依赖于在其历史时期所知道的东西。人们可能不想捍卫黑格尔的信念,即在君主政体中,一个人比在民主政体中所说的更为自由。如果我们现在阅读黑格尔以了解历史进程,我们可能还想将把目光从他对日耳曼世界的偏爱中移开视为最开明的举动,以便权衡他在 19 世纪早期所形成的一般历史方法的优点。

黑格尔的历史理论借鉴了许多其他观点。他认为历史的进步是自由意识的信念,是从康德的“关于世界性精神中的普遍历史的思想”中获得的。我们回想起康德的建议,他所说的“自然秘密计划的实现”在于“作为人类能力得以充分发展的唯一条件,即一个完美构成的国家”。③

黑格尔与康德的不同之处在于,他认为人类历史的发展不是通过某种秘密计划,不是通过自然,也不是通过天意,而是通过其目的往往不同于其结果的有限个体的行为。我们可以把黑格尔的理论重构为在历史中运转着一种理性的主张。没有什么人类所做的事情是非理性的,并且他们所做的一切都是合乎理性的。由于人类所做的一切都是合乎理性的,因此历史是合乎理性的。由于历史是合乎理性的,因此我们可以认识历史,也可以在历史语境中实现我们的目标。然而,历史的可理解性与人类自由的历史实现之间存在着差异。

历史的可理解性可以从不同的角度来理解。黑格尔认为,历史可以理解为人类自由观念在历史进程背后的渐进体现。马克思采取了更为集中因而

---

① Hegel, *The Philosophy of History*, p. 103.

② Ibid., pp. 103-104.

③ See the Eighth Proposition in Kant, Immanuel., *Kant's Idea For A Universal History With A Cosmopolitan Aim*, edited by Amélie Rorty, New York: Cambridge University Press, 2012, p. 19.

也更为狭窄的观点,可以被理解为在经济约束的范围内,通过人类的发展来识别历史理性。黑格尔显然对政治经济学有充分的了解,例如他在《法哲学》中就此进行的讨论。显然,他既非忽视也并非不了解现代世界的经济层面。然而,他可能会被解读为,虽然意识到但仍然低估了经济成分。相反,对于马克思而言,历史首先在理性基础上是不可理解的,而要在经济基础上来理解,更准确地说,是作为通过从资本主义向共产主义自由的过渡,或至少是在为自由而斗争的过程中可能被实现的一个重要新阶段的持续前进的经济过程的表达。

显然,黑格尔认为历史是自由观念的实现。然而,还不清楚"自由"在历史背景下究竟意味着什么。理解自由有不同的方式,因此有不同的方式将历史理解为向着自由的前进。一种是,如前所述,纯粹的,因此是抽象的自由意识,在这种情况下,自由将在于一种对自己的意识,而不带有任何社会变化。这是黑格尔历史观的一个维度。黑格尔可以被理解为在他的建议中指出了这一观点,即西方通过前者的自我意识而与东方不同。因此,《精神现象学》中的主奴辩证法的叙述,是我们这个时代许多解放运动的要素,可以从一个斯多亚派的视角解读为仅仅通过自我意识而取得的自由。萨特似乎在他的笛卡尔式自由观中举例说明了这种方法。① 然而,黑格尔的这段话也可以理解为,通过改变社会环境来实现社会自由的呼唤,必要时通过从自我意识出发的革命来实现,正如卢卡奇通过阶级意识的概念所提议的那样。② 在这种情况下,简单的自我意识不能替代对政治斗争的需要。

如果这是正确的,那么我们就有三种不同的自由模式:作为自我意识的自由,作为必需的基本社会社会变革的自由,以及作为现代国家社会结构中所实现的自由。后一种观点最初是在柏拉图的《理想国》中所制定的,黑格尔显然认为这仅仅是一种幻想。然而,柏拉图有理由把它作为一个本质上是理性的国家的概念蓝图。如果它能被实现,这样的一种国家对每个人都是有益的;它将建立在知识之上,因此是真实的;而且事实上,从柏拉图的角度来看,

① See Sartre, J.-P., "La liberté cartésienne", in *Situations* 1, Paris: Gallimard, pp. 314-327.

② See Lukács, Georg., *History and Class Consciousness*, translated by Rodney Livingstone, Cambridge: MIT Press, 1971.

它将是一件美丽的艺术品,也许是唯一美丽的艺术品。

六 黑格尔论人类自由与柏拉图式国家

柏拉图指出了一个问题,这个问题在后来的争论中得到了回应。被提及的从未得到解决的问题是,作为社会动物的人类应该如何理解他们与现代国家的关系。似乎有两种主要的可能性,以及许多中间的变化。一种可能性是个人在现代国家的制度中发现或认识自己,在这种情况下,从黑格尔的观点来看,他们是自由的,国家是可行的。另一种可能性是,个人在国家中找不到或认识不到自己,在这种情况下,他们是不自由的,国家是不可行的。

在现代,卢梭、黑格尔和马克思对这个问题提出了三种不同的回答,我们可以将其描述为前现代的、现代的以及或许是后现代的。卢梭提出了一个著名的建议,即个人要离开现代国家,在这个国家中,每个人都在字面上或至少象征性地处于枷锁之中,因此要离开以便在虚构的自然状态中恢复自己的自由。[①] 马克思提出,通过从资本主义到共产主义的过渡,可以在超越现代工业国家的经济限制方面获得自由。然而,尽管政治经济学显然是至关重要的,但自由并不完全是经济性的,即使这可能是通向有意义的自由形式的先决条件。

黑格尔所面临的困难是,对于卢梭在《社会契约论》中所描述的作为私利联合在其中的公意,以及他自己在国家体系中对自我的承认是如何可能的找到解决方案。根据黑格尔的观点,自由既不是在现代国家之前,也不是在现代国家之外,更不是再次超越现代国家,而是只在现代国家之内。

在康德看待道德个体的过程中,不难发现他把道德作为不同个体存在尺度上的最高点。黑格尔远远地追随康德,把现代国家作为道德在其制度中的化身。这种方法假定两点:第一,国家以制度化的形式有效地实现公共道德;第二,公民在这些制度中承认自己,因此在国家中,人们的利益和愿望可以这

---

① 黑格尔指出,自然状态并不比现代国家更好,而是更糟。"自然状态是……主要是不公正和暴力、不受约束的自然冲动、不人道的行为和感情。"Hegel, *The Philosophy of History*, p. 41.

样反映出来。如果这种情况发生，那么私人利益和共同利益是一致的，[①]因为国家是道德的典范。[②] 对于此种情况的发生，这是可能的但不是必要的，例如，由于国家体系可能无法体现，因而无法与其公民的利益相符合。在将现代国家视为对自由观念的一系列近似中，黑格尔与柏拉图相接近。从这个意义上说，黑格尔关于国家自由的观点类似于柏拉图式的城邦观念，作为实践理性的体现，因此本质上是符合理性的。另一种说法是，黑格尔显然接收了康德关于道德个体作为最高存在形式的理论观点，他通过亚里士多德的观点补充了这一观点，即道德是在具体的政治环境中发挥作用的。

黑格尔认为"国家是……理性自由的体现，以客观的形式实现和承认自己"[③]。一个例子可能是私有财产制度。黑格尔认为，现代国家的行为符合共有或共同意愿。然而，这种理论观点掩盖了这样一个事实，即这种政治上的统一并不总是，甚至不经常发生。现代国家经常被分裂，甚至可能大部分是分裂的，甚至威胁到它们作为一个政治实体的最低生存能力。

国家作为（个体在其中承认其自身的）道德具体体现的理论观点是一种社会实践的理论。在认知建构主义中，政治认同的前提是个人与国家相一致，即个人在国家的制度中承认自己，因此在国家中承认自己，因为国家实际上是以他者形式存在的自己。然而，如果在实践中发现真正存在的国家制度，即作为其本身的国家，低于黑格尔的理论主张或低于国家应该是的样子，那么就会出现一个困难。因为经常发生的是，实际存在的国家虽然在某种程度上显然是符合理性的，但在另一方面是不符合理性或者是不够符合理性的，因为它低于我们能够和应该期望的水平，或者再次与赋予构成人口重要部分以生命力的目标不相同，所以至多只有一些个体在国家中承认了他们自身。

认为历史有一个目的论式发展的观点很可能会变得更加合理，例如在许多情况下实现人类自由的过程，而且，由于这并非不相容的，在另一些情况下则未能实现。如果这是正确的，那么在许多情况下，有些人甚至许多人在政

---

① Hegel, *The Philosophy of History*, p. 24.
② Ibid., p. 38.
③ Ibid., p. 47.

治制度中不承认自己,这些制度不促进他们的自由,而是将阻碍人类全面发展的一种形式转变为另一种形式。最重要但并非唯一的自由形式是经济自由。

很难避免这样一种推论,即当个人发现自己置身于国家制度之中时,往往是有经济原因,而不仅仅是在紧要关头的理由。一个例子可能是各种各样的殖民主义,取代了所谓宗主国的更为明显的支配形式,等等。因此,历史进程中的帝国被殖民地所取代,殖民地后来则被与较发达国家的不同形式的特殊关系所取代,例如共同货币、特殊贸易关系、共同语言等。但是,归根到底,一方与另一方的关系,前宗主国与前殖民地的关系仍然几乎甚至就是一样的。

七　结论:黑格尔、人类自由与历史的可理解性

我现在得出结论。本文认为黑格尔合乎理性的历史观,是他的认知建构主义在整个德国观念论中的一种应用。它进一步表明,对于黑格尔而言,历史是可理解的,因为它是通过人类的行为构建的,行为总是合乎理性的,因此总是可以认知或理解的。

早些时候,我声称将特定的基督教甚至宗教的历史观归因于黑格尔是不正确的。然而,虽然黑格尔并没有形成一种特定的宗教历史观,但也许基督教19世纪的背景仍然是一种乐观的历史观,即我们不仅理解历史,而且把历史理解为人类进步的记录。虽然我们理解历史,但似乎不再像黑格尔时代那样清楚社会语境的发展必然会实现人的自由。一个明显的例子可能是我们熟悉的全球变暖,它是经济扩张的副产品,这扩张提高了许多人的生活水平,尽管在这个过程中还有许多人落下甚至远远落后。不难举出许多类似的例子,其中有些人的进步并不是其他人的进步,可以合理地说,只有一些个体可以说在现代国家的制度中承认了自己。简而言之,人类自由与历史的可理解性之间存在明显差异。

把这一点非正式地说出来,而不是用更熟悉但更严肃的专业哲学语言说出来,可能会有所帮助。根据理性的狡计,在现代世界的政治和社会中心的现代国家,我们想要的和我们得到的有时并不相同。对于黑格尔来说也是如此,他想通过在现代政治制度中寻求对自身的承认来展示我们是如何争取自

由的,然而,这种做法经常失败,因为在历史上我们最终所说的自由广泛不同于我们最终所经历的,尽管黑格尔似乎预先假定了,但它们只拥有极少的共同点。

Hegel, History as Intelligible and Freedom

Tom Rockmore

Abstract: The most important thinkers are sometimes those who are the most difficult to understand. In writing about Hegel, it is essential to clear away tenacious misrepresentations of his position, which continue to obstruct our access to the texts. This paper considers Hegel not as a religious but rather as a secular thinker, who advances a secular view of history in applying a version of the German idealist approach to knowledge to historical phenomena. I will be arguing that Hegel's conception of history as intelligible is rooted in his idealist conception of history as constructed and hence cognizable by human beings. If, as Hegel thinks, history is the progress of freedom, then we ought to recognize ourselves in the institutions of the modern state. Yet it is not necessary that this will occur. I will be claiming that history can be intelligible but fail to realize human freedom since, though it is possible, it is not necessary that we in fact ever recognize ourselves in the institutions of the modern state.

Key words: Hegel, History, Freedom, Idealism

书讯

《国王的两个身体:中世纪政治神学研究》

[德]恩斯特·H. 坎托洛维奇著,尹景旺译

上海:上海社会科学院出版社,2020年

19、20世纪之交德国思想界的丰饶土壤,孕育出了一批杰出的学术经典。《国王的两个身体》就是作者坎托洛维奇运用史学、法学、神学、文学、哲学、图像学等各个学科的方法和成果,综合丰富的思想史材料,精心构筑而成的一部璀璨之作。本书从"国王的两个身体"这一政治隐喻出发,呈现了从中世纪到近代早期主权国家及其象征形态(如王冠、尊荣、祖国等)的发展进程,展现了在政治体之永久性这个问题上,中世纪政治神学与世俗化民族国家之间的紧密关联,对20世纪后半叶的政治哲学与政治思想研究产生了广泛、深入而持久的影响。本书已于2018年1月由华东师范大学出版社出版了首个中译本,新译本附有一篇由法兰克福大学的坎托洛维奇研究者亚努斯·古迪安教授撰写的导读。

作者恩斯特·H. 坎托洛维奇(Ernst Hartwig Kantorowicz)是德裔美籍犹太人,20世纪最伟大的中世纪史学家之一,专研中古时代的政治史和思想史。他出身犹太富商家庭,一战时曾为德军服役,转战东方。战后彻底弃商从文,游学于德国各大学。纳粹上台后,他辗转来到了普林斯顿大学高等研究院,在那里写就了《国王的两个身体》(1957)。除这部集大成的经典著作之外,他还写了《大王弗里德里希二世》(1927)、《君王颂:礼仪性欢呼与中世纪的统治者崇拜》(1946)等。(肖京)

哲学门(总第四十辑)
第二十卷第二册
北京大学出版社,2019年12月

龙树之前的“二谛”论

孙海科*

提　要:“二谛”论赖中观派之力而发扬光大,但其并非中观派之创见。本文秉“辨章学术,考镜源流”之旨,由龙树《中论颂》“二谛”论入手,上溯求索,沿《奥义书》与佛典两条路径,对龙树之前的“二谛”论进行考察,睹其源流迁变。龙树“二谛”论与大品系般若经关系密切,二者对二谛的定义皆为“一法两表,知有深浅”,对同一法的知见因凡圣智慧差别而有浅深之分,故有世俗、胜义之别。“二谛”论外部渊源可溯至《大林间奥义书》关于两种谛的阐述,内部渊源可溯阿毗达磨文献。根据南北传阿毗达磨文献,世俗、胜义二分结构起初用于对有情“我”的辨析,后被说一切有部发展为对一切法的分析,世俗谛、胜义谛的划分则与四谛紧密相关。南传《论事》已提出应将谛细分为世俗谛、真谛,而大众部系安达派则无此二谛之分。诸部派所持“二谛”论的共同点为“两法相望,论其高低”,其所言世俗、胜义是两者而非一,此劣而彼胜。般若经典在性空论基础上对此前的“二谛”论进行创造性吸收,诞生了别具一格的新“二谛”论,为中观学发扬光大,成为大乘佛教的核心思想。

关键词:龙树　中论　二谛　论事　阿毗达磨

“二谛”之论,在中国得以显扬拔萃,多赖中观之力,然其并非中观学之创见。就汉译佛典来看,譬如西晋无罗叉译《放光般若经》云:“以众生习于世谛

---

*　孙海科,1985年生,北京大学哲学系博士研究生。

故,便有道之名号;于第一最要义者,无有分数”①,“如来以是故,欲度脱众生,以世俗因缘而说是教,非第一最义”②。显然,此处所云“世谛”“第一最要义”与龙树《中论颂》所言“二谛”无异。此外,现存《光赞般若经》虽非大品系般若经全译本,也出现了类似内容:“如是所言,因于世俗,言有所得而逮成道,五道亦然。方俗尽坏,不为真谛。”③然而“二谛”说传译虽早,惜彼时般若大义尚未昌明,二谛之论亦蒙尘不显。④ 逮及鸠摩罗什入关,盛传空宗之学,翻译龙树之作,二谛说始得光耀芒焰,广行于世。

如前所明,二谛论既非中观派之创见,那么其渊源何在,有何迁流演变,则是我们欲深入理解二谛论必须思考的问题。本文即秉“辨章学术,考镜源流”之旨,由龙树《中论颂》之“二谛”论入手,上溯求索,沿《奥义书》与佛典两条路径对龙树之前的“二谛”论进行考察。⑤

一 龙树《中论颂》与《般若经》之“二谛”论

龙树《中论颂》云:

> dve satye samupāśritya buddhānāṃ dharmadeśanā |
> lokasaṃvṛtisatyaṃ ca satyaṃ ca paramārthataḥ ||24.8||⑥
> 诸佛依二谛,为众生说法,一以世俗谛,二第一义谛。⑦

此偈颂的直接思想来源,在阿含/尼柯耶类经典中并未见到。部派佛教时期

---

① 无罗叉译:《放光般若经》卷十八,CBETA, T08, no. 221, p. 128, a19-23。

② 无罗叉译:《放光般若经》卷十七,CBETA, T08, no. 221, p. 118, c15-17。

③ 竺法护译:《光赞般若经》卷九,CBETA, T08, no. 222, p. 209, a6-8。

④ 早期大乘经典除《般若经》之外,世谛、第一义谛之二谛论在《十地经》《大般涅槃经》等经典中皆有出现。

⑤ 关于“二谛”论发展史的全面探讨,参见佐藤哲英:《阿含に於ける二諦関係の資料》(《宗学院論輯》1976年通号10)、《阿毘達磨論書に現はるゝ二諦説》(《宗学院論輯》1976年通号11)、《阿毘達磨論書に現はるゝ二諦説》(《宗学院論輯》1976年通号12)、《般若経に現はるゝ二諦》(《宗学院論輯》1976年通号18)。佐藤氏的研究全于佛教内典进行探讨,本文则尝试从外典、内典两条路径探其源流,考察佛教内典之时,则着重于前人未论及的问题。另有释如戒的《从原始佛教到阿毗达磨论书的二谛探讨》(福严佛学院第九届学生论文集·上册,2002)一文,梳理了《阿含经》和阿毗达磨论书中二谛相关内容。Chang-Qing Shih(释长清)的专著 *The Two Truths in Chinese Buddhism*(Delhi: Motilal Banarsidass, 2004),着重探讨中国佛教尤其是吉藏及三论宗学说中的二谛思想。

⑥ 叶少勇:《中论颂 梵藏汉合校·导读·译注》,上海:中西书局,2011年,第420页。

⑦ 鸠摩罗什译:《中论》卷四,CBETA, T30, no. 1564, p. 32, c16-18。

诸论书虽有言及二谛者,但与《中论》之二谛含义差别较大。原始佛典与早期论书中的"二谛"相关内容将在后文详谈。

进而检之于初期大乘般若类经典,首先从小品系经典开始探讨。[①] 小品系般若经(或曰《八千颂般若经》,*Aṣṭasāhasrikā Prajñāpāramitā*)——《道行般若经》《大明度经》《摩诃般若钞经》《小品般若经》《佛母出生三法藏般若经》以及现存梵文本[②]、已刊出的犍陀罗语残卷[③]均未出现"二谛"说,仅《大般若经·第四会》出现相关内容,但孤证难立,考虑到《第四会》的篇幅问题,[④]尚不能认定小品系般若经出现"二谛"内容。

笔者认为,目前来看,与《中论颂》"二谛"论关系最为密切的或是大品系般若经——《二万五千颂般若经》(*Pañcaviṃśatisāhasrikā Prajñāpāramitā*)与《一万八千颂般若经》(*Aṣṭādaśasāhasrikā Prajñāpāramitā*)。[⑤] 与《中论颂》"二

---

① 关于般若经典"扩大"说与"缩小"说的讨论,参见庄司史生:《現存梵本『八千頌般若』はいかに形成されたか》,《中央学術研究所紀要》,2015 年第 44 号。

② 参见 P. L. Vaidya, ed., *Aṣṭasāhasrikā Prajñāpāramitā*, Darbhanga: The Mithila Institute, 1960. Seishi Karashima: "On the Missing Portion in the Aṣṭasāhasrikā Prajñāpāramitā", *Annual Report of the International Research Institute for Advanced Buddhology at Soka University*, 16(2013). L. Sander, "Fragments of an Aṣṭasāhasrikā manuscript from the Kuṣāṇa period", in *Manuscripts in Schøyen Collection: Buddhist Manuscripts*, Vol. Ⅰ, ed. by Jens Braarvig, Oslo: Hermes Publishing, 2000. L. Sander, "New Fragments of the Aṣṭasāhasrikā Prajñāpāramitā of the Kuṣāṇa Period", in *Manuscripts in Schøyen Collection: Buddhist Manuscripts*, Vol. Ⅱ, ed. by Jens Braarvig, Oslo: Hermes Publishing, 2002。

③ 新刊出的公元 1 世纪犍陀罗语《八千颂般若经》残卷,参见 Harry Falk, Seishi Karashima, "A first-century Prajnapāramitā manuscript from Gandhara: parivarta 1", *Annual Report of the International Research Institute for Advanced Buddhology at Soka University*, 15(2011). Harry Falk, Seishi Karashima, "A First-century Prajñāpāramitā manuscript from Gandhāra: parivarta 5", *Annual Report of the International Research Institute for Advanced Buddhology at Soka University*, 16(2013)。

④ 玄奘译本《大般若经·第四会》出现"但随世间言说施设有得、现观,非胜义中有得、现观"一句。佐藤哲英《般若経に現はるゝ二諦》一文指出玄奘《大般若经·第四会》译本与《小品般若经》旧译诸本相比,分量多出二倍以上,出现了很多《小品》中本来没有的思想,上述二谛说可能是玄奘所据梵本混入的内容,笔者赞同该观点。

⑤ 关于如何看待大品系般若经的三种经典,参见"The Larger Prajñāpāramitā Subfamily", in *Brill's Encyclopedia of Buddhism*, Leiden · Boston: Brill, 2015, p. 185。《两万五千颂般若经》与《一万八千颂般若经》究竟何者更早,现在无法定论,一种观点认为由《二万五千颂》略摄而出《一万八千颂》,一种认为由《一万八千颂》增广为《二万五千颂》,在此不做先后辨别,统称"大品系"。同属大品系的《一万颂般若经》,无梵本和汉译,在此暂不探讨。

大品系般若经的成立年代目前尚不能定论,有言公元前后成立,亦有学者推测约在 2 世纪后半至 3 世纪前半(小峰彌彦、勝崎裕彦、渡辺章悟編集:《般若経大全》,東京:春秋社,2015 年,第 31 页)。但总体来说,与龙树年代接近。传为龙树所撰的《大智度论》也是对《大品般若经》的注释(近代以来,Lamotte、干潟龙祥、印顺等人围绕《大智度论》是否龙树所撰展开争论,笔者认为目前论据尚不足以支持非龙树说,至少主体部分仍为龙树作品),故而龙树与该经存在密切关系。

谛"说直接相关的内容,在梵本《二万五千颂般若经》①《一万八千颂般若经》②及汉译本《放光般若经》③《摩诃般若经》④《大般若经·第二会》《大般若经·第三会》⑤中均有出现:

> tathā hi subhūte bodhisattvo mahāsattvaḥ prajñāpāramitāyāṃ caran na kañcit sattvam upalabhate 'nyatra saṃvṛttisaṃketena vyavaharati, tac chāriputra bodhisattvo mahāsattvo dvābhyāṃ satyābhyāṃ sthitvā sattvānāṃ dharmaṃ deśayati, na hi śāriputra dvābhyāṃ satyābhyāṃ sattva upalabhyate na sattvaprajñaptiḥ, api tu khalūpāyakauśalyena bodhisattvo mahāsattvaḥ prajñāpāramitāyāṃ caran sattvānāṃ dharmaṃ desayati. ⑥

---

① 此处采用了木村高尉1986—2009年陆续刊出的《二万五千颂般若经》全本,木村氏所据底本为尼泊尔藏本。参见 Takayasu Kimura ed., *Pañcaviṃśatisāhasrikā Prajñāpāramitā I-VIII*, Tokyo: Sankibo Busshorin, 1986-2009。2015年,敦煌写本《大品般若经》出版:"The Dunhuang Manuscript of the Larger Prajñāpāramitā", in *The British Library Sanskrit Fragments*, ed. by Seishi Karashima et al, Vol. III. 2 (2015)。但该写本与本段引文对应的部分恰残缺。2016年,Seishi Karashima 等编辑影印了7世纪初吉尔吉特写本《摩诃般若波罗蜜经》:Seishi Karashima, Youngjin Lee, Jundo Nagashima, et al, ed., *Gilgit Manuscripts in the National Archives of India: Facsimile Edition, Volume II. 1, Mahāyāna texts: Prajñāpāramitā texts (1)*, New Delhi: The National Archives of India, Tokyo: The International Research Institute for Advanced Buddhology of Soka University, 2016。该版本完整度高,本段引文对应于其中 Folio 292(verso)。

② Edward Conze ed., *The Gilgit Manuscript of the Aṣṭādaśasāhasrikāprajñāpāramitā: Chapters 70 to 82, Corresponding to the 6th, 7th, and 8th Abhisamayas*, Roma: Istituto Italiano per il Medio ed Estremo Oriente, 1974.

③ 无罗叉译:《放光般若经》卷十九,CBETA, T08, no.221, p.133, c16-19。"菩萨行般若波罗蜜,亦不见众生,亦不见其处。但以道数故,菩萨摩诃萨于二谛为众生说法。舍利弗!不以二谛故得众生及其处也。菩萨行般若波罗蜜,但以沤惒拘舍罗为众生说法。"

④ 鸠摩罗什译:《摩诃般若波罗蜜经》卷二十五,CBETA, T08, no.223, p.405, a13-18。"舍利弗!是菩萨摩诃萨行般若波罗蜜时,不得众生,但空法相续故,名为众生。舍利弗!菩萨摩诃萨住二谛中为众生说法:世谛、第一义谛。舍利弗!二谛中众生虽不可得,菩萨摩诃萨行般若波罗蜜,以方便力故,为众生说法。"

⑤ 玄奘译:《大般若波罗蜜多经》卷五百三十四,CBETA, T07, no.220, p.744, b15-22。"是菩萨摩诃萨行深般若波罗蜜多时,不见有情少实可得,唯有世俗假说有情。舍利子!诸菩萨摩诃萨行深般若波罗蜜多时,安住二谛,为诸有情宣说正法。何等为二?一者、世俗。二者、胜义。舍利子!虽二谛中有情施设俱不可得,而诸菩萨摩诃萨行深般若波罗蜜多时方便善巧,为诸有情宣说法要。"

⑥ Takayasu Kimura ed., *Pañcaviṃśatisāhasrikā Prajñāpāramitā VI-VIII*, Tokyo: Sankibo Busshorin, 2006, p.110.《一万八千颂般若经》中相关表述与此类似:tathā hi sa bodhisattvo mahāsattvaḥ prajñāpāramitāyāṃ caran na kaṃcit sattvam upalabhate. anyatra saṃvṛtisaṃketena vyavahārati. tatra śāradvatīputra bodhisattvo mahāsattvaḥ dvayo satyayo sthitvā sattvānāṃ dharman deśayati. yaduta saṃvṛtiparamārthasatyayo, na hi śāradvatīputra dvayo satyayoḥ sattvam upalabhyate na sattvaprajñaptiḥ. api tu khalu punar upāyakauśalena bodhisattvo mahāsattva prajñāpāramitāyāṃ caran. sattvānān dharman deśayati. (Edward Conze ed., *The Gilgit Manuscript of the Aṣṭādaśasāhasrikāprajñāpāramitā: Chapters 70 to 82*, p.89)

> 舍利子！是菩萨摩诃萨行深般若波罗蜜多时，不见有情少实可得，唯有世俗假说有情。舍利子！是菩萨摩诃萨行深般若波罗蜜多时，安住二谛为诸有情宣说正法。何谓二谛？一、世俗谛；二、胜义谛。舍利子！虽二谛中有情施设俱不可得，而诸菩萨摩诃萨行深般若波罗蜜多时，方便善巧为诸有情宣说正法。[①]

该段引文与龙树《中论颂》“二谛”说高度符合，可以推测，龙树“二谛”论与大品系般若经存在密切关系。另一个判断理由是《中论颂》“二谛”义与大品系般若经亦保持一致，尽管字面上的“二谛”在大品系般若经之前的部派佛教时期已出现，但与《中论颂》的“二谛”义[②]差别很大。

何为世俗谛(lokasaṃvṛtisatya)？从字面来看，即世间所约定俗成的、共许的、有限之理或知见。[③] 如上述引文所言 saṃvṛttisaṃketena vyavaharati，依世俗言说施设假名。《放光般若经》云：“但以世事故有须陀洹、斯陀含、阿那含、阿罗汉、辟支佛，有佛。”[④]《摩诃般若经》云：“今以世间名字故有知有得，世间名字故，有须陀洹乃至阿罗汉、辟支佛、诸佛。”[⑤]青目释[⑥]云：“世俗谛者，一切法性空，而世间颠倒故生虚妄法，于世间是实。”[⑦]《般若经》强调为教化众生而“以方便力”(upāyakauśalyena)施设世俗名言，施设教法果位。青目释强调了众生的颠倒妄见，执虚妄法为真实。在龙树那里，俗谛不仅仅限于“壶”“水”“生”“行”等世俗的语言表述，即使是“五蕴、十二处、十八界、四谛、缘起、空、涅槃”等作为佛陀教说的这些概念也被纳入了俗谛的范围。[⑧]这与《般若经》思想一致，但与部派佛教对二谛的诠释存在重大区别，后文将论及。

何为第一义谛(paramārthasatya)？《放光般若经》云：“于第一最要义者，无有分数。何以故？是法常寂，无所分别，亦无所说，五阴亦无生灭，亦无著

---

① 玄奘译：《大般若波罗蜜多经》卷四百七十五，CBETA，T07，no. 220，p. 405，b14-19。

② 关于龙树“二谛”义的探讨，参见斋藤明：《二谛与三性》，王颂、张文良译，《宗教研究》2010年期，北京：宗教文化出版社，第13—21页。叶少勇：《龙树中观哲学中的几个关键概念》，《世界哲学》2017年第2期。

③ saṃvṛti, convention, general (popular) acceptance or belief; “common sense”; conditioned, exoteric, dependent, limited truth or knowledge. (Franklin Edgerton, *Buddhist Hybrid Sanskrit Dictionary*, 1953, p. 541)

④ 无罗叉译：《放光般若经》卷五，CBETA，T08，no. 221，p. 36，c20-23。

⑤ 鸠摩罗什译：《摩诃般若波罗蜜经》卷七，CBETA，T08，no. 223，p. 271，c8-12。

⑥ 此处关于世俗谛、第一义谛的注释，无畏疏与青目释几乎完全一致。

⑦ 鸠摩罗什译：《中论》卷四，CBETA，T30，no. 1564，p. 32，c20-23。

⑧ 斋藤明：《二谛与三性》，第17页。

断,用本空、末空故。"[①]《摩诃般若经》云:"第一实义中无知无得,无须陀洹乃至无佛。"[②]青目释云:"诸贤圣真知颠倒性,故知一切法皆空无生,于圣人是第一义谛,名为实。"[③]所谓第一义谛者,不可言说、无分别、无生灭、不可得、毕竟空,唯圣人可证知。属于第一义谛的只有教说所意指的、从言语的虚构(戏论)与概念作用(分别)中解放出来的、静谧的、亲身证得的空、真实(tattva)。[④]

那么世俗谛与胜义谛有何关系?先来看《二万五千颂般若经》及《放光般若经》[⑤]《摩诃般若经》[⑥]《大般若经·第二会》诸汉译本所云:

> subhūtir āha: kiṃ punar bhagavann anyā lokasaṃvṛtir anyaḥ paramārthaḥ?
>
> bhagavān āha: na subhūte 'nyā lokasaṃvṛtir anyaḥ paramārthaḥ, yaiva lokasaṃvṛtes tathatā saiva paramārthasya tathatā, tān te sattvā evaṃtathatān na jānanti na paśyanti, teṣām arthāya lokasaṃvṛtyā nirdiśyate bhāva iti vābhāva iti vā. api tu khalu punaḥ subhūte ya ete sattvāḥ pañcabhiḥ skandhair bhāvasaṃjñino abhāva iti na jānanti, abhāvasaṃjñino bhāva iti na jānanti, teṣām arthāyaivaṃ nirdiśyate dharmāṇāṃ prabhedatām upādāya katham api bhāvam abhāvaṃ vā jñāsyanti. evaṃ khalu subhūte bodhisattvena mahāsattvena prajñāpāramitāyāṃ caritavyam. iti satyadvaye vipratipattiḥ.[⑦]
>
> 善现复问:"世俗、胜义为有异不?"
>
> 佛告善现:"非异世俗别有胜义。所以者何?世俗真如即是胜义,诸有情类颠倒妄执,于此真如不知不见,诸菩萨摩诃萨为益彼故,随世俗相显示诸法若有若无,非随胜义。复次,善现!无量有情于蕴等法起实有

---

① 无罗叉译:《放光般若经》卷十八,CBETA, T08, no. 221, p. 128, a19-23。

② 鸠摩罗什译:《摩诃般若波罗蜜经》卷七,CBETA, T08, no. 223, p. 271, c8-12。

③ 鸠摩罗什译:《中论》卷四,CBETA, T30, no. 1564, p. 32, c20-23。

④ 斋藤明:《二谛与三性》,第17页。

⑤ 无罗叉译:《放光般若经》卷十六,CBETA, T08, no. 221, p. 116, a26-b4。"须菩提白佛言:世尊!世事及最要义,为有异耶?佛言:无有异。世事如,最要义如。众生不知是如,以是故现世事有所有、无所有。又,须菩提!众生于五阴有相不知无所有,以是故作是分别说法,欲使众生知无所有。"

⑥ 鸠摩罗什译:《摩诃般若波罗蜜经》卷二十二,CBETA, T08, no. 223, p. 378, c10-18。"世尊!世谛、第一义谛有异耶?须菩提!世谛、第一义谛无异也。何以故?世谛如,即是第一义谛如。以众生不知不见是如故,菩萨摩诃萨以世谛示众生若有若无。复次,须菩提!众生于五受阴中有著相故,不知无所有,为是众生故,示若有若无,令知清净无所有。"

⑦ Takayasu Kimura ed., *Pañcaviṃśatisāhasrikā Prajñāpāramitā V*, Tokyo: Sankibo Busshorin, 1992, pp. 138-139.

想或实无想，不达诸法非有非无，诸菩萨摩诃萨为益彼故，显示蕴等若有若无，令诸有情因斯了达蕴等诸法非有非无，非欲令执实有无相。如是，善现！诸菩萨摩诃萨应勤精进，离有无执，行深般若波罗蜜多。”①

由上述引文可见，所谓“有”(bhāva)与“无”(abhāva)都是世俗层面的施设，并非第一义。对于“世俗、胜义有异不”这一问题，答曰“非异世俗别有胜义”(na subhūte 'nyā lokasaṃvṛtir anyaḥ paramārthaḥ)，胜义不离世俗，这一点与《中论颂》对于二谛关系的阐述恰相一致：

vyavahāram anāśritya　paramārtho na deśyate |
paramārtham anāgamya nirvāṇaṃ nādhigamyate ||24. 10||②
若不依俗谛，不得第一义，不得第一义，则不得涅槃。③

世俗与胜义并不是两种实在④，二者在 tathatā(真如、如如、实际)的层面是相同的，之所以会产生世俗与胜义之别，是凡夫与圣人智慧差别造成的对同一对象的不同知见：世间众生于诸法颠倒妄执，产生实有或实无这样错误的见想，并且自执己见为真实，故称世俗谛，并非真实之谛；圣人则于诸法离有无执，了达诸法超越有无的“非有非无”之真实。故言 yaiva lokasaṃvṛtes tathatā saiva paramārthasya tathatā，世俗之真如(tathatā)即胜义之真如，而此处所谓胜义之真如依然是胜义，故玄奘译为“世俗真如即是胜义”，而在巴利语中 tatha = sacca(Skt. satya)，如此也可以说世俗谛之谛 = 胜义谛，拟构为梵语表达即 lokasaṃvṛtisatyasya satya = paramārthasatya。⑤

---

① 玄奘译：《大般若波罗蜜多经》卷四百六十三，CBETA，T07，no. 220，p. 343，b1-14。

② 叶少勇：《中论颂 梵藏汉合校・导读・译注》，第420页。

③ 鸠摩罗什译：《中论》卷四，CBETA，T30，no. 1564，p. 33，a2-3。

④ 参见叶少勇：《龙树中观哲学中的几个关键概念》，第157页。

⑤ 此处暂记该等式，后文论及《奥义书》时可进行对比。在此需要指出的是，对于胜义谛的理解，《放光般若经》《摩诃般若经》的译文与现存梵文及《大般若经・第二会》译文存在明显差异：《放光般若经》指出有所有、无所有均依世俗，非依第一义，然而后文菩萨教导的目的却是“使众生知无所有”，似乎依然停留在世俗层面的“无”一边；《摩诃般若经》与此类似，“众生于五受阴中有著相故，不知无所有”，故而“令知清净无所有”，也偏于“无”边。对照现存梵文来看：sattvāḥ pañcabhiḥ skandhair bhāvasaṃjñino abhāva iti na jānanti, abhāvasaṃjñino bhāva iti na jānanti，众生对于五阴(等法)持(实)有想者不知非有，持(实)无想者不知非无。《放光般若经》与《摩诃般若经》仅指出“持有想不知非有”这一面，玄奘译《大般若经》则将两种情况都译出“无量有情于蕴等法起实有想或实无想，不达诸法非有非无”，其对胜义谛的理解是离有、无二执的“非有非无”，与梵文含义更一致，从逻辑上更加严密，也更符合中道思想。

依大品系般若经及《中论颂》而言,二谛乃基于"为众生说法"的需要而产生,"以方便力"对众生进行教化,第一义谛实际上离言说施设,但为了使众生开解,又必须借助言说施设这一世俗形式。世俗谛并不是真实之"谛",只是了达第一义谛这一真实之"谛"的依凭。此处所言"二谛"特点在于"一法两表,知有深浅",世俗谛与胜义谛并不是两种事物,二者在 tathatā 的层面是完全一致的,二谛实立于一法上,之所以会产生世俗与胜义两种表达,正是凡夫与圣者智慧差别造成的。

二 《奥义书》中的"二谛"论雏形

辨别"二谛"论的关键在于两种"谛"或者两层"谛"的提出。穆帝(T. R. V. Murti)在 1955 年出版的《中观哲学》(*The Central Philosophy of Buddhism*)一书中指出:"二谛论并非中观学派之创见,甚至也不是佛陀的创见。《奥义书》在谈及'梵'为唯一的'实在'或是所谓的'真实中的真实'时,即很明显地预设了二谛论的雏形。"①笔者循此路径,先对佛教产生之前的早期《奥义书》中涉及"二谛"论雏形的内容进行梳理。在最古老的《大林间奥义书》②之中,似已可睹"二谛"论渊源所在。

> dve vāva brahmaṇo rūpe mūrtaṃ caivāmūrtaṃ ca martyaṃ cāmḥtaṃ ca sthitaṃ ca yac ca sac ca tyaṃ ca || 2.3.1 ||
>
> tad etan mūrtaṃ yad anyad vāyoś cā ntarikṣāc ca | etan martyam | etat sthitam | etat sat | tasyaitasya mūrtasyaitasya martyasyaitasya sthitasyaitasya sata eṣa raso ya eṣa tapati | sato hy eṣa rasaḥ || 2.3.2 ||
>
> athāmūrtam vāyuś cāntarikṣaś ca | etad amṛtam | etad yat | etat tyam |

① T. R. V. Murti:《中观哲学》,郭忠生译,台北:华宇出版社,1984 年,第 401 页。关于二谛与婆罗门教相关的讨论,另参见姚卫群:《佛教的二谛与婆罗门教的二知》,《西南民族大学学报(人文社会科学版)》2011 年第 9 期。

② 如徐梵澄言,诸《奥义书》之中,《大林间奥义书》(*Bṛhadāraṇyaka Upanihad*)与《唱赞奥义书》(*Chāndogya Upaniṣad*)皆最古而最广大者。二者相比,《大林间奥义书》更具有原始性,此就文字编次可明,从处理题材来看,《唱赞奥义书》时代较后。徐梵澄译:《五十奥义书》,北京:中国社会科学出版社,1984 年,第 356 页。

tasyaitasyāmūrtasya-itasyāmṛtasyaitasya yata etasya tyasyaiṣa raso ya eṣa etasmin maṇḍale puruṣaḥ । tyasya hy eṣa rasa । ity adhidaivatam ॥ 2.3.3 ॥[①]

诚然，大梵之态有二：一有相者，一无相者；一有生灭者，一无生灭者；一静者，一动者；一真实者，一彼面者。(2.3.1)

此皆有相者，凡异于风及异于空者[②]皆是也。此为有生灭者，此为静者，此为真实者。而此有相者、有生灭者、静者、真实者，其元精即彼辉赫者也，盖彼为真实者之元精。(2.3.2)

至若无相者，即风与空。此为无生灭者，动者，彼面者也。而此无相者、无生灭者、动者、彼面者，其元精即彼(太阳)圆轮中之神人，盖彼为彼面者之元精。属神道者如是。(2.3.3)[③]

徐梵澄译语中“彼面者”，即 tyam 一词。sac ca tyaṃ ca 一句之中，sac 为“此真实”，tyam 则为“彼真实”(并不是非真实)。很明显，这里已提出了两个层面的真实(谛)：一真实是有相的、有生灭的、静的、属自我的；另一真实是无相的、无生灭的、动的、属神我的。[④] 此二谛有何关系？

athāta ādeśo neti neti । na hy etasmād iti nety anyat param asti । atha nāmadheyaṃ satyasya satyam iti । prāṇā vai satyam । teṣām eṣa satyam ॥ 2.3.6 ॥[⑤]

于是立义曰：“非此也，非彼也。”盖无有超此“非此非彼”者，而其名曰：“真实之真实”，唯生命诸气息为“真实”，“神我”则其“真实”也。[⑥]

“非此也非彼也”(neti neti)，此乃语言心思所不到，超出一切知识范围以外，为“大梵”之最高一面。又可说为“非如此，非如彼”，总之凡一切是者，皆加否

① Bṛhadāraṇyaka Upaniṣad 2.3, in *The Early Upanisads Annotated Text and Translation*, ed. by Patrick Olivelle, New York: Oxford University Press, 1998, pp. 64-66.

② 徐梵澄注释指出，此就五大而说，异于风及空者，即地、水、火三大也。

③ 徐梵澄译：《五十奥义书》，第 384—385 页。

④ 彼真实包括风和空，此处之空(antarikṣa)需要加以关注。

⑤ Bṛhadāraṇyaka Upaniṣ ad 2.3, ed. by Patrick Olivelle, p. 66.

⑥ 徐梵澄译：《五十奥义书》，第 385 页。

定,否定而又否定,于是真理见焉,即“彼”也。[①] 就此而言,与《般若经》《中论颂》之胜义谛的含义可谓高度相似。所谓 satyasya satya,直译即真实之真实或曰谛之谛,第一个 satya 即前文所言有相、有生灭、静者、地、水、火、生命诸气息,第二个 satya 则是无相、无生灭、动者、神我。后者既然复为前者之谛,显见是比前者更高层次、更为究竟之谛,亦是最胜无可超越之谛,此谛须借助否定[②]的方式——“非此非彼”来彰显:“此即婆罗门所称为不变灭者也! 非粗、非细、非短、非影、非赤,非润、无影、无暗、无风、无空、无臭、无味、无眼、无耳、无语、无意、无热力、无气息、无口、无量、无内、无外。”(BṛhUp_3,8.8)[③]

至此,两个层面之谛已经出现,“二谛”之说可谓呼之欲出。此次再来回顾前文提及的《般若经》中世俗谛与第一义谛的关系:lokasaṃvṛtisatyasya satya = paramārthasatya,对比此处《奥义书》谛之谛 satyasya satya:

表1 《般若经》《中论》与《奥义书》所见“二谛”词组对比

	大品系般若经/中论		大林间奥义书	
名称	lokasaṃvṛtisatya	paramārthasatya	sac	tyaṃ
关系	lokasaṃvṛtisatyasya satya = paramārthasatya		satyasya satya = tyaṃ	
特征	施设世俗名言	离言说、无分别、空	有形相、有生灭	离言说、无形相、无生灭
举例	有须陀洹乃至佛	无须陀洹乃至无佛	地、水、火	风、空

尽管无法直接断定大品系般若经及《中论颂》的二谛论是否与《奥义书》存在关联,但可以看到二者的二谛组合之层次结构关系和特征高度相似。不同之处在于,《般若经》/《中论颂》的二谛建立于一对象之上,是由于智慧高低造成的认知差别,并非两种实在,二者是“非异世俗别有胜义”的关系;而《奥义书》中的两类谛则对应两类实在,异于此者为彼。

三 《阿含经》中是否出现了“二谛”论?

上述已对《奥义书》中“二谛”论的雏形进行了考察,那么接下来需要思考

① 徐梵澄译:《五十奥义书》,第385页。

② 《中论颂》将“遮诠”方式一以贯之,与此相合。

③ 徐梵澄译:《五十奥义书》,第408页。

的是——在原始佛典中，有没有直接提出二谛说或其原型？汉传《增一阿含经》中出现了“二谛”一词，[①]但没有解释其含义，无法确定所指，并且在“二法”法数的部分并未言及二谛，巴利尼柯耶也无对应经典作参照。

佐藤哲英《阿含に於ける二諦関係の資料》一文，从单个词及二词对举出现的角度，分别考察了世俗谛、第一义谛近似词各自在《阿含经》中出现的例子，并指出《杂阿含经·第一义空经》出现了“俗数法、第一义空”用例[②]，《增一阿含经·马血天子品》也出现了“世俗常数、第一之义”用例，从而推测这些思想是后来部派佛教和大乘佛教二谛说的渊源。但笔者并不赞同该观点，这几处用例都与《增一阿含经》有关，且巴利尼柯耶中没有与《第一义空经》对应的经典，虽然有与《马血天子品》对应的经典，但巴汉二本内容却差异颇大，巴利文本并未出现与汉译“世俗常数、第一之义”对应的内容，考虑到汉译《增一阿含》一般认为是大众部所传，加入了较多后来出现的思想，即使出现“二谛”字样也难以作为有力证据。另，释如戒《从原始佛教到阿毗达磨论书的二谛探讨》一文也认为《阿含经》中仅有真谛与妄言、世俗与出世间、有漏与无漏对举，但并未出现呈现两面真理观的二谛思想。总体来说，笔者亦认为原始佛典中并未明确出现“二谛”论。

四　早期南北传毗昙文献中的“二谛”相关内容

上文已探《阿含经》中类于“二谛”论的内容，接下来对南北传早期毗昙文献中“二谛”相关内容进行考察。

南传巴利七论中，署为目犍连子帝须（Moggaliputta Tissa，前327—前247）所撰之《论事》（*Kathāvatthu*），开篇即对补特伽罗论进行评破，其破斥的论题为“补特伽罗是依谛义、胜义而得”（puggalo upalabbhati saccikaṭṭhaparamatthena）[③]，这里所谓谛义（saccikaṭṭha）、胜义（paramattha），即“不可说”义，补特伽罗即犊子部所立“不可说我”，以对应于“可说我”（世间言说我）。犊子部立谛义胜义

① 求那跋陀罗译：《增一阿含经》卷三，CBETA，T02，no. 125，p. 561，a19-22。

② 笔者认为，此经文也出现在《增一阿含经》且内容更详细，故而很难判断其所属阿含部类。

③ *Kathāvatthu*, Chaṭṭha Saṅgāyana Tipitaka Version 4.0（CST4），Maharashtra：Vipassana Research Institute，p. 1.

之补特伽罗,可以说已经蕴含了“谛义胜义”与“世俗假名”二分对立结构。

关于谛义胜义,又见说一切有部六足论之《集异门论》载:

> 此中有诸有情者,谓诸有情谛义胜义不可得、不可近得、非有、非现有,但于诸蕴界处由想等想假言说转谓为有情、那罗、意生、儒童、命者、生者、养者、士夫、补特伽罗。①

说一切有部认为,诸有情于谛义胜义(真实)不可得、不可说、非有,只能于蕴处界借助言说假立种种名,并无胜义谛义真实我,所谓有情、那罗、意生、儒童、命者、补特伽罗等名言施设都是世俗我。这里更直接地呈现了“谛义胜义”与“言说假名”的二分结构。可以看到,犊子部与说一切有部这种二分法都是围绕“我”而论。

上述《论事》引文中,谛(sacca)与胜义(paramattha)是并列平等的地位,于蕴处界所立言说假名并未被称为谛,将世俗假立名字与谛并称的“世俗谛”(sammutisacca)这一概念尚未明确出现。“二谛”之中,胜义谛一词单独使用在《阿含经》中很普遍,用来指佛陀究竟教法,因此我们更为关注的是世俗谛这一概念何时出现。循此线索,下一步需要探讨的则是“世俗谛”一词在何处明确出现?

笔者目力所及,南传巴利三藏中,世俗谛(sammutisacca)一词也是首先出现于《论事》:

> Na vattabbaṃ—“sammutiñāṇaṃ saccārammaṇaññeva na aññārammaṇan”ti? Āmantā. Nanu pathavīkasiṇaṃ samāpattiṃ samāpannassa atthi ñāṇaṃ, pathavīkasiṇañca sammutisaccamhīti? Āmantā. Hañci pathavīkasiṇaṃ samāpattiṃ samāpannassa atthi ñāṇaṃ, pathavīkasiṇañca sammutisaccamhi, tena vata re vattabbe—“sammutiñāṇaṃ saccārammaṇaññeva na aññārammaṇan”ti. ②
>
> (他)不应言:“世俗智是谛所缘而非他所缘”耶?(自)然。(他)入于地遍定有智,地遍非于世俗谛耶?(自)然。(他)若“入地遍定有智,于

① 玄奘译:《阿毗达磨集异门足论》卷五,CBETA, T26, no. 1536, p. 386, b4-8。

② *Kathāvatthu*, CST4, p. 311.

地遍是世俗谛”者,是故汝！应言:“世俗智是谛所缘而非他所缘。”①

双方论争的焦点是世俗智之所缘,对方认为“世俗智唯以谛为所缘而非他所缘”。己方认为世俗智以世俗谛为所缘,不能依世俗智而遍苦、集、灭、道四真谛,故而不能笼统地称为“世俗智是谛所缘而非他所缘”,亦即己方认为应当明确区分世俗谛与真谛,不能笼统地称为谛。因此觉音的注释指出:“此处有世俗谛、真谛之二谛。然而,无此区别而依谛语之共通言‘世俗智亦唯谛所缘’,乃安达派。”②如此来看,此时南传上座部已经明确将“谛”进行二分,出现世俗谛与真谛的分立,世俗谛与世俗事相应,真谛与四圣谛相应,而大众部系安达派则笼统称谛而无此二分。

接下来考察说一切有部《尊婆须蜜菩萨所集论》③中“二谛”相关内容。

> 得等谛第一义谛,定无有疑,不可沮坏。或作是说,得是世俗义,故曰等谛;不晓了世俗,是谓第一义谛。④

此处二谛译为等谛、第一义谛,由释文可知,所谓等谛即世俗义,也可以说等谛就是世俗谛。净影慧远云:“言二谛者,一是世谛,二第一义谛。然世谛者,亦名俗谛,亦名等谛。”⑤类似的译法在《三法度论》⑥《鞞婆沙论》《杂阿毗昙心论》中也可以看到。此外,有别于一般看到的“二谛”,该论与众不同地提出了

---

① 郭哲彰译:《论事》卷五,CBETA, N61, no. 30, p. 334, a2-4 // PTS. Kv. 311。

② 郭哲彰译:《论事》卷五,CBETA, N61, no. 30, p. 333, a13-14 // PTS. Kv. 310。

③ 印顺指出该论的成立年代在《发智论》与《品类论》之后,《大毗婆沙论》以前——公元1世纪中。参见印顺:《说一切有部为主的论书与论师之研究》,北京:中华书局,2009年,第330页。

④ 僧伽跋澄等译:《尊婆须蜜菩萨所集论》卷二,CBETA, T28, no. 1549, p. 735, c22-24。

⑤ 慧远:《大乘义章》卷一,CBETA, T44, no. 1851, p. 482, c3-4。

⑥ 关于《三法度论》,吕澂指出该论是犊子系贤胄部论书(吕澂:《印度佛学源流略讲》,上海:上海世纪出版集团,2005年,第60页),印顺也认为该论是犊子部论书(印顺:《说一切有部为主的论书与论师之研究》,第394页)。Thích Thiện Châu 详细论证了该论所属为犊子部,参见 Thích Thiện Châu,“The Literature of the Pudgalavādins”, *Journal of the International Association of Buddhist Studies*, Vol. 7, No. 1 (1984). Thích Thiện Châu, *The Literature of the Personalists of Early Buddhism*, trans. by Sara Boin-Webb, Delhi: Motilal Banarsidass Pub., 1999。近年,日本发现了与传世本有异的古写经本《三法度论》,林寺正俊展开了一系列研究:《日本古写経中の新出資料『三法度論』とその問題点》,《佛教學》,2007年第49期。《日本古写経本『三法度論』の成立:「三法度経本」の編集とその動機》,《東アジア仏教研究》,2015年第13期。《『三法度論』における教理の展開》,《日本佛教學会年報》,2014年第79期。A Hitherto Unknown Version of the San fa du lun 三法度論 in Old Japanese Manuscript Collections: Potential and Problems, *Journal of the Graduate School of Letters at Hokkaido University*, 10 (2015)。

“三种谛”的划分方法,并对“等”字含义进行了详细解释。

> 云何为谛?
>
> 答:谛者,等,相,第一义谛。等谛,相谛,第一义谛,是三种谛。谛者,实有谛、真谛、不虚谛、如谛,故说谛。等谛者,方俗、族、学举。方俗举、族举、学举,是谓三种等谛。行种种事,故曰等谛。行种种事者,是智义。于中方俗举者,必尔义。此事是我许某事某名,如水润渍泽,如是比如是所举,是谓等谛。族举者,是我家法。学举者,以威仪礼节为行,及解经想。复次昼食不夜食、不截草、夏不行,如是比行是谓等谛。……苦谛、集谛、道谛是三相谛。……作者身业,字者口业,念者意业。若此三至竟灭,是谓第一义谛,是涅槃。①

首先“谛”被分为等谛、相谛、第一义谛三种。继而等谛又被分为三种:方俗、族、学。方俗举者,“此事是我许某事某名”正是施设假名的含义;族举,则是源自传承;学举,则是学习威仪礼节及解经。这几种都是与世俗生活相关的世俗谛。相谛,即苦谛、集谛、道谛三谛。第一义谛,即灭谛,涅槃寂灭义。《三法度论》与一般看到的二谛划分法相比,增加了“相谛”,并且在相谛、第一义谛范围内匹配四圣谛,四圣谛皆不属于等谛(世俗谛)的范畴。

等谛即后世所称世俗谛无疑,但有趣的是《尊婆须蜜菩萨所集论》中“等”与“世俗”在一句话中同时出现,用一个词解释另一个词,说明二者并不是同一个词。“等”字梵、巴语均为 sama,而现存梵本“(世)俗”对应词(loka) saṃvṛti只在佛教梵语中有共同接受、一致许可的含义,而在古典梵语中并非该含义,而是停止、遮蔽、遮盖、障碍的含义。② 反而是 sammati 一词,含义为 sameness of opinion, harmony, agreement, approval, approbation(MW_Skt-Eng, p. 1180a)。对应于巴利语 sammuti(=sammati),含义为 common consent, general opinion, convention, that which is generally accepted(PTS_Pali-Eng, p. 696),sammati(Skt)与 sammuti(Pali)亲缘关系更近。同时值得关注的是 sammuti 另一层含义 tradition, lore(PTS Pali-Eng, p. 696),该含义在《三法度论》对

---

① 僧伽提婆译:《三法度论》卷二,CBETA, T25, no. 1506, p. 24, c16-p. 25, a05。

② saṃvṛti, closure, covering, concealing, keeping secret, dissimulation, hypocrisy, obstruction. M. Monier-Williams, Sanskrit-English Dictionary, 1899, p. 1116b.

等谛的解释中有所体现:族(家法)、学,但梵语无论 sammati 还是saṃvṛti都没有 tradition,lore 的含义,可见《三法度论》对“等”字义的解释其实是基于巴利语 sammuti 或相近俗语词的含义。如此可以推知《三法度论》底本应是混合梵语或者古印度俗语作品,[1]“等”字原词极可能为 sammuti 或相近俗语词。

至《大毗婆沙论》[2]之时,世俗与胜义的二分法已经频频使用于对诸法的分析:

> (一)谓入圣法略有二种:一者世俗,二者胜义。
>
> (二)现佛出世略有二种:一者世俗,二者胜义。
>
> (三)然诸佛行略有二种:一者世俗,二者胜义。
>
> (四)法有二种:一世俗谓名身等法,二胜义谓究竟涅槃。
>
> (五)依二种门说诸恶行:一依世俗,二依胜义。
>
> (六)圣有二种:一世俗,二胜义。得此善根名世俗圣,若入圣道名胜义圣。
>
> (七)预流向有二种:一者世俗,二者胜义。得顺决择分名为世俗,已入见道名为胜义。[3]

诸如此类,不胜枚举,可以清晰看到,《大毗婆沙论》已将“世俗”和“胜义”二分结构适用于对一切法的分析。至若“世俗谛”与“胜义谛”则集中体现于对四谛分属的分析,世俗与胜义的区别在于是否为世俗施设。然而关于四种谛何者为世俗谛何者为胜义谛,又存在多种观点[4],有部最后

---

① 笔者这一推论,与 Thích Thiện Châu 在其博士论文中对《三法度论》底本语言的推测恰相印证,其认为《三法度论》底本并非梵语,极可能为混合梵语(Hybrid Sanskrit)或者俗语(Prākṛta)。参见 Thích Thiện Châu, *The Literature of the Personalists of Early Buddhism*, trans. by Sara Boin-Webb, p.53。

② 斋藤明《二谛与三性》一文也对《大毗婆沙论》所载“二谛”说进行了探讨,并指出关于《大毗婆沙论》与龙树孰先孰后的问题尚无定论。笔者在此罗列《大毗婆沙论》,鉴于其所载观点必然在成书之前,至少是对龙树同时代或者更早的“二谛”说的一个总结,暂且搁置《论》本身与龙树的时间先后问题。

③ 玄奘译:《大毗婆沙论》,CBETA, T27, no.1545。上述八条引文出自八处地方,不再一一罗列页码。

④ 玄奘译:《大毗婆沙论》卷七十七,CBETA, T27, no.1545, p.399, c8-p.400, a3。“余契经中说有二谛:一世俗谛,二胜义谛。问:世俗、胜义二谛云何?有作是说:于四谛中前二谛是世俗谛,男女行住及瓶衣等,世间现见诸世俗事,皆入苦集二谛中故;后二谛是胜义谛,诸出世间真实功德,皆入灭道二谛中故。复有说者:于四谛中前三谛是世俗谛,苦集谛中有世俗事,义如前说,佛说灭谛如城如宫或如彼岸,诸如是等世俗施设灭谛中有,是故灭谛亦名世俗;唯一道谛是胜义谛,世俗施设此中无故。或有说者:四谛皆是世俗谛摄,前三谛中有世俗事,义如前说,道谛亦有诸世俗事,佛以沙门婆罗门名说道谛故;唯一切法空非我理是胜义谛,空非我中诸世俗事绝施设故。”

评议[①]认可的观点是四谛皆有世俗胜义,其实是一种折中,这样四谛皆可从世俗谛、胜义谛两门考量,这种观点也恰恰符合说一切有部以世俗、胜义二门分析一切法的判断。

五 结 语

龙树《中论颂》“二谛”论与大品系般若经存在密切关系,其世俗谛、第一义谛的含义亦与该经保存一致。世俗谛为依世间名言文字所施设的种种假名,第一义谛空无生、无分别、无知、无得。此“二谛”论特点为“一法两表,知有深浅”,对同一法的知见因凡圣智慧差别而有浅深之分,故有世俗、胜义之别,其适用范围为一切法。

“二谛”论之外部渊源,可上溯至《奥义书》之最古者——《大林间奥义书》,该书提出了两个层面的谛(satya):一谛是有相的、有生灭的、静的,另一谛是无相的、无生灭的、动的,后者复为前者之谛(谛之谛),为最胜无可超越者。该“二谛”论可以说是后世“二谛”论的雏形。

“二谛”论在《阿含经》/《尼柯耶》中没有明确出现,而南北传毗昙文献中,《论事》记载了犊子部所立谛义胜义我(不可说我),蕴含了与世俗言说我的对立结构,结合各论书所载二谛相关内容与犊子部关系的密切性,笔者推测对同一对象进行言说世俗、离言胜义二分法诠释的结构正式成型或肇始于犊子部对“我”的分析。说一切有部《集异门论》也明确出现“谛义胜义”与“言说假名”之有情的二分结构。上述《论事》《集异门论》所载的适用范围都是针对“我”的分析,可以看到这种二分法在调和佛教“无我”论与现实“人我”矛盾上的尝试。南传上座部在《论事》中持细分“谛”为世俗谛(sammuti-sacca)与真谛的观点,其所言真谛即四圣谛,而大众部系安达派则无此细分。

---

① 玄奘译:《大毗婆沙论》卷七十七,CBETA, T27, no. 1545, p. 399, c8-p. 400, a3。“评曰:应作是说——四谛皆有世俗胜义。苦集中有世俗谛者,义如前说。苦谛中有胜义谛者,谓苦非常空非我理。集谛中有胜义谛者,谓因集生缘理。灭谛中有世俗谛者,佛说灭谛如园如林如彼岸等。灭谛中有胜义谛者,谓灭静妙离理。道谛中有世俗谛者,谓佛说道如船栰如石山如梯隥如台观如花如水。道谛中有胜义谛者,谓道如行出理。由说四谛皆有世俗胜义谛故,世俗胜义俱摄十八界十二处五蕴,虚空非择灭亦二谛摄故。”

犊子系论书《三法度论》进一步提出了俗谛、相谛、第一义谛的“三谛”论，并将相谛匹配于苦、集、道谛，第一义谛匹配于灭谛。至《大毗婆沙论》时，世俗、胜义的二分模式已经普遍适用于对一切法的分析，世俗谛与胜义谛的划分则限于对四谛的分判，其区分的标准在于是否有世俗施设。对于四谛何为世俗谛、何为胜义谛，部派之间也存在多种见解。

总的来说，世俗、胜义二分结构起初适用于对有情之“我”进行分析，来调和佛教“无我”论与现实“人我”的对立，后来适用范围不断扩大，被说一切有部发展为对一切法的分析。世俗谛、胜义谛的划分则与四谛紧密相关，南传上座部认为应将谛细分为世俗谛、真谛（四谛），而大众部系安达派则笼统称谛无此二分，可见早期二谛论与犊子部、说一切有部、南传上座部关系更密切。诸部派所持二谛论共同点为“两法相望，论其高低”，其所言世俗、胜义是二者而非一，此劣彼胜，这也是与《般若经》《中论颂》的“一法两表，知有深浅”二谛说的最大区别。般若经典在性空论基础上对此前的“二谛”论进行创造性吸收，诞生了别具一格的新“二谛”论，又为中观学发扬光大，成为大乘佛教的核心思想。

“二谛”源流深远，于外典《奥义书》及内典经论中溯其渊源，睹其迁变，对于全面深入地理解“二谛”，是为有益，是为必须。

The Twofold Truth Theory before Nāgārjuna

Sun Haike

Abstract: Although the twofold truth theory has been widely spread through the efforts of the Madhyamika, the Madhyamika is not the earliest to establish it. After an introduction to the twofold truth theory in *Mūlamadhyamakakārikā*, this paper traces the theory's origin in the *Upaniḥad* and the early Buddhist canon, so as to catch a glimpse of the shape of the very theory. The direct source of the Nāgārjuna's twofold truth theory may be the *Large Prajñāpāramitā*, like the *Mūlamadhyamakakārikā*, the *Large Prajñāpāramitā* attributes the emergence of twofold truth to the shallow or deep understanding of the same dharma due to the hearers' differences in wisdom. The external origin of the twofold truth theory can be traced back to *Bṛhadāraṇyaka Upaniṣad*, the internal origin back to *Mahācattārīsakasutta* in *Majjhima Nikāya*. Through an examination of various of Abhidharma works, we can see the changes in the meaning and scope of the twofold truth theory and recognize the difference in understandings of twofold truth theory between Buddhism sectarians and prajñā'madhyamika.

Key words: Nāgārjuna, Mūlamadhyamakakārikā, Twofold truth, Abhidharma

哲学门(总第四十辑)
第二十卷第二册
北京大学出版社,2019 年 12 月

唯识学的体用观*

曹 彦**

提 要:欧阳竟无认为唯识学以无为法为体,以有为法为用。熊十力认为无为法不能产生有为法,两者的关系是唯识学最说不清楚之处。当代学者则认为唯识学分为有为依唯识学和无为依唯识学两派。但以上的体用观在“日本批判佛教”看来都是“基体说”的类型,都是伪佛教。对此有学者认为唯识学的无为真如其实是“空性”这一理,并非法体。本文则进一步讨论了唯识学的有为法的体用情况:一方面是体用一致,故法体与功用都只存在现在一刹那。这种体用观与说一切有部的“法体恒有,功用无常”的体用观有本质区别。而说一切有部这种“不一不异”的体用观受到了中观派的极力批判,故唯识学的体用观的确立应该是借鉴了中观派非常机械的体用思想。另一方面,由于法体与功用实际在时间和空间上无法区分,故无须建立“体”与“用”这两个概念。因此唯识学的诸法本质上只是纯粹的功能,而实无法体。另外该派创新性地使用 vijñapti 来表示“识”,说明识是一种行为的完成状态(siddhabhāva),故也印证了识是一种纯粹的功能。因此唯识文献中所谓的“体”与“用”的言论本质上是帮助人们理解俱时因果关系的譬喻。

关键词:唯识 体 用 完成状态 如同实体

---

* 本文系国家社科基金一般项目“基于梵语波你尼语法的《唯识三十颂》研究”(17BZJ015)成果。

** 曹彦,1975 年生,武汉大学哲学学院副教授,硕士生导师。

体用是宋明理学的重要概念,但体用之说究竟出自何典?始于何人?这是宋明儒者们颇感困扰的心病。隋唐中国佛教的许多宗派,无一不言体用,这对于重道统、辟佛老的理学家来说,不免有点难堪。但我们也很清楚,佛教中观派是主张"法无我"的,所以佛教内部的各种实体的观念都会受到无情的批判。可是在继承中观派的大乘唯识学中,却仍有大量体、用的言说。到了当代,日本学者直接指出,唯识学的体用思想属于"伪佛教"的思想。因此,我们很有必要对唯识学的体用观做深入的研究,以澄清各种误解。

一 研究综述

在中国哲学史上,体用范畴由单个向对偶转化,第一次把体、用作为一对概念加以使用的思想家,当是战国末年的荀子。荀子作为先秦哲学的集大成者,在总结先秦体用、本末、本用诸概念的基础上,开始把体用对举起来。他说:"万物同宇而异体,无宜而有用为人。"(《荀子·富国》)体指形体,用指功用、作用,已含有体用范畴最原始的意义。荀子所讲的"体",除了"形体"意义外,还有后世所谓体用之"体"的意义。如他在《解蔽》篇上说的"夫道者,体常而尽变,一隅不足以举之",这里已把"体"字开始上升为哲学概念了。

先秦至两汉,虽有学者开始把体用概念对举使用,但主要还不是作为哲学范畴加以使用,更不具有本体论的意义。真正把它由一般概念升华到哲学范畴,是从魏晋玄学开始的。

魏晋时期,学者普遍使用的体用范畴,含有两方面的意义。第一,体指原理、原则,用指应用(原则的运用),体用关系即是原理原则及其运用的关系。三国杜恕写过一本叫作《体论》的书。在这本书里,他所谓"体",即是指政治原则(原理),如"君之体""臣之体","用"就是如何运用"君之体""臣之体"的问题。第二,"体"指现象背后的本体或本质,"用"指有形的现象或本质所表现的作用。三国玄学家钟会主张"体、用相藉,咸不可亡"。《道德真经取善记》引钟会《老子注》云:"有无相资,俱不可废。故有之以为利,利在于体,无之以为用,用在于空。故体为外利,资空用以得成;空为内用,藉体利以得就。但体、用相藉,咸不可亡也。"他以"有"为外、为体,以"无"为内、为用。王弼虽也以体用范畴来论证有无,但他不同于钟会,主张“以无为体,以有为用”①。

魏晋南北朝,是玄学兴盛的时代,同时也是佛道二教大发展的时期,尤其是佛教,由格义比附而趋自创宗义,逐渐取玄学而代之,成为思想界的盟主。汤用彤说:“魏晋以讫南北朝,中华学术界异说繁兴,争论杂出,其表面上虽非常复杂,但其所争论实不离体用观念。而玄学、佛学同主贵无贱有。以无为本,以万有为末。本末即谓体用,《般若》之七宗十二家,咸研求此一问题,而所说各异。”②当时六家七宗的体用学说究竟是从印度传来的,还是中国哲学自身发展的产物,这历来是一个争执不下的问题。但有一点可以肯定:即印度佛教中确有自身的体用观念,而且在流行于中国之初,就已显露出这方面的丰富思想。所以,那种认为中国佛教的体用论完全是受了魏晋玄学的影响之后才产生的观点,恐难成立。印度胜论师立“六句义”而有“实(dravya)德(guṇa)业(karman)”③之分,佛教因之立“体相用”三大,然后“性相”“理事”诸范畴相继出现,均用以探讨本质与现象的关系问题。④魏晋时代,玄学讲体用,佛学也讲体用,各有所资而交相融摄,使这一观念逐渐由隐而显,熔铸成了一对较为固定的哲学范畴。⑤

对于唯识宗的体用问题,唐窥基认为体用是所依与能依的关系,如其在《成唯识论述记》卷第二中说:“种望所依,及所生果为不一异。此即立宗。何所以然?论:体用因果理应尔故。述曰:本识是体,种子是用。种子是因,所生是果。此之二法理应如是,不一不异。”⑥

基于以上通过能所来区分体用的做法,欧阳竟无在《唯识抉择谈》中将唯识宗的体用问题分为粗言和细言。粗言之,即总体上说,“无为是体,有为是用”。所谓体,是从真如上来说,真如遍一切,不待造作,无有作用,所以为诸法之体,也就是把无为法看作诸法之体。有为法有变化有造作,所以为用。

---

① 力涛:《宋代以前体用范畴的历史演变》,《学术论坛》1991 年第 3 期。上述引文也转引自该论文。

② 汤用彤:《汉魏两晋南北朝佛教史》,北京:中华书局,1983 年,第 236 页。

③ 《胜论经》中说:“地、水、火、风、空、时、方、我、意是实(dravya)。(1.5)”“色、味、香、触、数、量、别体、合、离、彼体、此体、觉、乐、苦、欲、瞋、勤勇是德(guṇa)。(1.6)”“取、舍、屈、伸、行是业(karman)。(1.7)”“实的特性是有业与德,并是和合因。(1.15)”(姚卫群编译:《古印度六派哲学经典》,北京:商务印书馆,2003 年,第 2—3 页)

④ 傅明伟编著:《走进国学大师(上卷):苏渊雷文萃》,上海:华东师范大学出版社,2013 年,第 44 页。

⑤ 景海峰:《中国哲学体用论的源与流》,《深圳大学学报(人文社会科学版)》1999 年第 1 期。

⑥ 《大正新修大藏经》,台北:台北财团法人佛陀教育基金会出版部,1990 年,第 43 册第 302 页下。

这种体用区分的依据可追溯到印度中观派,龙树在《大智度论》中说:“云何空?答曰:如先说,若除有为则无无为。有为实相即是无为。如有为空,无为亦空,以二事不异故。”

细言上,欧阳竟无又对无为和有为法的两方面再做了分析:

一、体中之体　一真法界
二、体中之用　二空所显真如(又三性真如)
三、用中之体　种子
四、用中之用　现行

欧阳竟无对此解释道:“何以谓一真法为体中之体?以其周遍一切故,诸行所依故。何以谓二空所显为体中之用?以其证得故,为所缘缘故。何以谓种子为用中之体?以种子眠伏藏识,一切有为所依生故。何以谓现行为用中之用?以现行有强盛势用,依种子而起故。”①

如此一来,就在无为法和有为法为体用关系的基础上又加上了另一重体用,即在体中还有一重体用,在用中也有一重体用,分别从体与用两方面又分出体中有体用,用中还有体用。② 欧阳竟无之所以要把整个唯识学纳入到三重体用关系中来,是因为在他看来,“凡法皆即用以显体”,一切佛法说教无非用是方便显体之意。

对于欧阳竟无提出的体用问题,熊十力一方面认为种子与现行不是体用的关系,因为现行虽从种子亲生,但现行已生,即离异种子而别有自体,如亲与子,截然两人。所以,种、现二界,元非一体。另一方面,熊十力认为在瑜伽行派这一“有宗”中,作为无为法的真如,与作为有为法的种子之间没有什么关系,因为无为法不会产生有为法。所以真如与种子究竟是什么关系,是该有宗最说不通的问题。如熊十力在《新唯识论》中具体谈道:

> 空宗谈三性,依他亦是所遣,即遮拨宇宙万象……他们只从空寂的方面来显真如,唯破相而后空理自彰……故从宇宙论方面的观点来衡量他,(空宗)他并无理论上的矛盾。有宗却不然,他们有宗谈依他,既改变

① 黄夏年主编:《欧阳竟无集》,北京:中国社会科学出版社,1995年,第92页。
② 黄敏:《熊十力对佛教体用义的批判与误解》,《宗教学研究》2012年第4期。

> 空宗遮诠的意义,而持构造论。于是,一方面讲宇宙论。要建立多元的和生灭不断的种子,来作诸行的因缘……这个种子自然是诸行或宇宙的本体了。另一方面又谈真如。只许说不生灭的,或无起作的。这却别是一重本体了。如是二重本体作何关系,有宗也无说明。真如本身既不可说是生生化化或流行的物事。种子之中如本有种法尔有股,不可说是真如现起的,以真如自体无起作故。后来以习气名心熏种,其非真如所显,尤不待言。据此所说,种子自为种子,真如自为真如,此二重本体,既了无干涉,不独与真理不相应,即在逻辑上也确说不通了……总之,有宗种、现对立,已是谬误。既立种子为诸行因,此种又不即是真如现起,真如直是间物。所以说,有宗有二重本体过。①

总的来说,熊十力认为,空宗的本体是为真如,不能活动,只能"无为"而不能"无不为",因此现象界无法施设,只证成体义,用义无法证成;有宗则分立种子与真如,将现象和本体分裂开来,不悟现象即是本体之用,因而宇宙论成为戏论,且真如种子并建的思路有二重本体之嫌。②

以上谈到的无为与有为的割裂问题,应该在古代瑜伽行派内部已经被注意到了。周贵华提出,印度瑜伽行派唯识思想可以简略地区分为有为依唯识学与无为依唯识学二支。有为依唯识学以阿赖耶识为一切法之本体与根源。而无为依唯识学则以心性真如(如来藏)为一切法之本体与根本因。奘传唯识学属于前者。事实上玄奘学派是回避,甚至可以说是排斥无为依唯识学的。玄奘有意不翻译瑜伽行派的无为依唯识学的主要论著《大乘庄严经论》《究竟一乘宝性论》《佛性论》等,亦未传译瑜伽行派推崇的阐述心性如来藏思想(当然属于无为依唯识思想)的重要经典《楞伽经》《密严经》,就清楚地说明了这点。无为依唯识思想实际即是唯识学的如来藏思想。玄奘对无为依唯识思想的回避、排斥,实际亦表明了其对如来藏思想的态度。他的这种具有明显"意识形态"色彩的思想倾向,导致玄奘学派对真谛等所译的无为依唯识学性质的唯识著述("旧译")予以否定,而且进一步导致奘传有为依唯识思

① 熊十力:《新唯识论》(语体本),《熊十力全集》(卷3),萧萐父主编,武汉:湖北教育出版社,2001年,第231—232页。

② 曾海龙:《本体的困惑——熊十力哲学思想研究》,上海:复旦大学博士学位论文,2011年,第67页。

想与其他佛教流派思想发生断裂。[①] 应该说,有为依唯识是可以回避熊十力提出的无为真如与有为种子割裂问题的。

但是,站在日本"批判佛教"角度上看,无论是有为依唯识还是无为依唯识,皆是伪佛教。

对于无为依唯识,在"批判佛教"看来,真常唯心思想中的体用不二的"如来藏"与"本觉"思想不仅可能导致一种回归式的不事修证,而且在现实生活中还会导致包容善恶的极度圆融,从而不利于社会公正以及理性、科学、民主的实现。

对于有为依唯识,松本史郎认为,"唯识说在许多方面都表现为 dhātu-vāda,这是显而易见的事实。因为依他起性为 locus,其上则有作为 super-locus 的遍计所执性建构,若前者中无后者,则为圆成实性。此外,唯识说把阿赖耶识假设为一切法的根源,而阿赖耶识这个词的本身就已经体现了 locus 的特性……"[②]松本史郎认为基体(locus,以下略为 L)与依于基体上的法(super-locus,以下略为 S)的关系是:(1)L 是 S 的基体(locus);(2)故 L 生出 S(原因);(3)L 是单一,S 是多;(4)L 是实在,S 是非实在;(5)L 是 S 的本质;(6)S 是非实在的,但因它是从 L 生出来的,以 L 为本质,所以也具有一定程度的实在性,或具有实在性的基础。[③] 因此瑜伽行派唯识思想的核心概念依他起性与阿赖耶识是"基体(locus)",一切法于上安立,形成了"基体说"结构。所以在日本"批判佛教"看来,唯识学是不符合"缘起""无我"标准的"场所哲学"。[④]

面对日本学者的批判,许多中国学者做了回应。

其中有学者提出,唯识学中所说的诸法依止有二,一是真如,一是阿赖耶识,前者即是作为现象存在之普遍真理的空性(无我性,无自性),后者是指蕴藏无量功能习气的深沉识流。一是普遍真理,一是功能之洪流,两者在不同的意义上都称为诸法的"根本依止",但都与"实体论"模式的"实体"或"基体"概念无关。

---

① 周贵华:《唯识、心性与如来藏》,北京:宗教文化出版社,2006 年,第 4 页。

② 松本史郎:《缘起与空——如来藏思想批判》,肖平、杨金萍译,北京:中国人民大学出版社,2006 年,第 213 页。

③ 同上书,第 5 页。

④ 刘立夫、马俊:《"真常"论的困境与出路》,《船山学刊》2015 年第 6 期。

也就是说,瑜伽行派的无为法"真如"指的就是中观派的"空性",是理的范畴,不是具体的事物。[①] 如《成唯识论》卷第二中强调道:"真如亦是,假施设名。遮拨为无,故说为有。遮执为有,故说为空。勿谓虚幻,故说为实。理非妄倒,故名真如。不同余宗,离色心等,有实常法,名曰真如。故诸无为,非定实有。"[②]正因为真如无实体的意义,所以欧阳竟无的"无为是体,有为是用"的三重体用观并不符合唯识正义。其中的原因在于,欧阳竟无错误地理解了前面《大智度论》所说的"云何空?答曰:如先说,若除有为则无无为。有为实相即是无为。如有为空,无为亦空,以二事不异故"的论述。即欧阳竟无把"实相"理解为"实体"。实际上龙树在以上论述中强调的是,诸有为法的本性是恒常的"空性"。而其他学佛之人,常把无为法当成实体自性,认为无为法是生起宇宙万有的本体,并且把无为法称为真如自性心,是宇宙的大全,阿赖耶识之心成了妄心,是真如性海的相用。这在唯识学看来是谬见,就是因为不知有为法与无为法的关系和阿赖耶识缘起的真义。[③]

而就阿赖耶识而言,其对诸法的依止作用并非以类似于河岸之于河流的方式,而是以类似于河的深层潜流之于表层水流的方式得以建立。在唯识学中,阿赖耶识于一切现行诸法的依止意义根本不是依"实体存在论"而是依"功能存在论"的范式得以成立。因此依止性完全可以依据"缘起"这一原则建立而根本无须以对"实体"的设定为前提。[④]

虽然当代学者对于真如与识、阿赖耶识与转识是否为"基体论"的问题做了澄清。但不可否认,欧阳竟无与熊十力都是用"体用"的范式来理解唯识宗的思想体系,而且在瑜伽行派的经典中也确实大量存在关于"体用"的言论。但本文通过认真梳理瑜伽行派的文献,特别是对唯识学之中的具体的有为法的体用问题进行审视之后,笔者认为,唯识学体用观的特点有二:一为体用一

---

① 《解深密经》卷第二中说:"谓诸法相略有三种。何等为三?一者遍计所执相。二者依他起相。三者圆成实相。云何诸法遍计所执相?谓一切法名假安立自性差别,乃至为令随起言说。云何诸法依他起相?谓一切法缘生自性。则此有故彼有,此生故彼生。谓无明缘行,乃至招集纯大苦蕴。云何诸法圆成实相?谓一切法平等真如。"(《大正新修大藏经》,第16册第693页上)《瑜伽师地论》卷第七十四中说:"唯由胜义无自性性故,圆成实自性说无自性。何以故?由此自性亦是胜义,亦一切法无自性性之所显故。"(《大正新修大藏经》,第30册第705页上)可见圆成实性、真如指的都是空性。

② 《大正新修大藏经》,第31册第6页下。

③ 胡晓光:《阿赖耶识刍议》,《法音》1999年第3期。

④ 吴可为:《阿赖耶识、真如空性与如来藏心》,《上海大学学报(社会科学版)》2007年第4期。

致,二为实无本体。即就算是从体用观的角度去看,唯识学的诸法也不具有“日本批判佛教”所谓的“基体说”(dhātu-vāda)的结构。

二　体用一致

在三世的问题上,唯识学认为只存在现在世,不存在过去世和未来世,因此法体和功用都只是存在于现在一刹那。如《成唯识论》卷第三中说:

> 有说三世诸法皆有,因果感赴无不皆成。何劳执有能持种识?然经说心为种子者,起染净法势用强故。彼说非理。过去、未来非常、非现,如空花等,非实有故。又无作用,不可执为因缘性故。若无能持染净种识,一切因果皆不得成。①

此处提到的“三世诸法皆有”指的是小乘“说一切有部”。该派认为“三世实有,法体恒有”,故在体用观上,说一切有部并不认为体用是一致的,而是法体在三世中恒存,而作用或功用是唯现在一刹那的。另外,正是因为法体是恒存的,无有三世的差别,所以有为法的三世区别是通过作用的有无来做区分的。如《大毗婆沙论》中谈道:

> 问:如是三世以何为自性?答:以一切有为法为自性。如说自性,我、物、自体、相分、本性应知亦尔。② 已说自性,所以今当说,问:何故名世?世

① 《大正新修大藏经》,第31册第16页上。

② 《五事毗婆沙论》卷上谈道:“自性、我、物、相、本性等,名言虽殊而义无别。不可说诸法离自性有相。如说涅槃寂静为相,非离寂静别有涅槃。”(《大正新修大藏经》,第28册第990页中)这些“名言虽殊而义无别”的术语是认定说一切有部论典中所谈对象是否实有的重要依据。这些术语并不是佛教最早使用的,被佛教称为外道的其他印度哲学派别便使用了以上的术语。在梵语文法哲学家伐致柯利(Bhartṛhari,活跃于485—540年)写的《句字颂》(*Vākyapadīya*)的第三部分(trikāṇḍī)的“实体论”(*Dravyasamuddeśaḥ*)中,列举了与实有相关的术语:“ātmā vastu svabhāvaścaśarīraṃ tattvamityapi / dravyamityasya paryāyāstacca nityamiti smṛtam //3,2.1//。”(Bhartṛhari, *Vākyapadīya* [*part Ⅲ*], Pt. Rachunā-tha śarmā, 1974, p.193)这句梵文的意思是:我(ātman)、物(vastu)、自性(svabhāva)、身(śarīra)及本性(tattva)是实体(dravya)的同义词,彼(实体)被传言是恒常(nitya)的。对于以上与实有观相关的术语,文法哲学家Helārāja(约10世纪)在《句字颂》的注解(Bhartṛhari, *Vākyapadīya* (*part Ⅲ*), pp.194-195)中,追溯了它们的学派传统:“advaitavādibhirātmaśabdena tad dravyamuktam/”,即实体(dravya)被“说不二部”(Advaitavādin)用ātman一词来言说。“说不二部”是印度六派哲学中吠檀多派(Vedānta)的一支;“vastu-svalakṣaṇamarthakriyākāri dravyamitiśākyairuktam /”,即物(vastu)、自相(svalakṣaṇa)被(转下页)

是何义？答：行义是世义。问：诸行无来无去云何行义是世义？所以者何？诸行若来，不应有去，来相合故。诸行若去，不应有来，去相合故。复次，诸行若来，则来处应空缺，诸行若去，则去处应盈碍。是故尊者世友说言：诸行无来亦无有去，刹那性故，住义亦无。诸行既无来去等相，如何立有三世差别？答：以作用故立三世别。即依此理说有行义。谓有为法未有作用名未来，正有作用名现在，作用已灭名过去。①

总的来说，说一切有部的体用观是一种“非一非异”的关系。即用不离体，故“非异”；法体永恒，作用非恒，故“非一”。对于有部体用“非一非异”的问题，世亲论师早在《俱舍论》中就提出了质疑。

首先，世亲认为并不存在三世，唯有现在世才是真实的存在。如《俱舍论》卷第二十中说：

我等亦说有去、来世。谓过去世，曾有名有，未来当有，有果因故。依如是义说有去、来。非谓去、来如现实有……若俱是有，如何可言是去、来性。故说彼有但据曾、当因果二性，非体实有。世尊为遮谤因果见，据曾当义说有去来。②

也就是说，世亲认为，过去世相对于现在世是曾经有，未来世相对于现在世是应当有，因此过去、未来世都不是实有，而只是有依待性的假有。

其次，对于有部法体与功用存在差异的问题，世亲非常机械地认为功用必须与法体完全相同，所以他对有部“非一非异”的体用观讽刺道：

（接上页）释迦弟子（Śākya）说有实体（dravya）的含义；“svabhāva iti sattādvaitavādibhiḥ”，即自性（svabhāva）被“说存在不二部”（Sattādvaitavādin）（说成是实体）；“śarīram dravyaṃpradhānam eveti prākṛtikaiḥ”，即身（śarīra）被原质论者（Prākṛtika）说成是作为胜因（pradhāna）的实体。原质论者是数论派（Sāṃkhya）。该派认为原质（prakṛti）是身（śarīra），神我（puruṣa）是有身（śarīrin）；“tattvam iti caturbhūta-tattvavādibhiścārvākairdrvyam ucyate / pṛthivy-ap-tejo-vāyuriti tattvāni”，即本性（tattva）指地水火风，本性（tattva）被顺世论者（Cārvāka）说成是实体（dravya）；“dravyaṃ nāma yaḥpadārthaḥ/”，即“实体”（dravya）是胜论派（Vaiśeṣika）的某一句义（padārtha）。（参见曹彦：《〈阿毗达磨顺正理论〉实有观念研究》，武汉：武汉大学出版社，2014 年，第 202—203 页）

① 《大正新修大藏经》，第 27 册第 393 页下。

② 《大正新修大藏经》，第 29 册第 105 页中。

> 许体恒有说性非常。如是义言,所未曾有。①

也就是说,既可非一又可非异,这种矛盾的说法是从来没有听说过的。世亲坚持认为事物要么是"同一"的关系,要么是"相异"的关系,不存在既同一又相异的关系。因此世亲论师在《俱舍论》中论证道:

> 若法自体恒有,应一切时能起作用。以何碍力,令此法体所起作用时有时无?若谓众缘不和合者,此救非理。许常有故。又此作用云何得说为去来今?岂作用中而得更立有余作用?若此作用非去来今,而复说言作用是有,则无为故应常。非无故,不应言作用已灭及此未有法名去、来。若许作用(kāritra)异法体(dharma)者,可有此失。② 然无有异,故不应言有此过失。若尔所立世义便坏。谓若作用即是法体,体既恒有用亦应然。何得有时名为过、未?故彼所立世义不成。③

也就是说,如果法体是恒存的,功用也应该是恒存的;反过来说,如果功用是暂时的,法体也应该是暂时的。

世亲的这种在当今看来非常机械的体用观,应该是受到大乘中观派的影响而产生的。如龙树就认为,如果法体是永恒的话,其相也应该是永恒不变的。如龙树在《中观颂》中说:

> 若有决定性(svabhāva),世间种种相(vicitrā),
> 则不生不灭,常住而不坏。④

---

① 《大正新修大藏经》,第29册第105页上—中。世亲在《俱舍论》中进一步提出:"许法体恒有,而说性非常,性体复无别,此真自在作。"(《大正新修大藏经》,第29册第105页中)其梵文是"svabhāvaḥ sarvadā cāsti bhāvo nityaśca neṣyate/na ca svabhāvād bhāvo 'nyo vyaktamīśvaraceṣṭitam/"。(Swāmi Dwārikādās Śāstrī, *Abhidharmakośa and Bhāṣya of Ācārya Vasubandhu with Sphuṭārthā Commentary of Ācārya Yaśomittrā*, Bauddha Bharati, 1998, p.637)可见svabhāva与bhāva是对应的关系,分别译为"法体"和"性"。

② "若许作用异法体者,可有此失"对应的梵文是"syādeṣa doṣo yadi dharmāt kāritram anyat syāt/"(Swāmi Dwārikādās Śāstrī, op. cit., p.636)。可见dharma与kāritra是对应关系,分别译为"法体"和"作用"。

③ 《大正新修大藏经》,第29册第105页上。

④ 此颂的梵文是:"ajātam aniruddhaṃ ca kūṭasthaṃ ca bhaviṣyati / vicitrābhir avasthābhiḥ svabhāve rahitaṃ jagat //。"(叶少勇:《〈中论颂〉——梵藏汉合校·导读·译注》,上海:中西书局,2011年,第438—439页)

所谓的决定性(svabhāva),指的是确定永恒的自性或自体或本体。① 自体的永恒性,就决定驻留于自体的诸相的永恒性,那么种种相就和自体一样,不落世间(rahitaṃ jagat)中(成为无为法)了。但现见世间中诸法的相是变异的,所以也就说明了永恒的自性、自体是不存在的。龙树的体相或体用一致性的原则还体现在下面两颂中:"若诸法有性,云何而得异?若诸法无性,云何得有异?""若是法即异,乳应即是酪。离乳有何法,而能作于酪?"②也就是说,如果事物是有永恒的自体的话,那么从体上来说,牛乳就不会变成奶酪,正如金子不会变成其他物品一样。

所以对于说一切有部"非一非异"的体用观,在中观派看来就是"亦一亦异"的问题。当你强调"非异""一"的时候,中观派则用你同时主张的"异"来驳斥,如有部主张体用有联系时,就提出"法体是恒常,为何功用非恒常"的质问;当你强调"非一""异"的时候,中观派则用你同时主张的"一"来破斥,如有部认为法体恒常,功用非常时,就提出:"这样的体与用怎么会有联系呢?怎么会同处一处呢?"因此你要么主张"一",要么主张"异",不能同时"亦一亦异"或"非一非异"。中观派的龙树的弟子提婆菩萨在《广百论本》中就对有部的体用观提出了质疑:"去、来如现有,取果用何无?若体恒非无,何为不常住?"③玄奘的老师护法论师继承了这种机械的体用观,并在《大乘广百论释论》卷第四中具体的解释道:

> 去来如现有,取果用何无?
>
> 论曰:过去、未来色等诸法,既如现在,常有体性,为同类因,取等流

① 上一颂中自性(自体)的梵文"svabhāve"是依格,可见自性是诸相所依的基础,故是实体或本体(substance)。所以对于此颂,来唐的中印度三藏法师波罗颇蜜多罗在《般若灯论释》卷第十四中的翻译是:"无生亦无灭,是则名为常,种种诸物类,皆住于自体。"(《大正新修大藏经》,第30册第127页中)svabhāva指实体或本体的含义,在《中论》中的其他章节也可看到。如《观因缘品》中说:"如诸法无自性,故无有有相,说有是事故,是事有不然。(bhāvānāṃ niḥsvabhāvānāṃ na sattā vidyate yataḥ / satīdam asmin bhavatīty etan naivopapadyate // [叶少勇:《〈中论颂〉——梵藏汉合校·导读·译注》,第18—19页])……自无定性故,无有有相。有相无故,何得言是事有?"(《大正新修大藏经》,第30册第3页中)可见自性(svabhāva)是事物(bhāva)的存在性(sattā)的依据。再如《观有无品》中说道:"离自性他性,何得更有法?若有自他性,诸法则得成。汝说离自性他性有法者,是事不然。若离自性他性,则无有法。何以故?有自性他性法则成。如瓶体是自性,衣物是他性。"(《大正新修大藏经》,第30册第20页上)可见自性指事物的本体,如瓶子的瓶体。

② 叶少勇:《〈中论颂〉——梵藏汉合校·导读·译注》,第212—215页。

③ 《大正新修大藏经》,第31册第183页中。

果,此用何故非常有耶?此取果用所待众缘,于一切时亦常有故,如是诸法体用常有,应一切时名现在世……若言其用或有或无,法体常存,故无此失,亦不应理。故次颂曰:

若体恒非无,何为不常住?

论曰:恒有名常,色等诸法体既恒有,云何非常。设许有为体皆常者,便违经说诸行无常。

若言诸行体虽恒有,有为相合故是无常,此亦不然。体既常有,与彼相合,复何所成……若色等体常,用无常者,即虚空等体,用应无常。又若体常,用无常故,亦令此体,成无常者。用虽无常,由体常故,即令此用应亦是常。又此体用应别谛摄,以常无常义不同故。[①]

总的来说,从中观派开始的机械体用观,造成了经部和唯识学认为,有为法只是现在一刹那存在,体和用都是现在一刹那,即法体与功用必须保持一致。

法体与功用是否一致的问题,实际还可以追溯到印度六派哲学的胜论派。该派认为,实体(dravya)是德(guṇa)、业(karman)的基体。离开实体,我们无法获得德和业,因为它们不能悬置于虚空中,而必须被包含于某处。实体是现实或潜在、现在或未来的德与业的基础。实体也不能离开德和业而被定义。终极实体是永恒的、独立的、个别的,或是遍满的,或是非遍满的。所有由部分组成的复合实体,或由简单终极实体产生的复合实体,都是必然是短暂的、非永恒的,且是受制于创生和毁灭。但是作为复合实体的物质的原因的简单终极实体是永恒的,且是不受制于创生与毁灭的。实体包括物质和精神两大类,共九种。[②] 由此可见,胜论派基本认为实与德是一致的,复合实体与其德都是非永恒的,而简单终极实体与其德都是永恒的。

而更早的印度耆那教(Jainism)则认为,所有的对象都拥有许多特性。因此习惯上可以作出特性(dharma,法)与拥有特性者(dharmin,有法)的哲学区分。而后者一般被称作实体(dravya)。但耆那教认为在每一实体中包含两种

① 《大正新修大藏经》,第 30 册第 204 页上—中。

② Chandradhar Sharma, *A Critical Survey of Indian Philosophy*, Motilal Banarsidass Publishers Private Limited, 2009, pp. 176-177.

特性——本质性的和偶然性的。例如,意识是灵魂的本质性的特性,而贪、瞋、苦、乐是灵魂的偶然性特性。耆那教把本质性的、不变的特性称为德(guṇa),而把偶然性的变动的特性称式(paryāya)。[①]

由上可知,耆那教认为有与实体(dravya)一致的德(guṇa),和不一致的式(paryāya);胜论派认为实体(dravya)与德(guṇa)一致,但复合实体与其德是非永恒的,而简单终极实体与其德是永恒的;而佛教说一切有部认为法体(dharma)是三世恒常的,而作用(kāritra)是只存在现在一刹那;对于说一切有部体用"非一非异"的观点,中观派认为不存在与自体(svabhāva)相异的种种相(vicitrā);经量部的世亲也坚持中观派的机械的体用观,对说一切有部讽刺道,"许体(svabhāva)恒有说性(bhāva)非常。如是义言,所未曾有";受龙树和世亲的影响,唯识宗的护法论师也机械地认为体、用必须一致,同存于现在一刹那。

三 无体唯用

实际上,唯识学的体用问题,情况也比较复杂,例如有的经典认为阿赖耶识是体,种子是用。如《摄大乘论释》卷第二中说:

> 论曰:复次阿赖耶识中,诸杂染品法种子,为别异住?为无别异?非彼种子有别实物,于此中住,亦非不异。然阿赖耶识如是而生,有能生彼功能差别,名一切种子识。释曰:一切法种子是阿赖耶识功能差别,如法作用与诸法体,非一非异,此亦复尔。[②]

由"如法作用与诸法体"一句可知,体用关系在唯识学中只是一种方便众生理解的譬喻。实际上,阿赖耶识与种子的关系,与其说是体用关系,不如说是因果关系,如《摄大乘论释》卷第二中还说道:

> 论曰:又如芦束一时相依持故得住立。释曰:如二芦束,一一刹那中互相依、互相持。论曰:应知本识与能熏习,更互为因,其义亦尔。如识

① Satischandra Chatterjee & Dhirendramohan Datta, *An Introduction to Indian Philosophy*, Rupa Publications India Pvt Ltd., 2011, p. 83.

② 《大正新修大藏经》,第31册第388页上。

为染污法因,染污法为识因。释曰:此阿梨耶识为种子生因。若无此识,三业生灭无可依处。如体谢灭,功能亦尔。故由此识诸法体生,功能亦立。是故本识为彼生因。彼法亦尔。①

由此可见,体用关系只是《摄大乘论释》中世亲用来帮助人们理解俱时因果关系的譬喻,属于"世俗谛"。故《成唯识论》卷第二中也说:"然诸种子,唯依世俗,说为实有,不同真如。种子虽依第八识体,而是此识相分非余。"②

实际上,从"胜义谛"上说,唯识学是反对人们将诸法建立在"法体"与"作用"这种对应关系的理解上的。因为法体虽然不是有部那种永恒的法体,但依然存在"法我执",对应的作用、功用则是"法我所执",如《摄大乘论释》卷第七中说:

于中若执法体是有,名法我执。譬如执有涅槃,谓集谛无生寂静为体。若执法体有用,名法我所执。譬如执涅槃用,谓能离三苦。如此等执名为邪执。若未灭此执,不能得入唯识四位。由灭除法执故,能得入唯识四位。③

而且,笔者认为:如果有为法的体与用,都唯存在于现在一刹那,在时间上无法区分,而用必依体,在空间上体与用也无法区分,那么体与用将完全无法区分。④ 既然唯识学体与用无法区分,体其实也就是用,那么就没有必要立"体"与"用"这两个概念。因此唯识学的有为法就只是纯粹的功能,而无所依的本体了。实际上,龙树在《十二门论》中也早已提出:"如识相是识,离所用识更无识。如受相是受,离所用受更无受。"⑤

因此对于刹那存在的种子,《成唯识论》卷第二中指出:

此中何法名为种子?谓本识中亲生自果功能差别。⑥

---

① 《大正新修大藏经》,第31册第163页中。
② 《大正新修大藏经》,第31册第8页上。
③ 《大正新修大藏经》,第31册第202页上。
④ 俄国佛教学者舍尔巴茨基也认为:如果一事物永远是转瞬即逝的,它便不可与自己的本质分割开,所以也就不存在持续性。(舍尔巴茨基:《佛教逻辑》,宋立道、舒晓炜译,北京:商务印书馆,2009年,第125页)
⑤ 《大正新修大藏经》,第30册第164页上。
⑥ 《大正新修大藏经》,第31册第8页上。

不仅种子只是功能，其实作为现行的识本身也是只是功能。如《摄大乘论》中说：

> 阿梨耶识体相不可了别。若不了别体相，此识则难可解。今欲令通达此识，故次应示其体相。论曰：此相略说有三种：一立自相，二立因相，三立果相。立自相者，依一切不净品法习气，为彼得生。摄持种子作器，是名自相。释曰：决定藏论中，明本识有八相，异彼广说。故言略说三种。自相义云何？依一切不净品法，熏习此识最胜，为彼得生功能。此功能相复云何？谓摄持种子。①

即阿赖耶识的自体、自相就是摄持种子的这种功能。所以对于八识，《成唯识论》卷第二中明确指出："为遣妄执心心所外实有境，故说唯有识。若执唯识真实有者，如执外境亦是法执。"②

实际上，之后的大乘佛教中观自续派的寂护（705—762）在其《摄真实论》（*Tattva-saṃgraha*）中也认为，根本就不存在单独被附加在存在之上的效能，在因果关系中，存在（sattā）本身只是（eva）效能（vyāpṣti）。③ 因此俄国佛教学者舍尔巴茨基总结道：可感知的世界由那只是刹那闪现的能（energy）之感觉材料构成。那被想象为它们支持者或负载者的永久地弥漫一切的物质，只是数论和其他哲学派别的虚构。一切事物毫无例外地都是刹那事件的系列。④

总的来说，唯识学认为诸法无有法体，只是纯粹的功能，这显然是受到了中观派的影响。一方面是因为受中观派机械论的影响，而认为体用同一，其最终结果是体也成了用。另一方面是因为有法体则堕入"法我执"，若连产生因缘的功用都无，那就堕入的是"恶取空"，缘起理论将无法建立，故当认同诸法有功能性的存在。此外，唯识学诸有为法只存在一刹那，故体、用在时间和空间上无法区分，所以无须添加设立"体"这一概念，诸法成了纯粹的功能。

---

① 《大正新修大藏经》，第 31 册第 162 页中。

② 《大正新修大藏经》，第 31 册第 6 页下。

③ 参见 Th. Stcherbatsky, *Buddhist Logic*, Motilal Banarsidass Publishers Private Limited, 1994, pp. 125-126。此处《摄真实论》对应的梵文是："janmātiriktakālena vyāpāreṇātra kiṃ phalam / sattaiva vyāpṛtistasthāṃ satyāṃ kāryodayo yataḥ// 520//。"（Embar Krishnamacharya, *Tattvasaṅgraha of Śāntarakṣita with the Commentary of Kamalaśīla*, Raroda Central Library, 1926, p. 177）

④ 舍尔巴茨基：《佛教逻辑》，第 97—98 页。

这种观点也得到了中观自续派的认同。

四 vijñaptimātra 一词印证"无体唯用"

实际上,从梵语语法的角度也可以证明唯识学是主张"无体唯用"的。

唯识学的"唯识"的梵语是 vijñāna-mātra 与 vijñapti-mātra,由这两个复合词可知,识的梵语是 vijñāna 和 vijñapti。传统的佛教部派都用 vijñāna 来表达"识"的含义,而在《唯识二十论》和《唯识三十颂》中世亲还用 vijñapti 表达"识"的含义。vijñapti 一词的创新性使用,也可以从梵语语法哲学的角度证明唯识学"唯用无体"的特色。

vijñapti 是由 vi 与 jñapti 构成的复合词。其中 jñapti 的词根是 curādigaṇa(第十类动词)的 jñap ,在《界读》中波你尼给出的含义是"1625 jñapa jñāna-jñāpana-māraṇa-toṣaṇa-niśāna-niśāmaneṣu //"[①]。由此可知词根 jñap 有知晓(jñāna)、应用(jñāpana)、灭(māraṇa)、满意(toṣaṇa)、削尖(niśāna)、看(听)(niśāmana)这些含义。波你尼在《界读》中对此词根还给出了群读经文(gaṇasūtra)"nānye mito 'hetau //"。此经文中"nānye"的意思是:只在 jñap、cah、rah、bala、yam、ci 这六个 curādigaṇa(第十类动词)词根范围内。当这六个词根表达非使役含义时(ahetau),有 mit 术语。对于 curādigaṇa(第十类动词)的 jñap 来说,首先要加词根词缀ṇic 形成表原义(svārtha)的新词根,jñap + ṇic。ṇic 中有符号ṇ,根据《八章书》[②]经文"ata upadhāyāḥ//7.2.116//",ṇic 前的词根的倒数第二个字母 a 要由三合(vṛddhi)替换。再根据《八章书》经文"vṛddhirādaic //1.1.1//",替换短元音 a 的三合形式是 ā。由此获得 jñāp + ṇic。接着,由于词根 jñap 在非使役的情况下(ahetau)有 mit 术语,根据《八章书》的经文"mitāṃ hrasvaḥ//6.4.92//",故ṇic 前面,作为倒数第二个字母的长元音变短,因而 jñāp + ṇic→jñap + ṇic。形成新词根后再加直接后缀 ktin,得到

---

① Vasudev Lakshman Shastri Panashikar, *The Siddhānta-kaumudī with the Tattvabodhinī Commentary of Jñānendra Sarasvatī and the Subodhinī Commentary of Jayakṛṣṇa*, Chaukhamba Sanskrit Pratishthan, 1985, pp. 729-739.

② 所有《八章书》经文序号采用 Otto Böhtlingk, *Pāṇini's Grammatik*, Motilal Banarsidass Publishers Private Limited, 1998。

jñap + ṇic + ktin。根据《八章书》经文"ti-tu-tra-ta-tha-si-su-sara-ka-seṣu ca //7. 2. 9//"可知直接后缀 ktin 前不来联系元音 iṭ。当不来 iṭ 时，根据经文"ṇeraniṭi //6. 4. 51//"，ṇic 由消隐替换，故获得 jñap +（ ）+ ktin。ktin 中的 k 与 n 字母是术语符号（itsamjñā），根据《八章书》经文"tasya lopaḥ//1. 3. 9//"可知，术语符号由消隐替换，最终获得 jñap +（ ）+ ktin→jñap +（ ）+（ ）ti（ ）= jñapti。①

要想知道 jñapti 的含义，除了要知道词根 jñap 的含义，还要清楚直接后缀 ktin 的含义。《八章书》中提道，"striyāṃ ktin //3. 3. 94//"。即 ktin 表阴性且表行为（bhāva）。故加阴性格尾的名词词基 jñapti 表知晓、应用、灭、满意、削尖、看（听）这些行为。当 jñapti 表"知晓"的含义，再与表达"差异"含义的 vi 构成复合词时，vijñapti 便有了动词"了别"的含义。

需要说明的是，vijñapti 的直接后缀 ktin 表行为（bhāva）时，实际表达的是行为达到完成的状态，故称为 siddhabhāva。所以 vijñapti 作为行为，强调的是认知的完成，而非正在进行认知的活动。由于 siddhabhāva 表达行为的完成状态，故可被如同实体（dravyavat）看待，所以可以作为名词术语（saṃjñā）。如控制 ktin 后缀的领句经文"akartari ca kārake saṃjñāyām //3. 3. 19//"谈到，由该类词缀形成的词作为名词术语时，不能作为主动者。故 vijñapti 也可以翻译为专有名词"识"。但是当 vijñapti 与 vijñāna 同句出现时，为了作出区分，玄奘将 vijñapti 翻译为"了"，如《唯识二十论》中说："安立大乘三界唯识。以契经说三界唯心。心、意、识、了，名之差别。"②

如前所述，vijñapti 是一种完成状态（siddhabhāva），因此在主张一切"唯识"的瑜伽行派中，"识"实际是一种无有变化过程的刹那性存在。刹那是时间的最小单元，是不可再被分割的最小时间单元，所以"识"作为行为（bhāva）

① 曹彦：《从梵语波你尼文法论证玄奘"唯识"翻译和理解的正确性》，《武汉大学学报（人文科学版）》2014 年第 6 期。

② 《大正新修大藏经》，第 31 册第 74 页中。其梵文是"mahāyāne traidhātukaṃ vijñaptimātraṃ vyavasthāpyate/ cittamātraṃ bho jinaputrā yaduta traidhātukamiti sūtrāt / cittaṃ mano vijñānaṃ vijñaptiśceti paryāyāḥ/"。（Stefan Anacker, *Seven Works of Vasubandhu*, Motilal Banarsidass Publishers Private Limited, 2005, p. 413）在梵文文献中，由于 vijñāna 和 vijñapti 词形有别，故虽词义相同，但可区分。而在该句中，则要把 vijñapti 翻译为"了"，以表示梵文原典中存在独立的 vijñapti。但 vijñāna 和 vijñapti 在一句中没有同时出现时，玄奘还是把 vijñapti 翻译为"识"。

有“了别”的含义,但这种“了别”没有从无知到已知的变化,否则这一刹那又可再被分割了。而且正是因为这种行为是 siddhabhāva,表达行为的完成状态,所以实际上,每一刹那的“了别”都是一种已知。这种已知的状态,其实只是纯粹的功能,但可以如同实体(dravyavat)看待,所以并没有真正的法体的存在。唯有实在的法才有法体,而如同实体看待的识则无有法体。但正因为识可以如同实体看待,所以在唯识学的文献中大量存在使用体与用的譬喻来解释其中的俱时的因果关系。

The Yogācāra's Theory on Substance and Function

Cao Yan

Abstract: Ouyang Jingwu indicated that asaṃskṛta dharma is the substance, and the saṃskṛta dharma is the function in the School of Yogācāra. But Xiong Shili argued that saṃskṛta dharma can not come into being from asaṃskṛta dharma, and the relationship between the asaṃskṛta and saṃskṛta is unclear in Yogācāra. Zhou Guihua explained that there were two systems in the ancient Indian Yogācāra School, one looked saṃskṛta dharma as basis, the other looked asaṃskṛta as basis. But in the eyes of Japanese Critical Buddhism, all above ideas are dhātu-vāda, so Yogācāra is Pseudo-buddhism. There are many Chinese scholars have responded to the criticism. Some scholars say that asaṃskṛta Bhūta-tathatā means Śūnyatā, but not substance. In this paper, I do some further research on the saṃskṛta dharma. I advocate that the substance is consistent with the function of the saṃskṛta dharma. And there are not any differences between the substance and function in the eyes of time and space. So we need not to make the two different concepts, viz. substance and function, in the School of Yogācāra. Then all the things in the system of Vijñapti-mātra are the functions only. And the new word Vijñapti means that the consciousness is a kind of Siddhabhāva, so it just is Dravyavat. So the idea of substance and function in the Yogācāra's texts is indeed the metaphor to help people understand the relationship of simultaneous cause and effect.

Key words: Vijñaptimātra, Substance, Function, Siddhabhāva, Dravyavat

书讯

《德国哲学 1760—1860:观念论的遗产》

[美]特里·平卡德著,侯振武译

北京:中国人民大学出版社,2019 年

在这部流畅易读、内容丰富的著作中,平卡德围绕“自我规定”(self-determination)这一核心问题,从德意志民族走向统一的社会、政治和文化语境中展现了德国哲学自康德以降的百年历程。关于康德和黑格尔的章节占据了较大篇幅,作者在脚注中详尽地搜罗和评述了晚近的研究文献;此外,雅各比、莱因霍尔德、弗里斯、费希特、谢林、荷尔德林、诺瓦利斯、施莱尔马赫、施莱格尔,以至叔本华和克尔凯郭尔,也都被编织进了平卡德的叙事之中,共同构成了这部观念论、浪漫主义和反观念论相互对话和激荡的思想史。

作者特里·平卡德(Terry Pinkard)在纽约大学、图宾根大学等学校接受了哲学教育,后为美国乔治敦大学哲学教授。他的学术兴趣在于从康德到当代的德国哲学,尤其是从康德到黑格尔的发展。他的著作还包括《黑格尔的辩证法:对于可能性的解释》(1988)、《黑格尔的〈精神现象学〉:理性的社会性》(1996)、《黑格尔传》(2000,中译本 2015 年由商务印书馆出版)、《黑格尔的自然主义:心灵、自然与生活的终极目的》(2012)、《历史有意义吗?黑格尔论正义的历史形态》(2017)等,他还在剑桥大学出版社出版了《精神现象学》的新译本(2018)。(肖京)

哲学门(总第四十辑)
第二十卷第二册
北京大学出版社,2019 年 12 月

从《周易禅解·说卦传》看蕅益智旭儒佛会通的思想源流

韩丽霞　赵　文*

提　要:蕅益智旭在《周易禅解》里对《易传》中的《说卦传》部分做了详细的解释。该部分虽篇幅短小,却包含了丰富的佛学术语,较为完整地展现了智旭以禅宗思想为底色,融会天台湛然一脉思想的理论体系。这包括"随缘不变,不变随缘"的体用论,观"现前一念心"的功夫论,以及基于此而生发的性具善恶论等。我们唯有将该体系放置在汉传佛教思想史的脉络中进行考察,才能够更好地理解智旭儒佛会通的理论背景。

关键词:周易禅解　随缘不变　现前一念心　性具善恶　儒佛会通

明代王阳明的致良知说,与禅宗的思想有诸多契合之处,故在明代心学中,逐渐发展出融合禅学的倾向,而以佛解易亦在王门后学的儒佛合一论者中出现。特别是泰州学派中人物,如焦竑等援禅入易,阐发心性学说,对抗程朱学派的教条主义。与此相呼应,明代的禅师中,亦涌现出以禅解易者,代表人物包括紫柏真可、蕅益智旭等。[①]现保存最全的明代以佛解易的著作,即是

* 韩丽霞,1987 年生,中国人民大学文学院在读博士。赵文,1986 年生,南开大学哲学院讲师。

① 参考朱伯崑:《易学哲学史》(三),北京:华夏出版社,1995 年,第 247—251 页。

藕益智旭[①]所著《周易禅解》。其创作之目的,可见于自撰序文中:“吾所由解易者,无他,以禅入儒,务诱儒以知禅耳。”[②]值得注意的是,智旭解易的步骤是先传后经,即先解系辞(上、下)、说卦、序卦、杂卦,后解上经、下经。其中,在诠释以八卦卦象为中心的《说卦传》部分时,智旭引用了丰富的佛学术语,“随缘不变”“现前一念心性”“法法互具”与“性具善恶”等广涉禅宗、天台、华严等各宗背景的佛学术语,都被巧妙地展现出来。这些概念间的关联有着内在的逻辑理路,因而《周易禅解·说卦传》虽然篇幅短小,却自成体系,对我们理解智旭以佛解易的理论体系十分关键。

本文着眼于从汉传佛教思想史角度解析《周易禅解·说卦传》中的一系列重要佛学术语,以期对智旭立足禅宗修行,兼容天台、华严等各宗教理的思想背景,乃至借易学阐发佛理的阐释技巧有更加立体的解读。同时,若从历史的角度来看,程朱易学在明代被定为正统,明中晚期却受到了心学(陈献章、湛若水、王守仁等)、佛学(智旭等)解易的挑战。[③] 因而本文选取作为明代解易正统的朱熹《周易本义》[④]来代表儒家传统中的解读,以与智旭的以佛解易进行对比。

一 易理与随缘不变

在智旭《周易禅解·说卦传》中开始的部分,有一段对于理、性、命等哲学议题的讨论。传统分段第一章中“穷理尽性以至于命”,朱熹对此解释为:“穷天下之理,尽人物之性,而合于天道。”[⑤]智旭对第一章的解释并未有太多佛学上的发挥,但在对第二章的解释中,却将“昔者圣人之作易也,将以顺性命之理”一句解读为“今圣人作易,将以逆生死流,而顺性命之理”。[⑥] 为辅助“逆

---

① 对藕益智旭生平及思想的全面研究,参考圣严法师著,关世谦译:《明末中国佛教之研究》,台北:学生书局,1988 年。

② 藕益智旭:《周易禅解》,《嘉兴藏》,第 20 册,No. 96,第 395 页。(《嘉兴藏》即《径山藏版明版嘉兴大藏经》,台北:新文丰出版公司,1987 年)

③ 林忠军、张沛:《略论明代易学的形成、演变及意义》,《周易研究》2016 年第 3 期。

④ 朱熹:《周易本义》,苏勇校注,北京:北京大学出版社,1992 年。

⑤ 同上书,第 169 页。

⑥ 藕益智旭:《周易禅解》,《嘉兴藏》,第 20 册,No. 96,第 463 页。

生死流”这一新的诠释,他还对传统的分章进行了改动。《说卦传》的前二章,传统的分段到第三章“天地定位,山泽通气,雷风相薄,水火不相射。八卦相错。数往者顺,知来者逆。是故易逆数也”之前截止。而智旭则将第二三章合并,且将第三章里的“易逆数”,诠释为逆生死流。而这样的改动,更重要的用意却在借“理”托出“随缘不变”的佛学命题:

今圣人作《易》,将以逆生死流,而顺性命之理,是以即彼自心妄现之天,立其道曰阴与阳,可见天不偏于阳,还具易之全理,所谓随缘不变也。①

在汉传佛教传统中,不变之“理”是华严学的重要命题,特别是唐代华严学奠基者法藏的理法界和事法界的理论,通常被认为是汉传佛教思想中“体用不二”的经典表述。另外,唐代的华严学僧澄观还提出“真空之理,即佛性真空”②,将理与性(即佛性)等同起来。此处的佛性(buddhadhātu),是指众生本具的导向成佛的因,早在南北朝《涅槃经》传入之后,便与空性(śūnyatā)一道,被看作体用论中的本体了。可是,随着唯识—如来藏思想的传入,激发了汉传佛教思想界对心、性之关系的深入讨论。例如,在地论与华严传统中重要的论典《大乘起信论》里,便有如下段落:

是心从本已来自性清净,而有无明、为无明所染,有其染心。虽有染心,而常恒不变。是故此义唯佛能知。所谓心性常无念,故名为不变。③

此处对心“自性清净”“无明所染”的理解,将不变的如来藏(= 佛性)引入到心性的讨论之中。由此,前述澄观的命题“真空之理,即佛性真空”,初看上去类似于程朱理学的“性即理”,事实上却与王阳明的“心即理”有异曲同工之妙。华严学中的佛性,并不仅仅是形上的空性之理,更是众生本具的自性清净心。而与唐代华严学紧密相关的隋代地论师高僧净影慧远的著作中,已出现了对“心即理”的论证:

问曰:“何故心是理乎?”答:“理非物造,故名为理,非为木石。神知

---

① 蕅益智旭:《周易禅解》,《嘉兴藏》,第20册,No.96,第463页。

② 澄观:《大方广华严经随疏演义抄》,《大正藏》,第36册,No.1736,第51页。

③ 《大正藏》,第32册,No.1666,第577页。

之虑故名为心。是心则摄一切世间、出世间者。”①

因而,尽管地论、华严之学和阳明心学中关于心、性、理这些概念的理论背景有很大的差异,但前述的相似性也正为明末的儒佛会通提供了坚实基础。在明末乘阳明学解易之风潮而起的《周易禅解》看来,所谓儒家的“理”是佛家的“随缘不变”。在《灵峰宗论》中,则更将“不变随缘”“随缘不变”与易学“变易”“不易”的命题②相联系:

> 又闻现前一念心性,不变随缘,随缘不变之妙,方知不易之为变易,变易之终不易。③

可问题在于,前述《起信论》中只提到了“不变”,那么“随缘不变”(不易之理)以及“不变随缘”(变易)由何而来呢?这可以追溯到天台湛然的思想——唐代湛然中兴天台之时,面对华严学的兴盛,通过对智𫖮“一念三千”这一命题的发挥,将华严思想引入天台教义,并将法藏在《起信论义记》中提出的“真如不变”“真如随缘”④组合为“随缘不变故为性,不变随缘故为心”⑤。是语出自湛然《止观大意》中一段重要论述:

> 谓一一心中一切心,一一尘中一切尘。一一心中一切尘,一一尘中一切心……三谛三观三非三,三一一三无所寄。谛观名别体复同,是故能所二非二。如是观时名观心性。随缘不变故为性,不变随缘故为心。故涅槃经云:“能观心性名为上定。”上定者,名第一义。第一义者,名为佛性。佛性者,名毗卢遮那。⑥

---

① 慧远:《大乘起信论义疏》,《大正藏》,第44册,No.1843,第179页。

② 该命题可追溯至郑玄《易赞》及《易论》中对“易”名称的解释:“易一名而含三义:易简,一也;变易,二也;不易,三也”,并为后世的周易注释所沿用(如王弼注,孔颖达疏:《周易正义》,李申、卢光明整理,吕绍纲审定,北京:北京大学出版社,1999年,“论易之三名”,第4—6页)。

③ 蕅益智旭:《灵峰宗论》,《嘉兴藏》,第36册,No.348,第297页。

④ “此识有二种义。前中言此识有二义等……何者?谓真如有二义,一不变义,二随缘义。无明亦二义,一无体即空义,二有用成事义。此真妄中,各由初义故成上真如门也。各由后义故成此生灭门也。”(法藏:《大乘起信论义记》,《大正藏》,44册,No.1846,第255页)按:此处的“真如”,即为“如来藏”的同义语。

⑤ 参考《止观大意》(《大正藏》,第46册,No.1914,第460页)。此处的“随缘不变”,应理解为“随缘的不变”,相应地,“不变随缘”作“不变的随缘”解。

⑥ 湛然:《止观大意》,《大正藏》,第46册,No.1913,第460页。

"随缘不变"即"随缘"的"不变",重点在"不变"(如来藏)。"不变随缘"即"不变"的"随缘",重点在"随缘"(阿赖耶识)。然而,湛然在观心(性)的方法上,尤其强调事理不二:"又亦先了万法唯心,方可观心……事理不二,观道稍开。能了此者,可与论道。"①因而,为突出事理不二的哲学思辨,也就是能随缘生万法的阿赖耶识和不变、自性清净的如来藏的不二,故使用了"随缘不变故为性,不变随缘故为心"的说法。

值得注意的是,备受智旭推崇的唐末五代高僧永明延寿之作《宗镜录》②中,也可见到对湛然著作里"随缘不变故为性,不变随缘故为心"段落的引语。③ 永明延寿用镜子和镜中像的相互关系来解释阿赖耶识与识所摄万物之关系。阿赖耶识如镜子,也正是澄澈的真如理体、如来藏;所摄万物则如镜中像,有染的成分。然而,正如没有像则难寻镜子,倘若没有阿赖耶识所含摄的染净真俗境界,则等同于真如或如来藏的阿赖耶识也就难以成立。④ 这一论证,虽提及了天台湛然的"不变随缘"和"随缘不变",及湛然的事理不二的观心方法,但却更加强调了阿赖耶识在沟通真如理体与万物间的中枢作用,以及阿赖耶识与真如、如来藏的等同。

若考察智旭所使用的"随缘不变,不变随缘"的内涵,我们可以看到,在《起信论裂网疏》中,智旭认为从不变随缘的角度来看,不变如来藏亦即阿赖耶识,可生一切法;而从随缘不变的角度来看,则是真如摄一切法。⑤ 这与由湛然的观心方法及永明延寿《宗镜录》中的理解一脉相承。然而,智旭虽沿用了天台湛然突出理事相即、"随缘不变,不变随缘"之观心法,但也保有禅宗自身的理论特色。正如智旭对《说卦传》后文的诠释中,强调了观现前一念心可当下证悟真如理体,而不待另立真如以观之。

---

① 湛然:《止观大意》,《大正藏》,第 46 册,No. 1913,第 452 页。

② 《宗镜录》的作者永明延寿,以禅净合一,并融会华严、天台和法相的思想而著称,对智旭思想的影响值得注意,而智旭亦自诩为永明延寿的后继者。(圣严法师:《明末中国佛教之研究》,第 424—426 页)

③ 永明延寿:《宗镜录》,《大正藏》,第 48 册,No. 2016,第 868 页。

④ 同上书,第 694—695 页。

⑤ "但约不变随缘,名如来藏,亦名赖耶,故可云生一切法;若约随缘不变,乃名真如,但可云摄一切法,皆不生灭,不可云生一切法也。"(蕅益智旭:《起信论裂网疏》,《大正藏》,第 44 册,No. 1850,第 431 页)

二 震卦与现前一念心

《说卦传》中从第三章开始,是对八卦卦象的解释。上文提到,智旭为了将第三章的“易逆数”解释为“逆生死流”,遂将第二、三章合并,而在对(传统的)四至六章的解释中,展示了他对修道历程的理解。① 笔者将该部分中八卦与佛教的修道历程之对应整理为表1:

表1 八卦和佛教的修道历程

四章	雷	风	雨	日	艮	兑	乾	坤
	定动	慧拔	法性之水	智慧之照	妙三昧	妙总持	果上智德	果上断德
五章	(帝)出乎震	齐乎巽	相见乎离	致役乎坤	说言乎兑	战乎乾	劳乎坎	成言乎艮
	发出生死心	齐其三业	智慧之明	躬行	说法	降魔	授记	成道而登涅槃山
六章	震	巽	离	兑	坎	艮		
	一念菩提心	三观破惑	慧火干枯惑业苦水	法喜辩才	法性理水	首楞严究竟坚固		

这一部分中尤为值得注意的是,智旭将第五章中的“帝出乎震”解释为“发出生死心”,又将第六章中的“震”对应“一念菩提心”,这与智旭对《易经》中复卦(重卦)的理解是一致的:六十四重卦中的复卦与单卦中的震卦在卦象上紧密关联,均为一阳爻动于下而群阴顺从。因而,智旭在对《易经》中复卦的解释里,也强调了“一念菩提心”:

> 观心释者,佛性名为天地之心,虽阐提终不能断,但被恶所覆而不能自见耳。苦海无边,回头是岸。一念菩提心,能动无边生死大海。复之所以得亨者,以刚德称性而发,遂有逆反生死之势故也。此菩提心一动,则是顺修,依此行去则出入皆无疾,朋来皆无咎矣。②

据《周易本义》,第五章中的“帝”是“天之主宰”,而第五章“帝”的周天运行是

---

① 蕅益智旭:《周易禅解》,《嘉兴藏》,第20册,No. 96,第463—464页。

② 同上书,第422页。

邵雍论后天八卦位的重要依据。[1] 然而,在对《说卦传》的解释中,智旭却提出:

> 约观心者,一念发心为帝,一切诸心心所随之。乃至三千性相、百界千如,无不随现前一念之心而出入也。[2]

这显然是将该章与天台宗的观心法门关联起来。[3] 天台宗的一念三千,最早见于智𫖮《摩诃止观》,[4]所谓观一念之心而具三千诸法,即由地狱、饿鬼、畜生、阿罗修、人、天、声闻、缘觉、菩萨、佛十法界,十界互具十界,相乘而为百界,百界各有性、相、体、力、作、因、缘、果、报、本末究竟十如之义,相乘而为千如,千如各有众生、国土、五阴三世间差别,相乘而为三千世间,由此而包含一切法。然而,正如陈英善所指出,一念三千于智𫖮的著作中,并未像在湛然的作品里那样占据中心的地位。[5] 湛然将理体的观念与一念三千结合,成为理具三千,再由理具三千而论事造三千。也就是说,不仅心体具万法,且随缘化现万法。智𫖮与湛然是否有理论上的割裂,还值得深入考察,但不容否认的是,湛然借用了华严的话语去理解智𫖮的思想。

可是,我们要注意,智旭的"现前一念"并不能完全等同于天台宗的一念三千之一念,而是强调"现前",即在当下一念上用功,由迷转悟,通过止观双运而达解脱。又如智旭《占察善恶业报经义疏》中有:

> 离诸戏论,不可分别。一切众生现前一念心性,亦如是也。此是直指现前一念,昏迷倒惑心体本来如此。故云,一切众生,皆证圆觉。又云,如来成正觉时,悉见一切众生成正觉也。如此方是直指人心,见性成佛。若离现前一念,别谈真心,何异离波觅水耶?[6]

---

① 朱熹:《周易本义》,苏勇校注,第170页。

② 蕅益智旭:《周易禅解》,《嘉兴藏》,第20册,No.96,第463页。

③ 天台宗观心的法门,依天台宗后学所撰《佛祖统纪》,可追溯至北齐慧文悟《大智度论》一心三观,传南岳慧思。天台智𫖮在《佛说观无量寿佛经疏》中亦谓:"一心三观者,此出释论(引者案:《大智度论》)。论云:三智实在一心中。得秖一观而三观,观于一谛而三谛,故名一心三观。类如一心而有生住灭。如此三相在一心中,此观成时证一心三智,亦名一切种智。"(智𫖮:《佛说观无量寿佛经疏》,《大正藏》,第37册,No.1750,第187页)

④ 智𫖮:《摩诃止观》,《大正藏》,第46册,No.1911,第54页。

⑤ 陈英善:《湛然理具思想之探讨》,《中华佛学学报》1993年总第6期。

⑥ 蕅益智旭:《占察善恶业报经义疏》,《卍新纂续藏经》,第21册,No.371,第438页。

这里的表述似与天台山家传统的妄心观有相似之处,主张观妄心即可了悟心体而不必另立真如。但不容忽视的是,以上现前一念虽借天台的教理加以阐发,但明代的禅宗大德,如紫柏真可、憨山德清等的文集之中,确实已有了"现前一念"的表述。[①] 而且,智旭的"现前一念"与阳明心学的关系,也为荒木见悟所指出。[②] 由此看来,智旭是本于禅宗对于现前一念的关切,接纳了天台一念三千的观法,从而创造了更为细密的功夫论。

三 八卦众象与法法互具、性具善恶

上文已介绍了依"现前一念"而进行的修道历程,而在对《说卦传》后面的部分——八卦所代表之众象的讨论(《周易本义》分章的七章至末十一章)中,"三千"所牵涉出的天台传统中的法法互具,[③]华严传统中的事事无碍,[④]成为阐释的重点。例如,在解释第十章中八卦对应父母男女(子女)之时:[⑤]

> 只此众物各体之八卦,即是天地男女之八卦。可见小中现大,大中现小。法法平等,法法互具,真华严事事无碍法界也。[⑥]

另外值得我们注意的是佛教的性善恶论在解释《周易》卦象中的巧妙运用。如在释"广八卦之象"中,[⑦]先是援引了禅宗的法语:

> 此广八卦一章,尤见易理之铺天匝地,不间精粗,不分贵贱,不论有

① "虽复觉觉殊功,要之即现前一念。情识之心,不善用之则三涂横起,善用之则三德圆明也。"(《紫柏尊者别集》,《卍新纂续藏经》,第73册,No. 1453,第407页)古德云:"即心即佛。以此心本来是佛,因迷之而为众生。是迷觉之变也。吾人日用现前一念,觉则一念佛,念念常觉,则为常住佛,不觉则永堕迷途。"(《憨山老人梦游集》,《卍新纂续藏经》,第73册,No. 1456,第752页)

② 荒木见悟:《明代思想研究》,东京:创文社,1972年,第364—368页。

③ 此处同湛然"一一心中一切心,一一尘中一切尘"意义相近,而与华严的事事无碍也有相通之处。而"法法互具"之语或较为晚出,见于北宋四明知礼的论著中(知礼:《金光明经玄义拾遗记》,《大正藏》,第39册,No. 1784,第20页)。

④ "事事无碍"与华严的法界缘起相关,相关讨论见吕澂《中国佛学源流略讲》(北京:中华书局,1979年,第199页)等。这一概念在澄观的著述中广为使用。

⑤ 《说卦传》中的对应关系为:乾对父、坤对母,震对长男、巽对长女,坎对中男、离对中女,艮对少男、兑对少女。

⑥ 蕅益智旭:《周易禅解》,《嘉兴藏》,第20册,No. 96,第464页。

⑦ 此处朱熹的注解对八卦所对应的诸象采取了怀疑的态度:"此第十一章,广八卦之象,其间多不可晓者。求之于经,亦不尽合也。"(朱熹:《周易本义》,第173页)

情无情。禅门所谓,“青青翠竹,总是真如;郁郁黄花,无非般若”。又云,“墙壁瓦砾,皆是如来清净法身”。又云,“成佛作祖,犹带污名;戴角披毛,推居上位”。皆是此意。[1]

站在这些禅宗法语的角度,万事万物都被看作是自性清净的。而智旭在对十一章的八卦所代表诸象进行阐释时,以八卦本身为不变的性理,而八卦所代表之象为随缘的发用,发挥了天台宗性具善恶的思想,构造出巧妙的契合:

而此健等八德,则能具造十界。且如健之善者,则为天为君;其不善者,则为瘠为驳。顺之善者,则为地为母;其不善者,则为吝为黑。下之六卦,无不皆然。可见不变之理,常自随缘,习相远也。然瘠驳等,仍是健德。吝黑等仍是顺德。可见随缘之习,理元不变,性相近也。[2]

性具善恶是天台传统对于佛性之看法,智𫖮所指的性,是一切有情的佛性,而到了湛然,则推广到无情亦有佛性,“是身无知,如草木瓦砾。若论有情,何独众生一切唯心?是则一尘具足一切众生佛性,亦具十方诸佛佛性”[3]。之所以能进行如此的推广,亦是因湛然引入了华严的真如不变随缘之说。如《金刚錍》中谓:

万法是真如,由不变故。真如是万法,由随缘故。子信无情无佛性者,岂非万法无真如耶?故万法之称,宁隔于纤尘;真如之体,何专于彼我?[4]

这样,由法藏为真如、如来藏赋予的不变义、随缘义(如前分析,随缘义本为八识的功能),加之湛然的演绎,进一步被理解为“万法是真如,真如是万法”,一切法具足真如佛性。湛然既取消了随缘而起的万法与随缘而作的真如的差别,以随缘不变、不变随缘来表示理事相即、不可分离的关系,故万法既有善恶,真如亦具善恶。于是便产生了问题:阐提与佛性差别何在?湛然进而提

---

① 蕅益智旭:《周易禅解》,《嘉兴藏》,第20册,No. 96,第464页。
② 同上。
③ 湛然:《止观辅行弘传决》,《大正藏》,第46册,No. 1912,第152页。
④ 湛然:《金刚錍》,《大正藏》,第46册,No. 1932,第782页。

出,虽就性上来说,阐提与佛性无差别,但修有善恶,如来修善,而阐提修恶。[①]所谓的“性具善恶”,不是指性是善或恶,而是性有具造善恶的潜能。这在智旭看来,正与禅宗法语“青青翠竹,总是真如;郁郁黄花,无非般若”等相合。有趣的是,在前引文中,智旭还进一步将之与儒家的“习相远”和“性相近”联系起来。

在智旭的《灵峰宗论》中,这一点也明确地表述为“修分顺逆,性无增减”。此句出自一段智旭对易传诠释的理路之总结,与前文中的讨论相呼应:

> 且《易传》“寂然不动,感而遂通”一语,即寂照无二之体。而“乾坤其易之门”一语,即流转还灭、逆顺二修之关。以性觉妙明,本觉明妙,非干修证,不属迷悟。而迷则照体成散,寂体成昏,逆涅槃城,顺生死路,全由此动静两门,是名逆修,亦名修恶。悟则借动以觉其昏,名之为观,借静以摄其散,名之为止,逆生死流,顺涅槃海,亦由此动静两门,是名顺修,亦名修善。然修分顺逆,性无增减,又虽善恶皆本于性,而道必升沉。如斯秘旨,岂异圆宗。[②]

该段落将《易传》中“寂然不动,感而遂通”与理体联系起来,而孑然独立的理体与迷悟本身是无关的。乾坤所代表的动静的含义,被解释为观和止,由此二门入,便可以“逆生死流,顺涅槃海”,超脱生死流转达到涅槃。值得注意的是,这里的“性无增减”和“修分顺逆”与王阳明“无善无恶心之体”“有善有恶意之动”也有契合之处。

四 小 结

从上文的分析我们可以看到,智旭在《周易禅解·说卦传》中展现了其教观并重的思想体系,而以禅宗为底色,融会天台湛然一脉的思想,在智旭解易的阐释话语中显得尤为突出。具体而言,智旭借助天台湛然到永明延寿的如

① “彼又问云:‘既有性德善亦有性德恶不?’答:‘具有。’问:‘阐提与佛断何等善恶?’答:‘阐提断修善,但有性善在,如来断修恶,但有性恶在。’”(湛然:《止观辅行传弘决》,《大正藏》,第 46 册,No. 1912,第 296 页)

② 蕅益智旭:《灵峰宗论》,《嘉兴藏》,第 36 册,No. 348,第 311 页。

来藏、真如理体之随缘不变来解“不易”；以阿赖耶识生万法、事用之不变随缘来解“变易”，从而展现理事不二的论理基础。这也构成了智旭解释《说卦传》前二章的体用论思想背景。另一方面，湛然吸收华严的理事不二，并强调不必另立真如，而在观心上下功夫，智旭又将禅宗的依现前一念达解脱的修道观与此相结合，便构成了在解读第五章“帝出乎震”一章的功夫论之基础。在对七至十一章中八卦诸象的诠释里，除了理体摄万法所延伸出的法法互具，性善恶论中的重要命题——即由智𫖮、湛然所奠定，而为宋代四明知礼所阐扬的性具善恶、修有善有恶的观点，也被智旭所接纳。

智旭的《周易禅解》与前人解易的不同之处在于，似乎对所解《周易》文本的文句并不细加考证，而是借易之文句来阐发其依天台等各宗教义与禅宗的修心法门而建构的佛学体系。然而，这种诠释决然不可仅看作是牵强附会之语，其更深层的原因在于，始于《起信论》、华严学而到天台湛然思想脉络中的心性论为智旭所继承，而与其相关的体用论、修道论到性善恶论等，多与儒家的阳明学说有相契合之处。这正是智旭作儒佛会通之努力的思想基础。

Ouyi Zhixu's Opinion on the Communication between Confucianism and Buddhism: Based on the Study of "*Shuo Gua Zhuan*" in the "Chan Exegesis on *Zhouyi*"

Han Lixia, Zhao Wen

Abstract: In the interpretation on the *Shuo Gua Zhuan* from the "Chan Exegesis on *Zhouyi*", the late Ming Buddhist master Ouyi Zhixu shows his Buddhological system which is composed of the Ti (existence) / Yong (function) theory, namely, "the immutability of the dependent origination" and "the dependent origination of the immutability", the practice theory of contemplating "one thought coming to mind" and the theory of human nature. This system is based on the thought of Chan Buddhism and incorporated with the teaching of Tiantai, particularly with that represented by Zhanran. Examining this system from the aspect of the history of Buddhist thought will help us to better understand the background of the communication between Confucianism and Buddhism reflected in Zhixu's work.

Key words: Chan Exegesis on *Zhouyi*, Immutability of dependent origination, One thought coming to mind, Goodness and badness of human nature, Communication between Confucianism and Buddhism

哲学门(总第四十辑)
第二十卷第二册
北京大学出版社,2019 年 12 月

律藏研究方法新探*
——以目连入禅定闻象声为例

李　薇**

提　要:律藏的研究方法历来以比较研究为主。因为六部律藏之间的共通性,导致大多学者在进行律藏的比较研究时多采用“共通内容便是古老的”这一标准来判断各律藏新旧。律藏及《发智论》《大毗婆沙论》都记载了目连入禅定闻象声一例,关于目连为何禅定时闻象声这一问题,各文献中都有言及。通过比较可知,《十诵律》记载的理由其实是受了阿毗达摩论书的影响而插入进去的,并且其他律藏中出现的理由也能在《大毗婆沙论》中找到相似的记述。所以可以认为,这一共通于五部律藏的事例中都夹杂了新的内容,而“共通即古老”这一标准并不适用于所有的情况。

关键词:律藏　《大毗婆沙论》　判定事例集　大目连

一　律藏及研究方法

律藏作为佛教三藏之一,是研究佛教历史及部派佛教的重要资料。现存的律藏文献主要有六部,即《巴利律》《四分律》《五分律》《十诵律》《根本说一

---

*　本文系第 64 批中国博士后科学基金面上资助“律藏与阿毗达摩文献的研究”(2018M641107)的阶段性成果。

**　李薇,1985 年生,日本花园大学文学博士,北京大学哲学系、宗教学系博雅博士后。

切有部律》《摩诃僧祇律》,其他还有一些与律藏相关的注释书及写本资料。[①] 六部律藏中,《巴利律》又称为《铜鍱律》,是巴利语所写的南传上座部所传律,另外还有同为巴利语的《巴利律》注释书 *Samantapāsādikā* 和复注等关联资料;《四分律》属法藏部,《五分律》属化地部,两部律主要为汉译,有较少的梵语写本;汉译《十诵律》与《根本说一切有部律》同属于说一切有部,两部律藏皆有完整的梵本《波罗提木叉经》(即《戒经》),《根本说一切有部律》的犍度部的梵语本有很多被保存下来,还有藏译本,藏译本中多有与汉译不一致的地方,且较汉译本更全面。这五部律藏皆属上座部。最后一部《摩诃僧祇律》属大众部,主要是汉译本、对应的梵本《波罗提木叉经》、少量经分别及犍度部的梵文写本。

律藏研究兴盛于日本及欧美学界,欧美的律藏研究主要代表成果有弗劳瓦尔那(Frauwallner)的 *The Earliest Vinaya and the Beginnings of Buddhist Literature* 及普雷比什(Prebish)的 *A Survey Of Vinaya Literature* 等,日本主要以平川彰《律蔵の研究》《二百五十戒の研究》、佐藤密雄《原始佛教教團の研究》、佐佐木闲《インド仏教变移論》等。

就研究方法来讲,律藏研究主要以比较研究为主。随着赫尔曼·奥登堡(Hermann Oldenberg)编辑出版了巴利语的 *The Vinaya Piṭakaṃ*(“律藏”),使得六部律藏的比较研究变得可能。由于六部律藏无论在内容还是结构上都存在一定程度的共通性,所以学者们多持有一种观念,即认为六部律藏皆来源于一部律藏(可以称之为原型律)。通过对六部律藏细节的比较研究,筛选出确定新古的证据,从而判定六部广律孰新孰古,古老的形式更接近原型律。其最终目标是通过对这些细节的逐一调查与比较,勾勒出律藏的演变轨迹。这种研究方法为律藏研究者所认可,并且已积累了一些研究成果,如佐佐木闲的《律藏解体研究序说》[②],这篇论文对比丘尼波罗夷法“八事”[③]的条文及

---

① 律藏写本资料可参考 Akira Yuyama, *Vinaya-Texte*(德文), Systematische Übersicht über die buddhistische Sanskrit-Literatur 1, Wiesbaden: Franz Steiner Verlag GmbH, 1979; 及 Nobuyuki Yamagiwa, “Recent Studies on Vinaya Manuscripts”(日文), *Indogaku Bukkyōgaku Kenkyū*, vol. 52, no. 1, 2003, pp. 333-339.

② 佐佐木闲:《律蔵の解体的研究:序説》,《禅学研究》第 90 卷,2012 年。

③ 依《巴利律》,八事为“染心男子捉己手以感乐;捉己上衣以感乐;一起站立;对话;去约定地点;男子靠近而感乐;去人少处;或为行非正法放置身体”。H. Oldenberg, *The Vinaya Piṭakaṃ* IV. PTS, 1882, pp. 220-221.

条文解释进行了全面考察，并且通过六部广律的比较研究，勾画出了这一条文的演变过程。他推测只有《摩诃僧祇律》的条文保存了古老形态，即"八事中犯任何之一即为波罗夷罪"，而其他五部广律的条文及条文解释、甚至《摩诃僧祇律》的条文解释中的内容都已经演变为"只有犯全八事才犯波罗夷罪"。通过这一考察，我们看到了这一条文的演变过程，即从原先严格的、"犯八事之一便为波罗夷罪"的形式转变为一个缓和且不易被判罪的"犯全八事才为波罗夷"的形式。

同时，在具体实例的比较研究中，学者们在判断六部广律孰新孰古的时候，多采取一种标准即共通的内容便是古老的，甚至可以认为其接近原型律或是部派分裂之前的内容。① 如日本学者平川彰在《律蔵の研究》中论述律藏中的 vinītaka（判定事例集）②时，主张因为各律藏都存在判定事例集，可以看作是上座部与大众部的共通资料，所以判定事例集是佛教根本分裂之前由没有加入到经分别的内容汇总而成的。③

诚然，六部律藏可以认为是在一部律藏的基础上演变发展而来的，这是律藏文献的同一性而决定的，因此认为共通的内容便是古老的或接近原型律的，这并非毫无道理。问题在于，这一标准是否适用于所有情况？

前面所举日本学者佐佐木闲的论文便是这一判断标准的反例，在上座部五部律藏关于"八事"的条文皆相同、只有大众部《摩诃僧祇律》不同的情况下，很容易得出的结论便是：上座部五部律藏的条文为古老的形式、大众部为了突出部派特征从而改编条文。但是从论文的论证来看，恰恰是《摩诃僧祇律》的条文作为唯一例外保存了古老的形式。

本文亦是通过对律藏及《大毗婆沙论》的共通事例"目连自说入禅定闻象声"一例的考察，提示一个"共通即古老"这一标准的反例。

---

① 参平川彰：《律蔵の研究》，東京：山喜房仏書林，1960 年；同《二百五十戒の研究 Ⅰ-Ⅳ》，東京：春秋社，1993—1995 年；佐藤密雄：《原始佛教教團の研究》，東京：山喜房仏書林，1993 年。

② 《巴利律》中，判定事例集作为律藏经分别的一个组成部分，是世尊判定比丘的行为是否犯罪或所犯何罪的事例集合，末尾处一定会有世尊判定比丘犯罪与否的语句。参李薇：《律蔵における判定事例集（vinitaka）について》，《印度學仏教學研究》67（2），2019 年。

③ 平川彰：《律蔵の研究》，第 659—662 页。

二 目连自说入禅定闻象声

目连自说入禅定闻象声这一事例存在于《十诵律》(第十诵)、《巴利律》《四分律》《根本说一切有部律》及《摩诃僧祇律》的判定事例集之中。本文中将与《大毗婆沙论》对比考察,所以首先将同属于说一切有部的《十诵律》中此例的具体内容列举如下:

> 又一时目连在耆阇崛山中,入虚空无色定,善取入定相、不善取出定相,从三昧起,闻萨卑尼池岸上大象声。闻已还疾入三昧,作是念:“我入三昧中闻是象声。”从三昧起语诸比丘:“我一时在耆阇崛山中,入虚空无色定,闻萨卑尼池岸上象声。”诸比丘语目连:“何有此理?入虚空无色定中若见若闻,无有是事。何以故?若人入无色定,破坏色相舍离声相故。汝空无过人法故妄语,汝目连灭摈驱出。”是事问佛,佛语诸比丘:“汝等莫说目连是事过罪。何以故?目连见先事不见后事,如来亦见先亦见后。目连在耆阇崛山中,入虚空无色定,善取入定相、不善取出定相。是人从三昧起,闻萨卑尼池岸上象声已,还疾入虚空无色定,便谓我入定闻声。若人入无色定,若见色闻声,无有是处。何以故?是人破坏色相舍离声相故。若目连空无过人法故妄语者,亦无是处。目连随心想说无罪。”①(下划线由引用者标记)

目连在耆阇崛山中入禅定,后来在出禅定的时候听到了岸边大象的鸣叫声,之后又迅速进入禅定,但是他仍认为自己是在禅定中听到了象声。之后他告诉了其他比丘,其他比丘质疑他入禅定怎么会听到声音,进而寻问世尊。世尊回答:目连出禅定时听到的象声,只是因为他听完象声之后又快速进入了禅定,所以才误认为自己是禅定中听到的象声,不是妄说自己得过人法,只是“随心想”而已,不犯波罗夷罪。

日本学者佐佐木闲曾在论文《婆沙论与律》②中指出,《十诵律》的此例应

---

① 《十诵律》(No. 1435),《大正新修大藏经》,东京:大正一切经刊行会,1922—1934年,第23册,第441页。

② 佐佐木闲:《婆沙論と律》,《印度學仏教學研究》49(1),2000年。

是受《大毗婆沙论》等阿毗达摩论书的影响而改写的。下面是《大毗婆沙论》中关于此例的议论部分：

> 如说尊者大目揵连言:"具寿,我自忆住无所有处定,闻曼陀抧尼池边有众多龙象哮吼等声。"彼尊者为在定闻?为起定耶?答:起定闻,非在定。问:何故作此论?答:为令疑者得决定故。如毗奈耶说:"尊者大目揵连告诸苾刍言:'具寿,我自忆在鹫峰山住无所有处定,闻曼陀抧尼池边有众多龙象哮吼等声。'时诸苾刍共相谓言:'今此大目揵连自称得过人法,必无是事,应共坏之。所以者何?住初静虑者尚不闻声,何况住无所有处定?'便以此事白佛。佛时告曰:'汝等不应坏大目揵连。所以者何?大目揵连如想而说。'"故毗奈耶虽作是说而不分别,由此或有疑:彼尊者在定闻声。欲令此疑得决定故,显彼尊者起定闻声,故作斯论。①
> (下划线由引用者标记)

《大毗婆沙论》其实承接了《发智论》来讨论此例②,《发智论》中的问题是:目连自说入无所有处定的时候,听到了曼陀抧尼池边有象的声音,究竟是"在定闻"还是"起定闻"?回答是"起定闻,非在定"。《大毗婆沙论》承接了这一议论,并说是为了消除疑惑才"故作此论"。即因为律藏有目连自说入定闻象声一例,但是律藏中并没有说明目连究竟是入定闻象声还是出定闻,而众所周知,入禅定者不闻声,看了这个例子的人自然会产生疑问,为了消除这些疑惑,才有此议论。

值得注意的是,《大毗婆沙论》中所举律藏的内容与《十诵律》并不一致,其中没有"起定闻,非在定"这一理由,而现存的《十诵律》中则写有这一理由(即前面《十诵律》引文中的下划线部分),《根本说一切有部律》及《摩诃僧祇律》中也出现了这一理由。③ 所以佐佐木闲认为《十诵律》是受了阿毗达摩论书的影响,将阿毗达摩论书中所写的理由添加到了《十诵律》中。

而本文着重讨论的是《大毗婆沙论》这段议论之后的关联部分,具体

---

① 《大毗婆沙论》(No. 1545),《大正藏》第27册,第929页。

② 《发智论》(No. 1544),《大正藏》第26册,第1021页。

③ 《根本说一切有部律》(No. 1442),《大正藏》第23册,第680页;《摩诃僧祇律》(No. 1425),《大正藏》第22册,第465页。

如下:

> 问:诸余声闻亦知在定不闻声,故尚无此说,况大目揵连是最胜声闻,何故乃于苾刍众中说不应说?有说:此不必须通。所以者何?此是伪毗奈耶故。谓佛灭后有于素怛缆中置伪素怛缆,毗奈耶中置伪毗奈耶,阿毗达磨中置伪阿毗达磨,诸伪文句不应通释。有说:定海甚深,声闻如兔不得其底,唯佛能尽故。彼尊者虽作是说亦无有过。问彼尊者岂不知在定不闻声耶?何故作如是说?答:彼尊者于定自在入出迅疾,虽起定闻作住定想。谓彼先从欲界善心入初静虑,从初静虑入第二静虑,如是乃至入无所有处,从无所有处起还入识处,如是乃至入初静虑,从此欲界善心现前闻龙象等声不起分别,复还从欲界善心入初静虑,从初静虑入第二静虑,如是乃至入无所有处,从无所有处起还入识处,如是乃至入初静虑,从此欲界善心现前不审分别便作是语。我自忆在无所有处定闻曼陀枳尼池边龙象等声。彼但于二心起分别知,谓初入定心及后出定心,于其中间诸心相续,不审分别故作是说,亦无有过。[①](下划线及波浪线由引用者标记)

此处提出了两个问题,第一个问题:连普通的比丘都知道入禅定便不闻声响,目连身为最胜比丘,为什么还要在众比丘中说这样不该说的话?但是面对这个问题,《大毗婆沙论》并没有直接回答,反而是举了两种"有说"来回答:第一种"有说"主张是这个问题不必回答,因为目连闻象声一例本就不是律藏的内容,并认为佛灭之后,也出现了伪经、伪律和伪论,而这个例子就是伪律,所以论书中没有解释的必要(第一处下划线部分);第二种"有说"则主张禅定深奥,非世尊不能掌握,目连的禅定不够精深,即使他说在禅定中听闻象声也没有过错(波浪线处)。

第二个问题其实与第一个问题同义,即目连怎么会不知道在定不闻声,既然知道为什么还如此说?此处则记录了《大毗婆沙论》正统派毗婆沙师的回答,与上述两种"有说"不同,此处仍主张目连是出定闻象声,只是他没有分辨出入定心与出定心的区别,已经"出定"却误以为自己仍是入定,所以才会

① 《大毗婆沙论》(No. 1545),《大正藏》第27册,第929页。

说自己在定闻象声，也没有过错。

三种主张中，值得注意的是，第二种“有说”所主张的理由与《巴利律》及《四分律》的目连入禅定闻象声一例中出现的佛陀的解释相似。《巴利律》中有关此例的内容是目连说入禅定时闻象声，被众比丘非难质疑妄说得上人法并白佛，最后佛陀的判定是“目连只是禅定并不清净（aparisuddha）”，并没有妄语。[①]《四分律》也与此相似，佛陀的判定为“有是定而不清净，目连无犯”。[②]

其实，可以说目连自说入定闻象声一例中本就存在矛盾，论书察觉到并尝试解决，但是解决的方法各不相同：《大毗婆沙论》正统派认为目连是出定时闻象声，但是目连之所以说入定闻是因为他没有区分出入定、出定两心的差别，误以为入定时闻象声，而实际上是出定时闻；与此相对，还有两种不同主张的“有说”，第一种“有说”主张这个例子根本就不是律的内容，不需要去解释其中的矛盾，第二种“有说”则认为是目连的禅定境界不够精深，所以禅定中才听到象声。

同时，在《大毗婆沙论》引用的律藏中，佛陀只是简单地判定目连如实说、不犯波罗夷罪（《大毗婆沙论》第一处引文下划线部分），其中并没有言及目连这么说的理由。现存五部律藏的目连自说入禅定闻象声一例中皆写有理由（《五分律》中没有此例），所以也正如佐佐木闲所主张的，这些理由有可能是在论书的影响之下新附加到律藏之中的。[③]

而现存律藏中出现的理由可归纳为两种：一种为《十诵律》《根本说一切有部律》以及《摩诃僧祇律》中主张的“起定闻，非在定闻”；另一种为《巴利律》《四分律》中的目连禅定不够精深所以才听到象声。这些理由分别可以对应阿毗达摩论书中出现的不同部派的主张，可以说《十诵律》和《根本说一切有部律》是受正统派毗婆沙师说的影响；而《巴利律》与《四分律》中出现的闻象声的理由与第二种“有说”相同；至于《摩诃僧祇律》受哪一部派的影响则并不明确，只能推论这一部派与《大毗婆沙论》主张的理由相同。同时，在这些

---

① H. Oldenberg, ed. *The Vinaya Piṭakaṃ*, vol. 3, London: Routledge & Kegan Paul, 1984 (3rd ed.), p. 109.

② 《四分律》（No. 1428），《大正藏》第22册，第984页。

③ 但他只指出了《十诵律》受《大毗婆沙论》的影响，并没有论述两种“有说”及与其他律藏的对应情况。

主张之外,第一种"有说"也值得注意,这种"有说"直接认为这一事例本就不属于律藏的内容,所以在论书中没有必要解释,如果这种主张反映的是此部派律藏的选择的话,那么可以推断此部派的律藏之中应该没有目连自说入禅定闻象声一例。①

三 结语

本文通过与阿毗达摩论书的对比,考察了目连自说入禅定闻象声一例,梳理如下:

在《发智论》中有人问目连自说在定闻象声,究竟是在定闻还是起定闻?回答是起定闻。但是《发智论》中并没有言及此例与律藏的关系。而后在《大毗婆沙论》的阶段,明确说明律藏中有此例,且表明了议论此例是因为律藏没有解释目连究竟是入定闻还是起定闻,为了避免误解才做此解释,所做的解释也是继承了《发智论》的主张,即"起定闻,非在定"。同时,现存的《十诵律》中也出现了这一解释,而《大毗婆沙论》所引用的律藏中并没有言及目连自说入定闻象声的原因,只有佛陀判定"大目揵连如想而说",所以对比下来,可以认为现存的《十诵律》是受阿毗达摩论书的影响导入了这一解释(佐佐木闲的结论)。除此之外,本文所要强调的是《大毗婆沙论》中还记录了两种"有说":其中一种"有说"主张这个例子本就不是律藏的内容;另一种"有说"认为是因为目连的禅定不够精深才会在禅定时听到象声。

这三种主张的存在至少说明了各个部派都在试图化解目连自说入定闻象声一例中存在的矛盾,并尝试提供不同的解释。那么可以推测,此例可能是佛教各部派都共通的内容。到了《大毗婆沙论》的时期,明确言及此例在律藏中出现(《大毗婆沙论》所引用的律藏),但是仍有部派不承认此例为律藏的内容(第一种"有说"),而且,这一阶段,律藏的此例中还没有提及目连为什么入禅定闻象声的理由,只是各部派的论书对此例都做了不同的解释(《大毗婆

① 现存律藏中只有《五分律》无此例,但仍有目连神通的其他例子,比如目连见阿耨达池有大莲华、目连预测孕妇生男生女等例。现阶段还不能确定这些事例与目连闻象声一例的关系,所以不能简单断定第一种"有说"的部派为《五分律》所属的化地部。参见《五分律》(No. 1421),《大正藏》第 22 册,第 184 页。

沙论》的主张及二种“有说”)。之后,各律藏之中开始导入了各部派论书中所写的理由,即《十诵律》《根本说一切有部律》及《摩诃僧祇律》都导入了“起定闻,非在定”,《巴利律》及《四分律》导入了“目连禅定不够精深”这一理由,便成了如今我们所看到的形式。

再联系到本文第一部分所介绍的“共通即古老”这一判断标准,可知,若依据上述假说,共通于五部律藏中的目连自说入禅定闻象声一例并不是古老的,若依第一种“有说”,共通于五部律藏的此例极有可能本就不是律藏的内容,新旧显而易见。同时,即使不考虑第一种“有说”,通过上述整理,也可知现存于律藏中的此例也经过了一个演变过程,是受论书影响之后的新的形式。

所以,虽然我们承认律藏的共通性,但是简单地认为共通于各部律藏的内容便是古老的这一判断标准是存在片面性的,也就是说在论证律藏新旧的时候,不应只依据一个标准来进行判断,还应寻找一些辅助证据来证明。而通过与阿毗达摩论书的比较研究就能达到提供辅助甚至决定性证据的目的。这也将是今后律藏研究的重点所在,不过值得注意的是,律藏与阿毗达摩论书的比较研究的目的不只是调查论书中引用律藏的情况,还应该关注那些论书逆向影响律藏的可能事例。通过这一研究可以更加明确各个部派的主张及与律藏的对应情况,同时对研究律藏各个部分的新旧也有着重要意义。

A New Study of the Approaches to Vinaya: From the Case of Mahāmoggallāna's Hearing the Sound of Elephants in Dhyāna

Li Wei

Abstract: Comparative study is one of the most common research methods concerning studies on *Vinayapiṭakas*. Most scholars consider that the commonality among the various *Vinayapiṭakas* is referred as the originality during their comparative studies on *Vinayapiṭakas*, given the commonality among the *Vinayapiṭakas*. The case of Mahāmoggallāna's hearing the sound of elephants in dhyāna (meditation) can be found in five *Vinayapiṭakas* — the *Pāli Vinaya*, *Dharmaguptaka-vinaya* (*Sifenlü*), *Mahāsāṃghika-vinaya* (*Mohesengqilü*), *Sarvāstivāda-vinaya* (*Shisonglü*) *Mūlasarvāstivāda-vinaya* — and *Dapiposhalun*. And the reasons for this are also discussed in various texts. However, by a comparative investigation, it could be inferred that the reasons recorded in *Shisonglü* were based on the *Abhidharma* text. Besides, the *Dapiposhalun* shares a similar explanation for such reasons with other *Vinayapiṭakas*. From this perspective, this case found in five *Vinayapiṭakas* is not the original earlier part, but a later case introduced into the *Vinaya* texts. Therefore, the rule that the commonality among the *Vinayapiṭakas* is referred as the originality could not be applicable in all cases for the studies on *Vinaya* texts.

Key words: *Vinayapiṭaka*, *Dapiposhalun*, *Vinītaka*, Mahāmoggallāna

哲学门(总第四十辑)
第二十卷第二册
北京大学出版社,2019 年 12 月

透过"情"而思:早期中国的"情"观与天人和谐之道*

——解读居里·维拉格的《早期中国哲学中的"情"观》

陈云龙**

提　要:自葛瑞汉以来,中国哲学领域中"情"的议题逐渐进入西方汉学家的视野,并且形成了一个独特的研究领域。最近,居里·维拉格对这一领域中以"情理对立"为根本哲学范式的诠释路径进行了系统反思,转而以中国哲学脉络为中心,确立了一种"自然主义"阐释视野,以此对儒、道、墨三家的"情"观展开深入考察,并且建构出一套以"天人和谐"为最高理想的早期中国主流思想家的"情"观框架。这种"情"观以"情理互融"为根本,意在避免西方哲学传统中各色二元论的思维干扰,重新理解中国思想传统中的知识观、宇宙观、自我观、伦理观和政治观等重要问题,进而为思考整个中国哲学与伦理学传统提供了重要视角。总之,此书的意义不仅在于"情"的议题和领域本身,也引向对中西方哲学和伦理学传统的比较与反思。在此基础上,本文总结并提出了六个可以继续深入探究的方向。

关键词:"情"观　自然主义　自我　伦理　知识　宇宙　和谐　反思

---

* 本文是教育部人文社会科学研究青年项目严复"群学"思想及其当代价值研究(20XJC840003)的阶段性成果。

** 陈云龙,1988 年生,南京大学社会学系博士生。感谢匿名审稿人的评审意见,使本文有了更多实质性的提升。

一　西方汉学研究中“情”的议题推进

自英国汉学家葛瑞汉(Angus Graham)专门考察了“情”的概念内涵以来,现代西方汉学界对于中国传统思想(特别是早期儒家)与历史文化中“情”(*Qing*)的议题的关注热情日益攀升,由此慢慢开启了一条与以往的研究大不相同的诠释之路。其思考脉络总结起来就是见微知著、以小见大,由点及面、由表及里,从概念到文本、从思想到文化,从“情”的角度逐步深入中国哲学的语言、概念、文本、思想与历史世界,一步步揭示出这种思想传统本身的复杂性、独特性、深刻性和交融性。这也是西方汉学界对古代中国“情”的议题挖掘、扩展和清晰化的探索过程。于他们而言,这是一项充满艰辛和挑战的研究工作。因为除了中国哲学思想传统本身造成的研究进入困难之外,更关键的是西方主流哲学传统中一直存在“重理轻情”“情理对立”和“以理抑情”的思维习惯。后者不仅导致情感议题在西方哲学研究中被长期边缘化,也对中国哲学与文化传统中“情”的议题思考造成诸多干扰。

在一些较早的论著中,葛瑞汉和他的追随者陈汉生(Chad Hansen)等人就不同程度地受到理性论、实体论、本质论、真理论,特别是“情理”二元论等西方哲学思维的妨碍,由此制造了早期中国“情”观中“真实”“本质”的内涵,与汉代以后的“情感”“情欲”的内涵之间的“断裂”问题。[①] 随着时间的推移、资料的丰富和研究的深入,柏啸虎(Brian Bruya)、普鸣(Michael Puett)、艾皓德(Halvor Eifring)、安乐哲(Roger Ames)、倪德卫(David Nivison)、森舸澜(Edward Slingerland)、黄百锐(David Wong)、史华兹(Benjamin Schwartz)、万百安(Bryan Van Norden)、艾文荷(Philip Ivanhoe)、方克涛(Chris Fraser)等众多西方汉学家,在探讨这一议题时已经从“情”的概念史分析逐渐延伸到对它的思想史考察,特别是从“情”的思想内涵及其历史演变的问题分析,慢慢转

① 参见 A. C. Graham, “The Meaning of *Ch'ing* [*Qing*]”, in “The Background of the Mencian Theory of Human Nature”, *The Tsing Hua Journal of Chinese Studies*, 1967, pp. 259-265; C. Hansen, “*Qing* (Emotions) in Pre-Buddhist Chinese Thought”, in *Emotions in Asian Thought: A Dialogue in Comparative Philosophy*, ed. by J. Marks and R. T. Ames, State University of New York Press, 1995。

向并深入到其背后所蕴含的宇宙观与知识论的问题讨论。[①] 这一推进过程中,一方面,他们开始反思并且试图摆脱由西方哲学传统的思想方法带来的沉重负担;另一方面,他们也希望扭转提问与论析的思维方式,尽量以中国哲学思想传统本身为中心来探求自己的哲学范式和方法论路径。不过遗憾的是,整体而言,隐藏在这些学者的主要观点背后的“情理”二元论的思维影子依然挥之不去。

从学术史角度看,到目前为止,在整个西方汉学界尤其是哲学领域对中国“情”观议题的研究推进过程中,加拿大学者、哈佛大学哲学博士居里·维拉格(Curie Virág)算是在此项议题上用时最长、讨论最多的一位学者。十多年来,她一直坚持将中国古代的“情”的思想议题作为自己的重点研究方向。从2004年的博士论文开始,她先后撰写了多篇论文,其讨论主要从唐宋时期逐渐追溯到先秦时期的“情”观议题,具体包括“情”的核心内涵及其与情感、知识、行动、自我、修身、伦理、真理、政治、自然/宇宙等一系列重要议题的相互关系。[②] 最关键的是,在她看来,这些纷繁复杂的“情”的问题始终围绕着“人”的问题而逐层展开。所以,“情”不仅是中国古代“情”观的核心范畴,也直接处于连接“人性/自我”“家庭”“社群”“政治/国家”“自然/宇宙”等相关范畴的中心位置。

不仅如此,她也站在前人的肩膀上,希望能够全力跳出西方哲学传统中以情感与理性的二元对立为核心的认识窠臼,转而将中国哲学传统及其历史

---

① 相关文献甚多,可以参考 C. Virág, *The Emotions in Early Chinese Philosophy*, Oxford University Press, 2017 一书末尾的文献部分。

② 参见 C. Virág, “*That Which Encompasses the Myriad Cares*”: *Subjectivity, Knowledge, and the Ethics of Emotion in Tang and Song China*, PhD Thesis, Harvard University, 2004; C. Virág, “Emotion, Knowledge and the Reconfigured Self in the Tang-Song Transition”, in *Love, Hatred, and Other Passions. Questions and Themes on Emotions in Chinese Civilization*, ed. by P. Santangel and D. Guida, Brill, 2006, pp. 166-179; C. Virág, “Emotions and Human Agency in the Thought of Zhu Xi”, *Journal of Song Yuan Studies*, No. 37, 2007, pp. 49-88; C. Virág, “Early Confucian Perspectives on Emotions”, in *Dao Companion to Classical Confucian Philosophy*, ed. by V. Shen, Springer, 2014, pp. 203-225; C. Virág, “The Intelligence of Emotions? Debates over the Structure of Moral Life in Early China”, *L'Atelier du Centre de Recherches Historiques*, No. 16, 2016, URL: http://acrh. revues. org/6721(访问日期 2020 年 11 月 1 日)。居里·维拉格还和道格拉斯·凯恩斯(Douglas Cairns)组织了一个名为“在心上、在身上和在世上:古希腊和中国的情感”(In the Mind, in the Body and in the World: Emotions in Ancient Greece and China)的研讨会,此项讨论已于 2019 年 8 月在日内瓦举行。

脉络置于自己的问题意识与诠释路径的核心地带,将其他一些学者(特别是上面提到的普鸣、艾皓德和安乐哲)提倡的整体论、过程论和关联论等思想方法,以及中西哲学的比较研究与历史分析方法,通过"自然主义"(naturalism)的哲学视野与诠释方法——即将自然或宇宙(也包括人类)作为一个可理解的整体来解释其运行模式及其伦理重要性——整合起来,最终在早期中国/先秦时期的主流思想家的"情"观研究中系统、深入地呈现出来。她在方法论层面整体反思道:

> 对早期中国的人类情感的探究方式与获得有关世界的真实和客观的知识的努力相关联,因而是一种更一般的自然主义认识取向的一部分,这提供了一种解决很多长期存在的解释困境——包括主流经典中的"情"的概念——的方法,并且挑战了一些在中国哲学研究中经常被广泛引用的、不断出现却又站不住脚的类型划分。自然主义的视角提供了一种合理的方式来理解所有主流经典中明显矛盾的"情"的观点,而不用诉诸这样一种观点,即认为这些思想家在"情"的问题上有着根本冲突的、不可调和的或者相互矛盾的观点。更重要的是,它削弱了某些被中国哲学学者用以研究"情"的(主要是西方的和现代的)二分法的有效性。①

当然,对这些问题的具体讨论和深入思考尤其全面、集中地体现在她那本2017年出版的专著——《早期中国哲学中的"情"观》(*The Emotions in Early Chinese Philosophy*)一书中。故而,我们打算重点从此书出发,对她在"情"观议题上的问题意识、研究视野、诠释方法,以及由此讨论的相关概念、主要内容与核心观点等进行系统的梳理、概括与反思、评论。

简单来说,此书的架构十分清晰,共有八个部分,除去导论和结论之外,中间的六章内容从不同角度展开讨论了《论语》《墨子》《道德经》《孟子》《庄子》以及《荀子》中涉及的"情"观。这分别对应并且揭示了先秦时代最重要的三大思想流派——儒家、墨家和道家的"情"观的整体面貌及其发展轨迹。下面,我们先对此书的问题意识、研究视野和诠释方法等基本问题进行集中介绍,然后对维拉格在"自然主义"哲学框架中诠释的早期中国的思想流派和思

① C. Virág, *The Emotions in Early Chinese Philosophy*, p. ix.

想家的“情”观的相关概念、主要内容与核心观点展开具体讨论。

二　问题意识、研究视野和诠释方法

在前言和导论中，维拉格就旗帜鲜明地指出，西方汉学内部持续存在诸多二元对立的认识论教条——其中“最明显地包括情感对理性（或者感受对思考）、实践对理论、身体对心灵以及主观性对客观性”[①]。这些深植于西方哲学与思想传统中的二元论框架，导致西方汉学家对包括“情”观在内的很多早期中国的思想问题的研究和解释都不能尽如人意。维拉格直接批评道：“他们迫使整个‘情’观议题的讨论在两种存在问题的立场之间做出选择：即情感是非理性的和主观的，因而根本区别于认知和理性的过程，否则所有的思想和判断都要归入情感的范畴。”[②]正是由于这些西方主流哲学思维在探讨“情”观议题上存在重要局限，所以她才主张将“情”观的思考建立在某种关于宇宙运行的“自然主义”哲学图景之上。

那么，关键问题是，维拉格所说的“自然主义”的哲学视野到底是什么？它又如何能够作为一种诠释方法，被顺利运用于重新思考早期中国思想家的“情”观问题？先来看前一个问题，在“自然主义”哲学范畴的概念内涵上，维拉格强调要回到早期中国的思想传统与历史情境中进行定位和解释，而不能天真地将“自然主义”或“自然”（nature）的概念直接看成是某种性质和范围都不言而喻的“事实”（fact）。她强调，“‘自然’的概念本身就是一种观念。和所有观念一样，它也有一段充满竞争的价值和观念的历史。因此，我们可以观察到的事实是战国时期的哲学经典充满了对自然现象的类比和引用，并且通过诸如‘天’‘天地’‘理’‘自然’‘道’‘万物’等概念，早期思想家试图将我们称之为‘自然’或‘宇宙’（cosmos）的领域理论化”[③]。这样一来，有关“自然主义”概念范畴的讨论重点就转变为这些早期思想家“如何理解自然世界的运行，以及如何解释它的伦理重要性”[④]的问题。

---

① C. Virág, op. cit., p. 2.
② Ibid., p. ix.
③ Ibid., p. 13.
④ Ibid.

在给出自己的答案之前,维拉格首先回顾了其他一些代表性的西方汉学家对早期中国思想家的“自然主义”或“自然”概念的解释方式。这些研究主要分为三大方向:一些学者从伦理学角度来解释,比如李漳熙(Janghee Lee)将荀子的“自然主义”理解为客观的、外在的事实,华霭仁(Irene Bloom)以“生物的”和“物理的”来理解孟子的人性伦理和“自然主义”;一些学者从现代科学角度来解释,比如孟旦(Donald Munro)认为科学进化论可以证明早期儒家的规范和价值的正确性和有效性,黄百锐也以现代科学的方式解释早期道家对于“自然”的关注,认为道家的“自然主义”是人类进化过程中获得的“亲生命性”(biophilia),陈素芬(Sor-hoon Tan)则从科学史角度区分了“自然的”和“超自然的”解释,并认为荀子的伦理学符合“自然”的现代科学标准;还有一些科学史家以更特殊的方式来解释,比如将“自然主义”作为受“阴阳”和“五行”理论限定的一个流派或研究领域,或如李约瑟(Joseph Needham)强调以“邹衍”为代表的“阴阳家”是中国科学思想的创始人,或如席文(Nathan Sivin)认为的“自然主义”是把宇宙、政治和人体的运行联系起来的理论,源于《黄帝内经》中有关科学以及最终的政治思想发展的一个特殊时刻。对于上述观点,她批评说:

> 对这些方法持保留态度源于我的理解,即它们诉诸“自然的”对象、实体和模式的假设,而不去解释为何诉诸这些事物会被认为是赋予权威。此外,它无视这样的事实,即谈论“自然”不是谈论不证自明、断开连接的事实,而是谈论实体之间的关系——事物如何构成和组织,它们如何相互影响、相互运动,它们陷入何种更大的过程,以及最终的存在和权力的等级是什么?最后,在假定自然只是思想家用来支持他们的伦理或政治的信仰和方案的事物之时,存在一种将其简化为人类目标的工具的危险,并且忽视了我们的信仰和方案是被我们对这个世界的理解影响和塑造的。所有这些考虑对这项研究而言都是至关重要的,而且对于说明为何某种关于“情”的解释会成为主流,以及具有何种重要性都是必需的。①

① C. Virág, op. cit., pp. 14-15.

在此种反思基础上,她又从早期中国的思想传统和时代背景出发,对"自然主义"及其与"科学"和早期伦理学的关系提出了一种新的理解。她解释说:"在谈到战国时期的自然主义思想时,就可理解的过程而言,我指的是一种接近和理解自然世界(包括人类)的特殊方法。这一时期的哲学家认为世界具有可预测的模式,并且揭示了实体之间的可知的因果关系。这种论证模式至少从公元前4世纪起就开始流行,并且被早期的伦理哲学家用来得出或捍卫某些关于人类应该如何生活和行动的结论。"①所以,从历史的角度说,这种"自然主义"的哲学视野与诠释框架并没有强调某种关于"自然"的内在和固定的性质内涵,而是指出这些有关自然宇宙的运行方式的哲学与伦理认识,是早期中国各派思想家竞争知识权威的结果。它们涉及的不是上述西方汉学家所认为的关于"自然"与"非自然"、"科学"与"非科学"的解释之间的冲突问题,而是"相互竞争的自然主义,每一种都对自然世界——进而延伸到人类的运行方式提供了不同的解释"②。

接下来的问题是,这种"自然主义"的哲学视野和诠释方法又如何顺利地连接到维拉格对早期中国思想家的"情"观问题的思考之上呢?在这个问题上,她明确指出:

> 我在本书中详细阐述的"情"的主流观点是,它代表了人类特有的模式或性情,让我们真正了解世界的运行方式。这是一种凸显的自然主义观点的重要组成部分。它将宇宙本身作为一个连续的、可理解的并且以某些模式和性情为特征的领域。当主流思想家认为人类情感——"情"——代表了人类的性情倾向时,他们已经理所当然地认为自然本身以某些可理解的方式在运行。他们提出这样的看法,并不是犯了一个范畴错误,把内部和外部、主观和客观、感受和思考混为一谈。相反,他们认为人类拥有优化和实现自身的能力,以便与宇宙的运行保持一致。③

也就是说,在"情"观的问题上,"自然主义"的研究视野和诠释路径不是要否认或故意忽略情感与理性,以及与此相关的内在与外在、身体与心理、主观与

---

① C. Virág, op. cit., p. 16.
② Ibid.
③ Ibid., p. 4.

客观、理论与实践等范畴之间的内在张力,而是希望摆脱西方二元论的问题意识与思维方式,以世界以及人类的可理解性(与人的理解力)为核心前提,转换“情”观问题的思考方式,将“情”与“理”以及其他几对重要的概念范畴共同置于一种自然/宇宙与人类的整体关联和实践情境之中,深入考察它们的相互关系和运行模式的复杂性,以及彼此之间的融合与转化问题。

其中体现的整体性、过程性、关联性/互系性、类比性、经验性、情境性等具体哲学立场,安乐哲及其合作者郝大维也在他们有关早期中国(特别是孔子和儒家)的思维方式的讨论中有过全面而深入的阐释。① 并且,维拉格也引述了安乐哲如何在上述哲学立场让具体诠释孔子哲学中“思”的概念范畴——也即“强调孔子的‘思’不是单纯对客观事实和/或价值的评判活动,而是对世界丰富意义的实现或曰‘知’”②。她同意这种诠释方式,并且以“自然主义”的概念范畴对上述哲学立场重新加以整合,尤其凸出了“自然与人类(情感)的可理解性”这一隐含的哲学前提。

如果从总体角度进行比较,其实双方在对待中国古代哲学思想的诠释立场上存在诸多共识。甚至,在某种程度上可以说,维拉格的“自然主义”哲学视野和诠释方法是对安乐哲等人总结的宇宙观、认识论、方法论以及自我/人性观、伦理观和政治观等的另一种概念表述和拓展延伸。她将其巧妙地连接到早期中国主流思想家的“情”观问题上。正如维拉格自己指出的那样,“自然主义”的哲学视野,

> 不单作为一种阐释或证明“情”观理论的隐喻或类比,而且作为一种理解和弄清宇宙如何运行的方式。因而,将情感与“实在”(reality)问题

① 相关研究请参见 R. T. Ames, “Prolegomena to a Confucian Epistemology”, in *Culture and Modernity: East-West Philosophical Perspectives*, ed. by E. Deutsch, University of Hawaii Press, 1991; D. L. Hall & R. T. Ames, “The Cosmological Setting of Chinese Gardens”, *Studies in the History of Gardens & Designed Landscapes*, Vol. 18, No. 3, 1998, pp. 175-186; R. T. Ames, “Collaterality in Early Chinese Cosmology: An Argument for Confucian Harmony (*he* 和) as Creatio in Situ”, *Early China*, Vol. 37, 2014, pp. 445-470;安乐哲:《和而不同:中西哲学的会通》,温海明译,北京:北京大学出版社,2009 年;安乐哲:《儒家角色伦理学》,孟巍隆译,济南:山东人民出版社,2017 年;郝大维、安乐哲:《汉哲学思维的文化探源》,施忠连译,南京:江苏人民出版社,1999 年;郝大维、安乐哲:《期望中国:对中西文化的哲学思考》,施忠连译,上海:学林出版社,2005 年,第 2 章;郝大维、安乐哲:《通过孔子而思》,何金俐译,北京:北京大学出版社,2006 年;等等。

② C. Virág, *The Emotions in Early Chinese Philosophy*, p. 2.

> 的探究并置反映出一种观念和历史的汇聚。也就是说,主流的"情"观解释既是理智的,也是可理解的,并且为人类自我完满提供一种标准,它与一种以独特的倾向和模式为特征的、在宇宙中突生的自然主义事物观念携手并进。在这期间,宇宙自身作为一个根据周期性的、模式化的过程运行的连续领域进入人类的视野,人类的情感也像宇宙一样,被类似地认为是人类模式化运行的具体表达。①

换句话说,"自然主义"哲学框架下的"情"的概念范畴,已经具备整体性、动态/过程性、关联性、类比/隐喻性和经验性、理智性、情感/感受性、可感受/理解性等一系列重要特征。并且,这一概念不仅暗含了一种宇宙论、存在论,也表明了一种认识论、方法论,还涉及了人性/自我、伦理、社会、政治等诸多方面的重要内涵。以此为根本的哲学立场与诠释框架,维拉格顺利地将"情"的内涵解释与人性/自我(包括生命/身心)、伦理、政治/社会、知识/理性、宇宙/自然等概念和问题系统整合起来。并且,她还在其中特别反思了安乐哲提出的"焦点—场域"自我的解释局限,②转而突出一个"自我的动态概念",并且强调"自我的概念以及自我与世界的关联方式是即刻通过'情'的概念来调节和塑造的"③,以此凸显"情"的概念在自我与世界的运行模式中的重要性、关联性和共通性。

在具体诠释路径上,维拉格还努力将历史分析与哲学/逻辑分析的思想方法结合起来,集中考察以儒家(孔子、孟子、荀子)为核心④、以道家(老子、庄子)为补充⑤、以墨家(墨子)为对照⑥的早期中国主流思想家的"情"观的思想体系及其历史脉络。与开篇提到的西方汉学家不同,她希望进一步探索早期中国思想、伦理与价值规范的演进过程中关于"情"的话语变化及其社会意义,特别是力图考察"情"观在早期中国主流思想传统中的总体角色。

具体来说,她强调要将情感与自我的认知和主观性相聚合,并且在人性

---

① C. Virág, *The Emotions in Early Chinese Philosophy*, p. ix.

② R. T. Ames, "The Focus-Field Self in Classical Confucianism", in *Self as Person in Asian Theory and Practice*, ed. by R. T. Ames, W. Dissanayake & T. P. Kasulis, SUNY Press, 1994.

③ C. Virág, *The Emotions in Early Chinese Philosophy*, p. 24.

④ Ibid., chap. 1, 4, 6.

⑤ Ibid., chap. 3, 5.

⑥ Ibid., chap. 2.

论、伦理学、宇宙论、知识论和政治/社会观等更加宽阔的开放思考中对“情”观进行定位,而不是在概念史或语言学的意义上单独考察“情”在特定的经典文本和章句中的文字形式、根本内涵及其演变方式,比如“情”的含义是前后矛盾还是一致连续。另外,她还力图从中提炼出早期中国思想家有关“情”的共享逻辑或者主流“情”观及其发生的特定社会政治背景,而不是单纯地考察他们对“情”的道德评价,比如“情”的“善”或“恶”、正常或异变,以及情感是如何卷入诸如“情”“性”“心”“理”等核心道德心理范畴的零散讨论。[1]

三 早期中国的“情”观:概念与体系

展开来说,在对“情”的内涵理解上,维拉格沿着某种谱系学思路,将其内在结构与思想脉络逐渐展开。她坦言受到德国社会学家诺贝特·埃利亚斯(Norbert Elias)对西方文明进程的历史社会学研究[2]思想方法的影响,所以特别强调追寻观念、价值和规范的谱系及其演变与影响。[3] 因此,她回顾了“情”在早期中国思想传统中的一些主要的概念形式和内涵构成,并且将它们整合起来。与以葛瑞汉和陈汉生为代表的“断裂派”的解释立场不同,[4]维拉格特别强调,在早期中国社会的历史进程中,“情感意义上的‘情’并没有代替之前‘情实’意义上的‘情’;相反,这一概念获得了一种延伸的范围,弥补了更有描述

---

① C. Virág, *The Emotions in Early Chinese Philosophy*, pp. x, 1, 189.

② N. Elias, *The Civilizing Process: Sociogenetic and Psychogenetic Investigations*, trans. by Edmund Jephcott, Blackwell Publishing, 2000.

③ C. Virág, *The Emotions in Early Chinese Philosophy*, p. xi. 进一步说,维拉格更注重思想与社会之间的互动关系,特别是不同思想家的主流“情”观与春秋战国时期的社会政治状况的内在关联(详细讨论见下文)。这与中国学者聂保平借鉴法国哲学与社会思想家米歇尔·福柯的谱系学方法建构并分析先秦儒家的“情”的观念谱系之间存在某种一致性。并且,他们的研究共同体现了跨学科的视野与方法对于考察中国古代“情”观的方法论意义(参见聂保平:《先秦儒家性情论》,长春:吉林人民出版社,2007年,第2—3页)。

④ 持这一立场的学者对“情”的概念主要采用语义分析、内涵剥离和分类阐释的方法,较少考虑不同层次的含义之间的内在关联与整体意义,一些代表性的研究参见 A. C. Graham, “The Meaning of *Ch'ing* [*Qing*]”, pp. 259-265; C. Hansen, “*Qing* (Emotions) in Pre-Buddhist Chinese Thought”, p. 182; C. Hansen, “*Qing* (*Ch'ing*): Reality or Feeling”, in *Encyclopedia of Chinese Philosophy*, ed. by A. S. Cua, Routledge, 2003, p. 620; C. Harbsmeier, “Semantics of *Qing*”, and M. Puett, “The Ethics of Responding Properly: The Notion of *Qing* in Early Chinese”, in *Love and Emotions in Traditional Chinese Literature*, ed. by H. Eifring, Brill, 2004, pp. 37-68, 69-148。

性意义的事实与富有经验性的情感之间的差距”[①]。

随后，她又以英语中“emotion”一词作为总体性的参考范畴，力图以此来统领早期中国思想流派中“情”的概念的丰富内涵，[②]并且表明“情”观内部“相关联的现象的完整谱系，从无意识的生理反应到外部刺激、人的基本性情倾向、意义的认知和感受形式以及判断和评价”[③]。她认为，早期中国思想家的“情”的概念的共同内涵“包含了情感和情绪、人性以及根本、独特的事物实在性”，特别是“表达了人类根本的、独特的性情本质”[④]。

当然，维拉格用一个西方术语“emotion”来容纳有关“情”是什么的各种说明，不单是要展现它在汉语的语言形式与意义表现上的多元性和矛盾性，更是希望从思想与历史的整体层面入手，深入理解和剖析早期中国先哲们把“情”解释成什么，以及如何在道德上评价它？概括地说，她认为这一时期的思想家的关注中心已经从“神”转向“人”，共同形成一种更加彻底的自然主义“情”观，并且认定人类能够理解世界，赋予它意义并且将宇宙本身的创造动力具体化。她指明了早期主流思想家的各种“情”观背后的共享假设：

> 世界以某些可理解和可预测的方式运行，即宇宙作为一个整体是动态的，并且它的组成部分具备一种内在的动力特征，能让某种模式化的倾向形式趋于完满。这与一种具有极端伦理重要性的人类断言相一致——即，他们是自动者(self-movers)，拥有与自然世界中更普遍地运行的动力相同的内在动力。这种自我运动是由人的感知能力(情感的和认知的)的运行构成。它作为更大的宇宙秩序的一部分，使人类能够接近事物的和谐秩序。在这种背景下，“情”代表了合宜和自然的倾向。这种

---

① C. Virág, *The Emotions in Early Chinese Philosophy*, p. 6.

② 至于为何采用单数的“emotion”的英文对应翻译中国的“情”的概念，维拉格解释说，这样可以从单一的中文术语“情”的限定中摆脱出来，便于把“情”本身之外与之相关的更广泛的概念体系纳入进来，最后将问题的重心聚焦于讨论“情”在自我与宇宙的关系中的角色问题。另外她强调“emotion”在19世纪之前的西方思想文化传统中同样是一个具有总体范畴意义的“哲学的中心”，它将我们引向有关认识论、本体论、逻辑形式、哲学心理学以及伦理学等基本哲学问题的思考，因此“emotion”这一中心范畴能够充分表达早期中国思想家探寻的“情”的思想谱系(参见 C. Virág, op. cit., pp. 8-9)。

③ Ibid., pp. 25, 190.

④ Ibid., p. 7. 总之，这些有关“情”的概念内涵的核心观点也与安乐哲的诠释颇为契合，参见安乐哲：《自我的圆成：中西互镜下的古典儒学与道家》，彭国翔编译，石家庄：河北人民出版社，2006 年，第 244—247 页；安乐哲：《和而不同：中西哲学的会通》，第 187 页；安乐哲：《儒家角色伦理学》，第 86—87 页。

> 倾向趋向于人的潜能的实现。①
>
> "情"有能力具现化(instantiate)宇宙的运行模式,并且在人类身上实现它们。在这种意义上,"情"是自然而且规范的客观现象。此外,"情"代表了自我与世界之间一种真正的交流和恰当的实现,并且反映了对世界运行的真切洞察。最后,这些主流思想家坚决反对"情"仅仅代表对世界的消极反应的观点。相反,他们承认,"情"在日常运行中容易受到世界的影响并可能会因此威胁到个人的内在协调与自我控制。他们也清楚地表明,其中也存在一种最优的实现状态,"情"的完满与宇宙的模式化运行相结合,以此赋予个人巨大的力量和能动性。②

在维拉格看来,最终这些不同流派的思想家之间既相互关联又相互竞争的"情"观,共同汇聚成了早期中国主流"情"观的思想传统。不仅如此,她还从思想与社会的互动关系角度特别指出,以"情"为基础的思想观念也构成了战国时代整个中国社会从战乱状态中摆脱出来、重新塑造秩序和谐的统一体的根本政治理念。

在澄清了上述的问题意识、哲学视野、诠释方法、概念内涵和核心观点之后,维拉格对"儒""道""墨"三家的"情"观展开了具体分析。由于篇幅所限,本文不打算专门针对"孔""孟""荀""老""庄""墨"的六章内容分别进行回顾和探讨(有兴趣的读者可以直接阅读原著的相关章节),而是希望根据维拉格的论述,对"儒""墨""道"三家的"情"观的思想内涵做一个更明确、更集中的概括说明。在此要特别强调的是,作者虽然已在书中多处提及儒家与道家(特别是孟子与庄子)、儒家与墨家(特别是孟子与墨子)在"情"观上的共性与差异③,但都不够系统,所以有必要进一步归纳和澄清。

总体来看,以"孔""孟""荀"为代表的早期儒家从人的自然性情出发,着重强调情感与欲望在人性构成中的根本性,以及在自我实现中的知识与伦理规范意义,而礼义学习是达成人的自然性情的道德潜质的关键途径。因此,一种适宜的道德生活,或者说个人的欲望和义务的协调,对应了自我在空间

① C. Virág, op. cit., pp. 16-17.
② Ibid., p. 25.
③ Ibid., pp. 51-52, 85-86, 131-132, 152-153.

深度、时间连续性、完整性和统一性上的理想要求。维拉格指出,在孔子那里,"情"的培养是"礼"的学习的根本出发点与最终目标,而"情"的道德完满是人性完满或自我实现的最高表现。在这一发展过程中,"情"不仅需要,而且最大限度地融合"礼",甚至比"礼"更完整、更深刻地塑造了理想人性。因此,"情"是自我修养的境界达成的根本动力。不过,这绝不意味着孔子提倡人的自然情欲可以随意泛滥,而是要表明"情"的道德升华才是自我修养的关键所在。

不仅如此,凭借人(特别是君子、圣人)的性情完满与情理/礼互融,还可以进一步实现儒家理想的伦理秩序,并且与宇宙天道的运行相和谐,最终实现"天"与"人"、自我与宇宙的协调与统一。所以,作为这一实践过程的中心纽带,"情"已经将人性构成、知识生产、伦理生活、政治统治与宇宙运行等各方面整合起来。维拉格说:"情与欲拥有一种实现与完满的最优形式;在恰当实现时它们是一股团结、一致和整合的力量;它们代表了一种有关世界的重要知识来源。"[①]这就是孔子奠定的早期中国主流思想家的"情"观的基本框架。结合当时的时代背景来看,这种"情"观是孔子针对春秋时期礼崩乐坏的历史现实提出的一个总体改造方案,也是一种更全面的"自然主义"取向的伦理政治启示。以"情"为中介,他最终希望将某种理想人性与美好社会融为一体。

后来,孟子和荀子从各自的角度延续并拓展了孔子的"情"观。维拉格具体解释道:孟子主张的情感与理性、身体与心灵的关系,并不如西方道德心理学设定的那样——情感构成了对世界的自发反应,与身体(生物本能)更为相关,而心灵直接受到理性模式的引导和控制,然后两者组成了更加系统的区分与对立。相反,在人性或自我的道德完满过程中,心灵不仅沟通了理性和道德,更加融合了欲望与情感,从而导致身与心、情与理、甚至自我与世界的关联整合与协调统一。这也是一个以情融理/礼、情理/礼和谐的过程。

在荀子那里,个体透过自身能力追寻道德完满的方式,不是情感、欲望与认知、判断从截然二分走向协调一致,而是"既要塑造更高智力的运作方式,

---

① C. Virág, op. cit., p. 50.

又要包含个人的情感和欲望的实现标准"①,即荀子希望表明原本就密不可分的情欲与理性从自然状态到道德状态的深层互融和整体实现。实际上,荀子道德思想中自我内部的"情"的构成本身就是多元的。在各种环境之中,不同的"乐"是激发不同的"情"的外在条件和表达方式。但是,这些被同时激起的情欲较为混乱,甚至包含冲突,所以必须经过心灵的理性判别,选择恰当的行为礼仪进行区分、规范、表达和调节,否则就会反应不当,造成过度或不足。外在的礼乐搭配是为了保障内在的情理和谐,并最终指向自我的道德完满和社会的协调有序。

当然,维拉格通过比较也指出,总体上孟子与荀子在自我或性情的道德实现路径上重点相反,"孟子认为'善'源自不受阻碍的成长与人类与生俱来的道德本性的运作,而荀子坚持'善'是通过恰当的规范和正确的实践——也就是通过'义'和'礼'培养先天本性的结果"②。

以老、庄为代表的道家同样继承了孔子奠定的主流"情"观的思想框架,并在此基础上反思了人性问题中情感与欲望的复杂性。他们不仅强调了狭隘、主观的个人情欲及其礼义文明的塑造方式对于人性道德完满的负面影响,而且突出了在人类与宇宙的更宽泛层面上的欲望与认知对于实现天人和谐的重要意义。维拉格认为,对于道家来说,"知识和欲望并非代表了根本不同的推理形式,而是在人性的完满中结合起来"③。因此,与儒家的"礼义道德路径"强调"情"的规范意义在个人、家国、天下与宇宙之间的逐步推演方式不同,道家的"自然伦理路径"的重点是强调"情"在自我完满与宇宙运行中的知识与伦理重要性,并且将那种自然导向最佳状态的人类生命之欲,与自然宇宙的运行方式直接关联起来。他们认为只有这种广泛而自然的天人关系的根本和谐,才能具体地达成家庭、伦理与政治生活的真正完满。所以,在老子那里,这被称为"无情"之情的"达道"境界;在庄子那里,这也就变成一种与天同"游"的"和乐"境界。

具体来说,维拉格强调《道德经》中的欲望和情感本身的复杂性和多重

① C. Virág, op. cit., p. 181.
② Ibid., p. 164.
③ Ibid., p. 91.

性,特别突出其中那些势不可挡、导向最佳的自我实现状态的自然而永恒的人类生命之欲,但她并未就此否认甚至抛弃其他干扰和破坏道德完满的普通欲望。因为欲望既定义了人类的生活经验,也提供了某种使自身完满的规范性力量。它们是自我、特别是圣人深层达"道"的现实条件。她认为:"正是对自己和他人身上的欲望的重要机制的意识,标识了圣人的特殊智慧并展示了他对'道'的洞见。最终,这也允许他将'道'本身的强大力量展现出来。"[1]

除此之外,维拉格也指出,《庄子》更清楚地强调,最佳实现的"情"其实是在人类生命中的宇宙性关联:我们借此能够理解世界并参与它的模式和运动。[2] 因此,"情"既要在宇宙运行模式中存在和展开,也要模仿宇宙的运动和变化,并且在其与宇宙运行的整体关联中被理解、认识,并且最终实现完满。落实到人性的自我实现层面时,就要认识到人自身引发的情感与判断的局限性,灵活而恰当地掌握宇宙的运行秩序和事物的性情本质,以此更好地利用事物,实现自己的潜能,达成生活的完满。显然,庄子同样认为,与普通人相比,圣人更能在宇宙变化中达成这一目标。从时代背景来看,这些思想主张也是道家回应战国时期混乱和纷争的一种正常心理反应——不仅希望借此批评当时一些掌权者无限的杀戮欲和破坏欲以缓解天下的苦难,也希望借此警醒无权者的欲望带来的危害和禁欲的重要性。

除了儒道两家外,维拉格还讨论了一向被学术界认定为儒家思想的对立面,甚至因此遭到轻视和曲解的墨家的"情"观。她发现,《墨子》在"情"的主要内涵以及"情"在人的伦理/政治生活和天人关系中的角色上,走了与前两派大不相同的思想道路,尤其是强调了人的认知能力而不是情感欲望的根本重要性。虽然《墨子》中最鲜明的思想立场是与儒家"仁爱"说针锋相对的"兼爱"说,但是其思考的基本起点依然是人的性情倾向问题。墨家强调了人的自然性情的复杂性,并与道家一样突出反思了人性中的自利与偏私对于个人、家庭特别是国家政治的巨大危害。但是,与儒家和道家不同的是,墨家"法仪政治路径"的重点是强调如何在人的情感和认知层面唤起普遍的同情与规范意识,以此寻求国家政治的治理之道,进而实现人类普

---

① C. Virág, op. cit., pp. 89-90.

② Ibid., p. 146.

爱和天人和谐。当然,其中最关键的部分是如何弥合自利、偏私的自然性情和“兼爱”“尚同”的伦理政治目标之间的激烈冲突。在这个核心问题上,墨家与道家一样,强调了认知和反思能力对于克服人的情感和欲望中的局限的重要作用,并且凸显了其对于培养“兼爱”“尚同”意识与“法仪”观念的重要意义。

至于这一理想过程如何展开,维拉格分析说,一方面是要在更大的世界中认识和想象自我的行动,超越个人的直接经验,以自我与他人的共同困境为前提将人类社群中的集体利益包纳进来;另一方面,这一过程也包括了个人对于直接感受到的小范围内的代价在更大范围内成倍增长的情感反应。通过这种问题的连接和思维的放大,统治者就会从国家层面正确地体恤民间百姓的灾难疾苦,人类集体的同情心也会随之恰当地产生出来。不仅如此,这种反思后形成的普遍道德意识与同情之心,还能反过来更好地满足个人的情感和利益。概括起来,墨家“兼爱”之道的根本路径是利用人类的共同认知能力进行推理并得出正确的结论,然后据此对更广泛的他人产生同情并为所有人的福祉而行动。但是,维拉格也强调:“这种能力并不与情感的直觉领域区分开来,它们控制或推动了正确的方向:通过适当的部署,情感和直觉扩大了自身的关注领域,超越了自我的边界,推向所有人。”①

总而言之,墨家主张的重点是要在超越个人和家庭亲密团体之外的社会政治领域,首先发展出一种具有普遍、平等、互助、互爱特点的人类意识,即“兼爱”观念及其达成的根本基础——“尚同”思想。当然,这也是墨家回应战国时期残忍、暴力、苦难和不公的社会政治处境的一种独特方式。

最后,从思想伦理与社会历史的相互关系角度来看,无论是儒家的“仁爱”、道家的“无情”,还是法家的“兼爱”,三大思想流派的主要思想家通过各自的思考和判断,都回应了春秋战国时期的伦理生活与社会政治的总体时代困境,提出了侧重不同的“情”观作为应对之策,并以各自的方式强调了圣人在其中的重要作用。比较而言,“情”在儒家、道家和墨家的自我与宇宙的整体运行框架中的落实重点也存在相当差别。在维拉格看来,儒家的“情”观首先将个人作为家庭中的一员,其核心出发点是个人/自我与家庭成员的情感

---

① C. Virág, op. cit., p. 74.

关系，因而聚焦于“孝/亲仁之情”；道家的“情”观首先将个人作为自然宇宙中的一员，其核心出发点是个人/自我与自然/宇宙事物的情感关系，因而聚焦于“无情之情”；墨家的“情”观首先将个人作为整个社会共同体中的一员，其核心出发点是个人/自我与其他社会成员的情感关系，因而聚焦于“兼爱之情”。

尽管早期主流思想家都强调“情理互融”的总体主张，但是其根本分歧在于他们对“情”观内部的情感与理性的内涵及其相互关系的不同侧重。首先，在天人之间寻求情理和谐的共同思想构造中，儒家更强调自然情欲在自我与宇宙的道德完满过程中的正面作用。他们突出了情感与理性/礼义的自然协调，以及“情”的情感内涵的根本重要性。其次，道家复杂化了“情”与“理”关系上的冲突与一致问题，试图在天人关系中实现两者的最高融合。他们一方面承认一部分自然情欲与理性认知（达道）之间的矛盾关系；一方面又强调对自然情欲的更高层面的感受和认知在天人关系上的促进意义。再次，墨家进一步将情理的内涵关系复杂化，更加希望凸显“情”的内涵中的理性意义和认知角色。他们一方面强调人的自然私欲与普遍同情之间的严重冲突，以及人的理性推理和法仪规范对前者的克服和超越，一方面主张人的自然性情中也存在“兼爱”与“尚同”的具体经验与共同感受。

总之，虽然在人性/自我与家庭、社会、国家天下以及自然宇宙之间追求情感与理性的整体互融与和谐运行始终是（作为知识精英的）各派思想家的共同目标，但是儒家更注重情感方面，道家更注重自然折中，而墨家更注重理性方面。

四　总结与反思：“情”观议题再探讨

相较各派之间的内部差别，维拉格更希望从中归纳出一种能够代表早期中国思想家的主流“情”观。她提出“自然主义”的哲学视野，正是力图借此诠释框架将“情”观中各方面的问题整合起来，尤其是将“情”“欲”与“理”的问题放到整个宇宙情境中充分展开，从而突破“情理对立”的传统性情论或心性论解释，并且表明“情”的多义性及其对人类生活与宇宙运行的恰当实现的重要性。她坚持认为，对于人的潜能的最佳实现方式来说，情感和理性/

认知是相互整合、协调一致的。并且,在“自然主义”宇宙观下,自我/人性、伦理和社会/政治生活的恰当形式都要透过“情”这一关键媒介才能有条不紊地展开。

正如维拉格本人在书中各处不断指明的那样,“情”的完满过程,既是人(性)的恰当的自我实现过程,也表达了自然宇宙的模式化的运行过程。通过“情”的内外连接与具体实践,“人”与“天”才能在本体层面相联相通、相互表征。也就是说,不仅自然宇宙的运行模式在人性/自我的情理经验中具体展现并且通向完满,人性内在的情理和谐和自我调控也体现在整个自然宇宙的运行过程中,并且不断遭受外部世界(包括自然、伦理、政治等)的力量的影响和塑造。在“情”的总体连接和内在作用下,自我实现与宇宙运行的过程与实在最终体现为某种“一体性”或“同一性”。

维拉格强调说:“本体论意义上的‘情’是人类共有的模式化的性情,如果它能够恰当地实现,就能与自然宇宙的模式相一致。在这种意义上,情与欲不单是‘主观的’现象,也与‘实在’根本绑定。”①另外,从认识论和方法论角度看,对于“情”在人性与宇宙中的展开方式与运行模式的认识和把握,需要通过人类的感受、理解能力与认知、判断能力的配合才能顺利达成。她概括说:

> 将“情”确证为人的整体特征,这是在自我和自然宇宙的想象中新发展的一种总体复杂性的一部分。人类意识拥有与根据可理解的、常规的过程运转的世界视野相对应的模式、一致性和秩序。此外,它的前提是认识到人类的认知潜能,以及强调在合宜的现实生活中发挥出来:也就是说,宇宙和人类现实被一种共享的模式和结构渗透,它预设这是人类智慧掌握这种统一模式的特殊活动。因此,主流“情”观的解释与承认一种有关世界的真正的知识和理解的人性能力息息相关,并且在建立人类个体的自我的认知与道德行动中起到关键作用。②

这样一来,“情”的含义不仅指向人类最基本的自然性情(包括情欲与理性)及

① C. Virág, op. cit., p. 190.

② Ibid., p. 191.

其道德完满的过程,也体现为自我实现与宇宙运行的整体模式的和谐统一,还凸显了人类对于此种复杂运行过程的感受、理解、认知和把握能力。维拉格进一步指出:

> 这一观念的根本是相信人类能够获知事物是什么。情感和认知的整合达到了这样的程度:一个人的人性潜能的最佳实现需要情感的完满,并且与正确理解事物应该如何相互一致。不仅如此,作为充分实现的情感,不单单是一种与外部世界的情况,或者正确把握这个世界的计划毫无关联的主观性、非理性的冲动。情感也能成为真正理解世界的源泉。诚然,这种理解并不是一种"形而上的真理"的寻求,而是以基本方式径直获得关于世界及其特征的知识,在这种意义上它是客观的。因此,早期中国的"情"观叙事是一个有关情感的某种思维传统如何能够确证自我的认知与伦理行为的故事,当然是在不放弃个人能支配的全部感知能力——包括我们的情感直觉和性情,以及我们的推理能力参与其中的能力——的情况下。①

总之,从人性完满或自我实现的层面来说,早期思想家的主流"情"观对自我、性情与行动、伦理相一致的运行模式提供了一种新的解释。"'情'扮演了关键角色,代表了自我内部的运行动力,推动它们趋向适当而有意义的行动。通过赋予道德生活以形式和方向,它们形成了一致、完整和连续的自我观念的基础。"②这样,在人类不断参与世界并且实现自我的过程中,"情"所发挥的作用既是情感、欲望和感受的,也是理性、判断和认识的,两者相互交织、相辅相成。当然,"情"作为理解人性本质的生成与展开方式的重要角度,不仅集中表达了一种个体完满或自我实现的伦理实践模式,还进一步展现了家庭、国家直至整个自然/宇宙的秩序生成与运行模式(上述讨论的三大思想流派的"情"观已经从各自角度展现了此种整体运行秩序的内在张力和丰富性)。

最终,维拉格在"自然主义"取向的天人框架中重新定位了"情"与"理"

---

① C. Virág, op. cit., p. 4.

② Ibid., pp. 191-192.

的关系,认为早期中国思想家的根本共识是:“情与欲根据自然宇宙的模式和运转而运行,并且它们的实现是人生完满的一个必要前提。它们是适当和理智地参与世界的一个关键部分,而且它们塑造了认知和实践行动的关键基础。”①

由此可见,在整个早期“情”观的解释框架中,“人类”作为自然/宇宙的组成部分,与其他的事物拥有共同、共通的特征。所以,将天地运行和人类身心关联起来的“情”观,不仅最大限度地表明了世界的规律性和可理解性,也直接扩展了对人类共同的自然本性的理解和认识。换句话说,“人类”作为一个普遍范畴,拥有与宇宙一致的、共同的性情本质。从社会与政治层面来看,这种“情”观的解释也将每个彼此关联的个体,纳入到一个更大的人类共同体之中加以理解。这样,有关人类的性情本质的共同意识,不仅超越了人在家庭、社区甚至国家层面的种种关系,也超越了人类在相貌、习俗、语言、信仰、生活方式以及其他方面的种种分别,因而更有利于将个人整合成一个更高层面的“人类命运共同体”。此外,维拉格还强调:“‘情’及其恰当的实现形式,具有规范性价值,并且第一人称的充满情感色彩的经验,对于在这个世界上如何正确地认识和行动具有重要意义。这可以成为反对帝国主义的基础,推动将差异包容在一个单一的、包罗万象的整体之中。”②

概括来说,在“自然主义”哲学视野引导的“情”观解释框架中,维拉格已经将情感与思维、身体与心灵、主体与对象、主观与客观、内在与外在、自我与宇宙、理论与实践、存在与认识、观念与历史等多对主要的概念范畴的关系与过程切实地打通并整合起来了。如果以现代西方哲学、伦理学作为参照,这种早期中国思想家的主流“情”观体系,也具备了宇宙论与存在论、认识论与方法论、人性论与伦理学,以及心理哲学、自然/科学哲学、社会哲学、政治哲学等多重的知识含义。

在此基础上,维拉格还进一步指出,将情感、知识、自我和整个自然/宇宙在社会历史与人性经验中统一起来的早期中国“情”观,对于推进西方现代哲学与伦理学中一些基本问题的思考也有重要的借鉴意义。比如,这种破除了

① C. Virág, op. cit., p. 1.
② Ibid., p. 195.

诸多二元对立框架的“情”观的结构性与感知世界的角色，对于重在探索认知与情感过程的相互关系的现代情感哲学颇有启示。不仅如此，对情感、知识、自我与世界的关系的整体理解，也可以引向对“基本人性、伦理来源和哲学研究本身为何”等问题的提问和反思。维拉格粗略地提示道：

> 通过指明将情感作为一种新的伦理学理论的基础，早期中国主流思想家寻求的是我们可以理直气壮地称之为道德的客观依据——它通过第一人称的经验得到确证，但是这受到一种根本探索的驱动，即理解实在的本质并通过第一人称经验进入这种实在。正是情感而不是某种类似于脱离肉体的灵魂的东西是至关重要的：它指出了赋予人类生命意义的联系的重要性——我们与世界上的其他生物和事物的接触，这些联系最终以有形的方式影响我们并且改变我们的存在状态。在我们讨论什么是哲学，以及哲学如何作用于我们时，这种强调我们经验的实际和具体性质的观点值得考虑。①

总体而言，人的性情、认知和伦理生活的意义，在这种与整个世界的复杂关联中不断形成并且与之交互：伦理把人的性情培养完善，而我们的情感生活也有赖于对世界的理解，它们最终共同促成一种能够更加真切地体验到的自我——一种自由开放而不是封闭自治的状态。这些观点对于现代西方哲学思想界深入理解人性、伦理和知识问题都颇有借鉴意义。

最后，我们要重新回到西方汉学界在“情”的议题研究上的学术历史，定位和反思维拉格这一论著的研究局限，在此基础上提出一些有待推进的研究方向：

第一，从问题意识和诠释框架来看，维拉格关注的重点还是“情”的情感与理性/认知内涵，在自我实现与宇宙运行或者在抽象的天人关系中的重要角色和普遍意义，但是对“情”在家庭、社区与国家等社会政治层面的展开方式和复杂运行的具体探讨并不充分。其实，这些方面尤其构成了儒家“情”观的重要内容，涉及“情”与“知”“学”“孝”“亲”“伦”“礼”“义”“仁”“利”等概

① C. Virág, op. cit., p. 197.

念之间的复杂关系,所以未来有待深入讨论。①

第二,该书最主要的目标是从"儒""道""墨"三家的早期思想传统中提炼出一种共同的"情"观,因此维拉格对"情"观在三个思想流派之间,甚至在每个派别内部的差异和分歧的问题讨论就有意无意地弱化和切碎了。但是,更系统、深入地澄清这些内外分别,有利于从另一个角度理解早期中国思想家的主流"情"观的内在张力与丰富性。为此,本文也在此书基础上做了一些概括补充(详见第二部分最后两段的论述),不过还需专门深挖。

第三,从文献资料或经典文本角度看,维拉格对于《郭店楚墓竹简》《上海博物馆藏战国楚竹书》等其他早期中国"情"观的重要文本(出土文献)及其与"儒""道""墨"等经典文本之间的思想关系,即便有所涉及也不深入,所以同样有待其继续拓展和挖掘。

第四,从中国哲学思想史的整体角度来看,尽管维拉格在更早的论文中已经专门讨论了唐、宋时期(尤其是朱熹)的"情"观问题②,但是尚未对汉代以后以"儒家"为核心的中国古代"情"观的思想发展进行系统的梳理和总结,更未将后期与早期"情"观的思想脉络进行总体的比较和整合,以便形成一个有关中国传统哲学与思想文化领域的更完整的"情"观体系。③ 以此,这也是

① 相较而言,安乐哲在近著中更加突出儒家强调的道德情感在家庭生活与社群环境中的重要意义(参见安乐哲:《儒家角色伦理学》,第250、284、286、296页)。遗憾的是,他的讨论较为零散,未能像维拉格一样建立起某种思想体系。此外,梁漱溟、贺麟、蒙培元、李泽厚、黄玉顺等中国学者也从不同角度给出了自己的诠释,参见梁漱溟:《中国文化要义》,上海:上海人民出版社,2005年;贺麟:《文化与人生》,上海:上海人民出版社,2011年;李泽厚:《实用理性与乐感文化》,北京:生活·读书·新知三联书店,2008年;李泽厚:《由巫到礼 释礼归仁》,北京:生活·读书·新知三联书店,2015年;李泽厚:《人类学历史本体论》,北京:人民文学出版社,2019年;蒙培元:《情感与理性》,北京:中国人民大学出版社,2009年;黄玉顺:《儒学与生活——生活儒学论稿》,成都:四川大学出版社,2009年;黄玉顺:《爱与思——生活儒学的观念(增补本)》,成都:四川人民出版社,2017年;等等。进一步说,就目前的研究状况来看,中西学界在这一议题上的学术交流尚不多见。所以,如何在中西方的学者之间展开多元而深入的对话,这也是未来中国哲学及相关学科领域的"情"观研究的一个重要拓展方向。

② 参见C. Virág, "*That Which Encompasses the Myriad Cares*": *Subjectivity*, *Knowledge*, *and the Ethics of Emotion in Tang and Song China*, pp. 1-359; C. Virág, "Emotion, Knowledge and the Reconfigured Self in the Tang-Song Transition", pp. 166-179; C. Virág, "Emotions and Human Agency in the Thought of Zhu Xi", pp. 49-88。

③ 要强调的是,意大利汉学家史华罗在此问题上已有过一系列重要的尝试,他试图从"情"的"善"与"恶"、"至上"与"调控"相结合的角度,将汉代以后的新儒家的"情"观与早期儒家的"情"观联系起来(参见P. Santangelo, "Emotions and the Origin of Evil", in *Minds and Mentalities in Traditional Chinese Literature*, ed. by H. Eifring, Culture and Art Publishing House, 1999, pp. 184-316;史华罗:《中国历史中的情感文化》,林舒俐等译,北京:商务印书馆,2009年)。

未来这个研究领域一项可以全面开拓的,既浩大又艰辛的学术工程。

第五,从跨学科的研究视野来看,维拉格尝试在中国社会的历史背景中定位和追寻这种主流“情”观的形成、演变和意义。但是,她的主要目的是将其作为讨论“情”观议题的宏观时代背景。这导致上述“情”观的思想谱系与社会历史的互动分析只是蜻蜓点水,所以有待进一步的尝试和推进。尽管如此,她也已经提示后来学者,可以将哲学、伦理学的思考与历史学和社会科学的思想方法结合起来,特别是引入历史社会学与知识社会学的视野来考察不同时期的主流“情”观脉络及其与中国社会历史的互动关系和相互影响,也即不但要去追寻这种“情”观发生的华夏文明的历史起源与社会基础,以及此后不断发展演变的社会政治背景,而且要切实地探求它对秦汉以后中国的社会政治与家庭的伦理生活的现实意义与深刻影响。当然,这一切的思考尤其绕不过对不同历史时期由儒家主导的、中国传统知识精英的理想与现实、身份与命运的兴衰沉浮的准确把握。

第六,在更大的哲学与伦理学研究的层面上,勾画这种源自中国传统哲学与思想文化的主流“情”观的历史轨迹与知识体系的学术尝试,不仅可以为理解(早期)中国哲学思想传统的发展脉络提供一种新的诠释角度,也能够为比较与反思中西方的哲学与伦理学的思想传统提供一个重要的思考入口。换句话说,这在整体上也为其他学者的哲学与伦理学研究提示了一个可以转向和探索的新方向。

总之,到目前为止,这一论著是西方汉学研究领域在中国古代“情”观议题上的集大成之作。它不仅是对以往诸多汉学研究的系统反思,也是对早期中国思想家的主流“情”观的深入探查。当然,该书的学术意义不仅在于“情”的研究议题和思想领域本身,还进一步指向对中西方哲学与伦理学传统的比较、反思和交流、互鉴之路。一句话,由早期中国哲学传统中的“情”观问题引发的思想挖掘与创造转化之路,虽然颇为艰辛坎坷,意义却十分重大。

Thinking through *Qing*: The Emotions Thought and the Way of Harmony in Early China

—Review on Curie Virág's *The Emotions in Early Chinese Philosophy*

Chen Yunlong

Abstract: Curie Virág systematically reflected the path of interpretation in the research field of *Qing* (情), especially the dualism of emotion and reason. She re-established a new interpretation perspective of naturalistic philosophy, which deeply investigated the thought of *Qing* of Confucianism, Taoism and Mohism, and constructed the emotions thought of early Chinese mainstream thinkers who regarded the harmony between universe and human beings as the highest ideal. In order to avoid the interference of all kinds of dualism in the western philosophical tradition, this emotions thought re-explains some important problems in Chinese philosophical tradition, such as knowledge, cosmology, self, ethics and politics, and provides an important perspective for the thinking of Chinese philosophical and ethical tradition. In short, the significance of this book lies not only in the topic and research field of *Qing*, but also in leading to the comparison and reflection of Chinese and western philosophical and ethical traditions. Besides, this paper also summarizes and proposes six directions that can be further explored.

Key words: Thought of emotions (*Qing* 情), Naturalism, Self, Ethics, Knowledge, Universe, Harmony, Reflection

哲学门(总第四十辑)
第二十卷第二册
北京大学出版社,2019年12月

西方社会进步观念的当代危机与理论反思

张茂钰*

提　要:进步问题作为近代以来人类社会历史领域的中心观念,对现代发展产生了深远影响。但自20世纪以来,随着西方工业化进程带来的一系列社会发展困境和两次世界大战的爆发,社会历史进步观受到批评质疑并遭遇严峻挑战。进步观念在荣辱共生、毁誉并存的重重危机中面临两难境况。其中,后现代主义更是通过对理性的清理瓦解了进步观念的根基;通过对历史的终结斩除了进步观念关于过去现在未来的设想;通过对意义的消解取消了进步观念的价值所在。至此,进步观念烟消云散,人类历史陷入虚无。对此,我们在立场方法上,要坚持矛盾分析法,反对历史虚无主义;在评价尺度上,要坚持生产力尺度和价值尺度的统一;在研究视角上,要坚持近景历史和远景历史的统一。唯有如此,我们才能在精准把握进步观念的基础上,从马克思主义历史唯物主义的立场出发,与后现代主义进行有效对话,对后现代主义的正面挑战进行有效回应。

关键词:社会进步　后现代主义　理性的陨落　历史的终结　意义的消解

---

*　张茂钰,1990年生,同济大学马克思主义学院助理教授。

社会进步问题是西方近代社会发展理论的核心问题,是西方社会发展理论的研究要旨,长久以来为学界所重点关注和讨论,通过几辈人的努力,“进步”如同“科学”“革命”和“民主”一样,在整个世界范围内取得了胜利,并在某种程度上成为以上三者的代名词,成为人类自我肯定和自我激励的中心思想。正如美国学者比尔德所言:“在过去两百年内对大众和个人事务产生影响的那些观念中,任何一个都不会像进步这一观念那样具有更加重大的意义,也不可能像进步这一观念对未来产生更大的影响。”①

而对进步观念的消解范围最大、解构力度最为彻底的理论之风则来自后现代主义。20 世纪晚期以来现代社会的新变化打破了传统思维模式和生活方式,这场强烈社会危机所引发的动荡感、破碎感、无序感和无力感,从根本上推动了现代社会历史理论的后现代转向。后现代主义社会历史理论以反基础主义、反本质主义和反中心主义的思维模式出发,重新思考人类社会历史的发展进程,否定“存在着一个实在的、可知的过去,一个关于人类观念、制度或活动之演化进步的记录”②,拒斥近代以来所确立基于理性传统、长时段考察、具有连续性特征的社会整体发展观,解构了社会进步信念的历史实在性,否认了社会进步的历史意义,宣布了现代性的终结和后现代社会时代的来临。对此,我们如何在精准把握进步观念的基础上,从马克思主义历史唯物主义的立场出发,与后现代主义进行有效对话,对后现代主义的理论挑战进行有效回应,就成为必须加以回应的现实问题。

一　社会发展视域中的进步观念

就像“存在”本无具体内涵,一涉及特定对象便成了“如此这般的存在”而不是“纯存在”一样,以塞亚·伯林认为:“进步与反动这些字眼不管被人们多么地滥用,它们并不是空洞的概念。”③无论是要全面准确地把握进步观念,还是要有效回应学界对进步观念的当代质疑,抑或使进步观念保持活力,首先

① 参见约翰·伯瑞:《进步的观念》,范祥涛译,上海:上海三联书店,2005 年,引言第 2 页。

② 波林·罗斯诺:《后现代主义与社会科学》,张国清译,上海:上海译文出版社,1998 年,第 92 页。

③ 参见爱德华·霍列特·卡尔:《历史是什么?》,吴柱存译,北京:商务印书馆,1981 年,第 128 页。

都必须深入探究进步观念的理论结构和近代以来思想家们赋予进步观念的各种内涵,并“决不能在通常的抽象意义上去理解”①进步概念。

(一)进步观念的定义特征

“进步”是人们最为广泛和频繁使用的褒义词之一,绝不是一个空洞的中立术语。它总是与变化中的革新相联系,并用于指称某种值得肯定或令人满意的境况,只有在“走向某种目标”和“令人欣喜的变化过程和状态”的意义上,“进步”一词才会被使用。

从词义上考察,进步概念的意涵并不复杂。《辞源》释“进步”为“向上或向前”②,《现代汉语词典》将其解释为“进步:(人或事物)向前发展,比原来好”③。而在西语中,英文 progress 源于拉丁文,是 pro(前)和 gress(走)的合意。由此可知,“进步”一词最基本的含义便是“向前(走)”。

从哲学上概括,则需对进步概念进行辨析。“向前走”或“向上发展”中的“前”和“上”作为方位词,不具备不证自明的客观确定性,这就意味着进步依照人们行动的目标和事物演变的方向而定,并不是简单的形式发展,而是指人或事物在性质、结构和功能上出现质的前进、上升、革新的状态。社会历史进步,就是社会的性质、结构和功能在历史运动过程中出现了质的发展,实现了对退步、落后或停滞状态的彻底否定,代表着社会历史前进的总趋势。

从特征上梳理,则有必要对进步概念进行总结。第一,进步源于历史认识或理解,有赖于历史性的考察。没有变化就没有进步,进步作为对事物变化状态的定义,必定经历时间过程,必定被置于广义历史,没有纵向意义上的历史论证,进步也就无从谈起。第二,进步是指历史发展中长期的、稳定的质变趋势,既非暂时改良,亦非短期跃进。具体而言,暂时性的波动甚至倒退,只要不影响历史运动的基本方向,就不能被理解为是历史进步的完全中断;而临时性的调整改良,只要不能形成持续进步的运动态势,就不能被视为是一种历史进步。因此,只有经历相当时段的历史变迁,并具备显著、持续、稳

① 《马克思恩格斯文集》第 8 卷,北京:人民出版社,2009 年,第 34 页。

② 《辞源》合订本,北京:商务印书馆,1988 年,第 1670 页。

③ 《现代汉语词典》,北京:商务印书馆,1996 年,第 659 页。

定的超越特性,才能判断为是历史进步。第三,进步是对历史整体发展状态的集中概括,有赖于全局性的认识,即局部的、一维的前进不能确证进步,片面的、有限的退步也不能否认进步,历史进步的确认来源于对社会历史发展的全局判断。从客体维度出发,社会进步表现为物质文明、政治文明、精神文明、社会文明、生态文明的全面进步;从主体维度出发,社会进步表现为人的解放和全面发展。第四,进步具有相对性,并与特定主体的价值尺度相关联。作为标志"向理想状态趋近"的概念,进步作为一种定向性变化,与人们的价值取向相连,也就是说,只有当人们确定了行动目标或事态演变的方向时,才有所谓前进可言,向前发展的意义才被确定。正如圣西门所言:"进步的概念本质上具有某种相对的和受种种情况制约的东西。"①人们往往会根据自己的需要、利益、情感、意愿,并结合对所处环境的条件认识来确定事物前进的应然方向。所以,社会历史发展的前进方向和评价尺度虽然将无限趋近理想态,但行动主体和评价主体价值取向的不同使得历史进步呈现出一种价值相对性。

总之,植根于历史,并作为社会要旨的进步,从纵向上看,是长期的、稳定的向上趋势;从横向上看,是整个社会历史领域的总体跃进;从事实上看,是社会在经济、政治、文化领域的总体提升;从价值上看,是社会行为主体和评价主体——人的全面发展。只有当变化着的社会历史进程发生创造革新的时候,才能称其为进步,它的前提条件是变化,它的最终指向是发展。

(二)进步观念的近代确立

作为对历史进步性理论化、系统化的确认,进步观念是社会历史发展的产物。正如朱本源先生所言:"近代西方的历史思维表现为取向于历史本身的进步(或发展)"②,进步观念的形成和发展与历史自身的进程密切相关,严格来说在"在本质上是西方和现代的"③。实际上,在漫长的西方古典时期没能生发出严格意义上的进步观念,直到16—18世纪,由于宗教上思想禁锢的人文觉醒,文化上"古今之争"的社会舆论塑造,政治上资产阶级革命高潮的

---

① 参见拉布里奥拉:《关于历史唯物主义》,杨启潾等译,北京:人民出版社,1984年,第77页。

② 朱本源:《历史学理论与方法》(修订本),北京:人民出版社,2012年,第182页。

③ A. Nevins, *The Gateway to History*, New York: Anchor Books, 1962, p. 14.

到来,经济上自由竞争市场原则的确立,进步观念方才兴起;至 19 世纪,理性进步观在众多思想家的努力下不断向纵深发展,在外在化、客观化和内在化的过程中成为社会历史发展的法则,并对现实发展产生了深远影响。根据进步观念在历史发展中呈现出来的总特征,我们可以对社会历史进步观念做如下划分,即古典主义的进步观、理性主义的进步观和马克思主义的进步观。

1. 古典主义的进步观

严格来说,西方近代以前是不存在进步观念的,在进入近代以前的漫长的古典主义时期,居于历史观念主流的是历史循环论、历史退步论,进步观念不曾占据主导地位。

历史循环论植根于传统农业社会对天地宇宙的昼夜、季节等周期性变换的总结,以及对自然人世中草木荣枯性命生死的观察。古希腊思想家由于短暂有限的历史体验和对永恒价值的追求,并不认为历史是进步的过程,而是将社会历史的发展视为一个循环的过程,他们把人类生活等同于宇宙之中的物质循环, 其无所谓“开端”也无所谓“终结”,并相信“由状态 a 向状态 b 的变化,总是某个过程的一部分,这个过程通过由状态 b 向状态 a 的复归而得以完成”①,自然演进和历史发展归根结底是非线性的循环过程。

与历史循环论同时存在的是历史退步论。在古代社会,人们普遍把口耳相传或史书记载的过往历史视作完美,认为往后的人类境况处于一种不断的堕落倒退之中,直至腐坏至极复而进入永不休止的循环轮回。正如克罗齐所言,希腊罗马时期的历史“没有发展观,当说到原始时代时,他们很少感到那是原始时代,而是将它诗意地装扮”②,古希腊诗人赫西俄德在其《工作与时日》中便把人类的历史划分为黄金时代、白银时代、青铜时代、英雄时代和黑铁时代③,人们把过去的历史时代看作是人类最美好的“黄金”时代,认为历史前行通过悲剧式的变迁、牺牲和毁灭得以实现,是人类从强大走向衰弱的逐渐堕落的过程。

---

① R. G. 柯林武德:《自然的观念》,吴国盛译,北京:商务印书馆,2018 年,第 18 页。

② 克罗齐:《历史学的理论和历史》,田时纲译,北京:中国人民大学出版社,2012 年,第 114 页。

③ 参见赫西俄德:《工作与时日》,张竹明、蒋平译,北京:商务印书馆,1991 年。

2. 理性主义的进步观

(1)16—18 世纪的进步观

最早在发表于 16 世纪中叶的《易于认识历史的方法》中,博丹便主张应该把人类史和宗教史分开书写。他驳斥了赫西俄德和辛内加的历史倒退论,并认为人类社会的发展在波动中存在一种上升的基本趋势。而直到 17 世纪末叶,关于历史持续进步的观念才"开始具有科学的一致性,并受到公众的普遍注意"①。

首先,在知识界,进步被视为发生在知识和智力领域的发展。培根提出了"知识就是力量",确立了科学的价值意涵。更为重要的是,培根认为"时间是伟大的发现者",指出我们有理由期望我们比古人懂得并获得更多的东西,在《新工具》中他写道:"说到所谓古,人们对它所怀抱的见解是粗疏而且无当于这字眼本身的。因为只有世界的老迈年龄才算是真正的古……因为它正是这个世界的较高年龄,其中已堆积着和贮藏着许多实验和观察。"②培根的上述思想在崇尚实践技术、知识和人的力量、倡导"厚今薄古"等方面为进步观念的产生准备了思想先声。其次,在思想界,启蒙时期的哲学思想家和政治理论家也分别对进步观念进行阐发。无论是笛卡尔还是帕斯卡都认为"人类在其生命初期处于愚昧之中;但是它受到教育而不断进步,因为它不仅得益于自己的经验,而且得益于先辈们的经验……每一个人不仅在科学上一天天前进,而且随着宇宙变老人人都不断进步"③,指出了人类客观且显著的进步是持续存在的。与此同时,托马斯·莫尔、康帕内拉和培根分别在其著作《乌托邦》《太阳城》和《新大西洋岛》中阐释了他们对理想社会的构想,和《理想国》完全不同的是,在这三本著作中,占据主导地位的不再是政体形式,而是知识、发明和科学,并无一例外洋溢着乐观的进步精神。再次,在文学界,17 世纪初在法国和英国展开的长达百年之久的"古今之争"则使盛行的退化理论受到更加广泛的挑战。佩罗的《路易大帝的世纪》拉开了论战序幕,随后在丰特奈尔、哈克维尔等人的支持下,一场文学上的"古今之争"在法英两国全

---

① Pllards, *The Idea of Progress: History and Society*, Harmondsworth: Penguin Books ,1971, p. 26.

② 培根:《新工具》,许宝骙译,北京:商务印书馆,1984 年,第 61—62 页。

③ 转引自柳鸣九、郑克鲁、张英伦:《法国文学史》(上册),北京:人民文学出版社,1979 年,第 262 页。

面爆发并逐渐扩展到人类知识的全部领域甚至社会生活领域。这场以文学、哲学和科学著作究竟是古代的优秀还是现代的优秀为主题的争论,最终以现代派大获全胜而告终。由于主题明确、争论历时长、涉及面大、参与人数多且言辞犀利,这场争论借助于文学的传播力和吸引力引起了社会的广泛关注,营造了直接促进进步观念产生的思想氛围。

(2)19 世纪的进步观

而在启蒙运动时期,具有近代意义的理性主义社会进步观正式登上了西方学术舞台,并最终成为 19 世纪人类社会历史的中心问题。总体而言,理性主义进步观在 19 世纪的演变大致可分为以下三个阶段:即思辨阶段、实证阶段、社会进化阶段。

在第一个阶段,人们通过对历史的反思,对社会历史进行思辨化的逻辑考证,但无论是在康德“非社会的社会性”还是在黑格尔“理性的狡诈”下推动的社会进步都没能揭开理性的神秘面纱,人类社会进步的发展史依然是精神的运动史;在第二个阶段,人们基于社会实证探求社会规律,将进步理解为一种社会组织机制,但无论是孔德的“三阶段规律”说、圣西门的“五大阶段”论还是穆勒的“规律推导”说最终都走向了抽象机械决定论;在第三个阶段,受生物进化论影响,社会进化论正式确立,进步观念成为普遍信念,人们不再基于自然物理来解释历史运动,而是基于生物进化来审视历史之谜,但这种完全排除社会历史发展偶然性因素的社会进步论也未能走出决定论的窠臼。

3. 马克思主义的进步观

在进步观念取得全面胜利的 19 世纪,人们深受启蒙精神的感染,坚信历史处于不断进步的过程之中。建构历史哲学,研究历史规律,把普遍历史理解为前后相继、由低向高的进步过程成为学界主流思想。同时代的马克思和恩格斯也不例外。

马克思并不全然认同达尔文式的社会历史观,也并不满意黑格尔精神辩证法主宰下的历史进步观,在对现实资本主义社会的批判中,马克思逐渐形成了关于未来社会的基本构想,并创立了辩证唯物主义的进步观,将社会历史研究推到了新的高度。马克思主义进步观在扬弃理性主义进步观的基础上,创造性地以历史唯物主义作为立身根本,相比于以往的社会进步观,呈现出了以下全新特征:首先,现实的人的实践活动是社会进步的根据。在马克思主义进步观看来,人的实践活动既不是本能活动,也不是机械运动,而是现实的、自由自觉的、展现人类本质的实践活动,承认现实的人的活动是我们谈论社会进步的历史起点。其次,历史规律是社会进步的内在规定。同理性主义进步观相同,马克思主义进步观承认进步应遵循历史规律,受历史规律制约,并具有客观必然性。但社会历史规律不是外在于历史事实的先验定在,现实的人也不是"理性"的臣仆,历史规律是必然和偶然、客体和主体的辩证结合,社会历史的发展既不是机械的、宿命的,也不是任意的、无定向的。最后,共产主义是社会进步的最高理想。马克思主义进步观把共产主义作为社会进步的最终指向,把共产主义视为人类社会历史的最高发展形态,把共产主义视为人类追求的理想社会,把共产主义视为奋斗路上的指南标,并把全人类的解放和人的自由全面发展作为社会进步的价值取向和最终目标。

二　后现代主义对社会进步论的解构

然而,伴随着 1929 年灾难性的经济危机、德国法西斯势力的上升、西方列强空间争夺的日趋激烈、热核战争的阴影以及科技发展和经济高速增长所带来的生态环境危机和社会危机等问题的产生,社会进步论自 20 世纪中叶以来遭受重创。丹尼尔·贝尔等人尖锐批判了现代社会的文化危机;以霍克海默、马尔库塞等学者为代表的法兰克福学派对工具理性展开严厉批判;后现代主义则更是通过对理性的清理瓦解了进步观念的根基,通过对历史的终结斩除了进步观念关于过去现在未来的设想,通过对意义的消解取消了进步观念的价值所在。至此,近代以来确立的社会进步论烟消云散,人类历史陷入虚无。

(一)理性的陨落对进步观念的解构

回溯进步观念的历史,我们不难发现进步在本质上是一个理性的思想。① 然而,20 世纪以来,理性主义一路高歌猛进的局面遭到逆转,这场推动当代社会发展进步的启蒙运动和理性主义的传统,越来越受到批判和质疑。反对的

---

① 斯蒂芬·埃里克·布隆纳:《重申启蒙:论一种积极参与的政治》,殷杲译,南京:江苏人民出版社,2016 年,第 31 页。

声音以各种形式出现:激进女权主义者认为它是“男性的”,后殖民主义思想家贬斥它是“欧洲中心论的”,共产主义者不满它的个人主义,宗教激进派哀叹它的怀疑论观点,马克思主义者认为它是“资产阶级的”,无政府主义者对其国家依赖性不屑一顾,生态学者则反对它对科学和技术的信仰,法兰克福学派的追随者认为它无意中导致了现代集权主义,“一种对于进步观念从根本上感到的不安”①开始产生。而作为批判阵营中最为激进的代表,后现代主义更是举着“反本质主义”的大旗,不遗余力地向社会进步观念的根基——理性主义展开了围剿。

首先,后现代主义对启蒙理性展开了批判。现代启蒙理性概念,不仅具有本体论含义,同时兼具认识论和价值论意义。启蒙思想家将理性视为关于人类知识和思维方式的更新,并将其运用到人类解放事业之中,使理性成为一种关于人类社会全面进步的根本性力量,成为人类解放的工具和手段。然而,“同启蒙学者的华美诺言比起来,由‘理性的胜利’建立起来的社会制度和政治制度竟是一幅令人极度失望的讽刺画”②,正如格雷伯爵所指出,理性的启蒙之光“正在欧洲熄灭”③,持续爆发的生态灾难、绵延不绝的局部战争,带给人们新的折磨,现代化过程的毁灭性质日益进入人们的意识中心。后现代主义认为,当理性用自身的批判力量驱逐上帝之后,又不恰当地充当了新的上帝,并成为现代社会合法化的基础,理性从而背离本性需加质疑。在伊格尔斯看来,“在后现代主义的探讨中,启蒙运动已经变成了一个打人的坏孩子,不仅要对掏空了世界的意义负责,而且也要对创造了技术和行政的工具来统治人类负责”④;赫勒认为现代性理念与现代性现实出现了背离,如果说“对现代性进行合法化的哲学得到了实现;不过,不是天国降临尘世,而是尘世被变成了地狱。实际上,快车驶向了它们的最终目的地——火车的终点叫作奥斯维辛和古拉格——终结站”⑤,在赫勒看来,现代性对于启蒙理性解放

① 斯蒂芬·埃里克·布隆纳:《重申启蒙:论一种积极参与的政治》,殷杲译,第18—19页。
② 《马克思恩格斯文集》第3卷,北京:人民出版社,2009年,第527页。
③ 斯塔夫里阿诺斯:《全球通史》,吴象婴、梁赤民译,上海:上海社会科学院出版社,1999年,第578页。
④ 伊格尔斯:《二十世纪的历史学——从科学的客观性到后现代的挑战》,何兆武译,沈阳:辽宁教育出版社,2003年,第167页。
⑤ 阿格尼丝·赫勒:《现代性理论》,李瑞华译,北京:商务印书馆,2005年,第18页。

力量的片面强调导致了理性的片面发展,并最终出现理性的内部分裂和现代霸权,理性在自成体系的同时,就开始束缚人类和禁锢历史。福柯则在《疯癫与文明》的开篇通过引用了帕斯卡的名言:"人类必然会疯癫到这种地步,即不疯癫也只是另一种形式的疯癫。"①鲜明表达了他对启蒙理性的批判立场。在他看来,"古典时期开启了一种对人类的强有力的统治模式。这种模式在现代时期发展到了登峰造极的地步"②,而这种统治模式就是理性。理性在现代社会通过社会制度、话语和实践等方式统治个体,以一种自我强制的、更加隐蔽的形式实现了对人的全面操纵、惩罚和统治,成了一种具有统治性和压迫性的力量,并最终走向解放和进步的反面。

其次,后现代主义对科技理性展开了批判。现代以来,科学技术作为理性发展的世俗化身,在实践过程中对历史进程产生了重要影响,科学技术的发展成为社会历史进步的重要推动力量,正因如此,在后现代主义对理性主义的反思大潮中,科学理性成为其直接批判的对象。自20世纪50年代以来,在科学技术的思想界内部就出现了波普尔的证伪主义、库恩等人的科学历史主义和费耶阿本德以"反对方法"和"怎么都行"为核心思想的自我审查;存在主义者则认为,由理性主导的现代科技的每一项发展在为人类带来巨大物质财富的同时,又像一个"框架"将人死死地固定在某个位置,形成了对人的社会控制和社会的技术官僚化,这种对人的价值加以漠视的现代理性将最终导致"技术的黑暗"和"存在的遗忘";鲍德里亚则从"命定之物"的视角批判了当代科技进步带来的虚假繁荣。在《消费社会》的开篇,鲍德里亚描绘了一幅现代世界的丰裕景象:"今天,在我们的周围,存在着一种由不断增长的物、服务和物质财富所构成的惊人的消费和丰盛现象。它构成了人类自然环境中的一种根本变化。"③然而,这些由现代科技制造的、堆积如山的、不再是作为"物"而是作为"符号"存在的商品并非是为了真正满足人的真实需求的传统存在,而是成了外在于真实关系的抽象符码式的"命定之物",并最终钳制人自身,造成了社会和人的当代异化。在鲍德里亚看来,高科技在制造"完美"

① 福柯:《疯癫与文明》,刘北成、杨远婴译,北京:生活·读书·新知三联书店,1999年,前言第1页。

② 道格拉斯·凯尔纳、斯蒂文·贝斯特:《后现代理论——批判性的质疑》,张志斌译,北京:中央编译出版社,2004年,第49页。

③ 鲍德里亚:《消费社会》,刘成富、全志钢译,南京:南京大学出版社,2001年,第1页。

的同时，也进行着一种“谋杀”，技术使原本“真实”的世界开始消退，从而创造出一个虚幻的世界，并最终将人置于其中并加以控制：“今天，是命运通过科学的屏幕又向我们这边退了回来。最后，绕了一个具有讽刺意味的弯子，也许是科学加速了期限到来。”[①]现代科学技术就这样创造了大量的“命定之物”，随着科学技术的进一步发展，这种“命定之物”对人的控制将愈发强大，在科学技术面前，人类终将束手无策，由原本作为科技的操纵者沦为被操纵者，所谓由科技理性带来的进步不过是无稽之谈。

（二）历史的终结对进步观念的解构

进步理论的建构直接涉及未来社会的建立问题，相信社会历史的进步性，就要回答社会历史进步的趋势和终点问题。在没有时间的地方，也就无所谓终结，中世纪的基督教最早引入了有时间起止的历史观念，使历史始于上帝造人，终于人的救赎。随后，经孔多塞、康德、黑格尔等人的发展，这种蕴含终结论的历史进步观在德国古典哲学那里得到了极其思辨化的表达，人类历史愈发被视为一个连贯的演进过程，社会历史中的具体事件唯有被置于更大的目的或目标之下才有意义，而目的或目标的达成必定导致历史过程的完结。正如别尔嘉耶夫所言，没有“前景”的历史“不成其为历史，因为它既无内在计划、内在含义，也无内在的完成。归根结底，当一个运动并不向解决性的终结行进，不拥有终结时，它无论如何只能是循环”[②]。“历史的终结”就这样成了一切普世史的应有之义，作为一种现代理论，它关注的问题始终是现代化的过程最终将通往何处。

然而面对后现代主义的挑战，所有现代的宏大观点都面临着被解构和被终结的命运：无论是哲学、真理、意识形态、主体、规律、结构、理性，还是历史本身，都宣告终结。后现代主义认为，现代以来的社会历史进步观植根于历史持续、恒久和无止境发展进化的信念之上。因此，后现代主义拒斥对历史的趋势问题进行讨论，将马克思主义的历史扬弃说和理性主义的历史终结论不加区分地加以解构，宣告历史的“终结”和“后历史”时代的到来，并动摇和消解了历史进步的信念。关于社会历史进步的未来设想，无论是趋近于社会

---

① 鲍德里亚：《完美的罪行》，王为民译，北京：商务印书馆，2000年，第45页。

② 别尔嘉耶夫：《历史的意义》，张雅平译，上海：学林出版社，2002年，第25页。

主义的理想社会还是终结于自由资本主义社会的历史终结论,都遭到了来自德里达和鲍德里亚的直接挑战。

首先,后现代主义解构了历史终结论,终结了关于社会历史进步趋势的讨论。以德里达历史延异说为代表,与鲍曼的立场一致,德里达将福山的历史终结学视为一种"内无强有力的敌人,外无蛮族登门挑衅,还有一些献媚者和模仿者。它实际上已经(而且显然无法补救地)把所有异己的选择看作非法"①的学说,因此德里达以一种解构和延异的立场表明了对独裁主义意识形态的不满。在他看来,解构策略不是解构一切,也不是赞成一切,而是反对一切宏大视角,他指出无论现实的单一结构表面看上去有多么牢固,但那些被压抑的东西不但没有消失,反而返身动摇每一种结构,任何一种企图被确立起来的唯一的结构系统都是非法的尝试。因此,无论历史是终结于黑格尔的绝对精神、福山的自由民主资本主义还是马克思的共产主义制度,在后现代主义看来都是无谓的讨论,他们预设未来终点的根本立场并没有冲突,他们不过是以一种现代性的方式反现代性,不仅没有突破而且于事无补。

其次,后现代主义甚至认为不仅要取消关于历史终结的学说,甚至要取消历史本身,无须谈及历史,也无须言及进步,历史终结于幻象之中。以鲍德里亚的历史虚无论为代表,其通向后现代的理论路径的明显特征之一便是,将生产、历史、经济社会等予以概念化并一一终结。鲍德里亚消解历史的理论直接受到卡内蒂思想②的影响,鲍德里亚认为在一个超光速存在的世界里,无论是"福山之点"还是"卡内蒂之点"③都并不存在,如果历史不过是已经被取消的人造之物,那么历史的终结不过只是"关于幻觉的幻觉",这也便意味

---

① 引自 Zygmunt Bauman, "Living Without an Alterative", in *Intimations of Postmodernity*, London: Routledge, 1992, p. 183。

② 卡内蒂认为:"这是一个痛苦的思想:在过去的某一时间点上,历史已经不再是真实的了。不知不觉中,整个人类似乎突然把真实抛在了身后。从此,理应发生的一切将不再真实,不过,我们未能认识到我们的任务和职责现在就是要揭示这一点,直到完成。我们必须在当下的毁灭中坚持不懈。"(参见让·鲍德里亚:《致命的策略》,第 12 页)当卡内蒂写下这段文字的时候,时间定格于 1945 年,在卡内蒂看来,广岛和长崎的两颗原子弹把人类最后一个依然生效的神话——太阳,也一并摧毁了,原子弹成了衡量一切的标准,但即便如此,卡内蒂依然相信世界可以恢复原貌。而鲍德里亚则是在此层面上对卡内蒂提出了质疑。(参见 Elias Canetti, *The Human Province*, trans. Joachim Neugroschel, London: Andre Deutsch, 1985, p. 69)

③ 让·鲍德里亚:《致命的策略》,第 15 页。

着"不仅历史消逝是可能的,我们也确实在促进这种历史的消逝。也就是说,当我们积聚社会符号、政治符号、进步符号和变化符号时,所发生的一切都只是我们一直在不停编织的历史"①,在历史终结之后,处于线性时间序列中的历史事物都将终止其进程。而在拟象的内爆之中,历史将最终消解在媒介作用下处于永无止息的模拟的虚假历史之中,如同一种吃腐尸般的存在,重复的历史将借助媒介被不断吸纳进另一种历史之中,处于世纪之交的历史,不过是一场回收废物和处理废物的无意义的游戏罢了。在其思想晚期,鲍德里亚以一种极其晦涩、荒诞和魔幻的语言向我们呈现了这样一幅关于历史的隐喻,在这幅交错的历史图景之中,历史本身被悬置为拟象和幻觉,处于线性时间序列中的历史的终结也便无从谈起。瑞泽尔曾对鲍德里亚的历史终结说做出如下评价:"对于现代性来说,历史是它的根基和灵魂:现代性是变化、革新、进步和发展的过程。而且,历史原来曾是这一时代的希望之源:人们认为它将给全人类带来民主、革命、社会主义、进步、幸福等。然而,鲍德里亚认为,随着历史的终结,所有这一切如今都烟消云散了。"②通过消解历史终结,甚至现实历史本身的存在,鲍德里亚也从根本上消解了关于过去—现在—未来的社会学说,即人们有关于社会历史进步的观念。至此,无根的历史陷入虚无。

(三)意义的消解对进步观念的解构

"'进步'并不是一个中立的术语"③,社会进步本身内含价值倾向和评判标准,即社会进步的意义问题。总体而言,社会进步的意义是对社会历史进程的抽象总结;社会进步的意义有赖于对社会发展问题历史性、整体性的总体考察;社会历史进步的意义是崇高的、确定的,社会历史进步的意义既非浅薄的利益亦非不确定的虚无。然而这种"某种具有绝对性"④的,具有总体性、整体性视野的,作为现代进步观念重要组成部分的意义建构,遭到了后现代主义的激烈挑战。无论是福柯的系谱学、利奥塔的叙事说、德里达的解构主

---

① Jean Baudrillard, "The Year 2000 Has Already Happened, edited and introduced by Athur and Marilouise Kroker", in *Body Invaders: Panic Sex in America*, New York: St. Martin's Press, 1987, p. 44.

② 乔治·瑞泽尔:《后现代社会理论》,谢立中译,北京:华夏出版社,2003 年,第 172 页。

③ 赫伯特·马尔库塞:《单向度的人》,刘继译,上海:上海译文出版社,2006 年,第 16 页。

④ 威廉·狄尔泰:《历史中的意义》,艾彦译,南京:译林出版社,2011 年,第 129 页。

义、尼采的视角主义、鲍曼的流动现代性思想都从不同面向解构了历史意义，后现代主义所掀起的革命“乃是对意义的广泛的解构，相当于先前对表象的解构，凡生于意义者必将死于意义”①。通过对价值论维度崇高的消解，和存在论维度确定性的解构，后现代主义高声宣告现代社会所建构的一切意义和价值观念不再具备任何解释力，给人们留下了一片价值的真空和意义的废墟。

首先，后现代主义从价值论维度消解了进步意义的崇高性。在资本逻辑的控制和推动下，时尚的生产取代了美感的生产，资本的丰裕取代了道德的完善，当下的浅薄取代了崇高的深度，享乐主义、相对主义取代了崇尚的文化观和价值观，具有骚动、不稳定和短暂等特质的日常生活文化取代了曾经相对稳固的价值文化秩序。在这种情况下，社会历史的进步成了备受嘲讽和奚落的话语。作为福山思想先声的科耶夫在晚年的日本行之后，不无讽刺地发现，在历史终结的后纪元社会中，只剩下了一种“民主化的唯利是图的精神”②，现代民主社会的胜利并没有带来他预想中的理性胜利，物质丰裕背后不过是一片文化狼藉。鲍德里亚更是直接指出：“公共的道德，集体的责任，进步，社会交往的合理性——废话！什么样的群体还在梦想这个？”③在他看来，现代社会进步的起点是非崇高，社会进步的终点也是非崇高，公众不再对所谓科学的进步、客观的信息、集体幸福感的增加、事实和因果的明了感到兴趣，时刻瓦解着真实符号的“自由企业的卑鄙”与“文化和意义的文化无意识”使人们“必须玩世不恭或堕落”④。在持后现代主义立场的理论家看来，所谓“进步”不过是一种从矛盾到矛盾、从斗争到斗争、从无序到无序的单调的无聊，“进步”既没有提升人类的自主能力，也不内含社会历史进步的崇高意义，“进步”不过是一种带有压迫性的假说罢了。

其次，后现代主义从存在论维度消解了进步意义的确定性。后现代主义本着反基础主义、反本质主义、反中心主义的理论旗帜，拒斥长时段、大尺度意义上的社会历史进步说，批驳社会整体发展意义上的结构性进步，批评社会历史进步的目的论，并将进步观念改造为断裂的、碎片化的历史进程和社

① 转引自道格拉斯·凯尔纳、斯蒂文·贝斯特：《后现代理论——批判性的质疑》，第164页。

② 参见刘小枫：《历史终结了？——从约阿希姆到科耶夫》，《浙江学刊》2002年第6期。

③ 让·鲍德里亚：《致命的策略》，第105页。

④ 同上书，第102页。

会结构转换中零碎的“改进”或“改善”。无论是福柯的系谱学、利奥塔的叙事说、德里达的解构主义、鲍曼的流动现代性思想都从不同面向解构了社会进步观念所依存的肯定层面上的确定性意义，挑战了社会历史进步意义的一元化、绝对化和权威化，走向了一种非确定性的历史相对主义，社会历史进步的意义以一种“什么都行”的“多元主义”宣告消解。尼采的视角主义和后结构主义的历史叙事说则更是以一种直接的方式解构了社会历史进步意义的确定性，从而消解了社会历史进步的意义指向。而历史叙事说则通过将历史文本化的方式解构了历史的科学化倾向，认为并不存在客观的历史事件和可供把握的历史本质。后现代主义通过一种将社会历史还原为文本和语言游戏的方式，否认了人们认识真实历史的能力，也否定了社会历史进步的确定性意义，把整个过去、现在和未来置于一片消极的绝望之中，引发了“意义的碎形乃至意义的终结”①。

三　对后现代进步论的批判反思

不能否认，后现代主义通过对理性的批判引我们反思片面的畸形，通过对历史的消解引我们反思永恒的本质，通过对意义的拔除引我们反思发展的代价。但是理性的反思应该引导人们批判性地重新审查和纠偏人类社会历史的发展，而不是让我们彻底放弃或是拒斥启蒙运动的现代遗产。如何看待后现代主义对现代进步观的解构，如何在当代社会历史境遇中重新审视社会进步的意义所在，如何在历史唯物主义的视域中对后现代进步论进行有效回应，如何使马克思主义社会发展理论获得提炼升华，便成了我们必须回答的问题。

对此首先在立场方法上，要坚持矛盾分析法，反对历史虚无主义；其次在评价尺度上，要坚持生产力尺度和价值尺度的统一；最后在研究视角上，要坚持近景历史和远景历史的统一。唯有如此，我们才能在对后现代进步论进行批判反思的同时，有效回答如上问题。

---

① 参见斯蒂芬·贝斯特、道格拉斯·科尔纳：《后现代转向》，陈刚等译，南京：南京大学出版社，2002 年，第 144 页。

(一)立场方法上:坚持矛盾分析法,反对历史虚无主义

社会进步并非是一帆风顺、一劳永逸的机械线性进程,而是一个充满矛盾的发展过程。社会进步是在冲突、斗争、矛盾中不断向前行进的。对此,康德将其表述为"非社会的社会性",黑格尔将其定义为"理性的狡诈",科耶夫将其解读为"主奴的抗争",但他们都没有跳出精神世界的彼岸之城,自由的实现、人类的幸福、普遍的同质都有赖于抽象理性的完满与实现。马克思则颠倒了抽象理性主义的传统,发现了"神秘外壳中的合理内核",即存在于人类现实的实践活动之中的矛盾运动,推动整个社会历史进步的动力是生产力系统中人和自然的矛盾,是生产方式系统中生产力和生产关系的矛盾,是整个社会形态中经济基础与上层建筑的矛盾。

首先,社会进步的矛盾性,直接表现为进步和退步之间的辩证关系。马克思、恩格斯认为"一切依次更替的历史状态都只是人类社会由低级到高级的无穷发展进程中的暂时阶段……人类历史不仅有上升的过程,而且有下降的过程"①,因而,进步概念并非是机械的线性增长,而是进步和退步的辩证统一。其次,社会进步的矛盾性,以社会各部门之间发展的不平衡性来呈现。在《〈政治经济学批判〉导言》中,马克思以物质生产的发展和精神生产的发展之间呈现的矛盾关系具体说明了这种不平衡性。马克思指出,艺术的繁盛时期绝不是同社会的一般发展成比例的,因而也绝不是同仿佛是社会组织的骨骼的物质基础的一般发展成比例的。② 因此,进步概念不能简单地理解为社会各部门的齐头并进,实际上还存在着发展的不平衡原理,即有可能出现在物质生产方面有进步,但在其他某方面可能没有什么进步,甚至暂时倒退的情况。再次,社会进步的矛盾性,突出表现为社会进步的对抗性质。在评论德国著名的社会史家毛勒的著作时,恩格斯指出:"他具有'开明的'成见:以为自从黑暗的中世纪以来必定会不断朝着更美好的方向进步。这不仅妨碍他认识真正进步的对抗性质,而且也妨碍他认识个别的倒退情况。"③在此恩格斯明确意识到了社会历史进步过程中的对抗性质,认为这种残酷的对抗性

---

① 《马克思恩格斯文集》第4卷,北京:人民出版社,2009年,第270页。

② 《马克思恩格斯文集》第8卷,第34页。

③ 《马克思恩格斯文集》第10卷,北京:人民出版社,2009年,第493—494页。

只有在否定之否定的革命运动才能被化解,并在新的历史高度上续写人类的进步史。

但是,后现代主义却没能理解人类社会历史进步进程中的矛盾性和对抗性,没能看到社会进步浅层表象下的深层逻辑,忽视了社会的、经济的以及政治的与其他社会现实本身的塑造力量,通过把生活降格为语言、把历史消融为虚无的方式摧毁了现代生活的各个基础性概念,在以"片面的极端"解构一切的同时,消解了理性的根基,抛弃了现实的历史,解构了发展的意义,在取消社会进步信念的同时滑入了彻底的虚无之中,却无力承担历史虚无可能导致的社会瘫痪。正如亚瑟·马威克所言:"试想想,在一个没有人知道任何历史的社会中,日常生活将会成什么样子。这实在难以想象,因为只有通过关于自身历史的认识,社会才能认识自身。就像一个没有记忆和自我认知的人是漂泊无依的人,一个没有记忆(或者说得更准确些,没有回忆)和自我认知的社会也将会是一个漂泊无依的社会。"[①]对此,我们必须坚持历史唯物主义的矛盾分析法,坚定进步信念,反对历史虚无主义,避免陷入历史虚无主义可能引发的无序和混乱之中。

(二)评价尺度上:坚持生产力尺度和价值尺度的统一

正如柯林伍德(也译作"柯林武德")所说:"说到进步,就蕴含着有一个评价的标准。"[②]以什么样的尺度评价进步,评价尺度的选择是否合理,对于正确认识、把握和推进社会进步至关重要。历史唯物主义坚持历史评价的二重性,坚持以生产力尺度和价值尺度相统一的原则对社会进步进行评价。[③]

首先,生产力尺度是基于对社会历史发展规律的客体尺度。在历史唯物主义看来,制约社会进步的根本因素在于现实的物质生产活动,换言之,物质生产方式制约了社会生活、政治生活的整个过程。其次,价值尺度是基于社会历史发展对人的满足程度的主体尺度。人的发展是社会发展的实现和最终体现。具体来说,社会发展的所有成果最终都要通过人的发展来反映,其

① Arthur Marwick, *The Nature of History*, London and Basingstoke: Macmillan, 1970, p. 13.

② 柯林武德:《历史的观念》,何兆武、张文杰译,北京:商务印书馆,2004 年,第 441 页。

③ 对于社会进步评价的双重尺度,学界还存在其他表述方式,如"物的尺度与人的尺度""自然尺度与人的尺度""客体尺度与主体尺度""理性尺度与价值尺度""历史尺度与价值尺度""科学尺度与价值尺度"等,但无不强调客观历史进程中的价值蕴含。

成败得失最后也只能由人的发展状况来检验。人的发展作为一种综合状态,集中体现了社会发展进步的状况,社会进步与否,必须依人的发展状况来衡量。[①] 再次,生产力尺度和价值尺度统摄于人的实践活动。生产力尺度和价值尺度并非孤立存在的两套体系,而是彼此联系,相互渗透,内在统一的:第一,生产力的发展内含主体的发展和价值的满足,生产力的发展过程也是人的本质力量的展现过程,“真正的财富就是所有个人的发达的生产力”[②];第二,主体的发展和价值的满足也体现了生产力水平的提高;第三,生产力尺度和价值尺度在人的实践活动中达到统一,一方面实践的原则作为主体原则不断塑造作为历史“剧作者”和“剧中人”的主体,另一方面实践的原则作为客体原则生产了物质生活。正是在这个实践意义上,客体原则的生产力尺度和主体原则的价值尺度达到了内在统一。

作为社会进步评价体系中的两个基本面向,只有坚持客体尺度与主体尺度相统一的评判标准,我们才能真正把握社会进步,否定其中的任一尺度,就将要么滑向历史的虚无、要么陷入价值的真空,从而使我们无法全面公允地看待社会历史进程。在对抽象目的论、决定论、人性论的批判中,后现代主义精准地抓住了“永恒不变”的历史问题,诚如恩格斯所言,正义、人道、自由、平等、博爱、独立“这些字眼固然很好听,但在历史和政治问题上却什么也证明不了”[③],和历史唯物主义站在了同一阵营。但是虽然价值原则总是因具体历史中的条件、时间、地点为转移,但是这并不意味着对价值原则的取消,并陷入“什么都行”“没有标准”的永恒流动之中。同样地,在对启蒙理性、科技理性的价值批判之中,后现代主义由于没能看到现代文明对社会生产的巨大作用,而陷入了“取消进步”“消解历史”的误区之中,后现代主义没能意识到“在从笛卡尔到黑格尔和从霍布斯到费尔巴哈这一长时期内,推动哲学家前进的,决不像他们所想象的那样,只是纯粹思想的力量。恰恰相反,真正推动他们前进的,主要是自然科学和工业的强大而日益迅猛的进步”[④],如果没有社会生产力的发展,也就没有人类价值领域的提升。在社会进步过程中出现的

---

① 《人的发展与社会进步:第十四届全国人学研讨会论文集》,济南:山东人民出版社,2013 年,第 48 页。
② 《马克思恩格斯文集》第 8 卷,第 200 页。
③ 《马克思恩格斯全集》第 6 卷,北京:人民出版社,1961 年,第 325 页。
④ 《马克思恩格斯文集》第 4 卷,第 280 页。

矛盾对抗,应该在发展的过程中予以积极回应和有效应对,而不是一味否定,甚至取消现实实践和人类历史存在的价值和意义,对生产力尺度和价值尺度的双重取消既无法在精神上给人以信念,也无法在物质上给人以保障,只能将人抛入无边的绝望之中,使历史陷入彻底的虚无。

(三)研究视角上:坚持近景历史和远景历史的统一

不同于后现代主义的断裂说和碎片论,马克思主义的历史唯物主义认为社会历史的发展是处于前后相继的历史时间之中的进步过程,是对过去—现代—未来的全景式考察。这就要求我们既要对当下的历史进行微观视角的近景透视,也要对长时段的历史进程进行宏观视角的远景把握,在研究视角上坚持近景历史和远景历史的统一,既避免陷入“历史近视”的短视,也避免陷入“历史远视”的独断。

首先,坚持近景历史和远景历史相统一的原则要求我们正确看待社会进步进程中的历史波动。历史唯物主义的社会发展理论并不通过局部的、片段的历史诊断整个人类社会历史的进步状况,因此社会发展遭遇的短暂挫折不能遮蔽整个历史长河进步的号角,社会发展的暂时停滞甚至倒退衰亡,不能代表整个人类文明前进的主旋律,如果缺失远景历史的视角,我们就无法公允地对社会历史发展的基本趋势做出判断。其次,坚持近景历史和远景历史相统一的原则要求我们历史地看待社会进步进程中的历史变化。在《1857—1858年经济学手稿》中,马克思指出,“古代的观点和现代世界相比,就显得崇高得多”①,因为在现代世界人们为了实现财富增殖,不惜且不得不将自身降格为手段,通过牺牲高尚、片面能力、异化人本来实现流于世俗的外在目的。但马克思反对就“崇高”本身来抽象谈论“崇高”,因循守旧、稚气闭锁、流于形式的古代“崇高”未必能促进社会生产,促成人的发展;自我满足、追名逐利、破除旧有的“鄙俗”就未必一无是处,从远景历史的角度来看,才能更加准确、全面、深刻地把握“崇高”的意义和内涵。

总而言之,无论是康德式的“崇高”,还是后现代主义以“鄙俗”为由的对非崇高连同对进步意义本身的解构,都要放在大尺度的历史语境之中加以考量。后现代主义犯了“历史近视眼”的疾病,由于他们取消时间、聚焦当下、执

① 《马克思恩格斯全集》第46卷(上),北京:人民出版社,1979年,第486页。

着于否定,仅因工业资本主义出现的矛盾对抗性就丧失了对人类文明未来前景的信心,显然缺乏深远和广阔的历史视野。正是由于没能做到将近景历史和远景历史相统一,后现代主义无法公允评价人类社会历史的进程,将人类数千年来建立的现代文明瓦解得片甲不留。有鉴于此,我们必须在研究视角上坚持近景历史和远景历史相结合的办法,既要立足当下,也要审视过去,展望未来,在坚持马克思主义历史唯物主义的基础上,拿出社会建设的饱满热情。进步观念的意义就在于它"冲击了恶性循环和满足于现状的信念"①,正如习近平同志在中央党校县委书记研修班讲话中指出的那样:"实现共产主义是我们共产党人的最高理想,而这个最高理想是需要一代又一代人接力奋斗的。如果大家都觉得这是看不见摸不着的东西,没有必要为之奋斗和牺牲,那共产主义就真的永远实现不了了。我们现在坚持和发展中国特色社会主义,就是向着最高理想所进行的实实在在努力。"②放弃历史我们将一无所有,陷入迷惘,唯有努力奋斗,实现进步,才能开创未来。

Contemporary Crisis and Theoretical Reflection on the Concept of Social Progress

Zhang Maoyu

Abstract: As a central concept since the end of the 18th century, the concept of progress has achieved overall victory in the 19th century and played a decisive role in the attitude and behavior of modern people. However, since the 20th century, especially in the second half of the 20th century, because of the social development dilemma brought by the industrialization process in the Western countries and the scars brought by the two world wars, the concept of social historical progress has been questioned and criticized and

① 约翰 · 伯瑞:《进步的观念》,引言第6页。

② 习近平:《做焦裕禄式的县委书记》,北京:中央文献出版社,2015年,第5页。

suffered challenges from various aspects. The concept of progress faces a dilemma in the praise and criticism. Among them, postmodernism disintegrates the foundation of progressive ideas by attacking rationality; eliminates the idea of progressive ideas about the past and the future by ending the history; eliminates the value of the concept of progress by debasing meaning of it, as a result, the concept of progress has disappeared and humanity history is in vain. For this reason, in terms of position and method, we must adhere to the contradiction analysis method and oppose the historical nihilism; in terms of evaluation scale, we must adhere to the unity of the scale of productivity and the scale of value; in terms of research view, we must adhere to the unity of the close – range history and perspective history. Only in this way can we effectively dialogue with postmodernism on the basis of accurately grasping the concept of progress, from the standpoint of Marxist historical materialism, and respond effectively to the challenges of postmodernism.

Key words: Social progress, Postmodernism, The fall of rationality, The end of history, The resolution of meaning

书讯

《时间、劳动与社会统治——马克思的批判理论再阐释》

[加]莫伊舍·普殊同著,康凌译

北京:北京大学出版社,2019 年 6 月

莫伊舍·普殊同(Moishe Postone),博士毕业于德国法兰克福大学,长期执教于芝加哥大学历史系,并担任托马斯·E. 唐纳利(Thomas E. Donnelley)讲席教授,曾任芝加哥当代理论中心联合主任之一、犹太研究中心委员会成员,是国际知名的马克思主义历史学家、社会理论家和政治思想家。莫伊舍·普殊同的主要研究领域为 19 世纪至 20 世纪欧洲思想史与批判理论,尤其专注于对资本主义、现代反犹主义以及战后德国的记忆与认同问题的批判与研究。其主要著作有 *Time, Labour, and Social Domination: A Reinterpretation of Marx's Critical Theory*(1993),*History and Heteronomy: Critical Essays*(2009)等。

《时间、劳动与社会统治》一书是对马克思成熟时期批判理论的重新诠释。普殊同从马克思的《政治经济学批判大纲》开始,结合当代资本主义在 20 世纪 60 年代以后的发展状况,一方面对马克思在《大纲》和《资本论》中所讨论的一些核心范畴,例如劳动、商品、价值和资本等进行了十分严格的说明;另一方面对以法兰克福学派为代表的对马克思批判理论的传统诠释,特别是霍克海默、波洛克以及哈贝马斯等人的著作进行了批判。他对传统马克思主义理论阐释的许多前提提出了质疑,并对马克思的核心论点重新进行了诠释。这些诠释也使他对资本主义的本质及其问题做出了截然不同的分析,并为批判"现实存在的社会主义"提供了基础。根据这一全新阐释,在马克思看来,资本主义体系的核心不仅仅在于市场机制和私有财产,更在于由资本主义劳动本身所产生的一种非个人的社会支配形式。无产阶级劳动和工业生产过程是这种支配形式的表现方式,而不是人类解放的手段。这一分析将现代社会的经济增长形式和社会劳动结构同作为资本主义核心的异化和支配联系起来。该书尝试为一种更适用于 20 世纪晚期资本主义的批判性社会理论奠定基础,这不仅为我们提供了重新理解马克思成熟时期批判理论的新视角,也为进一步研究和反思法兰克福学派思想家关于马克思批判理论的传统阐释提供了必不可少的参考,具有一定的理论意义和学术价值。(关祥睿)

赵晓力:《代表制研究》

北京:当代世界出版社,2019 年

代表制是西方政治思想传统中的一个重要元素,也往往被视为现代民主政治中的有机组成部分。但是,代表制自身的历史与理论背景,它在现代政治中的作用,以及与其他政制要素的关系,则很少被学者充分地阐发。在这个意义上,赵晓力的《代表制研究》一书则在很大程度上拓宽了我们对于代表制的理解。本文将介绍此书的写作思路,指出作者讨论中所涉及的重要的研究问题,以及作者对此做出的学术贡献。

一　全书思路

作者在全书后记部分写道,虽然该书是一部研究西方政治思想传统的著作,但是它更大的着眼点实际上是希望通过揭示代表制所植根的西方复杂历史传统,来说明代表制等其他从西方引入的政制要素并不会简单地在中国政制中发挥奠基性的作用,对于中国政制的思考,需要回到中国的历史文化基因中进行考察。[①] 因此,作者不仅讨论了作为抽象理论的代表制的原理,也详细描述了代表制在美国政制这一现实的社会历史条件中的实际运行方式。《代表制研究》一书主要分为两个部分,分别是上编围绕霍布斯主权理论的“代表与主权的构建”以及下编围绕美国宪政的“代表制在美国”。在第一部分,作者着重分析了霍布斯的自然状态学说以及主权学说。随后,作者将目光转向了美国政制,仔细分析包括《独立宣言》、美国《1787 年宪法》《联邦党人文集》、立宪会议记录、托克维尔对美国社会的观察以及最高法院所判案件

① 赵晓力:《代表制研究》,北京:当代世界出版社,2019 年,第 266 页。

等一系列对美国政制的形成产生关键作用的文本。在这两个看似各自独立的部分背后,作者关注的核心问题是代表制与民主这两个政制要素之间的复杂关系乃至冲突。在第一部分中,作者集中讨论了霍布斯如何利用代表学说建立公共权力,以排除始终威胁着国家稳定的民主学说。在第二部分,作者则揭示了民主与代表制的冲突实际上是理解美国政治中一系列重要辩论的关键线索。

(一)霍布斯的代表理论

在本书中,不同于通常的霍布斯研究文献,作者以霍布斯的《利维坦》的画像作为研究其代表理论的出发点。在这一编中,作者对霍布斯的代表理论的分析可以进一步分为三个部分,分别是霍布斯作品的题图、霍布斯的自然状态学说以及霍布斯的代表建国理论。

1. 霍布斯作品的题图分析

在这一部分,作者首先详细分析了《利维坦》1651 年印刷版的封面题图。从图像学角度解读霍布斯并非作者的独创,作者也借鉴了斯金纳①与施密特②的对于小图寓意的分析,然而本书的解读的独特之处在于,作者认为图像之间并非是相互独立的,而是整体构成了一个讲述利维坦如何结束战争的故事。③ 此外,斯金纳与施密特分别将霍布斯放在了英国公民共和主义传统④或是《圣经》传统中⑤进行分析,而作者则是更加重视霍布斯文本内部的联系,尤其是题图与代表学说的关系。首先,作者解读了《利维坦》1651 年印刷版中近景、中景与远景的含义后,作者详细分析了霍布斯作品题图是如何反映其代表学说的发展的。作者指出,首先,霍布斯代表理论的关键是他在《利维坦》中引入的人格化理论。在《论公民》中,只有国家被人格化,但订立社会契约的臣民并没有如此。同时,臣民服从国家的方式是放弃行使对国家的反抗权。⑥ 而在《利维坦》中,作者指出,此时订立契约的臣民也同样完成了人格

---

① Skinner, Quentin., *Hobbes and Republican Liberty*, Cambridge: Cambridge University Press, 2008.

② Schmitt, Carl., *The Leviathan in the State Theory of Thomas Hobbes: Meaning and Failure of a Political Symbol*, trans. by George Schwab. Chicago: University of Chicago Press, 2008.

③ 赵晓力:《代表制研究》,第 12 页注 1,第 14 页。

④ Skinner, *Hobbes and Republican Liberty*, ix, 186.

⑤ Schmitt, *The Leviathan in the State Theory of Thomas Hobbes*, Chapter 1.

⑥ 赵晓力:《代表制研究》,第 18 页。

化,臣民服从国家从放弃权利转变为主动授权,使得主权者成为所有人的代表,这是霍布斯主权理论的一大突破。以题图的变化来讨论霍布斯理论内在的转变,这不仅仅是一种独特的解读思路。作者还试图通过图像这一特殊的载体,说明在认识论层面,霍布斯的表象理论的发展以及这一变化与他的政治思想的联系。

作者的出发点是《利维坦》题图的两个不同版本,分别为1651年的印刷版本,以及霍布斯献给查理二世的手稿版中的铅笔画版。① 这两者的关键区别在于,手稿版中的小人的视线朝向各个方向,而印刷版中的视线则集中于利维坦之上。基于福柯在《词与物》中对《宫娥》一画的解读,作者敏锐地指出,题图中视线方向的转变实际上代表着17世纪认识论原则的发展——表象理论取代了相似性理论成为一种新的认识论原则。② 换句话说,此时认识论的重点从外在对象与知觉之间的相似转向了认识主体对外在事物的表象。而霍布斯的认识论正是建立在这一新的表象原则之上。作者进一步指出,在霍布斯看来,对象和表象的关系实质上是一种力学关系,外在对象对感觉器官的压力以及感觉器官向外的微动构成了认识的过程,③更为重要的是,这一自然上的力学关系与政治中的权力关系在本质上是一致的。因此,题图中臣民投向主权者的视线,不仅仅是臣民对于主权者的在认识论层面的表象,也在更深的政治层面上成为对主权者的授权。类似的,主权者的视线所向,则是它对国家的代表。最后,当读者注视题图中主权者的面孔时,读者与题图中主权者相互投射的视线使得两者之间也构建了类似的授权与代表关系。这样一来,读者也加入了题图中小人的位置,成为臣民中的一员。④

2. 霍布斯的自然状态学说

在第一章中,作者从题图的角度展示霍布斯代表理论的发展。随后,作者将讨论的重心转向了霍布斯思想中更为核心的自然状态学说以及建国理论,从这两个角度重新解释了代表理论在霍布斯思想中的位置。在此,作者不仅详细分析了为什么在霍布斯的理论中自然状态是战争状态,并指出了自

① 赵晓力:《代表制研究》,第24页。
② 同上书,第27页。
③ 同上书,第28页。
④ 同上书,第29页。

然状态理论背后的人性论基础。这一部分的关键之处在于,作者希望在霍布斯的自然哲学尤其是其运动学说中找到自然状态学说更深层的依据,同时说明霍布斯的政治思想如何奠定了现代中产阶级政治的人性论基础。

首先,作者敏锐地注意到了霍布斯的三部主要著作,即《法的原理》《论公民》与《利维坦》中自然状态理论的细微差别。虚荣、竞争和猜疑这三种导致自然状态成为战争状态的主要激情在不同作品中有着不同的排列顺序。在《论公民》中,荣誉是导致战争状态的首要原因,意见分歧和竞争紧随其后,而在《利维坦》中,三种激情的顺序变为竞争、猜疑与荣誉。对此,作者认为,霍布斯将虚荣排列在竞争和猜疑之后,意味着将人性中的性情差异(虚荣与适度的区分)当作导致普遍敌意的补充原因,而自然能力的平等产生的希望平等,以及作为其必然结果的欲望竞争,则成为战争状态的主要而直接的原因。[①] 这也就是说,霍布斯在《利维坦》中提出了一种更为完备的激情推论。作者认为,这反映了霍布斯对生命本质的看法。[②]《利维坦》的激情推论开始于人的自然平等这一假设。首先,自然能力的平等引发了人与人之间的一种特殊的竞争,也即"为人所共知的"、在时间上持续不断的竞争,这种竞争使得人与人之间的关系超出了动物之间的偶然联系,成为一种战争状态。[③] 根本而言,这种竞争植根于人的内在激情,人的自然能力的平等产生了希望的平等,而两人对于同一对象产生的欲望引发了双方间的竞争。但是,相对于动物而言,人拥有对于过去与未来进行回顾与展望的能力,以及"好奇心"这一独特的禀赋。过去与未来的时间尺度使自然状态下的人不仅仅要考虑当下力量的强弱与自我保全,还需要考虑确保长远的优势。[④] 而好奇心则促使人不仅仅关心某个现象,还致力于探讨有关它的原因与结果。因此,在竞争中,人会设想与自己拥有类似希望的人将如何行动。[⑤] 在时间的维度、好奇心以及他者的在场这些因素的共同作用下,人与人之间便产生了相互猜疑的倾向。这种相互猜疑的倾向在作者看来是人的自然平等引发的必然结果,在这

① 赵晓力:《代表制研究》,第 39 页。
② 同上书,第 38 页。
③ 同上书,第 43 页。
④ 同上书,第 48 页。
⑤ 同上书,第 52 页。

种意义上,自然状态是一种战争状态。

那么,霍布斯在《利维坦》中从物理学出发,经由人的激情理论再到自然状态学说整体构成的学说意味着什么? 相比《法的原理》与《论公民》,作者指出,霍布斯在《利维坦》中取消了追求荣誉与自我保存的区分,生命变成了一场为了自我保存而不得已进行的竞赛。[1] 政治生活不再着眼于古典传统的贵族式美德,而是中产阶级式的对自我保存与舒适生活的追求,以及对于自己勤劳的自信。[2] 最后,作者对于追求荣誉的激情提出了一种创造性的解释。作者认为,在《利维坦》中,竞争与猜疑已经足以说明自然状态是战争状态的原因。因此,荣誉似乎在人的生活中不再具有其独特的地位,它唯有在能够保持人的生命运动时才是值得追求的。[3] 但是,霍布斯仍然在对人性的讨论中为追求荣誉的激情保留了一个位置,这实际上是为了"为未来的统治者预留人选"[4]。作者援引"利维坦"在《圣经》中的"骄傲之王"的形象指出,对于霍布斯而言,骄傲,也即追求荣誉,同样是主权者的特征。主权者"宁可给自己增加一份负担,也要去统治别人"[5]。这一解读思路的独特之处在于,一方面说明了骄傲在《利维坦》中的位置,另一方面则解释了在中产阶级式的、每个人追求舒适与自我保存的生活中,为何仍然能找到愿意超出私人生活、承担统治责任的主权者。

3. 从民主建国到代表建国

霍布斯的代表理论与建国理论之间的关系是本书讨论的核心之一。在此作者详细地回应了霍布斯文献中的一处关键问题,即人格代表理论在《利维坦》中的作用。这一问题也关系到我们该如何理解霍布斯本人的政治立场。也就是说,霍布斯对于君主制的偏爱是否单纯地出于个人的政治立场,而非理论上的需求。对此,作者指出,霍布斯对君主制的偏爱并不仅仅是个人立场使然,而是由于他看到了民主制建国方案的弱点。因此,人格代表理论的引入正是为了解决这个问题,而君主制在现实政治中则能够最为完整地

① 赵晓力,《代表制研究》,第59页。
② 同上书,第63页。
③ 同上书,第62页。
④ 同上书,第56页。
⑤ 同上。

实现人格代表理论。在《法的原理》与《论公民》中,霍布斯仍然依据的是民主建国论。简单来说,自然状态中的个体首先通过相互之间进行契约的方式,将自己的权利转让给主权者。随后,主权者来决定建立何种形态的政体。在这个过程中,无论主权者选择何种政体,它的权威都首先来自最初个体通过相互契约构成共同权力的民主过程。[①] 然而,霍布斯意识到这一过程需要不同的个体结合在一起,从零散的"群众"中产生一个统一的"人民"的意志。但是在理论和实践中,保持统一的人民的始终在场往往极为困难。在民主大会休会的间隙,权力的运作便不得不交由他人来行使,但这便造成了民主国的主权以及权力行使者之间的断裂,为民主国家的稳定埋下了隐患。另外,以民主过程构建主权权力时,由于个体需要在民主大会上通过投票来决定具体由谁来担任主权者,而投票选出的主权者所体现的实际上并非人民整体的共同意志,而仅仅是多数人的意志,这就会带来人民内部多数人与少数人之间的隐含冲突。[②] 为了解决这一困难,霍布斯引入了人格代表理论,试图从个体出发直接到达主权者,而不必再中途借助民主过程。具体而言,作者认为霍布斯在《利维坦》著名的第十八章完成了理论上的转变。[③] 主权者并不是通过民主大会投票的形式来集中多数人的意志而得以确定,个体并不是向某个特定的人的自然人格授权,而是向主权者的人造人格授权。[④] 由此,作者敏锐地指出,在人格代表理论的框架下,主权权力的统一性不再是由人民意志的统一性所保证。反之,正是主权者人格的统一性造就了公共意志的统一性;进一步言之,正是因为个人的人格被主权者统一的公共人格所代表,零散的个人才被整合进一个统一的"人民"当中。[⑤] 这样一来,霍布斯就排除了民主的建国方式以及它带来的隐含风险。因此,正如作者所说:"授权-代表模式建立了一种新的集中权力、使用权力的方式,它最大限度地利用了人和公民的分离,摆脱了民主政治'在场'模式的束缚,将在现代造就史无前例的巨大'利

① 赵晓力:《代表制研究》,第77页。
② 同上书,第85页。
③ 同上书,第80页。
④ 同上书,第83页。
⑤ 同上书,第86页。

维坦。’”[①]

通过以上的铺垫,作者便为我们回答了君主制的特殊性以及代表制的理论后果。由于君主个人的自然人格具有天然的统一性,由君主一人承担主权权力时主权权力的统一性能够得到最完善的保障。因此,代表制下的君主制,“一方面可以通过人与公民的分离,即人的自然人格和人造人格的分离,保证进入公民状态的人,可以致力于积极的自我保存即谋生;另一方面又可以诉诸君主私人利益与共同利益、个人人格与公共人格的同一,保证主权的始终在场,保证公民这种一心一意致力于谋生的生活不被打断”[②]。在作者看来,霍布斯代表制理论是在国家的层面进一步为中产阶级式的政治奠定了基础。

(二)代表制在美国

在第一部分中,作者通过对霍布斯题图与文本的解读展示了代表制理论对现代主权权力构建的作用,更为重要的是它与民主制之间的隐含张力。而在第二部分,作者转向了美国政治。这一部分通过回顾美国宪政发展过程中的许多关键论辩,以及展示19世纪初的美国社会、历史风貌,使读者更为直接地观察代表制与民主制在现实政治中的复杂关系。[③]

首先,作者回顾了《独立宣言》的历史与理论背景。作者指出,《独立宣言》的核心是用自然权利论作为新的美利坚宪政的基础,比起传统的历史权利论,前者对于殖民地摆脱英国历史的羁绊是非常有效的。但是,自然权利论也带来了新的问题,那就是如何处理殖民地内部各个民族与群体之间的关系。[④] 其中,黑人在这一新国度中的位置最能够体现代表制的困难。首先,黑人的地位与各邦关于众议院名额分配的争论紧密相连。自由邦希望黑人被视为自由的个人而非财产,但这样便会使拥有众多黑人的蓄奴邦在众议院拥有更多的席位。反过来说,若黑人完全被视为财产,南方蓄奴邦在联邦内的代表则会大打折扣,这些邦便失去了留在联邦内的理由。黑人的地位以及代表制之间的复杂纠缠始终是美国建国初期政制上一个无法解决的问题,最终

① 赵晓力:《代表制研究》,第88页。
② 同上书,第91页。
③ 同上书,第6页。
④ 同上书,第122页。

只能通过战争平息。[①] 然而,尽管在内战以后,黑人作为个体获得了解放。但是作为个体的解放却无法使他们摆脱另一个层面的压迫。作者敏锐地指出,作为分散、孤立的个体的黑人无法团结成一个具有统一政治意志的群体,在社会中仍然遭受着多数人的压迫,始终无法获得真正的、作为群体的解放与平等。[②] 社会中多数人的意志对少数的、分散的个体的压迫这一民主社会的困境,是联邦党人强调用代表制的逻辑克制民主的危险的重要出发点,也是作者在后文中所反复强调的部分。

随后,作者在全书的第五章中详细描述了费城制宪会议中一系列包括国会、总统、法官的选举方案以及制宪权等关于国家政制的辩论。其中,大邦与小邦之间的权力分派,以及国民性与联邦性之间的张力,是理解这一系列辩论的核心线索。同时,美国政制的独特结构,正是立宪实践过程中各方妥协的结果,并不完全是某种抽象理论的一以贯之。以麦迪逊对制宪权的解读为例,麦迪逊认为参加宪法大会的代表有着独特的身份,他们虽然来自各邦,但却不代表现存各邦政府,而是代表各邦人民在制宪这个问题上的意志。然而,麦迪逊同时强调,各邦人民在选出代表时,并没有打破邦的界限而融合为一个全体人民,批准宪法的仍然是作为主权实体的各邦。麦迪逊进一步指出,全体美国人民的概念并不先于各邦形成,反而是在批准宪法的过程中逐渐形成的,这也说明了宪法的基础是联邦性而非国民性。[③] 在第六章中,作者进一步分析《联邦党人文集》中的重要章节,尤其是联邦党人如何用代表制的逻辑来消除民主制的危险,这一部分呼应了他在霍布斯部分着重强调的现代政治中民主制与代表制的紧张关系。作者指出,麦迪逊认为联邦共和国的本质是大范围的代表制共和国,而麦迪逊思考的出发点是如何防范植根于人性之中、不可消除的党争。[④] 对此,代表制的优点在于它首先可以有效地消除直接民主制下由多数参与的、损害其他公民的权利或者社会长远的全体利益的党争。[⑤] 在代表制下,人民可以选出比自己更好的少数人,而这些代表甚至会

---

① 赵晓力:《代表制研究》,第126页。
② 同上书,第127页。
③ 同上书,第162页。
④ 同上书,第182页。
⑤ 同上书,第178页。

比人民更好地认识和表达人民自己的利益。[1] 虽然代表制同样可以产生少数人针对其他人的党争,但是大国却能减少这一风险:其一,人口众多的大国更容易选出好的代表;其二,大国管辖人口多、国土大,使代表的利益分散,因此利益集团多数不容易形成与造成危害。[2] 在第七章中,作者借助麦迪逊对于三权分立的分析,进一步说明在国家部门的安排上,联邦党人如何贯彻代表制度来防止直接民主制的危险。一方面,麦迪逊强调人民是权力的唯一合法基础;[3]但另一方面,麦迪逊认为,经常性地诉诸人民全体容易使议会的权力过大、侵犯其他部门,甚至使国家走向无政府主义的暴政。[4] 因此,在1787年宪法的安排里,美国的立法、行政、司法的权力虽然根本上源自人民,但授权的渠道和来源都分别独立。同时,人民的权力在州政府和联邦政府两个层面被进一步分配。这也就是说,没有哪个选民团体可以号称其选出的机关是最高的或者自称是最终的主权者。除了批准宪法这一立宪过程,在任何常规选举中都不会出现一个掌握主权的人民。[5] 通过这种方式,联邦党人在制度上通过代表的方式尽可能地排除了民主的危险。

在第八章中,作者透过托克维尔的视角带领读者转向了故事的另一面,即民主精神在美国的发展及其历史渊源。首先,在托克维尔看来,美国的政制是一种政治集权和地方分权的结合,而这种集权与分权实际上是建立在一个原则基础之上,那就是人民主权原则。[6] 虽然依据联邦党人的设想,人民主权的行使应该是一次性的,只限于立宪的时刻,之后的立法应该完全交给人民代表,在联邦的层面就是国会两院。[7] 但是,托克维尔发现这种将人民主权的行使排除出立法过程的设想根本没有实现。在《论美国的民主》以及《美国游记》中,托克维尔列举了美国人民发动全国会议的例子来说明人民主权学说的深远影响。虽然相较于联邦党人,托克维尔更关心的是民主与自由的张

---

① 赵晓力:《代表制研究》,第179页。
② 同上书,第181页。
③ 同上书,第189页。
④ 同上书,第190页。
⑤ 同上书,第188页。
⑥ 同上书,第224页。
⑦ 同上书,第225页。

力,但是二者都共同注意到民主社会可能产生的多数的暴政。[1] 作者以托克维尔列举的黑人奴隶的例子指出,尽管黑人可能在法律层面获得了平等,但在法律以外的民情领域,黑人却仍然遭受着社会多数白人偏见的压迫。美国的种族不平等,恰恰是由美国的地方分权与民主共同维系的。[2]

最后,作者在第九章通过以小见大的方式,从一个 1964 年美国最高法院判决的有关诽谤的案件出发,探讨了民主与代表之间的复杂关系。诽谤与公民的言论自由的权利紧密相关。然而,这一权利从何而来,其理论基础是什么,则成了辩论的焦点。作者对这一问题的梳理大致可以分为三个部分。首先,作者回顾了 18 世纪末美国学者关于《反煽动颠覆法》的争论。其中,《反煽动颠覆法》与《宪法第一修正案》的关系,成了美国自由派与保守派法学家争论的焦点。这一阶段讨论的核心在于人民的保留权利。换句话说,言论自由的权利本身是否本来就保存在人民之中,不需要被政府再一一列举。[3] 同时,联邦政府或者州政府是否有制定事前或事后审查言论或者出版的权力。[4] 随后,作者以霍尔姆斯大法官以及米克尔约翰为中心勾勒了这一辩论在 20 世纪初的发展,这一部分所涉及的问题是:法官审查言论的标准是什么?一部宪法是否要保护旨在推翻它的言论?大法官霍尔姆斯认为,法官应该关注这一言论是否会带来"明显而即刻的危险"[5]。米克尔约翰则进一步依据乡镇会议政治自治的政制模型,将言论细分为"公言论"与"私言论"。前者关系到公共领域中的政制安排与官员资格,它的基础是作为统治者的人民的统治权力,因此不必受到法律程序的限制。而后者仅关系到作为被统治着的人民的私人权利,因此需要受到法律正当程序的限制。作者认为,米克尔约翰对公私言论划分的核心就在于将乡镇政治自治而非自然权利理论视为言论自由的基础。随后,借助鲍克对于米克尔约翰的评论,作者进一步说明了,米克尔约翰将言论纳入政制的思考框架无疑是正确的。但是,米克尔约翰没有看到美国政制是代表制共和制而不是直接民主制。代表制共和制在立宪的层面

① 赵晓力:《代表制研究》,第 229 页。
② 同上书,第 234 页。
③ 同上书,第 245 页。
④ 同上书,第 251 页。
⑤ 同上。

上是自治政制,人民在制宪时刻享有一种绝对的言论自由,但是一旦立宪完成,代表制共和制被确定下来,任何旨在推翻代表制共和制这种麦迪逊式政制的言论便不再享有绝对的言论自由。通过展示从《反煽动颠覆法》到鲍克的一系列有关言论自由基础的争论,作者旨在说明言论自由问题并不是表面上的自由派与保守派的争论,而是与美国的国体相关。[①] 对言论自由基础的不同理解,实际上取决于我们把美国看成一个民主建国论建立的民主国家,还是一个代表建立的代表制国家。

二　总结与提问

在该书中,民主与代表制在现代政治中的紧张关系是贯穿全书的核心线索。代表制对民主的排除成为连接霍布斯的政治思想与美国政制考察这两个部分的桥梁。作者通过这一条线索梳理了现代政治中民主与代表制两者特殊的结合形式,促使我们重新思考许多被视为理所当然的政制要素之间的关系,及其发展过程中所处的特殊的历史社会背景。如同作者在"后记"中所说,这种思考会带领中国学者更好地重新理解中国自身的政制传统。最后,笔者在此对该书中的几处讨论提出一些自己的看法。

首先,就全书写作结构而言,由于该书所讨论的文本以及历史时段跨度非常大,作者或许可以为读者增加一些阶段性的讨论,进一步澄清前后章节间的联系,例如霍布斯与美国政制的联系,以及美国政制部分中诸多不同性质的文本之间的关系。同时,就具体的文本解释而言,作者对于霍布斯的解读非常富有启发性,尤其体现在借助福柯对《宫娥》的解读来理解霍布斯的题图,以及解释代表理论如何解决契约论的民主建国的困难。然而,作者可以进一步讨论的是,如果在《利维坦》中,代表理论可以直接完成从个体到共同权力的建构,那么为何霍布斯仍然要保留契约论的部分?换句话说,《利维坦》中新加入的代表理论与原本的契约论的部分之间是什么关系?作为《利维坦》中的核心文本,对代表理论与契约论二者关系的理解同时也关系到对霍布斯的国家学说这一更大问题的理解。

---

① 赵晓力:《代表制研究》,第264页。

其次,在作者对美国政制的分析中,联邦党人以少数的、代表的逻辑来对抗直接民主制是一个重要部分。但是在另一方面,从托克维尔的社会观察中,作者也指出美国社会中多数人的暴政仍然是一大问题。换句话说,民主原则对美国社会的影响似乎比代表制要更大。同时,在当代美国政治中,总统被赋予了越来越多的民粹色彩,越来越被视为对抗议会的人民意志的力量。当代媒体技术的发展似乎也更加强化了社会舆论的重要性。针对这些新的社会现象,作者也许可以进一步说明代表制在当代美国政治中的位置以及与民主制的关系。

总而言之,尽管在一些具体细节的论证上,作者可以为读者作更细致的说明,但是我们也需要看到本书的一系列贡献:通过题图来理解霍布斯的独特进路;以代表与民主之间的张力重新理解霍布斯思路的变化;基于丰富的史料来说明这种理论上的张力如何显示在美国政制的历史实践之中。从这些方面来说,本书仍然是霍布斯学说与美国政制的研究者的重要财富。

(杨翌,加拿大麦吉尔大学政治科学系博士研究生)

郑开:《道家政治哲学发微》

北京:北京大学出版社,2019 年

在一般的印象中,道家思想主要和个人心性修养有关,在政治维度上的意义是比较薄弱的。似乎除了“无为而治”还能反映道家对政治的些许看法,就难以找到其他方面的显著理论了。事实上,这种理解并不符合道家思想的原貌,只是传统以来人们习惯了聚焦道家思想中有关心性修养和个人逍遥的内容,而其间本有的社会政治关切在此视域中自然也就被淡化了。值得注意的是,这种情况在新近的道家研究中已出现了比较大的改变。随着地下简帛文献的陆续出土,我们拥有了越来越丰富的道家思想资料,这些资料不仅催动了黄老学研究的热潮,同时也促使我们对老庄思想的理解方式进行调整,在新的视域中老庄思想的政治性得到了更多的释放。在这样的形势下,对道家政治哲学展开综合性的研究,不仅具备了客观的条件,同时也成为学界的一种期待。

郑开教授新著《道家政治哲学发微》正是此形势下的一部前沿性著作。此书基于全局的视野,循着政治哲学的理路,对道家思想的政治意涵作出了系统而深入的探讨,内容上既包括道家体系中的老庄思想和黄老学说,同时也在儒道互照的视野中对相关问题进行开放的讨论。作者在前言中开宗明义地提出,道家政治哲学是一种比较纯粹的、真正意义的政治哲学。那么,道家政治哲学何以是真正的政治哲学?如何来呈现这种政治哲学?这构成了此书研究的基本问题意识。围绕这一问题意识,作者深入道家哲学的内部,抽绎出富含政治意味的核心概念,将其置放在宏观的视域里展开渐深渐进的论析,在广大和精微的微妙张力中,系统呈现道家哲学的政治性。在道家哲学之政治性日受关注的形势下,此书立足学术态势之前沿,率先对此论域开展系统的研讨,深入掘发道家玄言背后的现实关切和政治思考,将道家政治

哲学及其相关问题的研究推向了新的水平。

一 纵横交错的理论背景

在道家哲学中抽绎出富含政治意味的核心概念,大中说小、以小见大,是此书在方法上的一大特色。这里说的“大”,也就是此书研究所赖以开展的宏观视域,既包括了内容上较为明显的儒道互映、中西比照的视野,也包括了含蕴在行文背后的、作为其论述之支撑的思想背景。相对来说,后者更为隐性,但它对于我们理解此书的研究尤为紧要,因此我们先叙说后者,前一情况则留待后文讨论。总的来看,这一理论背景表现为纵横两个维度,一个是前诸子思想到诸子学说的演变大势,另一个则是道家思想中政治哲学与心性论、天道观的内在关系。[①] 这两个维度相互交织,相辅相成,共同构筑了作者考察道家政治哲学的理论平台。

此书虽然是集中阐发道家政治哲学,但它的研究视域并不局限在道家思想,而是将相关问题置放在思想观念史的脉络中展开研讨。作者高屋建瓴地指出,纵观先秦时期的思想史,春秋战国年间发生了非常深刻且不可逆转的结构性变动,甚至可以称之为思想文化的“范式转移”:从“德—礼”体系到“道—法”体系的推陈出新和跌宕变化,最能体现这种“范式转移”的特质(详见第八章前言及第一节)。此等概括源自作者此前的一部专著《德礼之间——前诸子时期的思想史》,这是一部有关前诸子思想史研究不可多得的力作,上述的观点便是作者在该研究中所作的一个重大论断,[②]这一概括已对学界相关研究产生了很大影响。现今作者将它带到了此书的研究,作为他考察相关问题的一个基本背景。

如同郑教授所揭示的,在前诸子时期,“德”是核心的观念,“礼”作为

---

① 本文所言“天道观”是一种泛称,包括道家哲学中有关“道”“天”“天道”及其相关的“气”“阴阳”“万物”等方面的思想,大致相当于一般所说的宇宙论和本体论。鉴于“本体论”的称谓存在问题(这方面的情况,可参郑开教授近作《中国哲学语境中的本体论与形而上学》,《哲学研究》2018 年第 1 期),而“宇宙论”容易定格于宇宙起源和演变的情况,不足以全面反映道家哲学对上述情况的思考,故以“天道观”概称之。这样也更能体现道家哲学原有的核心概念,更利于呈现它和心性、政治的内在关联。

② 参见郑开:《德礼之间——前诸子时期的思想史》,北京:生活·读书·新知三联书店,2009 年,第 15—24 页。

"德"的制度外表,和后者一起共同构成了当时思想文化的两大支柱;但是,到了诸子时期,思想家的关注点发生了很大的变化:原来的"德—礼"体系虽然被"宪章文武"的孔子及其后学所继续推崇,但在此之外,"道"的意义和地位迅速上升,以至于整体上有超过"德"的趋势;并且,伴随着变法运动的兴起,"法"的观念也日益流行,以"法"代"礼"成为当时的一股潮流。在这种大变动中,"道"的上升自然要归功于老庄的思想推进,"法"的流行当然离不开法家的理论总结;而在此之外,还有一个学派综合考虑"道"和"法",是当时"道—法"体系的最直接代表,这便是作为道家思想之一系的黄老学派。由此看来,在"德—礼"与"道—法"的兴替中,道家(包括老庄和黄老)可说是居于当时思想动势之前沿,引领时代思潮的发展。明乎此,乃可知作者之所以高度重视道家政治哲学的一个重要缘由,尤其是当我们将这一问题置放在"道—法"兴起的大背景中。

在这一纵向背景的基础上,此书还蕴含另一维度的理论背景,这便是道家思想中政治哲学与心性论、天道观的内在关系。事实上,"道—法"的同构关系已经暗示了道家哲学中政治和天道的紧密关联。关于这一点,郑教授在书中曾明言揭示:道家在由"德—礼"而"道—法"的转折过程中所体现的思想萌动和精神创造,集中表现于他们将哲学、形而上学意义上的"道论"推进到政治哲学意义上的"君人南面之术"(详见第九章第一节)。从"道—法"的内在机理来看,"道"作为道家哲学思想的标志性概念,是其天道观的核心内容,而"法"则是黄老学当中关于制度构建的最为紧要的概念,由"道"而"法"的理路其实是"天道推衍人事"观念的集中表现。

政治问题与心性修养的关系,同样也是此书的一个基本关切。作者很反对当前学界那种将心性与政治相分裂的做法,认为心性与政治是互为表里、交涉为用的统一体,这一点在儒道两家思想中并无差异(详见第七章结语处)。对此,作者在书中专辟一章加以细论。在第九章,作者所诠释的"主术""治国"和"心术""治身",分别是政治(外王)和心性(内圣)这两方面的核心概念。通过翔实的考论,作者总结道,"治身"和"治国"是"道"在两个方面的运用,二者乃是同构的关系,并且在这两方面的运用中,"治身"乃是"治国"的基础,而“心无为”则是前者的实质内容。①

循着作者的理路,我们可以进一步认为,道家哲学中不仅政治与心性是同构的关系,在更广泛的意义上,政治、心性与天道此三者也是同构的关系。在道家看来,“天道推衍人事”这一理念体现在政治领域,则表现为政治活动以“天道”为最高准则,而要把握“天道”,则需要君王通过心性修养以体认之,进而将其运用到各种政治活动当中。就此而言,“天道—心性—政治”可说是“三维同构”的关系。这种关系在老子思想中已有体现,后来在黄老学中则表现得更为典型,而相对来说,在庄子思想中由于政治情况往往被视作“尘垢粃糠”,这种“三维同构”的关系则展现得没有那么完整。

如果说“天道—心性—政治”的同构关系构成了此书的横向背景,那么从“德—礼”到“道—法”的演变大势则是其研究的纵向背景。这两种背景纵横交错,交织而成作者探讨道家政治哲学的理论平台。关于这两个方面,作者在第八章、第九章有比较集中的直接论述,但作为一种理论背景,这两个维度的意义并不限于所直接论述的部分,而是贯穿于全书的内容当中。笔者认为,这是我们在研读此书时首需了解的理论框架,由此则更容易进入作者的论述语境。

二　广大视域中的精微论析

作者在书中通过纵横交错的两个背景,搭建起其研究和论述的平台,而在此平台之上,作者着力尤深的是那些能够集中反映道家政治思考的核心概念。关于方法上的这个特点,作者在前言中也有说明:此书之所以名为“发微”,是想表明此书的研究不是面面俱到、四平八稳,而是渐深渐进、阐幽发微,这种着眼于“点”的研究,是进一步拓展为“线”“面”“体”研究的基础。综观全书,作者的结构安排已经表明了他在这方面的努力。书中每一编的内容虽分属不同的领域,但构成每一编的章节基本上都是围绕关键语词、核心概

① 这里需要注意的是,书中所言“治身”的“身”是指“身心合一”之“己”。亦即,此间所应关注的是“身”与“国”的相对关系,而不是“身”与“心”的相对关系,我们要避免受影响于“身—心”关系而对作者的论述产生误解。

念展开。这种大中说小、以小见大的研究需要很深的功力,倘若没有广阔的视野和得当的路径,对那些关键语词、核心概念则不可能展开渐深渐进的探析。

在此书所涉的诸多语词概念中,作者非常强调"玄德"与"帝道"的意义,认为此二者是道家政治哲学的两大基石,分别代表了老庄政治哲学和黄老政治哲学的思想纲领。在论述老庄的第二编和论述黄老的第三编中,作者之所以分别将此二者放在前面加以论析,正是出于上述的考虑。

我们先看作者对"玄德"的讨论。书中指出:"玄德"是老子提出来的概念,在此之前人们只说"明德",这是周人宣讲自己"以德受命"的关键词;后来儒家接着讲"明德",强调其间的伦理道德意味,但他们绝口不提"玄德";而老子和庄子却只说"玄德",对儒家所青睐的"明德"则缄口不言;有意思的是,黄老道家则是同时讲论"明德"和"玄德",似乎是有意将它们糅合在一起(详见第三章的论述)。作者的这一发现独具慧眼,上述情况是一个非常有趣且非常重要的思想史现象。由此来看,老庄论"德"并非随意提一个"玄"字,很可能是有意以"玄"对"明"("玄"的本义指黑色,引申指深远、玄妙);而黄老道家将"玄德"和"明德"糅合一处,又体现了他们对两种思想传统兼容并蓄的立场。透过"明德"和"玄德"的关系,乃可管窥儒家、老庄、黄老对待西周以降传统政治观念的不同态度。也正是在此意义上,"玄德"可以被视作老庄政治哲学的一个标志性概念。

进而言之,"明德"作为西周以来政治意识形态的关键词,与礼乐体系直接关联;而"玄德"之所以是"玄"不是"明",其最高依据乃在于"道",基于此,老庄道家乃对传统体制(礼)进行反思和批判。由此来看,从前诸子的"明德"到老庄的"玄德",某种意义上也是从"德—礼"到"道—法"这一演变大势的体现。当然,老庄对"法"并不是很感兴趣,在"道—法"之间他们更关注"道"及其表现的"玄德",因此其学说对这一演变大势的体现还不是很充分。不过,接下来要谈到的黄老"帝道"理念则是这一演变大势的典型表现。

作者之所以将"帝道"视作黄老政治哲学的枢纽,其中的一个考虑和"玄德"问题很类似,也是将其放在思想史的脉络中加以考察。在诸子时期,"道—法"的观念体系虽然日益兴起,但"德—礼"体系的传统在当时依然被一些思想家所推崇。其中,儒家便是发扬"德—礼"传统的典型代表,而代表着新兴思想动势的法家,则专注于“法”的建构,试图以“法”代“礼”。儒法之间的这种分歧,也正是我们所熟知的王霸之辨的要害之处。但在黄老道家那里,他们提出了一种新的政治理念,试图超越儒法两家的王霸之辨。不同于法家霸道力斥“德—礼”体系,黄老道家在一定程度上予以包容;不同于儒家王道轻视法制,黄老道家对法制则予以高度重视,并且从老庄思想中为法制觅得一形而上的依据——“道”。这便是黄老“帝道”理念的重点所在,基于此,黄老道家也就成为当时新兴的“道—法”体系的典型代表。所以说,对于“帝道”问题,不仅要放在王霸之辨的背景下进行考察,同时还要放到由“德—礼”而“道—法”的演变大势中进行理解。作者在书中对此问题的论析,正是基于这样的复杂背景。

由上可知,“玄德”与“帝道”之所以成为道家政治哲学的两大支柱,并不是单纯从道家思想内部考虑此二者的意义,在此基础上,还有一个更广阔的思想史的考量。对于此书纵横交错的两种背景来说,这主要体现了纵向的背景,而在作者的论析中,也有一些概念语词主要体现横向背景,如其间的“浑沌”和“一”,便是比较典型的例子。

“浑沌”的寓言故事出自《庄子・应帝王》,在这一故事中“浑沌”的寓意是什么?庄子为何以“浑沌”故事作为内篇之终结?历来解庄者对此说法纷纭。在此书中,作者的解释另辟新径,分别从宇宙论、政治哲学、心性论三种语境展开考察(详见书中第五章的论述)。这三种语境相对独立,但又不是截然分开,其间有一根主线贯穿始终,那便是作者一直在关注的“浑沌”与“秩序”的张力。在这一张力当中,作者强调“浑沌”之为本源的意义,认为“浑沌”并非意味着混乱、黑暗和沉沦,而是包孕了最丰富的可能性,它是秩序的来源,也是打破旧秩序、重建新秩序的基础。作者所说的“秩序”包括了宇宙自然秩序、社会政治秩序和心灵文化秩序,而“浑沌”作为秩序的本源,自然也是这三种秩序的基础所在。进而,深入到社会政治秩序,作者认为“浑沌”的寓言反映了庄子对植根于德政礼治的社会政治体制的反思和批判,彰显的是人的“自由”的价值。总的来看,我们可以说作者是基于“三维同构”的视域对“浑沌”的寓意作出多维度的论析,但在另一层面上,何尝又不是透过“浑沌”的寓言,探求道家政治哲学与心性论、宇宙论的内在统一关系呢?

关于“一”的问题,作者的论析有类似的表现。在道家的哲学思考中,

“一”获得了前所未有的深刻含义。仅作为一个数字,“一”的意义再简单不过,但作为道家哲学的一个概念,“一”的意义却复杂得很。不仅不同文本中涉及不同的意义,即便是同一文本中,也有可能出现不同的所指。那么,怎么把握这个看似简单、实际上却很复杂的“一”呢?作者匠心独运,在诸多的复杂言论中,将“一”的思想提炼为四种类型,分别是宇宙论的“太一”、政治哲学的“执一”、心性论的“抱一”,以及体现道家社会期望的“天下归一”的理念。①

确如作者所发现的那样,道家论“一”往往处于不同的语境。在宇宙论中,“太一”作为宇宙本根(“道”)的代名词,强调的是本根的最高统一性;在政治哲学中,“执一”意味着君王要把握“一”,亦即要把握一个最根本的道理(由“道”而“法”),以不变应万变;在心性修养上,“抱一”则意味着圣人与“一”同体、与“道”同体,此间指向的是心灵的境界和实践的智慧;至于“归一”,它作为三种语境的归结,则集中反映了道家对天下大一统的诉求和期待。由此可看到,作者所立足的理论背景正是“天道—心性—政治”三维同构的关系,亦即:天道层面的最高统一性是心灵“抱一”的旨向,“抱一”为政治行动中做到“执一”提供修养的基础,而这些“一”,最终都通向“天下归一”的理想境地。②

以上我们选取了两组概念,叙说此书如何在广阔的视域中展开具体的分析。综观书中的概念解析,我们可发现一种具有范式意义的诠释路径。围绕道家政治哲学中具有紧要意义的语词概念,作者基于纵横交错的理论背景,对它们作出渐深渐进的解析,既呈现出语词概念的深刻内涵,同时也透过这些语词概念,展现道家政治哲学的复杂意蕴。这种方法,我们可以将其概括为“语境分析法”。③ 这种方法看似具体而微,实际上它背后所依存的乃是宏观的理论场景,也只有这样,才能够将语词概念的深刻内涵掘发出来。《中

---

① 在这几个语词中,“一”之前的“太”“执”“抱”“归”也很有讲究。在道家哲学中,不同语境里用来表示“一”之特点及运用的语词确实有所不同,作者的这一发现颇为独到。

② 关于道家哲学中的“一”,王中江教授近来也有专门探讨,与郑教授的研究正可结合阅读,有两相辉映之妙。王教授的研究见《早期道家“一”的思想的展开及其形态》,《哲学研究》2017 年第 7 期。

③ 关于这种方法,笔者也有一定体会。笔者在写博士论文《先秦道家“德”观念研究》期间,考虑以何种方式阐释道家哲学的“德”,后来发现,道家哲学中“德”的意义表现相当复杂,它的内涵往往是随文而定,在不同的语境里表达道家对不同问题的思考。总的来看,“德”所涉的内容包含了宇宙论、心性学、政治论这三种语境,可以从这三方面作出既相别又相关的解释。这种语境分析法,不仅是用于解释“德”的意义,同时也是通过“德”的意义把握道家哲学中“天道—心性—政治”的内在同构关系。

庸》有云“致广大而尽精微”,“广大”和“精微”实乃相辅相成的关系,对于作为哲学研究之基础的概念分析而言,“广大”的理论视域乃是必需,非广大无以尽精微。

三 比较视野下的政治哲学

前文已指出,此书的宏观视域包括了作为理论支撑的两个维度的背景,以及作为思想参照的儒道比较、中西比较的视野。关于前者,上文已作出述评,而后者也是此书的一大特色,同样是我们理解此书内容及其价值的关键所在。

针对道家政治哲学的相关问题,作者往往是将其置放在中国古代思想的大系统中展开研讨。在这个大系统中,儒家思想自然是主要的比照对象,除此以外,道教、中医等方面的情况也在此书观照的范围内。书中第十二章围绕《黄帝内经》讲论黄老学的生命—精神哲学,其间涉及道家和中医的关系;有关道教的情况,书中比较关注道家学说如何影响到后来的道教思想及实践,这体现于书中的很多地方,例如第四章关于道家德性论的探讨,第九章关于身—国同构关系的论述、同章关于“心”以及“神明”的讨论,等等。接下来,我们主要看看此书如何在儒道之间展开问题的讨论。

在作者的研究中,“儒道之间”不仅是平行比较,也不仅是互动影响的问题,在更深的层面上,还关联着如何把握两家思想的相通性以及古代中国思想的精神气质。书中探析老庄、黄老政治哲学的第二编、第三编,每每是通过儒道比照,觅寻两家思想的同异之处,探析其间可能的互动关系。在第四编的前两章中,作者则对两家思想之关系展开集中讨论。在此,作者主要围绕“无为”和“中庸”这两种观念展开。在一般的印象中,“无为”似乎是道家思想的“专利”,而“中庸”仿佛也是儒家思想的标志。但作者眼光很独到,在儒家思想中发现了“无为”的观念传统,而在道家思想中又考察到“中庸”的思想因素,进而则透过这两个关键语词,探求儒道之间的各种微妙关系。

针对儒家思想中的“无为”,作者采用了前文所说的“语境分析法”,但所分析的具体语境和前述情况有所不同,这里分别是从政治、伦理和心性三个方面,探析“无为”在儒家思想中的意义脉络。作者发现,孔子所说的“无为而治”并非一个孤立的话语,在孔子思想中以及后世儒学里,都能找寻到与之密切相关的思想要素;并且,早期儒家的“无为”观应是资取老子之说,而秦汉以降的儒家也不回避参取黄老学进行解释。本着这一发现,作者从孔子所言的“无为而治”切入,对各种相关材料展开翔实的考证,围绕不同的思想语境,逐次揭示其间的内在机理,于是,孔子及后世儒家的“无为”观便有了逐渐饱满的呈现。

关于道家的“中庸”思想,作者主要是基于庄子学说展开研讨。作者发现,庄子所说的“环中”“道枢”“两行”等一系列语词,其意涵都指向一个共同的理念,那便是“中庸”和“中道”。这一“中庸”的思想既表现在庄子对于“自然”“万化”的思考,同时也反映了庄子在自由和秩序的张力中不着一端的超越精神。进而,作者指出儒道在“中道”的理念上确实存有诸多的相通之处,这是两家政治哲学、伦理学的衡量准则,具有实践智慧的深刻内涵。在作者论述的基础上,我们还可看到,虽然儒道两家都讲“中”,但儒家更强调两端之间取其“中”的意味,而庄子所讲的“中”则更体现超越两端的精神。

值得注意的是,作者在讨论“无为”和“中庸”的两章中,都很关注《中庸》里“率性之谓道”的意义。他认为,这里的“率性”未尝不可理解为“率由其性”,如同孟子所讲的“由仁义行,非行仁义”(《孟子·离娄下》)、庄子所言的“情莫若率”(《庄子·山木》)、“安其性命之情”(《庄子·天运》)。由此来看,《中庸》所言“率性”的意思也许不像后世某些儒者所解说的那样,具有复杂的工夫论的意涵,其义和我们今天所说的“率性而行”差别不大,体现的乃是一种“自然”的精神。在朱子的解释中,“率性”是说“循其性之自然”(《四书章句集注·中庸章句》),这和道家所倡导的率性而动、自然而然的理念何尝没有相通之处呢?于是我们看到,在“自然”的理念上,儒道两家其实也不乏所见略同的地方。

儒道之间的比照是立足于中国思想的大系统,在此基础上,作者又走出中国思想的田地,在更广阔的中西之间的视野中对相关问题展开研讨。例如书中对“自然”观念的研究,便是一个典型。“自然”是道家哲学中极其紧要而又含义复杂的概念,如何来把握这一概念的内涵呢?作者认为它的意义和古希腊哲学中的“自然”(physis)不无相通,借鉴后者,可对前者作出更深入的把握(详见第一章第三节的论述)。此外,在“德性”的问题上,书中也联系古希腊哲学中的“aretē”进行探讨。作者很关注此二者在政治美德、实践智慧等问题上的相通之处,并由此探讨道家哲学中德性论与政治哲学的关系问题(详见第四章第一节的论述)。再如,在讨论“浑沌”之义时,书中关注到庄子笔下的“浑沌”和古希腊的“浑沌”(chaos)有相似之处,它一方面连着神话,另一方面又潜含自然哲学的因素。在此思路下作者着力于发掘庄子“浑沌”的宇宙论意味,为理解这一寓言提供了一个富含启发性的路径(详见第五章第二节的论述)。

凡此等等,不再一一枚举。综合来看此书的比较思路,不同于某些研究当中更强调中西思想的差异性,作者则更关注中西之间的共通性,尝试在中西会通的视野中为理解中国思想的相关问题提供新的思路。再回视书中对儒道关系的讨论,我们可以看到,作者也是更关注两家学说的共通性,努力打破儒道之间的思想壁垒。就学界当前的态势言,在儒道关系上往往强调两家的差异性,严明孔老之别,甚或给出高低之判;而在中西之间,也每每强调中西思想之殊异,乃至于拒斥任何的相互参照。如此一来,思想系统之间的共通性、普遍性便在这种差异性的强调当中被大大淡化了。在此情况下,此书所关注的向度很应该引起我们的反思。

当然,在中西之间强调二者的共通性,有时候难免会出现牵强附会乃至于削足适履的弊病,尤其是当我们挪用西学以解释中国思想的时候。因此,近些年中国哲学界出现了一股批评“以西释中”的潮流。那么,是不是意味着中国哲学的研究就应该完全否弃西学,走向纯粹的“以中释中”呢?在笔者看来,这种做法可能又走向另一个极端了。作为一种研究路径,“以西释中”包含了多种可能性,关键看我们如何运用。一种方式是挪用西学的概念术语、理论模式,直接套在中国思想上;另一种方式是化用西学的思维、方法以及问题意识,以拓宽中国思想的研究视野和解释路径。削足适履的弊病往往是发生在前一种做法,而对于后一种做法,如果运用得当,未必就会遮蔽中国思想的原质,有时候反而有助于揭示它的意义。[①] 例如此书在相关问题上的研究,便为我们展现了后一种做法的积极作用。此书的研究并不是以西方政治哲

① 关于“以西释中”的问题,笔者在其他地方有专门论述,可参拙文《中国古代名学的一些问题及其研究方法——围绕曹峰教授“名”思想研究展开的讨论》(待刊)。

学为标准去考量道家学说,而是立足于道家本有的思想和精神,化用西学的一些方法与路径,借以拓宽我们对道家学说的理解视域,让那些隐含在道家玄言背后的政治思考获得更充分的展放的空间。

(叶树勋,南开大学哲学院副教授)

王鑫:《日本近世易学研究》

北京:北京大学出版社,2017 年

2017 年,王鑫兄的《日本近世易学研究》出版了。我在若干年前就获睹过这本博士论文的打印稿,受益良多。今借着此书出版的时机,谈一点读后感。我不了解日本思想文化的状况,只能将此书作为"他者",来观照一下我国的易学和思想史研究。

一　易学与理学

宋明理学的形成,除了四书的影响,尤为重要的是易学。这一点已为许多学者所揭示,[①]且成为学界的共识。易学非常复杂,它既可视作经学的一部分,又是独立的一门学问。玄学依托它展开,理学也依托它展开。大略而言,易学可以分为哲理、解经、术数三个层面。魏晋玄学与宋明理学,都是以解经为形式,对易学义理产生了理解的突破而发生的。太极、有无、寂感、道器,成为中国哲学的核心概念和议题。

在王鑫的研究中,日本古学派代表者伊藤东涯也有这种认识。东涯曾说"后世谈理,率祖乎易",可见他认为义理的探讨与易学密不可分。王鑫因此指出,"东涯看到了理学思想的成立与展开,与《易经》之间根源性的联系"[②]。日本的古学批评朱子学,伊藤仁之、伊藤东涯作为古学的代表,其易学也无疑在揭示古学立场和方法论的同时,与朱子学相对立。这种对立既显示在解经原则中,更指向了背后的义理建构。作者比较敏锐的地方,比如朱子将《系辞

---

① 这方面的论述已有很多,比较集中论述的,如向世陵《理学与易学》,长春:长春出版社,2011 年。

② 王鑫:《日本近世易学研究》,北京:北京大学出版社,2017 年,第 95 页。

传》的“寂然不动,感而遂通”理解为双层含义:一是占筮时的心理状态,一是日常修养中的状态。伊藤东涯批评朱子,从而强调其只是在描述占筮时的心理状态。这当然不仅仅是一个术数诠释的争论。正如王鑫所说,伊藤东涯是要以此否认把寂感之说作为心性、工夫依据的可能。因东涯据古学的立场,认为不存在思虑未萌时的心。性就是人所禀受的太极元气之全体。[1]

其实只要重视易学,特别是接触过宋明易学,就不可能不对形而上的建构发生兴趣。日本的古学派虽然面向人伦,但他们一旦接触易学,也要注重“天道”的方面。从易学切入日本古学研究,特别是伊藤父子的研究,可以说是王鑫在此领域的新见解。因为以往对古学的定位是“绝对的人伦学”或“人伦的世界”,给人一种“拒斥形而上学”的印象。可一旦关注到伊藤父子对于易学的阐发,则可以看到其以太极为元气的本体论建构的努力。作者指出,这既源于朱子学的刺激,也源于易学本身的特质。观照一下明末清初拒斥形上学的思潮,其中一派批评朱子学的学者也是在否定理本形上学的同时试图回归气本形上学。

二　筮　法

朱子致广大而尽精微,综罗百代。他气力大,对许多重要问题几乎都有涉及。即以《易》而言,除了易学哲学的问题,他也论及了易学的一些技术问题。

朱子的哲学品格直接影响了他在其他领域的研究方式。他对于系统性和匀称、精致的追求,在中国哲学史上是罕有人匹敌的。将这种方法和风格贯彻到《周易》筮法的研究上,朱子有几个结论:一是以挂扐数(指间策数)定四象,二是三变皆挂一,三是定断卦爻动的对称规则,四是创制对称的变占图。其中三变皆挂一,朱子以穷举方法证明其合理性,没什么大的争议。但其他几种观点在后世有争议。

(1)比如如何确定四象,有两种,一是挂扐,一是过揲。伊藤东涯指出,六七八九四个数明明是根据 24、28、32、36 的策数除四得来的,朱子用指间的数,

① 王鑫:《日本近世易学研究》,第 94 页。

相对迂曲。有意思的是,这个问题,中国的王夫之也提出过质疑,他是把九八五这样的称作过揲,把24、28、32、36称作扐数,认为应该用后者。王夫之提出的哲学依据是,用九八五之类的来确定,是出于苟简。伊藤东涯则认为,朱子是信了《河图》。平情而论,东涯的判断更符合事实。王鑫因此总结道:朱子强调挂扐之数的根源性,是为了将揲蓍成卦的过程与河图洛书的理论相融合,从而完成其象数理论内部的统一;东涯则是反对将"道家之说"作为象数理论的基础。①

(2)再比如关于朱熹断卦的原则。该书第六章考察了海保渔村的《周易古占法》。关于海保渔村,近几年有数篇关注其《周易注疏》校勘的文章,鲜有关注其占法者。但占法是朱子易学中的一个非常关键的问题。朱子所定占筮方法有强大影响力,海保渔村则表示质疑。

朱子的占法是:六爻不动,占卦辞;一爻动,占爻辞;两爻动,占本卦的两个动爻爻辞,以上面的为主;三爻动,占本卦卦辞和之卦卦辞,以本卦为贞、之卦为悔;四爻动,占之卦不动爻的两爻爻辞,以下面的为主;五爻动,占之卦不动之爻的爻辞;六爻全动,乾坤二卦占二用,其他占之卦的卦辞。

海保渔村的占法是:六爻不变,以卦辞占;一爻动,占动爻爻辞;二爻以上动,占卦辞;六爻全动,也占卦辞。

海保渔村质疑的依据何在?还是根据《左传》《国语》的筮例。据《左传》《国语》便可称为"古"。作者敏锐地指出,海保的"古"不仅意味着时间上更久远,而且意味着一种更高的权威性。他绝非仅仅在于还原历史中上古占法之真相,更为重要的是在江户后期朱子学"尺寸不容逾越"的儒学氛围中,开拓出一条新的追寻圣人之道的道路。② 这一点与晚明以古学破理学的思路,颇为相似。另外,第四章太宰春台的部分,也提到了其对于朱子占法的批评。③

我觉得作者可以延伸比较一下的是,朱子与渔村的区别究竟在哪里。该书提道:"在渔村看来,朱子所谓的例并无实据,都是朱子自己的发明。"然朱子在探讨周易占筮的体例时,参考过程迥的《周易古占法》,而程氏的书恰恰

---

① 王鑫:《日本近世易学研究》,第83页。

② 同上书,第172页。

③ 同上书,第110页。

是广泛搜集《左传》《国语》筮例的。因此渔村说朱子不讲实据,并不准确。朱子具有强烈的理论兴趣,他追求结构的对称性和理论的严密性,因此他的占法实际就是理论与具体例证的结合,最终指向一种理论。渔村则仅仅据经验和具体来归纳,故与朱子龃龉。

有趣的是,清初朱子学的信徒李光地的《周易折中》和江永的《河洛精蕴》,也都对朱子的占法提出了质疑。前者是官方易的代表,后者是民间朱子易学的集大成者。他们通过分析《左传》《国语》所得出的结论,与渔村基本一致。

由上面的分析可见,日本古学以及中国明末对于朱熹易学的批评,往往有不谋而合之处。这种不谋而合的深层原因,恰恰在于朱熹思想的强大影响力,使人们在重新叙述和研究该问题的时候不得不面对朱熹。朱熹的笼罩性,不仅在中国强大无匹,传播到日本也具有强大的力量。

三　政　教

古学派对朱熹具体训诂和技术上的批评,算是浅层次的;就本体论方面的差异而言,古学回到了气学的立场。在此之外,更值得注意的,是政治方面的差异。

伊藤仁斋虽然批评朱熹,但他们是以人伦学的立场来反对朱熹对形上层面的过多探讨。但涉及政治的领域,他仍然回到了一种性理学的立场。即从道德修养出发,进而推扩到整个治国平天下的层面。然而这种思路并非没有争议。有人会质疑:主要君王实现了良好的道德修养,便可以治理天下了吗?进一步说,社会上每个人都变成道德上的好人,就会天下太平了吗?除此之外,还有一个更实际的问题:让人民都成为道德的人,何以可能?

太宰春台恰恰是站在这个问题上来反对朱子,同时反对了古学派中的伊藤仁之等。他的易学,因此有两个关键点:一是就《周易》的定位来说,他认为其他四经是常道,《周易》则侧重于变。

这个定位很有意思。王船山做过类似区分:《诗》《书》《礼》《乐》是常,《春秋》是变,《易》则兼其常变。船山与太宰春台的区分,背后的哲理当然有很大差别。但有一个相同点,即是要对五经(六经)系统做一个判定,从而对整个文明系统做判定。一个高度成熟的文明系统,其内部的结构必定是复杂的、多层次的,有着各种不同的甚至是冲突的说法和价值内容。这些冲突、张力并非一种悖谬,而是文明系统自身在面对现实复杂性时自然生长出来的应对智慧。如果放在不同的情境和"时"之中,矛盾即能得到化解。太宰春台把《诗》《书》等看作常道,把《易》看作兼擅"变易"的。这是站在政教立场下做的判定。他说"六经乃治天下之具",但这个治理的理论系统,多数内容是描述理想社会的,比如《诗》《书》。可世界无时无刻不在变动之中,就人类社会而言,从三代以下便是乱世和霸道之世,《尚书》中的理想基本没完全实现出来。此时便需要《易》把这种常变统一起来,尤其要使人能因时治世,不胶柱鼓瑟。王鑫总结道:"政治的历史性变化正是基于易道本身的阴阳与数理,相应地,对于易道的认知和把握则表现为一种理解这种历史性变化的历史哲学。"①

朱熹等理学家当然有他们的历史观,②也承认历史的变化。但站在"常"的角度来看待,往往是一种批判性的视角,带有更多的理想性;而站在"变"的角度来看,则侧重于肯定、承认,更加具有现实性(妥协性)。这种思路也影响到太宰对于性理和政治之关系的看法。回应我们本节第一段的问题,太宰春台倾向于否认理学关于变化气质的说法,以及对于人性的乐观理想。因为就现实政治而言,一个共同体要关注历史现实中人性的表象状况——而非理想中的潜能。就潜能来说人人皆可以成圣,而就现实展开而言人性多不可移。与其通过教化来使人人成圣,不如就其现实的表象之性,通过政治手段加以裁成。在这里我们可以看出,太宰春台的思考不仅仅是对于朱熹的批评,甚至已经溢出儒家思想的边界了。

四 神 道

在儒学和佛学从中国传入以前,日本已经是一个具有独立文明系统的实体。这样一个文明系统,面对其他文明系统的时候,不会全盘接受,而是产生

① 王鑫:《日本近世易学研究》,第110页。

② 关于朱熹的历史哲学,最近可以参考赵金刚:《朱熹的历史观》,北京:生活・读书・新知三联书店,2018年。

一种融合。比如中国文化面对佛教传入的时候,首先发生的是"格义";走出格义时代后,也并非是纯然原状的佛学,而是融入了中国哲学和文化固有的脉络中。日本在面临儒学、佛教传入,也发生了这种现象。

德国哲学家伽达默尔曾经提出过"视域融合"的说法,用以探讨在间距成为既定状况下理解何以可能,以及理解究竟为何的问题。这个说法是在一种时间意识中提出的,因为文本情境随着历史而变化。但此思考方式在面对空间差异的时候仍然有效。一种文明系统的读者,面对另一文明系统的文本在发生理解的时候,不得不把自己的文化结构加入理解中,也只有放在自己的文本结构中才能得到新的理解。前些年东亚儒学研究中提到"去脉络化"和"再脉络化"的视角。这种方式有其合理性,但我们仍认为此种视角把两种文明切割得太清楚;在实际的思想和文化交流中,并不可以如此切割。以往的脉络去不掉,因为思想必然是一个整体;但这个东西要在新的脉络中被理解。最后形成的是一种交织——甚至交织都不足以说明,毕竟交织仍然可以看作两个独立的个体。这种新理解的发生,还是当视作融合,或者是催化和生长。

日本的朱子学者意识到了这个问题,他们称作"合习"。只是外来的文明有佛教,有儒学,到底选择哪种呢?神—佛,神—儒,在当时是持一种竞争性的态势。而当时一部分持神道立场的学者选定儒学特别是朱子学,而排斥神—佛合习,其逻辑恰恰在于佛教的无常、无我的性格,与神道难以兼容。儒学,特别是朱子学,有一种完美精致的形上学体系,这个体系一转手,把太极神格化,便与神道教义相契合。

在王鑫的考察中,神儒合习的代表者山崎闇斋,正是在朱熹易学的体系下来展开神道教的论述。山崎并非仅仅把朱熹易学作为神道教的补充,因为朱熹易学的精美体系,恰恰深化和丰富了神道教的教义,而且对神道政治有其构建的力量。在《太极图说》与神代说,以及洛书数五与天御中主尊的体系建造中,我们看到的不仅仅是一种比附,而是增强了对神之代乃至君之代合法性的辩护。易学象数的系统性,与朱熹哲学系统性,都是山崎论述的十分丰富的资源。朱谦之先生曾把山崎闇斋的思想总结为教条主义、严肃主义、神秘主义、神国思想。[1] 在贬义的评价下,山崎的许多丰富且有意思的思想都

① 朱谦之:《日本的朱子学》,北京:生活·读书·新知三联书店,1953年,第253页。

被掩盖了。王鑫的揭示可谓是一大推进。

五 结 语

东亚儒学的研究近几十年来越来越深入,也越来越细致。有时我也思考:这种思想史的研究,对我们中国学界来说,意义在哪里?我们当然可以怀着一种纯粹知识学的兴趣,探讨日本儒学史上有哪些有趣的人物;但王鑫的这本著作使我们认识到,我们在研究日本儒学的时候,也当然带着自己思想的关怀。王鑫这部著作,很有可能会被误会为一个个的个案研究——毕竟我们这个学术工业化的时代,将个案们攒成一本书来出版,然后美其名曰"通史"的现象数见不鲜。但如果我们细读便会发现,这部书涉及的人物,都与朱子学相关,不管是笃实地拥护者,还是貌合神离者,还是激烈批判者,抑或居间调停者。故这部书实际探讨的问题即,朱子易学是如何在近世日本开展的。这对于我们认识朱子学在本国的开展,当然具有重要的对照意义。吾妻重二教授早年在北京大学跟随北大的中哲学统学习中国哲学和朱子学,而后回日本;如今王鑫又在吾妻教授那里学习日本朱子学,做出《日本近世易学研究》这样一部成果,而后回中国(北大)。这样一种文明、思想和学术的交流,也是颇有趣味的。

(谷继明,同济大学人文学院副教授)

《哲学门》稿约

为了不断提高我国哲学研究的水准、完善我国的哲学学科建设、促进海内外哲学同行的交流，北京大学哲学系创办立足全国、面向世界的哲学学术刊物《哲学门》，每年出版一卷二册（每册约 30 万字）。自 2000 年以来，本刊深受国内外哲学界瞩目，颇受读者好评。

《哲学门》的宗旨，是倡导对哲学问题的原创性研究，注重对当代中国哲学的"批评性"评论。发表范围包括哲学的各个门类，马克思主义哲学、中国哲学、西方哲学、东方哲学、宗教哲学、美学、伦理学、科学哲学、逻辑学等领域，追求学科之间的交叉整合，还原论文写作务求创见的本意。目前，《哲学门》下设三个主要栏目：论文，字数不限，通常为 1—2 万字；评论，主要就某一思潮、哲学问题或观点、某类著作展开深入的批评与探讨，允许有较长的篇幅；书评，主要是介绍某部重要的哲学著作，并有相当分量的扼要评价（决不允许有过度的溢美之词）。

为保证学术水平，《哲学门》实行国际通行的双盲审稿制度。在您惠赐大作之时，务必了解以下有关技术规定：

1. 本刊原则上只接受电子投稿，投稿者请通过电子信箱发来稿件的电子版。个别无法电子化的汉字、符号、图表，请同时投寄纸本。

2. 电子版请采用 Word 格式，正文 5 号字，注释引文一律脚注。如有特殊字符，请另附 PDF 文档以供参考。

3. 正文之前务请附上文章的英文标题、关键词、摘要、英文摘要和作者简介。

4. 通过电邮的投稿，收到后即回电邮确认，3 个月内通报初审情况。其他形式的投稿，3 个月内未接回信者可自行处理。

在您的大作发表以后，我们即付稿酬；同时，版权归属北京大学出版社所有。

我们欢迎其他出版物转载,但是必须得到我们的书面授权,否则视为侵权。

《哲学门》参考文献的格式规范

第 1 条 正文中引用参考文献,一律用页脚注。对正文的注释性文字说明,也一律用页脚注,但请尽量简短,过长的注文会给排版带来麻烦。为了查考的需要,外文文献不要译成中文。

第 2 条 参考文献的书写格式分**完全格式**和**简略格式**两种。

第 3 条 **完全格式**的构成,举例如下(方括号[ ]中的项为可替换项):

著作:作者、著作名、出版地、出版者及出版年、页码

吴国盛:《科学的历程》,长沙:湖南科学技术出版社,1995 年,第 100 页[第 1—10 页]。

R. Poidevin, *The Philosophy of Time*, Oxford University Press, 1985, p. 100 [pp. 1-10].

译作:作者、著作名、译者、出版地、出版者及出版年、页码

柯林武德:《自然的观念》,吴国盛等译,北京:华夏出版社,1990 年,第 100 页。

Martin Heidegger, *Being and Time*, trans. by John Macquarrie & Edward Robinson, Harper & Row, 1962, p. 100[pp. 1-10].

载于期刊的论文(译文参照译作格式在译文题目后加译者):

吴国盛:《希腊人的空间概念》,《哲学研究》,1992 年第 11 期。

A. H. Maslow, "The Fusion of Facts and Value", *American Journal of Psychoanalysis*, 23(1963).

载于书籍的论文(译文参照译作格式在译文题目后加译者):

吴国盛:《自然哲学的复兴》,载《自然哲学》(第 1 辑),吴国盛主编,北京:中国社会科学出版社,1994 年。

T. Kuhn, "The History of Science", in *International Encyclopedia of the Social Sciences*, ed. by D. L. Sills, Macmillan, 1968.

说明与注意事项:

1. 无论中外文注释,结尾必须有句号。中文是圆圈,西文是圆点。

2. 外文页码标符用小写 p. ,页码起止用小写 pp. 。

3. 外文的句点有两种用途:一种用作句号,一种用做单词或人名等的简写(如 tr. 和 ed.),在后一种用途时,句点后可以接任何其他必需的标点符号。

4. 书名和期刊名,中文用书名号,外文则用斜体(手写时用加底线表示);论文名无论中外一律用正体加引号。

5. 引文出自著(译)作的必须标页码,出自论(译)文的则不标页码。

6. 中文文献作者名后用冒号(:),外文文献作者名后用逗号(,)。

7. 中文文献的版本或期号的写法从中文习惯,与外文略有不同。

第 4 条　简略格式有如下三种:

第一种　只写作者、书(文)名、页码(文章无此项),这几项的写法同完全格式,如:

吴国盛:《科学的历程》,第 100 页。

Martin Heidegger, *Being and Time*, p. 100.

吴国盛:《自然哲学的复兴》。

T. Kuhn, "The History of Science".

第二种　用"前引文献"(英文用 op. cit.)字样代替第一种简略格式中的书名或文章名(此时中文作者名后不再用冒号而改用逗号),如:

吴国盛,前引文献,第 100 页。

吴国盛,前引文献。

Martin Heidegger, op. cit. , p. 100.

T. Kuhn, op. cit. .

第三种　中文只写"同上。"字样,西文只写"ibid. "字样。

第 5 条　完全格式与简略格式的使用规定:

说明与注意事项:

1. 参考文献在文章中第一次出现时必须用完全格式。

2. 只有在同一页紧挨着两次完全一样的征引的情况下,其中的第二次可以用第三种简略格式,这意味着第三种简略格式不可能出现在每页的第一个注中。

3. 在同一页对同一作者同一文献(同一版本)的多次引用(不必是紧挨着)的情况下,第一次出现时用第一种简略格式,以后出现时用第二种简略格

式。下面是假想的某一页的脚注:

① 吴国盛:《科学的历程》,第 100 页。

② M. Heidegger, *Being and Time*, p. 100.

③ 吴国盛,前引文献,第 200 页。

④ 同上。

⑤ M. Heidegger, op. cit. , p. 200.

⑥ T. Kuhn, "The History of Science".

⑦ Ibid.

4. 在同一页出现对同一作者不同文献(或同一文献的不同版本)的多次引用时,禁止对该文献使用第二种简略格式。

编辑部联系方式:

电子信箱:pkuphilosophy@ gmail. com

通信地址:100871　北京大学哲学系《哲学门》编辑部

传真:010-62751671

北京大学哲学系

北京大学出版社